y 2 23807

Paris
1869

Contes allemands du temps passé

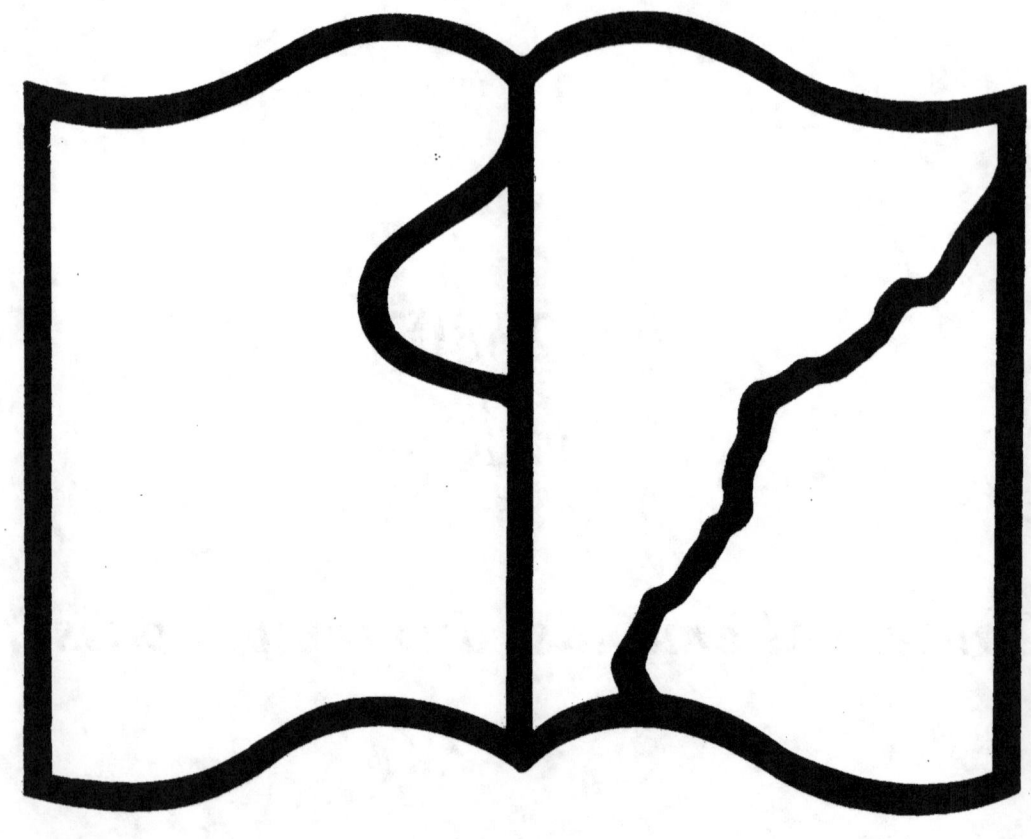

Symbole applicable
pour tout, ou partie
des documents microfilmés

Texte détérioré — reliure défectueuse

NF Z 43-120-11

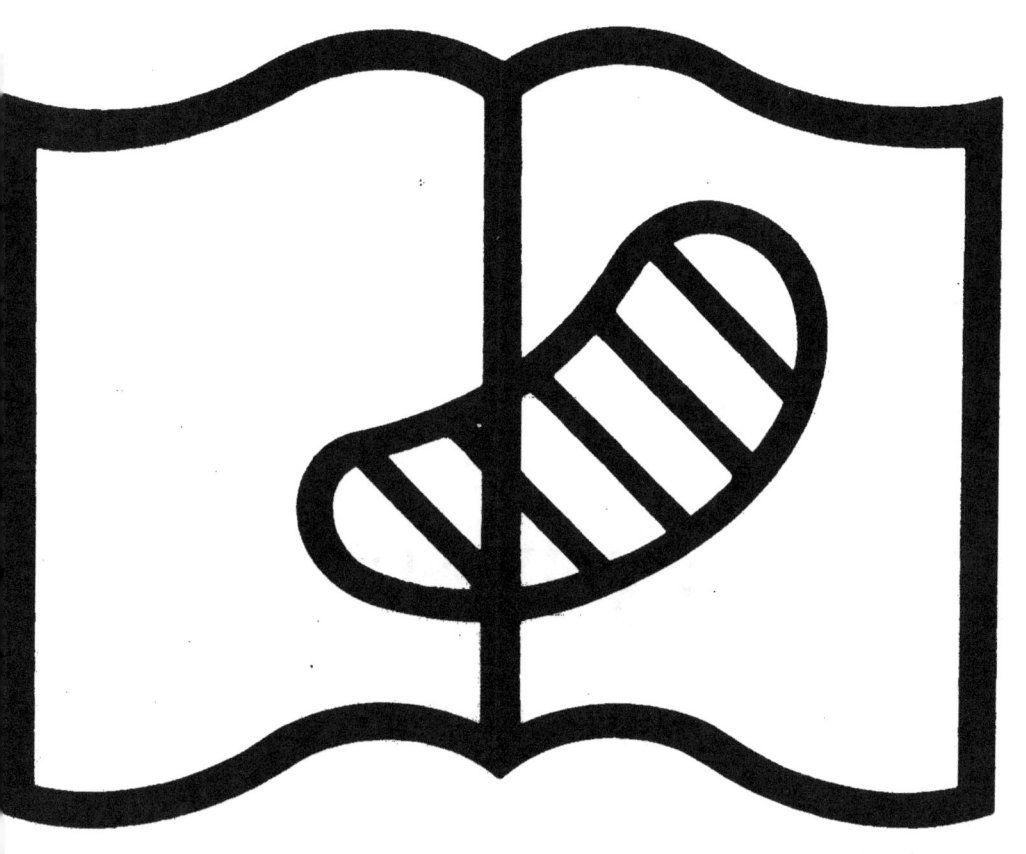

Symbole applicable
pour tout, ou partie
des documents microfilmés

Original illisible

NF Z 43-120-10

CONTES
ALLEMANDS
DU TEMPS PASSÉ

CONTES
ALLEMANDS
DU TEMPS PASSÉ

EXTRAITS DES RECUEILS

des Frères Grimm, et de Simrock, Bechstein, Franz Hoffmann
Musæus, Tieck, Schwab, Winter, etc.

Avec la légende de Loreley

TRADUITS PAR FÉLIX FRANK ET E. ALSLEBEN

Et précédés d'une Introduction

par M. ÉD. LABOULAYE, de l'Institut

PARIS
LIBRAIRIE ACADÉMIQUE
DIDIER ET Cie, LIBRAIRES-ÉDITEURS
35, QUAI DES AUGUSTINS, 35

1869

Réserve de tous droits.

PRÉFACE

Autrefois, dans le bon temps, c'est-à-dire quand nous étions jeunes, les contes des fées tenaient une grande place dans l'éducation. *Le Magasin des enfants*, de madame le Prince de Beaumont, donne une assez juste idée de ce vieux système, qui régnait il y a cinquante ans. Nous récitions nos leçons de géographie et d'histoire, tantôt avec la patience de *lady Sensée*, tantôt avec la mauvaise humeur de *lady Tempête;* mais, bons ou méchants, nous espérions tous qu'en récompense de l'ennui qu'on nous avait imposé, on nous réciterait quelqu'un de ces beaux contes qui font rêver tout un jour, comme *la Belle et la Bête* ou *le Prince Charmant*. Le conte était la partie morale de l'enseignement. *Riquet à la Houpe* nous montrait que l'esprit vaut mieux que la beauté ; *Cendrillon* nous enseignait la modestie, et *le Chaperon-Rouge* la prudence. C'est là que notre génération prenait ces convictions robustes que les révolutions et la vie n'ont pas ébranlées. Nous savions par l'exemple de *Barbe-Bleue* qu'ici-bas tout finit, ou doit finir, par le châtiment du crime et le triomphe de la vertu.

Aujourd'hui les maîtres de l'enfance repoussent avec dédain ces chimères. On ne veut plus que des faits, des chiffres et des lois. Pour récréer nos petits enfants, on leur enseigne la dilatation de la vapeur ou les phénomènes de la digestion. Les plus indulgents, parmi ces réformateurs sans pitié, traitent nos pauvres innocents comme Dieu traitait Adam, alors que notre premier père était seul à se promener dans le Paradis ; ils leur apprennent à reconnaître et à nommer tous les oiseaux du ciel, et toutes les bêtes de la terre, l'homme compris. Tout cela est admirable : jamais on n'a fait de livres plus gros, ni de plus belles images ; mais n'en déplaise à nos sages qui savent tout et ne doutent de rien (Rabelais dirait : Qui doutent de tout et ne savent rien), leur système est faux parce qu'il est incomplet ; ils ne voient qu'un côté de la nature humaine. Leurs petits prodiges courent risque de n'être que de petits monstres, et peut-être seront-ils encore plus mal élevés que leurs grands-parents.

Oui! hommes sérieux, physiciens, mécaniciens, physiologues, astronomes, et le reste, permettez à un ignorant de vous dire que, dans vos ingénieuses machines, il manque une pièce, et la plus importante. Vous oubliez une des plus précieuses facultés de l'homme, l'imagination, qui, avec la mémoire et la sensibilité, domine l'enfant. Il est beau de mépriser l'imagination et de l'appeler la folle du logis, cela sent la sagesse; mais Dieu ne fait rien en vain, et, puisque l'imagination existe, encore serait-il bon de connaître quel est son rôle dans la vie. Il semble qu'au milieu de toutes vos expériences, vous n'ayez jamais eu le temps de soupçonner cette simple vérité. Permettez à un vieux philosophe, ou à un vieil enfant (c'est la même chose), d'appeler votre attention sur ce point.

L'imagination, qui tient de très-près à la sensibilité, est chez nous la faculté qui essaye de réaliser l'idéal, c'est-à-dire, ne vous en déplaise, quelque chose de plus parfait et de plus vrai que ce qu'on voit et ce qu'on touche ici-bas. C'est le malheur ou la grandeur de l'homme que le présent ne le contente jamais et que la terre ne lui suffit pas. Il se sent fait pour un avenir meilleur et pour un monde plus grand. Ce monde, cet avenir, l'imagination le cherche et quelquefois le trouve. La poésie, la littérature, les arts sont le fruit de cette faculté puissante, qu'on doit régler comme toutes les autres, mais qu'il ne faut pas mutiler. Les contes sont la poésie des enfants.

Ils ne sont pas vrais, dites-vous? — Qu'entendez-vous par là? Qu'il n'arrive rien de pareil sur la terre? Je crois en effet que les bottes du petit Poucet ne faisaient pas sept lieues à la fois, puisque la vapeur n'était pas inventée, et j'admets que la Belle-au-Bois-dormant n'a pas dormi cent ans, puisque dans ce temps-là on ne faisait encore ni sermons ni discours ministériels; mais en quoi ce détail touche-t-il à la vérité des choses? Achille, a-t-il rendu à Priam les restes du vaillant Hector, Béatrix; a-t-elle promené Dante dans les sphères célestes; Hamlet, a-t-il régné en Danemark; don Quichotte a-t-il erré dans la Manche en compagnie de Rossinante et de Sancho; le Cid, a-t-il jamais tenu le langage que lui prête Corneille? Non, sans doute. Cependant, y a-t-il au monde des gens plus vivants et plus réels que tous ces personnages qui n'ont jamais vécu? Maîtres en géologie, professeurs en paléontologie, vous qui croyez former l'âme et le cœur de nos enfants, en leur faisant admirer les os du singe primitif, ce vénérable ancêtre de l'homme, si l'on en croit l'humilité de certains savants, avez-vous jamais rencontré parmi ces débris de la vie d'autrefois quelque chose d'aussi vivant et d'aussi réel que ces figures de marbre qu'a créées Phidias? Et cependant, à vous en croire, ces chevaux et ces cavaliers du Parthénon ne sont pas vrais, car le sang n'a jamais circulé dans leurs veines, et ils n'ont jamais respiré. Reconnaissez donc qu'il y a pour l'homme un autre monde que celui de la matière; ne nous fermez pas le monde de l'esprit.

Mais le danger des premières impressions? s'écrient nos sages. Avez-vous oublié que Platon lui-même, le grand Platon, voulait régler la langue des nourrices, pour éviter qu'elles ne berçassent leurs enfants avec de riants mensonges? — La réponse est aisée. Platon, ce roi des conteurs, voulait qu'il n'y eût de fiction et de poésie que pour lui seul. S'il bannissait Homère de sa république, c'était simple jalousie de métier. Laissons de côté Platon et ses rêves. Il y a dans l'homme plusieurs facultés, il faut que chacune ait son éducation : toute la question est là. La raison se nourrit de vérité et l'imagination d'idéal, faites la part de la raison et celle de l'imagination. Comprenez que la science n'est pas tout, et consultez un peu l'instinct de l'enfant. Qu'est-ce qui lui plaît le mieux? Les contes et les voyages. Pourquoi négliger cette indication?

Mais, à choisir entre les deux, j'aime mieux les contes; ils exaltent moins l'imagination. J'ai rarement souhaité d'être oiseau bleu, mais que volontiers je me serais embarqué pour les Grandes-Indes, si j'avais été certain de faire naufrage sur une île déserte, et d'y trouver la caverne et le perroquet de Robinson, sans oublier l'aimable Vendredi.

D'ailleurs, il faut bien que le goût des contes ait sa racine au plus profond de l'âme humaine, pour que ces fables, dédaignées des beaux esprits, aient résisté à tous les progrès des lumières, à tous les caprices des réformateurs. On leur jette en vain l'anathème, rien ne peut les anéantir. C'est que les contes, comme les légendes, les chansons, les proverbes, appartiennent à cette littérature anonyme, que le peuple aime, garde et propage, parce qu'il s'y reconnaît tout entier. Elle est faite pour lui, il est fait pour elle. D'où date-t-elle? Qui le sait. Elle est aussi vieille que le monde. D'où vient-elle? D'Orient, suivant toute apparence. Je suppose qu'en quittant les plateaux de l'Asie, plus d'un Grec, plus d'un Celte, plus d'un Germain, plus d'un Slave, a emporté ses contes et ses légendes avec ses coutumes et ses dieux. Pour mieux dire, tout cela n'était qu'une même chose : les contes, à les étudier de près, ne sont la plupart du temps que les derniers débris d'une vieille mythologie.

Que deviennent les rois déchus? Nous ne le savons guère. Mais quant aux dieux détrônés, leur sort est certain. On en fait des démons, des monstres, des géants. Polyphème, avec son grand œil au milieu du front, n'est que le soleil, chassé du ciel, et devenu berger. Et quant à l'ogre de nos contes, il n'a rien à faire avec les Hongrois, qui n'ont jamais mangé de chair fraîche, ni dévoré les petits enfants; l'ogre, n'en déplaise aux nobles Magyars, est de bien plus grande et de plus antique maison. Ce n'est rien de moins que l'*Orcus*, ou le dieu de la mort chez les Romains. De cette divinité légendaire, les Napolitains ont fait l'*Uorco* de leurs contes, qu'ils prononcent *Uocro;* c'est de là que vient notre ogre. Saluons en ce personnage un Pluton tombé au rang de Croquemitaine. Si cette assertion étonne quelque curieux, qu'il étudie les légendes du moyen âge. Il y verra que nos aïeux, sans respect pour le vieil Olympe, avaient fait de Jupiter un démon cornu et de Vénus une diablesse. Légende ou conte, c'est tout un.

Si jamais il paraît sur terre un vrai savant, c'est-à-dire un homme qui, au lieu de ramasser de vieilles pierres ou d'étiqueter de vieux ossements, ait la sainte ambition d'écrire l'histoire de l'esprit humain et des idées qui tour à tour ont entraîné les générations, un des premiers sujets qui l'occupera nécessairement sera la géographie et la chronologie des contes de fées. Le jour où un érudit aura fait cette œuvre considérable, on sera bien étonné de voir quel rôle les contes ont joué dans le développement de la civilisation. C'est d'hier que Burnouf a révélé à l'Europe charmée les merveilleux poëmes de l'Inde, et cette religion bouddhique qui a transformé l'Orient ; l'étude du sanscrit ne fait que de naître ; mais il y a douze siècles bien comptés que le roman grec de Barlaam et de Josaphat avait naturalisé en Occident les apologues indiens et la légende même de Bouddha. Traduit au moyen âge dans toutes les langues de l'Europe, ce recueil oriental a eu sur les arts et les lettres plus d'influence que n'en auront jamais les chefs-d'œuvre de Burnouf. Pourquoi ? parce que le peuple l'a adopté. Quant à l'Inde brahmanique, elle nous a envoyé les leçons de son antique sagesse dans une foule de livres populaires : l'Ésope et plus tard le Syntipas des Grecs, le Kalilah et Dimnah, le Dolopathos, le roman des sept Sages, les *gesta Romanorum*, le Violier des histoires romaines, le comte Lucamor, etc. Et, en dehors de ce qu'on a recueilli par l'écriture, peut-on calculer tout ce que nous a conservé la tradition ? Ces contes que les nourrices se passent de bouche en bouche, tout ces merveilleux récits, grecs, celtiques, scandinaves, germains, italiens, français, que sont-ils ? des récits d'Orient. Où ne rencontre-t-on pas la légende de ces femmes cygnes, qui dépouillent leur plumage pour se baigner, restent avec l'époux qui s'est emparé de leurs ailes, et s'envolent aussitôt qu'elles les retrouvent ? D'où vient ce conte ? Du fond de l'Inde, et cependant depuis des siècles il charme les veillées de l'Occident[1].

Qui dira comment ce soleil d'Orient s'est infiltré dans nos sombres climats? Combien a-t-il fallu de missionnaires inconnus pour nous apporter ces trésors? Esclaves, nourrices, matelots, soldats ont porté avec eux tout autour de la Méditerranée, et jusque dans le Nord, *Psyché, Cendrillon, le Chat Botté, le Petit-Poucet*, etc. Aussi n'y a-t-il guère de conte qui appartienne à un âge et à un lieu déterminé. Ils sont de tous les temps et de tous les pays. J'ai été bercé avec le conte du *Bâton qui fait son devoir*[2], et celui du *Dragon à sept têtes*; ma bonne assurément n'avait pas lu le *Pentamerone* napolitain, et les frères Grimm n'avaient pas publié leurs précieux volumes. Les petits Anglais qu'on amuse avec *Cinderella* ne se doutent guère qu'on amuse avec *Cendrillon* leurs frères d'Allemagne, d'Italie et même de Hongrie. Le bonhomme *Misère*, avec son poirier d'où la mort ne peut descendre, est un conte qui charme les Espagnols, tout aussi bien que les Français et les Allemands; et tel cheval fabuleux qui, par ses merveilleuses prouesses, étonne les Bretons bretonnants, n'est pas moins célèbre chez les pâtres de la Servie. En deux mots, les contes ne sont pas seulement une littérature populaire, ils sont une littérature

1. V. inf., p. 105, les *Six Cygnes*, et la *Montagne de verre*, p. 120.
2. V. inf., p. 225.

universelle. Il serait bon de les traiter avec moins de dédain.

Les contes de Grimm, de Simrock, de Bechstein, etc., qu'on trouvera dans ce volume, sont pris de ce trésor commun; ce ne sont donc pas seulement des contes allemands. *Blanche-Neige*, *la Petite Sœur*, *l'Eau-de-vie*, se retrouvent chez les Serbes. *Les Trois Fileuses*, et *les Trois Nains de la Forêt* sont populaires en Bohême. *L'Ane Parlant* est un fabliau du moyen âge qu'on rencontre en tous pays, ce qui n'exclut pas une origine orientale. J'en dirai autant du *Roi Grive*, et de *la Lumière Bleue*, remaniement d'un fabliau qui a fourni à Shakspeare la pièce intitulée : *The Taming of the Shrew*. *La Branche de Noyer* n'est autre chose que la *Belle et la Bête*, c'est-à-dire une Psyché fort affaiblie. Quant au *Compère le Mort*, c'est encore un fabliau universel, qui, en Italie, a inspiré l'opéra de *Crispino e la Comare*. Dans les charmants contes d'un *Buveur de Bière*, M. Deulin a retrouvé en Flandre cette antique légende, avec une foule d'autres, qui, sous leur habit flamand, n'en ont pas moins gardé leur éclat oriental.

Je ne pousserai pas plus loin ces rapprochements. Les vrais amateurs, c'est-à-dire ceux qui font collection de contes, ne s'y tromperont guère; ils reconnaîtront bien vite des figures familières. Quant aux autres, que leur importe? Qu'ils sachent tout au moins que Perrault, en écoutant les bonnes et les nourrices, n'a rien tiré de son fonds; il ne nous a donné qu'un imperceptible fragment d'une littérature immense. Il a eu la main heureuse, je l'avoue, mais il s'en faut de beaucoup qu'il ait épuisé la mine où il a fouillé; et je crois que nos enfants, alléchés par ces aimables récits, ne seront point fâchés de faire plus ample connaissance avec l'innombrable famille des cousins du *Petit-Poucet* ou des cousines du *Chaperon-Rouge*.

M. Frank a traduit simplement et sans affectation de naïveté ces poëmes de l'enfance. On le lira avec plaisir, et j'espère qu'on lui demandera un second volume de cette littérature des petits, qui n'est pas une petite littérature. Qu'un de nos raffinés essaye de faire un conte de fée, qui ne soit ni un apologue prétentieux, ni une allégorie aussi ennuyeuse que diaphane, il sentira bientôt que l'esprit ne suffit point pour créer ces récits merveilleux; il admirera ces conteurs inconnus, qui s'appellent tout le monde et personne. Dans leur foi naïve, ces maîtres ignorés, nous ont laissé des œuvres qui ont déjà duré aussi longtemps que les pyramides d'Égypte, et qui, toujours jeunes et vivantes, semblent défier les révolutions et le temps.

Éd. Laboulaye.

PREMIÈRE SÉRIE

CONTES DES FRÈRES GRIMM

DE SIMROCK ET DE BECHSTEIN

NOTICE

SUR LES FRÈRES GRIMM

Les frères Grimm, qui ont attaché leur nom aux Contes populaires de l'Allemagne, dont ils ont les premiers publié un recueil original, d'après la tradition même encore vivante partout, sont trop connus pour qu'il soit nécessaire de rappeler ici tous leurs titres au respect de l'Europe savante.

Ce n'est point, d'ailleurs, la vaste et profonde érudition, les patientes études, le puissant esprit critique des deux frères, c'est leur culte filial pour les trésors de la littérature populaire que nous avons à louer en tête de ce volume.

Jacques-Louis-Charles Grimm, né le 4 janvier 1785, à Hanau, mort le 20 septembre 1863, à Berlin, fit ses premières études à Cassel, étudia le droit à Marbourg, alla rejoindre à Paris, en 1805, son professeur Savigny qu'il aida dans ses travaux littéraires, puis revint en Allemagne, et fut successivement bibliothécaire de la Bibliothèque de *Wilhelmshœhe*, fondée par l'Électeur de Hesse, attaché de l'ambassade de Hesse (c'était vers la fin du premier Empire), et bientôt après envoyé du gouvernement prussien à Paris, en 1815, avec mission d'y chercher et d'en rapporter des manuscrits, tout en continuant d'être chargé des affaires de l'Électeur.

Mais Jacques Grimm se sentait plus que jamais attiré vers

les travaux d'érudition auxquels, dans sa carrière publique, il consacrait toutes ses heures de loisir, ayant dès le début entrepris une étude approfondie de la littérature du moyen âge. Il résolut donc de quitter la politique et la diplomatie pour se donner tout entier aux lettres, fut nommé bibliothécaire en second à Cassel, en 1816, et se plongea dans ces recherches incessantes qui auraient pu avoir pour d'autres les résultats solides poursuivis par lui, mais d'où ils ne seraient pas sortis, certainement, avec cette verdeur d'esprit tant admirée par Henri Heine : « Jacques Grimm, dit-il, est sans égal dans son genre. Son érudition est colossale comme une montagne, et son esprit est frais comme la source qui en jaillit. »

En 1829, le premier bibliothécaire, étant mort, fut remplacé par l'historiographe Rommel, au mépris des droits de Jacques Grimm. Blessé par ce manque d'égards, ce dernier donna sa démission et accepta les fonctions de professeur et de bibliothécaire à Gœttingue. Là, il fit pendant sept ans des cours de langue allemande, d'histoire de la littérature et de droit.

En 1837, il se trouva parmi les sept professeurs qui parlèrent contre la révocation de la *loi fondamentale de l'État*, fut destitué et exilé avec Dahlmann et Gervinus. Pendant les années suivantes, il vécut retiré à Cassel, puis fut rappelé, en 1841, à Berlin, où il avait le droit de faire des cours, comme membre de l'Académie.

Par sa *Grammaire allemande*, il n'a pas seulement fondé la grammaire historique de la langue allemande, mais il a institué les principes mêmes des recherches de l'histoire de la langue.

Par son *Histoire de la langue allemande*, une des œuvres les plus remarquables qui aient jamais paru dans cette branche de littérature, il découvre des vues qui auront exercé une influence puissante sur le renouvellement des études historiques en Allemagne.

Tous ses ouvrages dénotent une ardeur infatigable et une aptitude singulière à vaincre tous les obstacles, un immense savoir, un grand esprit d'ordre et de persévérance, une sûreté de tact parfaite dans l'interprétation des phénomènes de l'histoire, et en outre, ce qui ne se rencontre guère chez le même homme, le sentiment délicat et tendre de la poésie.

Il composa en commun avec son frère Guillaume le *Dictionnaire allemand*, leur plus grand ouvrage, destiné à mettre en lumière le riche trésor de la langue allemande, tel qu'il se trouve dans les œuvres littéraires depuis Luther jusqu'à Gœthe ; œuvre capitale, interrompue malheureusement par la mort des deux frères.

Il a aussi recueilli avec lui les *Contes* populaires de l'Allemagne.

Guillaume-Charles Grimm, né le 24 février 1786, dans la même ville que son frère, étudia d'abord comme lui à Cassel et alla aussi étudier le droit à l'université de Marbourg. Sa vie, dans ses principaux incidents, se confond presque avec celle de son frère, qu'il suivit à Cassel, à Gœttingue et à Berlin.

On cite parmi ses principaux ouvrages une traduction des « Vieilles chansons héroïques danoises », en 1811 ; des recherches sur les « Rimes allemandes », en 1821 ; il s'est fait surtout connaître par des recherches sur la poésie allemande au moyen âge, et par des publications d'anciens poëmes, tels que *Grave Rudolf*, fragment d'une œuvre du douzième siècle, la *Chanson de Hildebrand*, la *Chanson de Roland*, etc.

Il publia avec Jacques Grimm — outre les *Contes* — les *Forêts de la vieille Allemagne*, choix de petits ouvrages populaires, les *Légendes allemandes*, et les *Contes des fées de l'Irlande*, d'après le *Fairy legends* de Crofton, avec une introduction sur la croyance aux fées.

Il ressemblait à son frère pour la science et pour l'esprit ; le même besoin d'activité intellectuelle et le goût des mêmes études les unissaient l'un à l'autre, aussi bien que les liens de la vie domestique.

Guillaume Grimm est mort le premier, le 16 décembre 1859.

L'étonnement fut grand en Allemagne et en Europe, lorsqu'on apprit que ces deux graves savants s'étaient amusés à recueillir dans leurs voyages et dans leurs promenades, de la bouche des simples et des paysans, toute sorte de vieilles traditions, sous ce titre, sans prétention : « Contes pour les enfants et pour la famille » (*Kinder und Hausmœhrchen*), dont la première partie parut en 1812, pour amplement s'accroître par la suite. Les frères Grimm ont fait en Allemagne pour les contes ce qu'a fait en Bretagne, pour les chansons populaires, M. de la Villemarqué.

Mais l'étonnement se changea bien vite en sympathie pour ces nouvelles recherches et en curiosité ardente à l'égard de ces trésors d'imagination naïve, dont le public n'avait pas semblé d'abord comprendre la valeur, reprochant en quelque sorte aux deux frères d'avoir compromis leur caractère de savants haut placés dans l'estime de tous, par cette publication *enfantine*.

Ils avaient réellement ouvert une voie peu explorée jusqu'alors, où les Simrock et les Bechstein devaient s'engager ensuite avec succès.

On peut dire qu'ils ont reçu de la bouche du peuple la tradition même, sans l'arranger comme Musæus, au gré d'une fantaisie plus ou moins heureuse, mais toujours personnelle, et loin d'offrir, par conséquent, l'intérêt qui s'attache aux productions spontanées de l'imagination populaire.

Ainsi Musæus, dans un de ses contes, *Richilde*, s'est emparé du sujet de Blanche-Neige pour le développer, le modifier et l'enjoliver de mille traits qui ne valent pas la simplicité du récit primitif. On remarquera que les contes du peuple ont, en général, le double mérite de la brièveté et du naturel, avec un ton de conviction naïve auquel l'esprit se laisse prendre volontiers un instant.

Musæus raffine sur les descriptions, moralise et persifle tour à tour, comme un homme qui se moque de son sujet ou qui en use au profit de ses idées. Aussi, dans ce choix de contes allemands du temps jadis, ne sera-t-on pas étonné de voir les récits franchement populaires défrayer presque tout le volume, et Musæus n'occuper avec Tieck lui-même, qu'une place très-petite ici, plutôt pour fournir des sujets de comparaison que pour représenter le *vrai* type des traditions familières de la vieille Allemagne.

BLANCHE-NEIGE

C'était au milieu de l'hiver, et les flocons de neige tombaient comme des plumes; une reine était assise près de sa fenêtre au cadre d'ébène et cousait. Et comme elle cousait et regardait la neige, elle se piqua les doigts avec son épingle et trois gouttes de sang en tombèrent. Et voyant ce rouge si beau sur la neige blanche, elle se dit:

« Oh! si j'avais un enfant blanc comme la neige, rouge comme le sang et noir comme l'ébène! »

Bientôt elle eut une petite fille qui était aussi blanche que la neige, avec des joues rouges comme du sang et des cheveux noirs comme l'ébène; ce qui fit qu'on la nomma *Blanche-Neige*[1]. Et lorsque l'enfant eut vu le jour, la reine mourut.

Un an après, le roi prit une autre femme. Elle était belle, mais fière et hautaine à ne pouvoir souffrir qu'aucune autre la surpassât en beauté. Elle avait un miroir merveilleux ; et quand elle se mettait devant lui pour s'y mirer, elle disait :

« Petit miroir, petit miroir,
Quelle est la plus belle de tout le pays ? »

Et le miroir répondait :

« Madame la reine, vous êtes la plus belle. »

Alors elle était contente, car elle savait que le miroir disait la vérité.

Mais Blanche-Neige grandissait et devenait toujours plus belle ; et quand elle eut sept ans, elle était aussi belle que le jour, plus belle que la reine elle-même. Comme celle-ci demandait une fois à son miroir :

« Petit miroir, petit miroir,
Quelle est la plus belle de tout le pays ? »

Il lui répondit aussitôt :

« Madame la reine, vous êtes la plus belle *ici*,
Mais Blanche-Neige est mille fois plus belle que vous. »

La reine, consternée, devint livide de rage et d'envie. Depuis ce moment, la vue de Blanche-Neige lui bouleversa le cœur, tant la petite fille lui inspirait de haine. L'envie et la jalousie ne firent que croître en elle, et elle

---

1. En allemand : *Sneewitchen* ou *Schneeweisschen*.

n'eut plus de repos ni jour ni nuit. Enfin, elle fit venir son chasseur et lui dit :

« Portez l'enfant dans la forêt ; je ne veux plus l'avoir devant les yeux ; là, vous la tuerez et vous m'apporterez son foie et ses poumons, comme preuve de l'exécution de mes ordres. »

Le chasseur obéit et emmena l'enfant avec lui ; et quand il eut tiré son couteau de chasse pour percer le cœur de l'innocente Blanche-Neige, voilà que la petite fille commença à pleurer et dit :

« Ah ! mon bon chasseur, laisse-moi la vie ! Je courrai dans la forêt sauvage et ne reviendrai jamais. »

Elle était si belle que le chasseur eut pitié d'elle et dit :

« Va, pauvre enfant ! »

Il pensait en lui-même :

« Les bêtes féroces vont te dévorer bientôt. »

Pourtant, il se sentit le cœur soulagé d'un grand poids à l'idée qu'il avait pu se dispenser de l'égorger. Et comme il vit courir devant lui un marcassin, il le tua, en prit le foie et les poumons, s'en fut les présenter à la reine, qui les fit bien assaisonner et cuire : et la méchante femme crut manger la chair et le sang de Blanche-Neige.

Pendant ce temps, la pauvre enfant errait toute seule dans l'épaisse forêt, et elle avait si grand'peur qu'elle regardait d'un air inquiet tous les arbres et toutes les feuilles, ne sachant où trouver du secours. Puis elle se mit à courir sur les pierres pointues et sur les épines, et les bêtes féroces bondissaient à côté d'elle, mais sans lui faire aucun mal. Elle courut aussi longtemps que ses pieds purent la porter, jusqu'à la brune, et elle aperçut alors une petite cabane où elle entra pour se reposer. Tout dans cette cabane était petit, mais si gentil et si propre qu'on ne saurait le décrire. Il y avait une petite table recouverte d'une nappe blanche avec sept petites assiettes, chaque assiette avec sa petite cuiller, puis sept petits couteaux, sept petites fourchettes et sept petits gobelets. Contre le mur, il y avait sept petits lits l'un à côté de l'autre, couverts de draps blancs comme la neige.

Blanche-Neige avait très-faim et très-soif; elle mangea une cuillerée de légumes avec une bouchée de pain dans chaque assiette, et but dans chaque gobelet une goutte de vin, car elle ne voulait pas prendre une seule part tout entière. Puis, comme elle était fatiguée, elle essaya de se coucher dans un des petits lits; mais l'un était trop long, l'autre trop petit, et enfin il n'y eut que le septième qui fût à sa taille; elle y resta donc, fit sa prière et s'endormit.

La nuit venue, les maîtres de la cabane arrivèrent; c'étaient des nains qui cherchaient de l'airain et de l'or dans les montagnes. Ils allumèrent leurs petites lampes, et quand le logis fut éclairé, ils virent bientôt que quelqu'un avait passé par là, car tout n'était plus dans le même ordre où ils l'avaient laissé.

Le premier dit :

« Qui s'est assis sur ma chaise? »

Le second :

« Qui a mangé dans mon assiette? »

Le troisième :

« Qui a pris de mon pain? »

Le quatrième :

« Qui a touché à mes légumes? »

Le cinquième :

« Qui a piqué avec ma fourchette? »

Le sixième :

« Qui a coupé avec mon couteau? »

Et le septième :

« Qui a bu dans mon gobelet? »

Puis le premier se retourna et il vit que son lit était un peu affaissé.

« Qui s'est couché dans mon lit? » dit-il.

Et les autres d'accourir et dire :

« Dans le mien aussi, il y a eu quelqu'un. »

Mais le septième, en regardant son lit, aperçut Blanche-Neige qui y était couchée et dormait. Il appela ses frères, qui se hâterent de venir et se récrièrent d'étonnement; et chacun fut chercher sa lampe pour mieux contempler Blanche-Neige.

« Ah! mon Dieu, ah! mon Dieu, répétaient les nains, que cette enfant est belle! »

Ils étaient ravis de l'admirer et se gardèrent bien de l'éveiller; le septième nain dormit une heure dans le lit de chacun de ses compagnons jusqu'au point du jour.

Le matin, quand Blanche-Neige sortit de son sommeil, elle vit les petits hommes et fut effrayée. Mais ils se montrèrent fort aimables et lui demandèrent son nom.

« Je me nomme Blanche-Neige, » dit-elle.

— Par quel hasard, reprirent les nains, es-tu venue dans notre maison? »

Alors elle leur conta son histoire : comment sa belle-mère avait voulu la faire tuer, comment le chasseur l'avait épargnée, et comment elle avait couru tout le jour jusqu'à ce qu'elle rencontrât la petite cabane.

Les nains lui dirent :

« Veux-tu faire notre ménage, les lits, la cuisine, coudre, laver, tricoter? En ce cas, nous te garderons avec nous et tu ne manqueras de rien. »

Blanche-Neige leur promit tout ce qu'ils désiraient et resta chez eux. Elle vaquait aux soins du ménage. Le matin, les nains s'en allaient pour chercher dans les montagnes de l'airain et de l'or; le soir, ils rentraient au logis, où le dîner devait se trouver prêt. Toute la journée la jeune fille était seule, et ils l'avertissaient en partant de se tenir sur ses gardes : « Car, disaient les bons petits hommes, ta marâtre saura bientôt que tu es ici ; n'ouvre à personne ! »

Cependant, la reine qui croyait avoir mangé la chair et le sang de Blanche-Neige, pensait bien être de nouveau la plus belle femme du pays; et pour en avoir l'assurance, elle se mit devant son miroir et lui dit :

« Petit miroir, petit miroir,
Quelle est la plus belle de tout le pays? »

Aussitôt le miroir de répondre :

« Madame la reine, vous êtes la plus belle *ici*,
Mais Blanche-Neige au delà des montagnes,
Chez les sept petits nains,
Est mille fois plus belle que vous. »

La reine pâlit de colère; elle savait que le miroir ne mentait pas, et elle reconnut que le chasseur l'avait trompée et que Blanche-Neige vivait encore. Elle songea derechef aux moyens de la tuer; car aussi longtemps qu'elle ne serait pas la plus belle, elle sentait qu'elle n'aurait pas de repos. Enfin, elle imagina de se grimer le visage et de s'habiller en vieille marchande, de façon à se rendre méconnaissable. Ainsi déguisée, elle alla dans les sept montagnes, chez les sept nains, frappa à la porte de la cabane et cria :

« De belles marchandises! Achetez, achetez ! »

Blanche-Neige regarda par la fenêtre et dit :

« Bonjour, ma bonne femme; que vendez-vous là ? »

— De bonnes marchandises, de belles marchandises, reprit l'autre, des lacets de toutes les couleurs! »

Et elle tira de sa boîte un lacet tressé de soies de diverses couleurs.

« Je peux laisser entrer cette brave femme, » pensa Blanche-Neige.

Et tirant le verrou de la porte, elle ouvrit à la vieille et lui acheta le beau lacet.

« Enfant, dit la vieille, de quelle façon êtes-vous lacée ? Je vais vous montrer comment il faut faire. »

Blanche-Neige, sans aucun soupçon, se plaça devant elle, et se fit lacer avec le nouveau lacet ; mais la vieille le serra si fort que la jeune fille en perdit la respiration et tomba comme morte.

« Maintenant, tu as fini d'être la plus belle, » dit la marâtre, et elle s'en alla au plus vite.

Vers le soir, les sept nains revinrent à la cabane, mais quel ne fut pas leur trouble en apercevant leur chère Blanche-Neige étendue par terre sans mouvement et comme inanimée ! Ils la relevèrent, et quand ils eurent vu le lacet qui l'étranglait, ils le coupèrent ; alors elle commença à respirer faiblement et revint à elle peu à peu. Les nains écoutèrent le récit de ce qui s'était passé et dirent :

« La vieille marchande n'était autre que la reine ; prends garde de n'ouvrir à personne, désormais, en notre absence. »

La méchante reine, dès qu'elle fut de retour chez elle, alla droit à son miroir et lui demanda :

« Petit miroir, petit miroir,
Quelle est la plus belle de tout le pays ? »

Et le miroir magique de répondre :

« Madame la reine, vous êtes la plus belle *ici*,
Mais Blanche-Neige, au delà des montagnes,
Chez les sept petits nains,
Est mille fois plus belle que vous. »

Lorsque la reine entendit cela, tout son sang se porta au cœur, tant sa colère fut violente à l'idée que Blanche-Neige était en vie.

« A présent, dit-elle, il faut que je trouve un moyen infaillible de la perdre ! »

Et, avec son art de sorcière, elle fabriqua un peigne empoisonné. Puis elle se déguisa de nouveau, sous la figure d'une autre vieille bohémienne. Elle s'en fut par les sept montagnes, chez les sept nains, frappa à la porte, et dit :

« Bonnes marchandises à vendre ! Achetez ! »

Blanche-Neige regarda par la fenêtre ; mais elle répondit :

— Je ne dois faire entrer personne ; passez votre chemin.

— On vous permettra bien de regarder seulement, » repartit la vieille, qui tira le peigne empoisonné et le mit sous les yeux de la jeune fille.

Il plut tellement à celle-ci qu'elle se laissa entraîner à ouvrir la porte. Lorsqu'elle eut acheté le peigne, la vieille dit :

« Attends ! je vais te peigner comme il faut. »

La pauvre Blanche-Neige, sans nulle méfiance, laissa faire la vieille ; mais à peine avait-elle entré le peigne dans les cheveux de sa victime, que le poison commença à agir, et que la jeune fille tomba roide par terre, comme frappée de mort.

« Eh bien, ma belle, dit la vieille en ricanant ; cette fois c'en est fait de toi ! »

Puis elle sortit.

Par bonheur, le soir approchait, et c'était l'heure du retour des nains. En voyant Blanche-Neige étendue ainsi, ils pensèrent tout de suite à sa belle-mère et cherchèrent partout la cause de ce qui venait d'arriver. Ils mirent la main sur le peigne empoisonné, et, à peine l'eurent-ils retiré, que Blanche-Neige reprit connaissance et raconta ce qui avait eu lieu. Les nains lui recommandèrent plus vivement que jamais de ne laisser pénétrer personne jusqu'à elle.

Tandis que la charmante enfant triomphait pour la troisième fois de ses embûches, la reine, dans son palais, consultait le miroir suspendu au mur :

« Miroir, petit miroir,
Quelle est la plus belle de tout le pays? »

Et comme naguère il répondait :

« Madame la reine, vous êtes la plus belle *ici*;
Mais Blanche-Neige, au delà des montagnes,
Chez les sept petits nains,
Est mille fois plus belle que vous. »

Lorsque la marâtre entendit cette nouvelle réponse, elle trembla de fureur.

« Blanche-Neige mourra, s'écria-t-elle, quand il devrait m'en coûter la vie! »

Puis elle s'enferma dans une chambre secrète où personne n'entrait, et y prépara une pomme empoisonnée, superbe à voir, blanche et rose de peau, fraîche à croquer; cette pomme avait le pouvoir de tuer quiconque en goûterait un morceau. Lorsqu'elle l'eut bien apprêtée, la reine se peignit la figure, et, déguisée en paysanne, retourna dans les sept montagnes, au pays des sept nains. Parvenue à la cabane où demeurait Blanche-Neige, elle frappa, et la jeune fille mit la tête à la fenêtre.

« Je ne dois laisser entrer personne, dit-elle, les nains me l'ont défendu.

— Soit ! répliqua la paysanne, cela m'est égal ; on m'achètera mes pommes ailleurs ; tenez, en voici une, je vous la donne.

— Non, dit Blanche-Neige, je ne dois rien prendre.

— Auriez-vous peur de quelque poison ? dit la vieille ; regardez, voici ma pomme coupée en deux moitiés : mangez la rouge, moi je mangerai la blanche. »

Mais la pomme était préparée avec tant d'art, que le côté rouge seul était empoisonné. Blanche-Neige avait bien envie de la belle pomme, et lorsque la paysanne se mit à en manger la moitié, la pauvre petite ne put y tenir davantage ; elle tendit la main et prit la moitié où se trouvait le poison. A peine ses lèvres s'y furent-elles posées, qu'elle tomba morte sur le sol. La reine la considéra avec des yeux terribles, rit aux éclats et dit :

« Blanche comme neige ! rouge comme sang ! noire comme l'ébène ! cette fois-ci les nains ne te réveilleront point ! »

Et lorsqu'elle interrogea son miroir, selon sa formule habituelle :

« Petit miroir, petit miroir,
Quelle est la plus belle de tout le pays ? »

Il répondit enfin :

« Madame la reine, la plus belle, c'est vous ! »

Alors, le cœur envieux de la marâtre fut satisfait, autant que peut l'être un cœur envieux.

Les nains, en arrivant à la maison, le soir, trouvèrent Blanche-Neige étendue encore une fois par terre, sans haleine et sans mouvement. Ils la relevèrent, cherchèrent la cause de ce nouveau malheur, la desserrèrent, peignèrent ses cheveux, et lui lavèrent le visage avec de l'eau et du vin ; mais rien n'y fit : la pauvre enfant était morte et resta morte.

Ils la couchèrent dans une bière et se mirent tous les sept autour d'elle, veillant et pleurant pendant trois jours. Puis ils voulurent l'enterrer ; mais elle avait si bien l'air d'une personne vivante, tant ses joues étaient fraîches et roses, qu'ils se dirent :

« Nous ne pouvons la mettre dans la terre noire. »

Ils lui firent un cercueil de verre pour qu'on pût la voir de tous côtés, l'ensevelirent dedans et écrivirent dessus en lettres d'or, qu'elle était *fille de roi*, et se nommait *Blanche-Neige*. Ensuite ils placèrent le cercueil sur le haut de la montagne, et l'un d'eux restait toujours auprès d'elle pour la garder. Les oiseaux vinrent aussi pleurer Blanche-Neige : le premier fut un hibou, le second un corbeau, et le troisième une colombe.

Blanche-Neige était ainsi depuis bien longtemps dans son cercueil et ne changeait pas de figure, ne semblant toujours qu'endormie, car elle était toujours blanche comme neige, avec des joues rouges comme du sang, sous ses beaux cheveux noirs comme l'ébène.

Or, il advint qu'un fils de roi, allant par la forêt, arriva chez les nains pour y passer la nuit. Il vit Blanche-Neige couchée dans le cercueil de verre sur la montagne, et lut ce qui s'y trouvait écrit en lettres d'or. Alors il dit aux nains :

« Livrez-moi ce cercueil, je vous donnerai ce que vous voudrez. »

Mais les nains répondirent :

« Nous ne le livrerions pas pour tout l'or du monde !
— Eh bien, reprit-il d'un ton suppliant, faites-m'en présent ; car je ne peux plus vivre sans voir Blanche-Neige. »

Les bons petits nains, touchés de ses prières, eurent pitié de lui et lui permirent d'emporter le cercueil. Les gens du prince le soulevèrent sur leurs épaules; mais, ayant heurté du pied une grosse racine, ils tombèrent, et par l'effet du choc, le cœur de la pomme sortit du gosier de Blanche-Neige. Presque aussitôt, elle rouvrit les yeux, se redressa et dit :

« Mon Dieu! où suis-je?

— Avec moi qui t'aime plus que tout au monde! s'écria le fils de roi plein de joie. »

Et il lui raconta ce qui s'était passé.

« Viens avec moi dans le château de mon père, dit-il, et tu seras ma femme. »

Et Blanche-Neige sentit bien qu'elle l'aimait aussi, et elle s'en fut avec lui, et la noce fut préparée en grande pompe.

On n'oublia pas d'inviter la méchante belle-mère à la fête. Lorsqu'elle se fut parée de ses plus riches atours, elle se mit devant son petit miroir et dit :

« Petit miroir, petit miroir,
Quelle est la plus belle de tout le pays? »

Le miroir répondit :

« Madame la reine, vous êtes la plus belle *ici*;
Mais la jeune reine est plus belle que vous! »

La méchante femme se récria de fureur; dans son trouble, elle ne savait plus que faire. Tout d'abord, elle ne voulait plus aller à la noce; mais bientôt elle changea de résolution et n'eut point de repos qu'elle ne fût partie pour voir la jeune reine.

Et lorsqu'elle entra, elle reconnut Blanche-Neige et resta immobile de terreur et d'angoisse.

Mais on avait déjà mis des pantoufles de fer sur un feu de charbons ardents, et on les apporta toutes brûlantes : il lui fallut chausser ces pantoufles rougies au feu et danser avec, et elle fut condamnée à danser jusqu'à ce qu'elle eût les pieds consumés et tombât roide morte.

LA PRINCESSE SUR LES POIS

Il était une fois un roi dont le fils unique, voulant se marier, demanda une femme à son père.

« Ton désir va être satisfait, mon fils, dit le roi, mais il ne serait pas convenable de prendre une autre qu'une princesse pour femme, et il s'en trouve justement une qui est libre tout près d'ici. Cependant, je veux faire annoncer ton intention ; peut-être nous viendra-t-il quelque princesse de l'étranger. »

Il envoya donc partout des lettres pour cet objet, et il ne se passa pas longtemps sans qu'on vît paraître des princesses. Il n'y avait presque point de jour où ce ne fut le tour de quelqu'une ; mais dès qu'on s'informait de ses aïeux et de sa famille, on s'apercevait que ce n'était point là une véritable princesse, et on la congédiait bien vite.

« Si cela continue ainsi, disait le prince, je finirai par ne pas rencontrer de femme.

— Calme-toi, mon fils, lui dit la reine ; avant que tu t'en sois avisé, tu en auras une ; souvent le bonheur est devant la porte, on n'a qu'à l'ouvrir. »

Il en advint réellement ainsi que la reine l'avait prédit.

Bientôt après, par un soir d'orage, comme la pluie et le vent battaient les fenêtres, on frappa à la porte du château royal, les domestiques ouvrirent, et une jeune fille d'une beauté merveilleuse entra, demandant à être conduite immédiatement devant le roi.

Le roi fut étonné d'une visite à pareille heure, et s'informa d'où venait l'inconnue, qui elle était, ce qu'elle désirait?

« Je viens d'un pays lointain, dit-elle; je suis la fille d'un roi puissant. Lorsque votre lettre est parvenue avec le portrait de votre fils dans le royaume de mon père, j'ai senti naître en moi un grand amour pour ce prince et je suis partie avec l'intention de devenir sa femme.

— Voilà qui me paraît un peu étrange, repartit le roi, et vous n'avez nullement l'air d'une princesse. Depuis quand une princesse voyage-t-elle sans suite et vêtue d'aussi mauvaises robes?

— La suite n'aurait fait que me retarder, reprit-elle; quant à la couleur de mes robes, le soleil l'a pâlie et la pluie l'a effacée entièrement. Si vous ne croyez pas que je sois une princesse, envoyez une ambassade à mon père.

— C'est trop d'embarras, dit le roi; une ambassade ne saurait voyager aussi vite que vous. Les gens doivent avoir le temps nécessaire, et il se passerait des années avant qu'ils fussent de retour. Si vous ne pouvez prouver autrement que vous êtes une vraie princesse, vous n'avez que faire ici et le mieux sera pour vous de retourner au plus vite dans votre pays.

— Laisse-la rester, dit alors la reine, je veux la mettre à l'épreuve, et je saurai avant peu si c'est une princesse véritable. »

La reine monta ensuite elle-même à la tour du château

et fit préparer un lit superbe dans un magnifique appartement. Lorsqu'on eut apporté les matelas, elle y mit trois pois, l'un au pied du lit, un autre au milieu et le troisième au chevet; puis on ajouta encore six matelas, puis les draps et les édredons. Quand tout fut prêt, elle conduisit la jeune fille dans cette chambre :

« Après une si longue marche, vous devez être fatiguée, mon enfant, dit-elle; dormez bien : demain nous causerons plus amplement de tout cela. »

A peine faisait-il jour, que la reine monta à la tour où elle croyait la jeune fille plongée dans le plus profond sommeil; mais celle-ci était tout éveillée.

« Comment avez-vous dormi, ma fille? demanda la reine.

— Affreusement, répondit la princesse, je n'ai pas fermé les yeux de la nuit!

— Pourquoi donc, mon enfant? Le lit n'était-il pas bien fait?

— Jamais de la vie je n'ai couché dans un tel lit; il était dur de la tête aux pieds, comme si j'avais été couchée sur des pois.

— Je vois bien, dit la reine, que vous êtes une vraie princesse. Je vais vous envoyer une toilette royale, des perles, des pierreries... Parez-vous comme une fiancée. Aujourd'hui même nous célébrerons le mariage qui doit vous unir à mon fils[1]. »

---

[1]. On sent dans ce petit récit, si naïf au premier abord, une pointe d'ironie bien originale. Le lecteur retrouvera dans plus d'un conte ce genre de bonhomie narquoise.

LES WICHTELMÆNNER[1]

PREMIER CONTE

Un cordonnier était devenu si pauvre, sans qu'il y eût de sa faute, qu'il ne lui restait à la fin que tout juste assez de cuir pour faire une paire de souliers. Dans la soirée, il tailla ce cuir afin de le coudre le lendemain, et, comme il avait la conscience en repos, il se mit tranquillement au lit après s'être recommandé au bon Dieu, puis s'endormit.

Le lendemain, lorsqu'il eut fait sa prière et qu'il voulut se mettre à l'ouvrage, les deux souliers se trouvaient tout faits sur la table. Jugez de l'étonnement du bonhomme; il ne savait que dire ni que penser, et il prit les souliers à sa main pour les regarder de plus près : ils étaient façonnés avec tant de soin qu'il n'y avait pas un faux point; c'était vraiment un ouvrage de maître!

Bientôt un acheteur entra dans la boutique; et, comme ces souliers lui plurent, il les paya plus que le prix ordinaire, et le cordonnier put s'acheter de cet argent du cuir pour deux autres paires de souliers. Il les tailla le soir, se proposant de les coudre le lendemain; mais il n'en

---

1. *Petits hommes*, espèce de nains merveilleux d'une taille lilliputienne. On cite leurs tours et leurs malices; mais travailleurs et obligeants, ils ne deviennent guère taquins et méchants que pour ceux qui les narguent. C'est surtout du côté du Rhin, à Cologne, etc., que les *Wichtelmænner* font parler d'eux. Par leur obligeance ils ressemblent assez aux *teuz*, et par leurs taquineries aux *korrigans* et *poulpikans* de notre Bretagne.

eut pas besoin, car en se levant, il les trouva déjà tout faits, et les acheteurs ne tardèrent pas non plus à lui donner de quoi s'acheter du cuir pour quatre paires de souliers. Le lendemain matin encore, il trouva ces quatre paires toutes faites; et ce fut ainsi toujours de mieux en mieux : ce qu'il taillait le soir, il le trouvait cousu et achevé le lendemain, de telle sorte qu'il eut, au bout de peu de temps, assez pour vivre sans souci, et que finalement il devint un homme aisé.

Il arriva qu'un soir, quelques jours avant Noël, le cordonnier, ayant taillé ses souliers, dit à sa femme au moment de se coucher :

« Qu'en dis-tu, femme? Si nous restions debout cette nuit pour voir qui nous aide ainsi? »

La femme fut contente de ce propos et alluma une chandelle; puis ils se cachèrent dans un coin de la chambre, derrière leurs habits qu'ils y avaient accrochés, et se tinrent aux aguets.

Quand la cloche eut sonné minuit, ils virent surgir deux petits hommes nus qui se mirent devant l'établi du cordonnier, prirent tout le cuir taillé et commencèrent avec leurs petits doigts à piquer si vite et à coudre avec tant d'agilité que le cordonnier, ébahi, ne pouvait les quitter des yeux. Ils ne cessèrent pas de travailler avant que tout fût achevé; et, laissant leur ouvrage sur la table, ils s'en allèrent au plus vite.

Le lendemain, la femme dit au mari :

« Nous sommes devenus riches par le travail de ces *petits hommes;* nous devrions bien nous montrer reconnaissants. Ils courent tout nus et n'ont rien sur le corps, ils doivent avoir froid. Sais-tu? Je vais leur coudre une chemise, un habit, des culottes et un gilet, et leur tricoter une paire de bas; et toi, tu feras pour chacun d'eux une paire de petits souliers. »

Le mari y consentit de tout son cœur. Le soir, lorsque tout fut fini, ils mirent leurs cadeaux sur la table à la place du cuir taillé, et ils se cachèrent pour voir ce que les *petits hommes* allaient en faire.

A minuit, les nains arrivèrent et voulurent se mettre immédiatement à l'ouvrage; en trouvant ces jolis vêtements au lieu de cuir, ils s'étonnèrent d'abord, puis ils montrèrent une joie folle. Ils s'habillèrent en grande hâte; et ils caressaient leurs habits et chantaient :

« Ne sommes-nous pas des garçons gentils et galants?
Pourquoi être des cordonniers plus longtemps? »

Puis ils sautèrent et dansèrent partout, sur les chaises et sur la table. Enfin, ils s'en allèrent par la porte en dansant. Depuis lors, ils ne revinrent plus; mais le cordonnier vécut à son aise toute sa vie, et tout ce qu'il entreprit lui réussit à souhait.

DEUXIÈME CONTE

Il était une fois une pauvre servante, bien active et bien propre, qui balayait tous les jours toute la maison, et mettait les ordures devant la porte. Un matin, en voulant commencer son travail, elle y trouva une lettre, et, comme elle ne savait pas lire, elle mit son balai dans un coin et porta la lettre à ses maîtres. C'était une invitation des *Wichtelmœnner*, qui demandaient à la pauvre fille d'être marraine d'un de leurs enfants.

La servante ne savait trop que faire; après bien des conseils, et comme on lui disait qu'il ne fallait jamais refuser ces sortes de choses, elle y consentit.

Alors vinrent trois *Wichtelmœnner*, qui la conduisirent

dans une grande montagne creuse, où vivaient ces petits êtres.

Tout y était petit, mais si beau et si gentil qu'on ne saurait le décrire. L'accouchée était dans un lit d'ébène, dont les pommes étaient autant de perles; les couvertures étaient brodées d'or, le berceau en ivoire et la baignoire en or.

La servante fut donc marraine, puis s'apprêta à s'en retourner au logis. Mais les *petits hommes* insistèrent tellement qu'elle consentit à rester trois jours. Elle passa ce temps joyeusement et dans les plaisirs; et les *Wichtelmænner* faisaient tout ce qu'elle désirait.

Lorsqu'elle voulut s'en aller, ils lui mirent plein ses poches d'or et la reconduisirent hors de la montagne.

Arrivée à la maison, elle reprit son balai qui était encore dans le coin où elle l'avait mis et recommença à balayer. Alors survinrent des personnes de la maison qui lui demandèrent ce qu'elle voulait et qui elle était. Et elle vit que ce n'étaient pas trois jours, comme elle le pensait, mais sept ans, qu'elle avait passés dans la montagne avec les *petits hommes;* et ses maîtres étaient morts pendant ce temps-là[1].

TROISIÈME CONTE

Les *Wichtelmænner* avaient enlevé un enfant à sa mère

---

1. Dans ce monde surnaturel, l'homme, quand il s'y trouve transporté, ne s'aperçoit pas du cours du temps; ou plutôt, le temps est suspendu pour lui, et il n'en retrouve la notion et les effets qu'en rentrant dans le monde ordinaire. On se rappelle l'histoire de ce moine, citée comme preuve des jouissances de l'éternité dans les sermons du moyen âge : il croyait n'avoir écouté que pendant une matinée le chant d'un oiseau envoyé par Dieu, et l'avait écouté pendant trois cents ans, oubliant toutes choses dans la douceur de son extase.

et avaient mis dans le berceau, à sa place, un nain avec une grosse tête et des yeux fixes, qui ne voulait que manger et boire.

La pauvre mère alla chez sa voisine, pour lui demander conseil.

La voisine dit qu'il fallait porter le nain dans la cuisine, le mettre sur le foyer, allumer du feu et faire bouillir de l'eau dans des coques d'œufs; que cela ferait rire le nain, et que, dès qu'il rirait, il n'aurait plus de puissance.

La mère fit tout comme le lui avait conseillé la voisine; et lorsqu'elle mit les coques avec l'eau sur le feu, le nain s'écria :

« Je suis aussi vieux que la forêt Noire,
Et jamais je n'ai vu bouillir de l'eau dans des œufs. »

Et il commença à rire. Il riait encore qu'une foule de *petits hommes* arrivèrent, mirent l'enfant de la pauvre mère sur le foyer et emportèrent le nain[1].

---

1. Ce conte rappelle d'une façon frappante un chant breton, dialecte de Cornouaille, recueilli par M. de La Villemarqué dans son *Barzaz-Breiz*. « C'est, dit-il, une des traditions les plus populaires de l'Armorique. » Le chant est un peu plus développé que le conte; mais les circonstances et les paroles sont presque semblables. Seulement, dans la chanson bretonne, dès que le nain a parlé, il faut le fouetter, pour qu'il crie et que ses compagnons viennent l'enlever; dans le conte allemand, il faut arriver à le faire rire en mettant bouillir de l'eau dans des coques d'œufs : alors il perd sa puissance et les *petits hommes* l'emportent. Mais le refrain qui trahit le caractère surnaturel du nain exprime la même idée avec le même tour de part et d'autre.

Le *Korrigan* s'écrie :

« J'ai vu l'œuf avant d'avoir vu la poule blanche; j'ai vu le gland avant de voir l'arbre.

« J'ai vu le gland et j'ai vu la gaule; j'ai vu le chêne dans les bois de l'autre Bretagne, et je n'ai jamais vu pareille chose. »

L'EAU DE LA VIE

Il était une fois un roi qui tomba malade, et personne ne croyait qu'il pût conserver la vie. Ce roi avait trois fils qui en ressentirent un vif chagrin; et, comme ils allaient dans le parc du château pour pleurer, ils y rencontrèrent un vieillard qui leur demanda la cause d'une pareille tristesse. Ils lui racontèrent que leur père était fort malade et qu'il allait à coup sûr mourir, car il n'y avait plus de remède. Mais le vieillard dit :

« J'en connais encore un, c'est l'*Eau de la vie*; celui qui en boit recouvre tout de suite la santé; mais elle est difficile à trouver.

— Je la trouverai bien ! » répondit l'aîné, et il courut

prier le roi de lui permettre de partir à la recherche de l'*Eau de la vie*, qui seule pouvait le sauver.

— Non ! dit le roi, le danger est trop grand, je préfère mourir. »

Mais le prince le pria si longtemps que le roi consentit au voyage. Et le prince se disait en lui-même : « Si je vais chercher l'*Eau de la vie*, c'est moi qui serai le plus cher à mon père, et qui deviendrai l'unique héritier du trône. »

Il se mit donc en route, et lorsque son cheval eut marché quelque temps, il vit un nain au bord du chemin, qui lui cria :

« Où allez-vous si vite ?

— Petit nabot ! repartit fièrement le prince, tu n'as pas besoin de le savoir ? » Et il continua sa route.

Mais le petit homme s'était fâché et avait prononcé un vœu malveillant. Le prince arriva dans un ravin ; et, plus il allait, plus les montagnes se resserraient. Enfin, la route devint tellement étroite qu'il ne put avancer davantage avec son cheval, et qu'il ne put en descendre non plus ; si bien qu'il demeura ainsi emprisonné. Le roi malade l'attendait toujours, mais il ne reparaissait pas.

Alors le second fils dit :

« Je m'en vais aller à la recherche de cette eau. »

Et il pensait : « Cela m'irait fort que mon frère fût mort, car j'hériterais du royaume. »

D'abord le roi ne voulut point le laisser partir ; puis il céda de nouveau.

Le prince prit le même chemin que son frère et rencontra aussi le nain, qui l'arrêta, en lui disant :

« Où allez-vous si vite ?

— Petit bonhomme, répondit le prince, tu n'as nul besoin de le savoir. »

Mais le nain lui jeta un charme ; et, lui aussi, il entra

dans une ravine où il ne pouvait ni avancer, ni reculer. Tel est le sort des arrogants.

Comme le second fils ne revenait pas non plus, le plus jeune des trois frères se décida à s'en aller chercher l'eau merveilleuse; et le roi fut forcé de le laisser partir.

Lorsque le jeune prince rencontra le nain sur son chemin et que celui-ci lui fit sa question accoutumée :

« Où allez-vous si vite?

— Je vais chercher l'*Eau de la vie*, répliqua le voyageur, car mon père est mortellement malade.

— Savez-vous donc où la trouver?

— Non, dit le prince.

— Eh bien, puisque vous avez répondu convenablement, je veux vous le dire. L'eau sort d'un puits, dans la cour d'un palais enchanté; et, pour que vous puissiez y entrer, je vous donne une verge de fer et deux morceaux de pain. Avec la verge, vous frapperez trois fois à la porte d'airain du château, et elle s'ouvrira : en dedans, il y aura deux lions qui accourront, la gueule béante ; jetez-leur le pain, et ils s'apaiseront. Puis, hâtez-vous de chercher l'*Eau de la vie* avant que midi sonne; car alors, la porte se refermera et vous resterez emprisonné. »

Le prince remercia poliment le petit homme, prit la verge et le pain, et s'en alla; et tout se trouva tel que le nain le lui avait annoncé. Au troisième coup de verge, la porte s'ouvrit; et lorsque le prince eut apaisé les lions, il entra dans le château et pénétra dans une grande et superbe salle pleine de princes enchantés, à qui il enleva leurs bagues; il s'empara également d'une épée et d'un pain qu'il y rencontra. Puis il passa dans une autre chambre, où il aperçut une jeune fille, belle à ravir, qui se montra toute joyeuse à sa vue, et l'embrassa. Elle lui dit qu'il l'avait délivrée, qu'il aurait l'entière possession de son royaume, et qu'il devait revenir dans un an pour célébrer leur mariage. Elle lui indiqua aussi où était le puits, en lui recommandant de se hâter, pour prendre l'eau avant midi. Il allait toujours, et arriva enfin dans une chambre où il y avait un beau lit fraîchement arrangé; et, comme il était fatigué, il voulut s'y reposer un peu. Il s'étendit et s'endormit; lorsqu'il se réveilla, il entendit sonner onze heures trois quarts. Saisi d'angoisse, il sauta à bas du lit, courut au puits, y puisa de l'eau avec le gobelet qui se trouvait à côté, et s'éloigna à toutes jambes. Comme il sortait par la porte d'airain, midi sonna, et la porte se referma avec une telle violence qu'elle lui enleva un morceau du talon.

Il se réjouissait d'avoir en sa possession l'*Eau de la vie*; il s'en retourna donc chez lui, et, en route, il rencontra de nouveau le nain. Dès que celui-ci vit l'épée et le pain, il dit :

« Tu as gagné là un grand trésor : avec cette épée, tu peux combattre toute une armée; quant à ce pain, il ne finit jamais. »

Le prince se dit :

« Je ne veux pas retourner au logis sans mes frères. »

Et il dit au nain :

« Cher petit ami, ne pourriez-vous pas m'apprendre où sont mes deux frères? Ils sont partis avant moi pour chercher l'*Eau de la vie*, et ils ne sont pas revenus.

— Ils sont emprisonnés entre deux montagnes, répondit le nain, et je les ai retenus là pour leur arrogance. »

Mais le prince le supplia si longtemps, que le nain lui accorda leur liberté; toutefois il le prévint et dit :

« Prends garde à tes frères! ils ont un méchant cœur. »

Lorsqu'ils arrivèrent, ils étaient ravis de se voir libres;

et le jeune prince leur raconta ce qui s'était passé : comment il avait trouvé l'*Eau de la vie*, et en avait pris un plein gobelet; comment il avait délivré une belle princesse qui allait l'attendre un an, après quoi il l'épouserait, et serait mis en possession du royaume.

Puis, ils s'en furent tous trois ensemble, et parvinrent dans un pays en proie à la famine et à la guerre, et dont le roi se croyait déjà près de succomber dans ce péril. Le prince alla chez lui aussitôt et lui donna le pain avec lequel fut apaisée la faim de tout le royaume; ensuite, il lui donna son épée, et le roi ayant battu l'armée de ses ennemis, put vivre désormais en liberté et en paix.

Alors le prince reprit son épée et son pain, et les trois frères continuèrent leur route. Ils passèrent encore par deux pays où régnaient la disette et la guerre, et le prince prêta à chaque roi son pain et son épée; et de la sorte il sauva trois pays. Après ces aventures, les voyageurs se mirent dans un vaisseau pour traverser la mer. Pendant le trajet, les deux aînés se dirent entre eux :

« C'est notre jeune frère qui a trouvé l'*Eau de la vie*, et non pas nous; et pour cela, notre père va lui donner le royaume qui nous appartient, et il nous prendra notre bonheur. »

Ils l'enviaient et songeaient aux moyens de le perdre. Ils attendirent qu'il fût bien endormi, ôtèrent l'*Eau de la vie* du gobelet pour se l'approprier, et y remirent de l'eau de mer salée et âcre.

Lorsqu'ils furent de retour chez eux, le jeune fils du roi apporta son gobelet au prince malade, pour qu'il y bût et recouvrât la santé. Mais à peine le roi eût-il pris une gorgée de cette eau de mer, qu'il devint encore plus malade qu'auparavant. Et, comme il s'en désespérait, les fils aînés allèrent le trouver, et accusèrent leur frère d'avoir voulu l'empoisonner; ils ajoutèrent qu'ils avaient rapporté la véritable *Eau de la vie*, et ils la donnèrent au roi. A peine celui-ci en eut-il bu, qu'il sentit se dissiper son mal, et redevint sain et fort comme dans sa jeunesse. Alors les deux fils aînés se rendirent près de leur frère, et lui dirent, en se moquant de lui :

« Tu as découvert l'*Eau de la vie*, mais tu n'as eu pour toi que la peine, et nous aurons la récompense; tu aurais dû être plus sage et ne pas fermer l'œil; nous t'avons pris l'eau de ton gobelet pendant le trajet sur mer que nous avons fait et où tu t'es endormi. Dans un an, l'un de nous deux ira chercher la belle princesse; mais garde-toi bien de nous trahir, le roi ne croirait pas un mot de tes discours; et si tu ouvres seulement la bouche, tu perdras la vie : mais si tu te tais, nous t'en ferons cadeau. »

Le vieux roi était, en effet, très-irrité contre son jeune fils, à qui il attribuait la pensée d'avoir voulu le tuer. Il fit assembler toute la cour, et rendre un jugement, par lequel le pauvre prince était condamné à subir la mort secrètement.

Un jour que le prince était à la chasse, sans crainte ni souci d'aucune sorte, en compagnie du chasseur du roi, comme ils se trouvaient seuls dans la forêt et que le chasseur avait l'air triste, le prince lui dit tout surpris :

« Mon ami, qu'as-tu donc?

— Je ne puis le dire, répliqua le chasseur, et pourtant je le dois!

— Parle toujours, reprit le jeune prince, je te pardonnerai.

— Hélas! repartit le chasseur, il faut que je vous tue : c'est l'ordre exprès du roi. »

Le jeune homme, saisi d'effroi, s'écria :

« Mon bon chasseur, laisse-moi la vie! Prends, je t'en prie, mon habit royal, et donne-moi le tien.

— Je le veux bien, mon prince, répondit le chasseur ; car jamais je n'aurais pu tirer sur vous. »

Il prit donc l'habit du prince, et le prince endossa le vêtement du chasseur ; puis ce dernier rentra au logis, et le fils du roi s'en alla par la forêt.

Quelque temps après, on envoya au vieux roi trois voitures chargées de cadeaux en or et en pierreries destinés au plus jeune prince par les trois rois qui avaient battu leurs ennemis avec son épée et nourri leurs peuples avec son pain, et qui voulaient se montrer reconnaissants. Ceci alla au cœur du roi, et il pensa qu'il serait possible que son fils cadet fût innocent.

« Ah ! dit-il, en présence de sa cour, s'il vivait encore ? Que j'ai de remords de l'avoir fait tuer !

— Alors, répondit le chasseur, j'ai bien fait de ne l'avoir pas tué ; je n'ai pu me résoudre à exécuter vos ordres. »

Et il conta comment tout s'était passé. Le roi, à cette nouvelle, fut ravi, et fit annoncer par tout le royaume que son fils pouvait revenir, afin de rentrer dans ses bonnes grâces.

Cependant la belle princesse ordonna qu'un chemin splendide et tout en or fût disposé devant son palais, et que le visiteur qui viendrait à cheval au milieu de la route fût aussitôt introduit ; car celui-là serait le vrai chevalier qu'elle attendait. Mais ses gens devaient refuser l'entrée à quiconque s'avancerait sur un des côtés, car ce ne serait point le vrai prétendant.

Quand le temps fixé fut presque entièrement écoulé, l'aîné des trois frères pensa qu'il lui fallait se hâter d'aller trouver la princesse, et de se déclarer son sauveur, pour obtenir sa main et son royaume avec elle.

Le voilà donc parti sur son cheval ; quand il arriva devant le palais et qu'il vit la splendide route d'or, il se dit :

« Ce serait dommage de marcher dessus. »

Et il détourna son cheval à droite. Mais lorsqu'il fut devant la porte, les gens de la princesse lui dirent qu'il n'était pas le vrai prétendant et qu'il pouvait s'en aller.

Bientôt le second prince se mit en route, et lorsqu'il arriva en face du chemin d'or, où son cheval avait déjà posé le pied, il se dit aussi :

« Ce serait péché ! Le cheval pourrait l'endommager. »

Et il tourna à gauche. Mais une fois près de la porte, il fut de même arrêté par les gens du palais, qui lui dirent qu'il n'était pas le vrai prétendant et pouvait s'en retourner chez lui.

Enfin, l'année étant complètement écoulée, le jeune prince voulut sortir de la forêt pour aller chercher sa fiancée et oublier ses chagrins avec elle. Il se dirigea donc vers le palais où il l'avait rencontrée ; et, tout rempli de sa pensée, il aurait déjà voulu être chez elle, et ne regardait pas la route d'or : son cheval avait pris juste le milieu, et quand il fut devant la porte, on la lui ouvrit toute grande, et la princesse le reçut avec mille démonstrations de joie, déclarant qu'il était son sauveur et le légitime seigneur du royaume.

Leur mariage fut célébré au milieu de l'allégresse générale ; après quoi la princesse raconta au prince que son père l'avait mandé auprès de lui et lui avait pardonné. Il se rendit alors à la cour du vieux roi, et lui apprit tout ce qui s'était passé : comment ses frères l'avaient trompé, et comment, néanmoins, il avait gardé le silence.

Le roi voulait punir les coupables ; mais ils s'étaient embarqués sur mer et avaient pris la fuite pour ne plus revenir de leur vie.

LE PAUVRE GARÇON MEUNIER
ET LA PETITE CHATTE

Il était une fois trois garçons qui servaient dans un moulin où vivait un meunier sans femme ni enfants.

Lorsqu'ils eurent servi pendant quelques années, le meunier leur dit :

« Voyagez un peu, et celui qui me rapportera le plus beau cheval aura le moulin. »

Le troisième des garçons était le *dernier valet*, et il était regardé comme une bête par les autres, qui ne voulaient pas lui abandonner le moulin, dont plus tard il ne voulut pas lui-même.

Ils s'en allèrent donc tous trois ensemble, et devant le village, les deux autres dirent à Hans[1] :

« Tu pourrais bien toujours rester, car de ta vie tu n'auras de cheval. »

Hans partit pourtant avec eux, et, la nuit venue, ils arrivèrent en face d'une caverne où ils entrèrent pour dormir. Nos deux sages attendirent que Hans fût endormi ; puis, ils se levèrent et s'éloignèrent, laissant le pauvre garçon tout seul et croyant agir ainsi avec beaucoup de finesse.

Ah ! oui-da, compères, vous verrez ce qui vous adviendra ! Quand le soleil se leva et que notre ami Hans se réveilla dans cette grande caverne, il regarda partout et s'écria :

« O mon Dieu ! Où suis-je ! »

1. Diminutif de *Johann*, Jean.

Puis, étant sorti de la caverne, il se mit à marcher dans la forêt, se disant :

« Comment vais-je trouver un cheval ? »

Comme il cheminait de la sorte, absorbé dans ses idées, il rencontra une petite chatte tigrée qui lui dit :

« Hans, où vas-tu ?

— Ah ! tu ne peux m'aider !

— Je sais ce que tu cherches, répondit la chatte ; tu veux avoir un beau cheval. Viens avec moi, et sois mon valet fidèle pendant sept ans : je te donnerai un cheval plus beau que tu n'en as jamais vu de ta vie. »

Et elle l'emmena dans son petit château enchanté, où elle n'avait que de petites chattes pour servantes, sautant vite dans les escaliers, toujours lestes et joyeuses. Le soir, lorsqu'ils prirent place à table, deux chattes leur firent de la musique, l'une jouant de la basse, l'autre de la trompette en soufflant tant qu'elle pouvait.

Lorsqu'ils eurent dîné, on ôta la table, et la petite chatte dit :

« Viens, Hans, viens danser avec moi.

— Non ! dit-il, je ne danserai pas avec une chatte, je n'ai jamais fait cela.

— Alors, allez le coucher, » dit-elle aux chattes.

L'une d'elles le conduisit dans sa chambre à coucher, une autre lui ôta ses souliers, une troisième ses bas, et enfin lui souffla sa bougie.

Le lendemain, elles revinrent et l'aidèrent à sortir du lit, lui remirent ses bas et ses jarretières ; et tandis que l'une cherchait ses souliers, l'autre le débarbouillait et l'essuyait avec sa queue.

« C'est bien doux ! » murmurait Hans.

Mais il lui fallut aussi servir les chattes tous les jours. Il coupait le bois avec une hache d'argent, les coins et la scie étaient en argent, et le maillet en cuivre. Il travaillait donc ainsi et restait à la maison, menant une bonne vie et ne voyant que la chatte et ses domestiques.

Une fois, elle lui dit :

« Va couper l'herbe de ma prairie, et fais-la sécher. »

Et elle lui donna une faux d'argent et une pierre à aiguiser en or, en lui recommandant de rendre le tout avec soin.

Hans fit ce qu'elle lui avait prescrit; son travail fini, il rapporta au logis la faux, la pierre et l'herbe, et demanda à la chatte si elle ne voulait pas lui accorder sa récompense.

« Non, dit-elle, tu vas me faire encore une chose auparavant; voici du bois en argent pour bâtir, une hache, une équerre en argent et tout ce dont tu as besoin pour me construire une petite maison. »

Hans bâtit la maison et dit que maintenant il avait tout fait, et que jusqu'à présent il n'avait pas encore de cheval; les sept années s'étaient écoulées comme sept mois. La chatte lui demanda s'il voulait voir les chevaux.

« Oui, » dit Hans.

Elle ouvrit la porte de la maison; et quand celle-ci tourna sur le seuil, elle laissa voir douze chevaux si fiers, au poil si luisant, qu'on se sentait l'âme réjouie rien qu'à les regarder. La chatte lui offrit à boire et à manger, et dit :

« Retourne chez toi, je ne te donne pas ton cheval, mais je viendrai te l'amener dans trois jours. »

Hans s'en retourna donc chez lui et elle lui montra la route du moulin. Elle ne lui avait même pas donné un habit neuf, mais il repartit avec sa vieille petite blouse qu'il avait en arrivant et qui lui était devenue trop courte durant ces sept années.

Lorsqu'il se présenta au logis, les deux autres garçons

y étaient déjà, chacun avec un cheval; mais le cheval de l'un était borgne, et celui de l'autre, boiteux.

« Hans, demandèrent-ils, où est ton cheval?

— Il va me rejoindre dans trois jours. »

Alors, ils se mirent à rire :

« Oui-da, maître Hans, où iras-tu prendre un cheval? Ce sera quelque chose de beau! »

Le pauvre hère entra dans la chambre; mais le meunier lui dit qu'il était trop déguenillé et qu'on aurait honte de lui s'il venait quelqu'un. Il dut manger dehors, et le soir, quand ce fut l'heure de se coucher, les deux autres ne voulurent pas lui donner de lit, et il se retira enfin dans la crèche des oies avec un peu de paille.

Le lendemain, lorsqu'il s'éveilla, les trois jours étaient passés et l'on vit arriver une belle voiture traînée par six chevaux superbes au poil luisant, et un valet qui en conduisait un septième destiné au garçon meunier. Une belle princesse sortit de la voiture et entra au moulin; et cette princesse était la petite chatte que Hans avait servie sept années durant.

Elle demanda au meunier où était son garçon?

« Nous ne pouvons le faire entrer au moulin, dit-il, sa blouse est trop déchirée, il est dans la crèche des oies. »

Mais la princesse insista pour qu'on l'allât chercher immédiatement; ce qui fut fait. En s'avançant, il ramenait sa blouse autour de lui pour se couvrir. Le domestique tira d'une malle de magnifiques habits; il lava le garçon meunier, le peigna, l'habilla, et lorsque notre homme fut prêt, un roi n'eût pu être plus beau que lui.

Puis la fille du roi voulut voir les chevaux des autres meuniers, l'un aveugle et l'autre borgne; et elle envoya chercher le septième cheval par son valet. Dès que le meunier l'eut aperçu, il s'écria que jamais pareil cheval n'avait paru dans sa cour.

« Eh bien, dit-elle, il est pour le troisième garçon.

— Alors, c'est lui qui aura le moulin, reprit le meunier. »

Mais la princesse lui répondit que le cheval était à lui, et qu'il pouvait aussi garder son moulin; puis elle prit son fidèle Hans par la main, le fit asseoir dans sa voiture et l'emmena avec elle.

Ils allèrent d'abord à la petite maison qu'il avait bâtie avec les outils en argent, et la maisonnette était devenue un grand château, où tout n'était qu'argent et or.

Là, maître Hans épousa la princesse et se trouva si riche, si riche qu'il se vit comblé pour la vie.

Ainsi ne doit-on jamais jurer que le plus bête ne deviendra pas un gros personnage.

LES TROIS FILEUSES

Il était une fois une jeune fille qui ne voulait jamais filer; sa mère avait beau dire et se fâcher, elle n'arrivait pas à la faire travailler.

Un jour, l'impatience et la colère de la mère allèrent si loin, qu'elle en vint à battre sa fille, qui se mit à pousser des cris. Dans le même moment, la reine passa devant la porte; émue de ces cris, elle fit arrêter sa voiture, entra dans la maison et demanda à la mère pourquoi elle battait son enfant, au point qu'on l'entendait de la rue.

La bonne femme eut honte d'avouer la paresse de sa fille, et dit :

« Je ne peux lui faire quitter le rouet; elle veut toujours filer, je suis pauvre, et ne puis acheter une telle quantité de lin!

— Je n'aime rien tant que de voir filer, répondit la reine, et je ne suis jamais si gaie qu'en entendant tourner les rouets; donnez-moi votre fille pour l'amener au château : j'ai assez de lin pour qu'elle y file tant qu'elle voudra. »

La mère fut bien contente de ce langage, et la reine prit la fille avec elle.

Dès qu'elles furent arrivées au château, la reine conduisit la jeune fille dans trois chambres toutes remplies, du haut en bas, de lin magnifique.

« Maintenant, file-moi ce lin, dit-elle; et si tu viens à bout de ta besogne, tu épouseras mon fils aîné ; quoique tu sois pauvre, je n'y regarderai pas de si près, car ton activité incessante est une assez belle dot. »

La jeune fille était mortellement effrayée : jamais elle n'eût su filer ce lin, quand elle eût vécu trois cents ans et se fût mise à filer du matin au soir. Lorsqu'elle fut seule, elle se prit à pleurer et resta ainsi trois jours sans remuer la main. Le troisième jour, la reine revint, et voyant que rien n'était filé encore, elle parut bien étonnée; mais la jeune fille s'excusa sur la tristesse qu'elle éprouvait d'avoir quitté la maison de sa mère. La reine n'y trouva rien à redire; seulement, en sortant, elle dit :

« Il faut pourtant que demain tu te mettes à la besogne ! »

Lorsque la jeune fille fut seule de nouveau, ne sachant

où trouver aide ni conseil, dans sa tristesse elle se mit à la fenêtre. Alors, elle vit venir trois femmes dont la première avait un gros pied large, l'autre une lèvre si épaisse qu'elle lui pendait jusqu'au menton, et la troisième un pouce plat. Quand elles furent au-dessous de la fenêtre, elles s'arrêtèrent, regardèrent en haut et demandèrent à la jeune fille ce qu'elle avait. Elle leur raconta ses tourments; les trois inconnues lui proposèrent de l'aider et lui dirent :

« Veux-tu nous inviter à ta noce, ne pas être honteuse de nous, nous appeler tes cousines et nous placer à table avec toi? Nous te filerons ce lin, et en peu de temps!

« De tout mon cœur, répliqua-t-elle ; entrez seulement, et commencez tout de suite votre tâche. »

Elle fit donc entrer ces trois femmes étranges ; puis elle leur ménagea une niche dans le lin de la première chambre, où elles s'assirent pour filer. L'une tirait le fil et faisait aller le rouet ; la seconde mouillait le fil ; la troisième le tordait et frappait la table avec son doigt ; et chaque fois qu'elle frappait, un écheveau du fil le plus fin tombait à terre. La jeune fille cachait les trois fileuses à la reine et lui montrait, à chaque visite, la masse de lin filé qui s'élevait, si bien que celle-ci ne trouvait pas assez de compliments pour elle.

La première chambre épuisée, on attaqua la seconde, puis la troisième qui fut bientôt vide aussi. Alors les trois femmes prirent congé de la jeune fille, en lui disant :

« N'oublie pas ce que tu nous as promis ; ce sera le gage de ton bonheur. »

Quand la jeune fille eut montré à la reine les chambres vides et l'amas de lin filé, ce fut vite fait d'arranger la noce ; et le fiancé, ravi d'avoir une femme si habile et si active, lui en fit ses compliments.

« J'ai trois cousines, dit la jeune fille, et comme elles m'ont obligée, je ne voudrais pas les oublier dans mon bonheur; permettez que je les invite à ma noce et qu'elles soient assises à notre table. »

La reine et le fiancé lui accordèrent volontiers cette permission.

Or, comme la fête commençait, les trois femmes entrèrent habillées de vêtements bizarres, et la fiancée dit :

« Bonjour, chères cousines!

— Ah! dit le fiancé, d'où te vient cette parenté étrange?

Il alla auprès de celle qui avait le pied large et lui demanda :

« D'où vient que vous avez le pied si large?

— De frapper le rouet, dit-elle, de frapper le rouet. »

Le fiancé alla ensuite à la seconde et lui dit :

« D'où vous vient cette lèvre pendante?

— De mouiller le lin, répondit-elle, de mouiller le lin. »

Puis il questionna la troisième :

« D'où vient que vous avez le pouce si plat?

— De tordre le fil, dit-elle, de tordre le fil. »

Sur quoi le fils du roi, effrayé, s'écria :

« Alors, ma belle fiancée ne touchera jamais à un rouet! »

De cette façon, jamais plus elle n'eut besoin de filer.

LE ROI GRIVE

Un roi avait une fille merveilleusement belle, mais si arrogante et si hautaine, qu'elle ne trouvait aucun prétendant digne d'elle. Non contente de les renvoyer tous, les uns après les autres, elle se moquait encore d'eux.

Un jour, le roi organisa une grande fête à laquelle il invita tous les seigneurs éloignés ou voisins qui avaient l'intention de se marier. Ils prirent place suivant leur qualité : les rois d'abord, puis les ducs, les princes, les comtes, les barons et à la fin les simples nobles. La fille du roi fut conduite le long de ces rangs; mais à chaque prétendant, elle avait quelque objection à faire. L'un était trop corpulent : « Le tonneau ! » disait-elle; l'autre trop grand : « Grand et mince marche mal; » le troisième, trop petit : « Petit et gros n'a pas de grâce. » Le quatrième était trop pâle : « La mort en personne ! » Le cinquième trop rouge : « Le dindon ! » Le sixième n'était pas assez droit : « Du bois vert séché au poêle ! » Elle eut ainsi quelque chose à dire de chacun; mais elle se moqua surtout d'un bon roi placé au rang le plus élevé, et dont le menton était un peu de travers. « Oh ! s'écria-t-elle en riant, il a un menton comme le bec d'une grive. » Et depuis ce temps, elle lui donna le nom de *Bec de Grive* ou simplement de roi *Grive*. Le vieux roi, voyant que sa fille ne faisait que se moquer des gens et congédiait tous les prétendants rassemblés, se fâcha sérieusement et jura qu'elle épouserait le premier mendiant qui viendrait à sa porte.

Peu de jours après, un musicien ambulant chantait sous ses fenêtres pour gagner quelques sous. Le roi, l'ayant entendu, dit : « Faites-le venir. »

Le musicien sordide entra, chanta devant le roi et sa fille et demanda une aumône. Le roi lui dit : « Ton chant m'a plu si fort que je veux te donner ma fille en mariage. » La princesse fut consternée; mais le roi poursuivit : « J'ai fait le serment de te marier au premier mendiant venu et je le tiendrai. » Il ne permit aucune réplique; on alla chercher le pasteur et la jeune fille fut forcée d'épouser le musicien sur-le-champ. La cérémonie faite : « Il ne me convient pas, dit le roi, que tu restes au château; accompagne ton mari. »

Le mendiant la prit avec lui et ils traversèrent une grande forêt. Là, elle demanda :

« Oh ! à qui appartient cette belle forêt ?

— Elle appartient au roi Grive. Tu l'aurais, si tu l'avais accepté.

— Hélas! pauvre fillette délicate, pourquoi n'ai-je pas accepté le roi Grive? »

Puis ils traversèrent une prairie et elle demanda de nouveau :

« A qui appartient cette belle prairie?

— Elle est au roi Grive; si tu l'avais accepté, elle serait aussi à toi!

— Hélas! pauvre fillette, pourquoi n'ai-je pas accepté le roi Grive? »

Ensuite ils passèrent par une grande ville. Là elle demanda encore :

« A qui appartient cette ville?

— Elle appartient au roi Grive; si tu l'avais accepté, elle serait aussi à toi!

— Ah! pauvre fillette, pourquoi n'ai-je pas accepté le roi Grive?

— Il ne me plaît pas, dit alors le mendiant, que tu souhaites toujours un autre mari que moi. Ne suis-je donc pas assez beau pour toi? »

Ils se trouvèrent enfin devant une toute petite cabane.

« Ah! Dieu, s'écria-t-elle, quelle maison! A qui peut être ce misérable réduit?

— C'est ma maison et la tienne, répondit le mendiant, nous allons y demeurer.

— Où sont tes serviteurs?

— Mes serviteurs?... dit le musicien; ce que tu veux qui soit fait, il faut le faire toi-même. Allume toujours le feu et mets de l'eau pour cuire mon dîner; je suis bien fatigué. »

La princesse ne savait ni allumer du feu, ni faire la cuisine, et le mendiant fut obligé de préparer lui-même un dîner passable. Lorsqu'ils eurent pris leur maigre pitance, ils se couchèrent; mais, dès le matin, le musicien fit lever la princesse pour soigner le ménage. Ils vécurent ainsi quelques jours, mangeant leurs provisions ; l'homme dit alors :

« Femme, nous ne pouvons continuer ainsi à manger sans rien gagner. Tu feras des paniers. »

Il sortit, coupa des baguettes et les apporta chez lui ; la princesse se mit à les tresser ; mais l'osier était dur et blessait ses mains délicates.

« Je vois que cela ne va pas, dit l'homme ; file plutôt ; tu réussiras peut-être mieux. »

Elle se mit à filer ; mais le fil roide lui coupa les doigts jusqu'au sang.

« Vois-tu, lui dit son mari, tu n'es bonne à aucun travail ; me voilà bien tombé avec toi ! Allons ! je vais essayer de t'acheter de la poterie, et tu iras la vendre au marché.

— Hélas ! se dit-elle, quand les gens du royaume de mon père viendront au marché et qu'ils me verront vendre des pots, comme ils vont se moquer de moi ! »

Ce fut inutile, elle dut se soumettre sous peine de mourir de faim. La première fois, elle s'en tira encore assez bien ; on achetait volontiers à cette femme, parce qu'elle était belle et on lui payait ce qu'elle demandait : plusieurs personnes même lui donnèrent de l'argent en lui laissant ses pots. Les deux époux vécurent de ce gain jusqu'à ce qu'il ne restât plus rien. Alors le musicien racheta des pots neufs et la femme se plaça au coin du marché, étala sa marchandise autour d'elle et attendit les chalands. Tout à coup un soldat ivre arriva au galop de son cheval, qui piétina les pots et les brisa en mille morceaux. La femme se prit à pleurer, ne sachant que faire dans son angoisse.

« Ah ! que vais-je devenir ? s'écria-t-elle ; que va dire mon mari ? »

Elle courut à la maison pour lui raconter son malheur.

« Aussi, dit l'homme, qui diable va se mettre au coin du marché avec de la poterie? Je vois maintenant que tu n'es propre à rien; je suis allé au château du roi et j'ai demandé si l'on n'avait pas besoin d'une servante de cuisine. On m'a promis de te prendre : tu gagneras ta nourriture. »

Ainsi, la fille du roi devint servante de cuisine : elle aidait le cuisinier et faisait l'ouvrage le plus dur. Elle attachait dans chacune de ses poches un petit pot où elle emportait les restes qu'on lui donnait et elle en vivait au logis avec son mari.

L'époque arriva où les noces du prince aîné devaient être célébrées. La pauvre femme monta jusqu'à la salle et se mit à regarder par la porte. Les bougies s'allumèrent; les invités firent leur entrée l'un après l'autre, splendidement parés : lorsqu'elle vit toute cette pompe et toute cette richesse, elle eut le cœur gros de larmes et elle maudit son orgueil et son insolence qui l'avaient réduite à cet état de pauvreté et de misère.

Les serviteurs lui donnaient parfois un peu des mets délicieux qu'ils allaient servir sur la table : elle les mit dans ses petits pots pour les emporter. Tout à coup, le fils du roi paré de chaînes d'or vint à passer, et quand il vit cette belle personne à la porte, il lui prit la main et voulut danser avec elle; mais elle s'y refusa; car elle avait reconnu le roi Grive qui l'avait demandée en mariage et dont elle s'était tant moquée. Elle résista, il l'entraîna; les rubans se dénouèrent et les pots tombèrent par terre, de sorte que le potage et les miettes se répandirent sur le plancher. A cette vue, on éclata de rire, on la railla et la pauvre femme aurait voulu être à cent pieds sous terre. Elle essaya de s'échapper par la porte; mais, dans l'escalier, un homme l'atteignit et la ramena avec lui : elle reconnut encore le roi Grive qui lui dit doucement :

« Ne crains rien; moi et le mendiant dont tu as partagé la misérable cabane, nous ne sommes qu'un : je me suis déguisé par amour pour toi; j'étais aussi le soldat qui t'a cassé tes pots. J'ai agi ainsi pour humilier ton orgueil et pour te punir de t'être méchamment moquée de moi. Maintenant, tout est oublié; nous allons célébrer nos noces. »

Aussitôt les femmes de chambre se présentèrent pour vêtir la princesse de robes magnifiques, et son père, accompagné de toute sa cour, vint la féliciter de son mariage avec le roi Grive. Ce fut alors que la vraie joie éclata!

J'aurais voulu que vous et moi nous eussions été de la fête.

LA GARDEUSE D'OIES A LA FONTAINE

Il était une fois une vieille, vieille femme qui vivait avec ses oies entre des montagnes, au milieu d'un désert où elle avait sa maison. Le désert était entouré d'une forêt, où, chaque matin, la vieille allait munie de sa béquille. La bonne femme montrait une activité qu'on ne lui aurait pas soupçonnée, à cause de son âge : elle cherchait de l'herbe pour ses oies, cueillait des fruits sauvages aussi haut que sa main pouvait atteindre et emportait tout cela sur son dos. On aurait cru qu'elle devait suc=

comber sous ce poids; mais elle arrivait toujours au logis. Si quelqu'un la rencontrait, elle lui disait amicalement : — « Bonjour, cher voisin, il fait beau temps aujourd'hui. Vous êtes étonné que j'emporte encore cette herbe; mais chacun doit porter sa charge. »—Cependant les gens n'aimaient pas à la rencontrer et préféraient faire un détour. Un père passait-il devant elle avec son garçon, il lui disait tout bas : — « Prends garde à la vieille! Elle a le nez fin, c'est une sorcière. »

Un matin, un beau jeune homme passait par la forêt. Le soleil brillait, les oiseaux chantaient, un vent léger caressait le feuillage, et le voyageur était tout joyeux. Il n'avait encore rencontré personne, lorsqu'il vit tout à coup la vieille sorcière à genoux, occupée à couper l'herbe avec une faucille. Elle en avait déjà mis une charge dans son grand mouchoir, et, à côté, se trouvaient deux paniers chargés de pommes et de poires sauvages.

« Mais, la petite mère, dit-il, comment pouvez-vous porter tous ces fardeaux?

— Il faut que je les porte, monsieur, répondit-elle, les enfants des gens riches n'ont pas besoin de cela; mais chez le paysan, il faut dire :

« Ne regarde pas derrière toi,
Tu as le dos courbé. »

Voulez-vous m'aider? vous avez le dos droit et de jeunes jambes, cela vous sera facile. Ma maison n'est pas loin d'ici; elle est dans la prairie, derrière la montagne. Vous y arriverez tout de suite. »

Le jeune homme eut pitié de la vieille et dit :

« Mon père n'est pas précisément un paysan, c'est un riche comte. Toutefois, pour vous montrer que les paysans ne sont pas seuls à pouvoir porter quelque chose, je vais prendre votre charge.

—Voulez-vous essayer? dit-elle, vous me ferez plaisir. Il faut bien marcher une heure; mais qu'est-ce que cela pour vous? Il faut prendre aussi ces pommes et ces poires. »

En entendant parler d'une heure de chemin, le jeune comte hésitait un peu; mais la vieille ne le lâcha plus : elle lui mit son mouchoir sur le dos et ses deux paniers sur les bras.

« Voyez-vous, dit-elle, c'est très-léger.

— Pas du tout, répliqua le jeune comte en faisant la grimace, votre charge est lourde comme si elle contenait des pierres; vos pommes et vos poires pèsent comme du plomb; je puis à peine respirer! »

Il avait grande envie de laisser le fardeau; la vieille ne le lui permit pas.

« Voyez-moi cela! dit-elle en ricanant, ce jeune homme ne peut porter ce que moi, vieille femme, je traine si souvent. Ils sont là qui commencent par vous débiter de belles paroles, mais quand il s'agit de les mettre en action, ils veulent se sauver. Pourquoi restez-vous sans bouger? continua-t-elle, remuez vos jambes, marchez. Personne ne vous délivrera de votre fardeau. »

Tant qu'il marcha sur un sol plat, le jeune homme put encore s'en tirer; mais, lorsqu'ils arrivèrent à la montagne, et qu'il fallut la gravir, en dépit des pierres qui roulaient comme si elles eussent été vivantes, cette corvée fut au-dessus de ses forces. Les gouttes de sueur perlaient sur son front et le long de son dos tour à tour brûlant et glacé.

« La petite mère, dit-il, je n'en puis plus, je vais me reposer un peu.

—Point! répondit la vieille, quand nous serons arrivés,

vous pourrez vous reposer; maintenant, il faut marcher. Qui sait à quoi cela vous sera bon?

— Vieille, tu deviens insolente! » dit le comte, et il voulut jeter le mouchoir; peine inutile! il tenait à son dos; on eût dit qu'il y avait pris racine. Il se tourna et se retourna, mais il ne put s'en débarrasser. La vieille en riait et sautillait joyeusement sur sa béquille.

— Ne vous fâchez pas, cher monsieur, dit-elle, vous voilà rouge comme un dindon. Portez votre charge patiemment, et quand nous serons à la maison, je vous donnerai une bonne récompense. »

Que pouvait-il faire? se soumettre à son sort et se traîner derrière la vieille. Elle semblait marcher de plus en plus vite, et la charge devenait de plus en plus lourde. Soudain, elle fit un bond et s'assit sur le mouchoir. Si maigre qu'elle parût, elle pesait plus que la plus lourde paysanne. Le jeune homme sentit ses genoux fléchir; mais dès qu'il s'arrêtait, la vieille lui frappait les jambes avec une verge et des orties. Il gravit la montagne tout en gémissant, et arriva devant la maison de la sorcière au moment où il allait succomber. Dès que les oies aperçurent leur maîtresse, elles levèrent les ailes et le cou et coururent vers elle en criant : *Houle! houle!* Derrière le troupeau marchait une vieille fille, une baguette à la main; elle était grande et grosse, mais laide comme la nuit.

« Ma mère, dit-elle, il ne vous est rien arrivé? Vous êtes restée si longtemps dehors!

— Point du tout, ma fillette, répondit la femme, il ne m'est rien arrivé de fâcheux; au contraire, ce cher monsieur a porté ma charge, et, comme j'étais fatiguée, il m'a prise sur son dos. Le chemin ne nous a pas paru long; nous avons été très-gais et nous nous sommes fort divertis. »

Enfin, la vieille descendit, enleva le mouchoir des épaules et les paniers des bras du jeune homme ; puis, le regardant d'un air aimable :

« Maintenant, dit-elle, asseyez-vous sur le banc devant la porte et reposez-vous. Vous avez bien mérité votre récompense et elle ne vous manquera pas. »

Elle dit à la gardeuse d'oies :

« Rentre dans la maison, fillette, il n'est pas convenable de rester seule avec un jeune homme ; ne versons pas de l'huile sur le feu, il pourrait devenir amoureux de toi. »

Le comte ne savait s'il devait rire ou pleurer. « Une telle amoureuse, pensait-il, cût-elle trente ans de moins, ne me toucherait pas le cœur. »

Cependant la vieille caressait les oies comme des enfants. Elle rentra dans son logis avec sa fille. Le jeune homme s'étendit sur un banc à l'ombre d'un pommier sauvage. L'air était doux et embaumé ; devant lui s'étendait une belle prairie verte, parsemée de primevères, de thym sauvage et de mille autres fleurs parmi lesquelles murmurait un ruisseau étincelant aux rayons du soleil ; et les oies blanches se promenaient ou se baignaient.

« Cet endroit est bien joli, se dit-il, mais je suis si fatigué que j'ai peine à tenir mes yeux ouverts : je veux dormir un peu. Pourvu qu'il ne vienne pas un coup de vent qui m'emporte les jambes, car elles sont molles comme de l'amadou ! »

Lorsqu'il eut dormi quelque temps, la vieille vint le réveiller en le secouant.

« Lève-toi, dit-elle, tu ne peux rester ici. Je t'ai rendu le chemin dur, mais cela ne t'a pas coûté la vie. Maintenant, je vais te donner ta récompense. Tu n'as besoin ni d'argent, ni de biens ; voici autre chose. »

Elle lui donna une petite boîte taillée dans une seule émeraude.

« Garde-la bien, dit-elle, elle te portera bonheur. »

Le comte sauta du banc, et, ne se sentant plus fatigué, il remercia la vieille de son cadeau et se mit en route sans se retourner une seule fois pour voir la *beauté* qu'il laissait derrière lui. Il était déjà loin, qu'il entendait encore les joyeux cris des oies. Il erra pendant trois jours avant de pouvoir sortir du désert; alors il atteignit une grande ville, et, comme personne ne le connaissait, il se fit conduire au château royal où le roi et la reine étaient assis sur leur trône. Le comte ploya le genou, tira la boîte d'émeraude de sa poche et la mit aux pieds de la reine. Elle lui dit de se relever, et il lui remit la boîte. Mais à peine l'eut-elle ouverte et eut-elle regardé l'intérieur, qu'elle tomba comme morte. Le comte, saisi par les domestiques du roi, allait être conduit en prison, lorsque la reine rouvrit les yeux et ordonna de lui rendre la liberté; puis elle demanda que tout le monde sortît, car elle voulait avoir avec ce jeune homme un entretien secret.

Quand la reine fut seule, elle se mit à pleurer amèrement et dit :

« Que me font la pompe et les honneurs dont je suis entourée, puisque je m'éveille tous les matins dans les soucis et le chagrin? J'ai eu trois filles, dont la plus jeune était si belle, que tout le monde la regardait comme une merveille. Elle était blanche comme la neige, rose comme la fleur du pommier, et ses cheveux étaient luisants comme les rayons du soleil. Quand elle pleurait, ce n'étaient pas des larmes qui tombaient de ses yeux, mais des perles et des pierreries. Lorsqu'elle eut quinze ans, le roi fit venir ses trois filles devant son trône; alors, vous auriez pu voir quels yeux les gens ouvraient en regardant entrer la plus jeune; on eût dit le soleil levant. Le roi s'exprima ainsi : « Mes filles, j'ignore

quand arrivera mon dernier jour; je veux décider aujourd'hui ce que chacune de vous aura après ma mort. Vous m'aimez toutes, mais celle qui m'aime le plus doit avoir la meilleure part. » — Chacune prétendait que c'était elle qui l'aimait le plus. — « Ne pouvez-vous m'exprimer, reprit le roi, comment vous m'aimez? Alors, je verrai de quelle façon vous l'entendez. » — L'aînée dit : « J'aime mon père comme le sucre le plus doux. » — L'autre dit : « Je l'aime comme ma plus belle robe. » — La plus jeune resta silencieuse. Le roi lui demanda : « Et toi, ma chérie, comment m'aimes-tu?... — Je ne sais, répondit-elle, je ne puis comparer mon amour à rien. » Son père, insistant pour qu'elle nommât quelque chose, elle dit enfin : « Le meilleur mets me déplaît sans sel; donc j'aime mon père comme le sel. » — A ces mots, le roi se mit en colère et s'écria : « Si tu m'aimes comme le sel, ton amour sera récompensé par du sel! » — Il partagea son royaume entre ses deux filles aînées, fit charger un sac de sel sur le dos de la plus jeune, et ordonna à deux domestiques de la conduire dans la forêt sauvage[1].
— « Nous avons tous prié, supplié, continua la reine; mais la colère du roi fut impitoyable. Comme elle a pleuré, lorsqu'elle a dû nous quitter! Tout le chemin était parsemé de perles qui lui tombaient des yeux. Bientôt le roi regretta sa grande dureté envers la pauvre enfant; il la fit chercher dans toute la forêt, mais personne n'a pu la retrouver. Quand je pense que les bêtes sauvages l'ont dévorée, je succombe à la tristesse. Quelquefois je me console par l'espoir qu'elle vit encore, qu'elle s'est cachée dans une caverne, ou qu'elle a trouvé un refuge chez des personnes chari-

---

[1]. C'est l'histoire du roi Lear méconnaissant la noble et sincère Cordélie, dans l'admirable drame de Shakespeare.

tables. Maintenant, imaginez qu'en ouvrant la boîte d'émeraude, j'y trouve une perle semblable à celles qui tombaient des yeux de ma fille; vous pouvez penser combien la vue de cet objet m'a remué le cœur. Veuillez me dire comment cette perle se trouve entre vos mains. »

Le comte lui raconta qu'il l'avait reçue de la vieille femme de la forêt, qui lui paraissait être une sorcière. Mais de son enfant, il n'avait rien su, rien vu. Pourtant, le roi et la reine prirent la résolution d'aller voir la vieille, car ils pensaient qu'à l'endroit d'où provenait la perle, ils pourraient avoir des nouvelles de leur fille.

La vieille, dans le désert, était assise à son rouet et filait. Il faisait déjà nuit, un morceau de bois qui brûlait dans le foyer ne donnait qu'une faible lumière. Soudain on entendit venir les oies dont les cris perçants remplissaient l'air. Bientôt la fille entra. Mais la vieille la remercia à peine, et se contenta de secouer légèrement la tête. La fille s'assit à côté d'elle, prit son rouet et tira le fil aussi vite qu'une jeune fileuse. Elles restèrent ainsi deux heures, sans échanger un mot. Enfin, quelque chose fit du bruit à la fenêtre, et deux yeux flamboyants y parurent. C'était un vieux hibou qui cria trois fois : *Houhou!* La vieille leva un peu la tête et dit :

« Il est temps, ma fille, que tu sortes; va à ton ouvrage. »

La fille se leva et sortit. Où allait-elle? A travers les prairies, jusque dans la vallée. Enfin elle arriva au bor d'une fontaine près de laquelle se trouvaient trois chênes. La lune se montrait au sommet de la montagne, et il faisait si clair qu'on aurait pu distinguer une épingle. Elle ôta une peau qui lui couvrait le visage, se pencha vers la fontaine et se lava. Quand elle eut fini, elle trempa aussi la peau dans l'eau, puis elle l'étendit sur la prairie, pour la faire sécher et blanchir au clair de lune. Alors, quel changement s'opéra en elle! jamais vous n'avez vu chose pareille! Lorsque les nattes grises tombèrent, ses cheveux d'or étincelèrent comme les rayons du soleil et l'enveloppèrent comme un manteau. Ses yeux brillaient comme les étoiles au ciel et ses joues étaient colorées d'une douce rougeur comme la fleur du pommier.

Mais la belle jeune fille était triste. Elle s'assit et pleura amèrement. Les larmes montaient à ses yeux l'une après l'autre et roulaient parmi ses longs cheveux jusqu'à terre. Elle serait restée longtemps assise en cet état, si elle n'avait entendu craquer les branches de l'arbre le plus proche. Elle sauta comme un chevreuil qui entend le coup de fusil du chasseur. La lune s'était soudainement couverte d'un nuage épais. En un instant la jeune fille eut remis la vieille peau et disparu : ainsi la flamme d'une bougie s'éteint au souffle du vent.

Tremblante comme une feuille, elle courut à la maison. Elle trouva la vieille devant la porte et voulut lui raconter ce qui s'était passé; mais la vieille sourit finement et dit :

« Je sais déjà tout. »

Elle conduisit la fille dans la chambre et remit du bois au feu; puis, au lieu de reprendre son rouet, elle chercha le balai et se mit à balayer et à nettoyer.

« Tout doit être propre et net, dit-elle.

— Mais, ma mère, pourquoi commencez-vous l'ouvrage à une heure si avancée? Qu'avez-vous donc?

— Ne sais-tu pas quelle heure il est? demanda la vieille.

— Pas encore minuit, répondit la fille; mais déjà onze heures passées.

— Ne songes-tu pas, reprit la vieille, qu'il y a aujourd'hui trois ans que tu es venue chez moi? Ton temps est fini; nous ne pouvons rester plus longtemps ensemble. »

La fille fut tout effrayée et dit :

« Ah ! chère mère, vous voulez donc me chasser ? Où irai-je ? je n'ai ni amis, ni pays où je puisse me retirer. J'ai fait tout ce que vous m'avez demandé et vous avez toujours été contente de moi : ne me renvoyez pas ! »

La vieille refusa de lui dire le sort qui l'attendait :

« Je ne puis rester ici plus longtemps, dit-elle, et, quand je m'en irai, il faut que la maison et la chambre soient propres ; ne m'interromps pas dans ma besogne. Sois sans crainte pour toi, tu trouveras une demeure, et tu seras contente de la récompense que je te destine.

— Mais, dites-moi seulement ce que vous voulez faire ? demanda la fille.

— Ne m'interromps pas dans ma besogne, te dis-je. Ne souffle mot, va dans ta chambre ; tire la peau de ton visage ; mets la robe de soie que tu avais quand tu es venue chez moi ; puis attends, jusqu'à ce que je t'appelle. »

Mais il me faut raconter maintenant les aventures du roi et de la reine, qui étaient partis avec le comte, à la recherche de la vieille dans le désert.

Le comte les avait perdus pendant la nuit et se vit forcé de continuer seul sa route. Le lendemain, il lui sembla qu'il était dans le vrai chemin. Il marcha jusqu'au déclin du jour ; alors il grimpa sur un arbre pour y passer la nuit, car il craignait de se perdre. Lorsque la lune éclaira la contrée, il vit une femme descendre la montagne. Elle n'avait pas de baguette à la main ; mais il reconnut très-bien la gardeuse d'oies qu'il avait vue dans la maison de la vieille.

« Ah ! ah ! se dit-il, la voici ; si j'ai seulement une des sorcières, l'autre ne m'échappera pas. »

Mais quel fut son étonnement lorsqu'il la vit se pencher sur la fontaine, ôter la peau, et se laver. Lorsque ses cheveux d'or l'enveloppèrent et qu'elle lui apparut plus belle qu'aucune femme au monde, à peine osait-il respirer ; mais il tendit le cou à travers le feuillage, aussi loin qu'il put, et la contempla sans détourner les yeux. Soit qu'il se fût penché trop en avant, soit pour une autre cause, la branche craqua ; au même instant, la jeune fille remit sa peau et bondit comme un chevreuil. La lune s'étant couverte au même instant, elle disparut à ses regards.

Aussitôt après sa disparition, le comte descendit de son arbre et se mit à la poursuivre au plus vite. Il n'avait pas marché longtemps, qu'il vit au milieu de l'obscurité deux personnes traverser la prairie. C'étaient le roi et la reine qui avaient aperçu de loin la lumière de la maison de la vieille, et qui s'étaient dirigés sur ce point. Le comte leur rapporta les merveilles qu'il avait vues à la fontaine, et ils ne doutèrent pas qu'il ne s'agît de leur fille perdue. Remplis de joie, ils continuèrent leur chemin et arrivèrent à la maisonnette. Les oies étaient accroupies à l'entour, la tête sous l'aile, et dormaient sans mouvement. Ils regardèrent par la fenêtre : la vieille était assise tranquillement et filait ; elle secouait doucement la tête, mais elle n'avait les yeux fixés nulle part. La chambre était d'une extrême propreté, comme si elle eût eu pour hôtes les petits nains qui n'ont point de poussière à leurs souliers. Cependant ils ne virent pas leur fille. Ils cherchèrent encore quelque temps du regard, puis ils prirent courage et frappèrent à la fenêtre. La vieille parut les avoir attendus ; elle se leva et dit amicalement :

« Entrez, je vous connais bien. » Lorsqu'ils furent dans la chambre, la vieille leur dit : « Vous auriez pu vous épargner ce long chemin, si vous n'aviez pas chassé dans la forêt votre enfant qui était si douce et si bonne. Cela ne lui a pas nui, elle a gardé les oies pendant ces trois ans, elle n'a point appris le mal et a gardé son bon cœur. Vous êtes assez punis par l'inquiétude où vous avez vécu. »

Puis elle alla dans l'autre chambre et dit : « Viens, viens, ma chère fille. » Et la porte s'ouvrit, et la fille du roi parut avec sa robe de soie, ses cheveux d'or, et ses yeux étincelants; on l'aurait prise pour un ange du ciel. Elle s'avança vers son père et sa mère, se jeta dans leurs bras et les embrassa. Tous pleuraient de joie. Le jeune comte était à leurs côtés, et, lorsque la princesse le vit, elle devint rouge comme une rose, sans savoir pourquoi. Le roi lui dit :

« Chère enfant, j'ai partagé mon royaume; que te donnerai-je?

— Elle n'a besoin de rien, reprit la vieille, je lui donne les larmes qu'elle a versées à cause de vous; ce sont des perles plus belles que celles qu'on trouve au fond de la mer, et elles ont plus de valeur que tout votre royaume. En récompense de ses services, je lui donne, en outre, ma maison. »

A ces mots, la vieille disparut à leurs yeux. Le mur craqua légèrement, et, quand ils se retournèrent, la maison était changée en un beau palais; une table royale était servie, et les domestiques allaient et venaient activement.

L'histoire va encore plus loin; mais, ma grand'mère, qui me l'a racontée, avait la mémoire courte, et elle avait oublié le reste. Je crois que la charmante fille du roi épousa le jeune comte, qu'ils restèrent dans le beau château, et qu'ils y vécurent aussi longtemps que le bon Dieu voulut. Les oies blanches qu'on gardait auprès de la maison étaient-elles des jeunes filles (n'y entendez pas malice!) que la vieille avait recueillies chez elles? Ont-elles repris leur forme humaine et sont-elles restées auprès de la jeune reine, comme compagnes? Je ne le sais plus bien, mais je le présume.

Ce qui est certain, c'est que la vieille n'était pas une sorcière, mais une bonne fée qui faisait du bien. C'était elle aussi, probablement, qui avait accordé à la princesse le don de pouvoir pleurer des perles au lieu de larmes. Aujourd'hui, pareille chose n'arrive plus; autrement les pauvres gens seraient bien vite riches.

LA DAME HOLLE

Une veuve avait deux filles, l'une belle et active, l'autre laide et paresseuse. Mais elle aimait bien plus la fillette paresseuse et laide, comme étant sa propre fille, que l'autre qui devait faire tout l'ouvrage et qui était la Cendrillon du logis. La pauvre enfant devait se mettre tous les jours sur la grande route, près d'un puits, et filer sans relâche, au point que le sang lui coulait des doigts.

Il arriva qu'une fois, comme sa quenouille était couverte de sang et qu'elle se penchait pour se laver, celle-ci lui glissa de la main et tomba au fond du puits. La pauvrette fondit en larmes, et courut chez sa belle-mère à qui elle conta son malheur; mais cette femme la gronda rudement et se montra sans pitié. Enfin, elle lui dit :

« Si tu as laissé tomber ta quenouille, va la chercher. »

La jeune fille s'en retourna donc auprès du puits, mais

elle ne savait que faire ; et, dans son angoisse, elle sauta par-dessus le bord, pour chercher la quenouille.

Lorsqu'elle revint à elle après le premier étourdissement, elle se vit sur une belle prairie, où il faisait un beau soleil et où il y avait des milliers de fleurs. Elle traversa la prairie et arriva près d'un four qui était rempli de pains ; et le pain criait :

« Ah ! retire-moi, retire-moi ! Autrement, je brûlerais, car il y a longtemps que je suis cuit. »

Vite, elle se mit au travail, et retira tout. Puis elle continua son chemin, et trouva un pommier chargé de pommes ; et il criait :

« Ah ! secoue-moi, secoue-moi ! Mes pommes sont toutes mûres. »

Alors elle secoua l'arbre et les pommes tombèrent comme grêle, jusqu'à ce qu'il n'y en eût plus une ; puis elle s'en alla.

Enfin, elle rencontra une petite maison, d'où semblait la guetter une vieille femme ; mais comme celle-ci avait de longues dents, elle eut peur et voulut se sauver. La vieille femme lui dit alors :

« Ne crains rien, chère enfant, reste chez moi, et si tu veux faire avec soin tout l'ouvrage de la maison, tu auras du bon temps ; mais il faut prendre garde de bien secouer mon édredon, jusqu'à ce que les plumes s'envolent : alors il neige par le monde ; car je suis la dame Hollé[1]. »

La vieille parlait si doucement que la jeune fille accepta d'entrer à son service. Elle faisait tout à souhait et secouait toujours l'édredon de toutes ses forces ; mais aussi avait-elle une vie des plus agréables, point

1. On dit en Hesse, quand il neige, que la dame Hollé *fait son lit*.

de mauvaises paroles, et chaque jour de la friture et du rôti.

Il y avait déjà quelque temps qu'elle était chez la dame Hollé, lorsqu'elle devint triste jusqu'au fond du cœur; et quoiqu'elle fût mille fois mieux là que dans la maison de sa belle-mère, elle mourait d'envie de revoir son ancien logis; enfin elle dit à la vieille :

« J'ai le mal du pays, et si bien que je me trouve ici, je ne puis y rester plus longtemps. »

La dame Hollé lui répondit :

« Il me plaît que tu désires retourner chez toi; et, puisque tu m'as servie fidèlement, je veux t'y ramener moi-même. »

Puis elle la prit par la main pour la conduire sous une grande porte, qui s'ouvrit; et lorsque la jeune fille fut juste au-dessous, une pluie d'or abondante en tomba, et l'or resta attaché à elle, de sorte qu'elle en était couverte entièrement.

« Tu auras cela, parce que tu as été appliquée, » dit la dame Hollé; et elle lui donna aussi la quenouille qui était tombée dans le puits. Ensuite la porte se referma et la jeune fille se trouva de nouveau sur la terre, près de la maison maternelle; et quand elle entra dans la cour, le coq était perché sur la margelle du puits et chantait :

« Kikeriki, kikeriki!
Notre vierge d'or est ici. »

Alors, elle s'en fut chez sa mère, et comme elle arrivait couverte d'or, elle se trouva la bienvenue.

Quand la mère eut appris comment cette richesse lui était échue, elle voulut procurer le même bonheur à sa laide et paresseuse fille. Il fallut qu'elle se mît aussi à filer auprès du puits; et pour que la quenouille fût ensanglantée, elle se piqua le doigt et s'égratigna la main aux épines de la haie; puis elle jeta la quenouille dans le puits, et y sauta elle-même après elle.

Comme sa sœur, elle arriva à la belle prairie et prit les mêmes chemins. Lorsqu'elle atteignit le four, le pain criait :

« Oh! retire-moi, retire-moi! Autrement je brûlerais, car il y a longtemps que je suis cuit. »

La paresseuse répondit :

« Je n'ai pas envie de me salir! » Et elle continua sa route. »

Bientôt elle trouva le pommier, qui s'écria :

« Oh! secoue-moi, secoue-moi! Mes pommes sont toutes mûres. »

Elle dit :

« Oui! n'est-ce pas? Pour qu'une pomme me tombe sur la tête! » Et elle s'en alla plus loin.

En arrivant devant le logis de la dame Hollé, elle n'eut pas peur, car elle avait déjà entendu parler de ses grandes dents, et s'y mit tout de suite en service. Le premier jour, elle se contraignit à être appliquée et fit tout comme le lui disait la dame Hollé, car elle pensait à l'or qui lui en reviendrait. Le second jour, elle commença à faire la paresseuse; le troisième, ce fut encore pis; elle ne voulait plus se lever de bon matin, faisait fort mal le lit de la dame Hollé et ne le secouait pas pour en faire voler les plumes. La dame Hollé fut bientôt fatiguée d'elle et lui donna son congé. La paresseuse en fut ravie, pensant que la pluie d'or allait venir à présent. La bonne dame la conduisit comme l'autre sous la grande porte, et quand elle se trouva juste au-dessous, au lieu de l'or qu'elle attendait, un chaudron de poix lui fut versé sur la tête.

« Tu as maintenant la récompense de tes services, » dit la dame Hollé en fermant la porte.

C'est ainsi que la paresseuse s'en retourna toute couverte de poix ; et quand le coq, perché sur le puits, l'eut aperçue, il chanta :

« Kikeriki, kikeriki !
Notre enfant malpropre est ici. »

La poix ne voulut jamais s'en aller, et la paresseuse fut obligée de la garder aussi longtemps qu'elle vécut.

LE SERPENT BLANC

Il y a bien longtemps vivait un roi dont la sagesse était célèbre dans tout le pays. Rien ne lui restait inconnu, et il semblait que la nouvelle des choses les plus secrètes lui fût apportée par l'air. Il avait une coutume étrange. Chaque jour, après le dîner, quand la table était desservie et qu'il n'y avait plus personne, un serviteur de confiance lui présentait un plat couvert dont il ignorait lui-même le contenu ; et personne autre ne le savait non plus, car le roi ne le découvrait que lorsqu'il se trouvait tout seul.

Ce manége avait déjà duré quelque temps lorsqu'une

fois, comme le serviteur enlevait le plat du roi, la curiosité le piqua tellement qu'il ne put y résister et l'emporta dans sa chambre. Puis, il ferma soigneusement la porte, leva le couvercle et vit que dans le plat il y avait un serpent blanc. A cet aspect, il fut pris d'une envie folle d'y goûter, en coupa un petit morceau et le mit dans sa bouche. A peine ce morceau eut-il touché sa langue, qu'il entendit un petit gazouillement devant sa fenêtre. Il y alla pour écouter, et reconnut que c'étaient les moineaux qui se racontaient ce qu'ils avaient vu dans les champs et sur les prairies : le serpent lui avait donné la faculté de comprendre le langage des animaux.

Il arriva que, ce même jour, la plus belle bague de la reine disparut, et qu'on soupçonna le serviteur, qui allait partout, de l'avoir volée. Le roi le fit venir et lui déclara que si, avant le lendemain, il n'avait pas nommé le voleur, il serait considéré comme tel et pendu. Il eut beau protester de son innocence, il fut congédié sans obtenir autre chose.

Dans son angoisse, il descendit à la cour, et là, il se mit à rêver aux moyens de se tirer d'un aussi grand danger. Les canards étaient posés au bord de l'eau ; ils se délassaient, se barbouillaient avec leurs becs et tenaient une conversation intime. Le serviteur s'arrêta et écouta. Ils se racontaient où ils étaient allés ce matin-là, et quelle bonne nourriture ils avaient trouvée ; alors l'un d'eux se prit à dire :

« J'ai mal à l'estomac, pour avoir avalé une bague qui était sous la fenêtre de la reine. »

Le serviteur le saisit aussitôt par le cou et s'en fut le porter à la cuisine, où il dit au cuisinier :

« Tuez-moi donc ce canard-ci.

— Oh ! oui, répondit le cuisinier, en le prenant dans sa main, il y a longtemps qu'il attend, il fera un bon rôti. »

Et il lui coupa la tête. Quand on l'eut vidé, la bague de la reine se trouva dans son estomac.

Le serviteur pouvait maintenant prouver facilement son innocence, et le roi, qui avait à réparer un tort envers lui, l'autorisa à demander une grâce, en lui promettant la première place à sa cour. Mais il refusa tout et ne demanda qu'un cheval et de l'argent pour voyager, car il avait envie de voir le monde pendant quelque temps.

Il se mit donc en route ; et, un jour, il arriva au bord d'un étang où il remarqua trois poissons qui s'étaient pris dans les roseaux. Comme il comprenait le langage des animaux, il les entendit se plaindre de ce qu'ils allaient mourir misérablement. Il eut pitié d'eux, descendit de cheval et remit les trois prisonniers à l'eau. Ceux-ci se trémoussèrent de joie et dirent à leur sauveur :

« Nous y penserons, et nous t'en récompenserons un jour. »

Il continua son chemin, et, quelque temps après, il lui sembla entendre une voix à ses pieds, dans le sable. Il écouta. Or, c'était le roi d'une tribu de fourmis qui se plaignait ainsi :

« Si les hommes voulaient seulement rester loin de nous avec leurs animaux massifs ! Ce maladroit de cheval me tue sans pitié mes gens avec ses fers. »

Alors le serviteur se détourna un peu vers la gauche, et le roi des fourmis s'écria :

« J'y songerai, et nous te récompenserons un jour. »

Cependant, le sentier qu'avait pris notre voyageur le conduisit à une forêt où il vit des corbeaux qui jetaient leurs enfants hors du nid. « Allez-vous-en, disaient-ils, *mange-tout* que vous êtes ! Nous ne pouvons plus vous nourrir, vous voilà assez grands pour vous nourrir désormais vous-mêmes. »

Les pauvres petits étaient sur la terre froide, voletant et battant des ailes, et ils s'écrièrent :

« Ah ! malheureux que nous sommes, nous devons chercher nous-mêmes notre pâture, et nous ne pouvons encore voler ! Il ne nous reste qu'à mourir de faim. »

Le bon voyageur descendit alors de son cheval, le tua avec son épée et le laissa comme nourriture aux jeunes corbeaux. Ils sautillaient, mangeaient et disaient :

« Nous n'oublierons pas ce bienfait, et nous t'en récompenserons un jour. »

Il fallait maintenant continuer le voyage à pied ; et, après avoir marché bien longtemps, notre homme arriva dans une riche cité. Il y avait un grand bruit et une grande foule par les rues, et un héraut à cheval faisait savoir au peuple « que la fille du roi cherchait un époux ; que celui qui voudrait la demander devrait accomplir un travail difficile, et s'il échouait, y perdre la vie. »

Beaucoup l'avaient déjà essayé et avaient en vain joué leur existence. Le jeune homme, voyant l'éclatante beauté de la princesse, oublia tout péril, alla saluer le roi et s'annonça comme prétendant.

On le mena au bord de la mer, et l'on jeta sous ses yeux dans les flots une bague qu'on lui ordonna de chercher au fond de l'abîme, le menaçant, s'il remontait sans la tenir, de le précipiter de nouveau dans les eaux.

Tous regrettaient le beau jeune homme. On le laissa seul sur le rivage de la mer. Il y demeura, l'âme irrésolue, songeant à ce qu'il allait faire. Tout à coup, il aperçut trois poissons accourant à la nage, et qui n'étaient autres que ceux auxquels il avait sauvé la vie. Celui du milieu avait au bec une coquille qu'il mit sur le rivage aux pieds du jeune homme ; et, lorsque celui-ci la prit et l'ouvrit, il y trouva la bague d'or. Rempli de joie, il s'en fut chez le roi, s'attendant à recevoir de lui la récompense gagnée.

Mais la fière princesse, apprenant qu'il n'était pas de la même noblesse qu'elle, le refusa et dit qu'il devait encore accomplir une seconde tâche. Elle descendit au jardin et y jeta elle-même dix sacs de millet.

« Il devra l'avoir ramassé, dit-elle, avant que le soleil de demain soit levé, et sans qu'il y manque un seul grain. »

Le jeune homme examina vainement de quelle façon il pourrait obéir à cette exigence ; il s'assit tout triste dans le jardin, croyant bien qu'on viendrait l'y prendre pour le mettre à mort le lendemain matin. Quand les premiers rayons du soleil tombèrent sur le jardin, le pauvre prétendant vit les dix sacs remplis de millet, sans qu'un seul grain y manquât. Dans la nuit le roi des fourmis était venu avec des milliers de ses sujets, et les animaux reconnaissants avaient rassemblé tout le millet et rempli tous les sacs. La fille du roi vint elle-même en ce lieu et vit avec étonnement que le jeune homme avait accompli ce qu'elle lui avait demandé [1].

Mais elle ne pouvait encore vaincre son humeur altière, et elle dit :

« Quoiqu'il ait rempli ces deux conditions, il ne sera pas mon époux avant de m'avoir rapporté une pomme de l'*arbre de la vie*. »

Jamais le jeune homme n'aurait trouvé l'*arbre de la vie*, si les jeunes corbeaux qui lui devaient leur existence ne l'eussent pas aidé. Ils avaient grandi pendant ce temps et avaient suivi leur sauveur ; et, lorsqu'ils entendirent

---

[1]. Ces sortes d'épreuves reviennent souvent dans les contes populaires. Voir dans *Cendrillon*, plus loin, les endroits où elle est ainsi aidée par des oiseaux.

ce que la princesse demandait, il s'envolèrent à la recherche de *l'arbre de la vie* et l'un d'eux en rapporta une pomme dans son bec, puis la laissa tomber dans la main du voyageur. Alors celui-ci la présenta à la belle princesse, et comme la dernière condition était remplie, il ne lui resta plus aucune excuse.

Elle devint donc la femme du jeune homme, et lorsque le vieux roi mourut, son gendre hérita de la couronne ; et comme les deux époux avaient mangé de la pomme de *l'arbre de la vie*, ils vécurent heureux jusqu'à un âge très-avancé.

PETIT FRÈRE ET PETITE SŒUR

Petit frère prit sa petite sœur par la main, et dit :
« Depuis que la mère est morte, nous n'avons plus une heure de repos; la belle-mère nous bat tous les jours, et quand nous approchons d'elle, elle nous repousse du pied. Les croûtes de pain dur sont notre manger, et le petit chien sous la table est mieux traité que nous, car on lui donne de temps en temps une bonne bouchée. Dieu nous garde! Oh! si notre mère savait cela! Viens, nous allons partir ensemble. »

Ils marchèrent tout le jour par des prairies, des champs et des chemins pierreux ; et quand il pleuvait, la petite sœur disait :

« Dieu et nos cœurs pleurent ensemble ! »

Le soir, ils arrivèrent à une grande forêt; et ils étaient

tellement exténués de chagrin, de faim et de la longue route qu'ils avaient faite, qu'ils se couchèrent dans le creux d'un arbre et s'y endormirent.

Le lendemain, lorsqu'ils s'éveillèrent, le soleil était déjà haut dans le ciel, et sa chaleur tombait jusque dans l'arbre. Alors petit frère dit :

« Petite sœur, j'ai soif; si je savais où trouver une source, j'irais y boire; il me semble que j'en entends une. »

Petit frère se leva, prit sa petite sœur par la main, et ils allèrent à la recherche de la source.

Or, la méchante belle-mère était une sorcière; elle avait bien vu partir les enfants et les avait suivis secrètement, comme font les sorcières; et elle avait ensorcelé toutes les sources de la forêt. Lorsqu'ils eurent trouvé une source qui coulait tout étincelante sur les cailloux, petit frère voulut se mettre à boire; mais la petite sœur entendit que la source disait en ruisselant :

« Celui qui boit de mon eau devient un tigre, celui qui boit de mon eau devient un tigre! »

La petite sœur, alors, s'écria :

« Je t'en prie, petit frère, n'en bois pas, ou tu deviendras une bête féroce et tu me déchireras! »

Petit frère s'abstint de boire, quoiqu'il eût grand soif, et dit :

« J'attendrai que nous trouvions une autre source. »

Quand ils arrivèrent près de la seconde, la petite sœur entendit que celle-ci aussi disait :

« Celui qui boit de mon eau devient un loup, celui qui boit de mon eau devient un loup! »

La petite sœur s'écria de nouveau :

« Petit frère, je t'en prie, n'en bois pas, ou tu deviendras un loup et tu me dévoreras! »

Petit frère s'abstint encore de boire, et dit :

« J'attendrai jusqu'à la prochaine source ; mais là, je boirai, tu pourras dire ce que tu voudras, ma soif est trop grande ! »

Et quand ils furent parvenus à la troisième source, la petite sœur l'entendit murmurer en ruisselant :

« Celui qui boit de mon eau devient un chevreuil, celui qui boit de mon eau devient un chevreuil ! »

La petite sœur dit :

« Petit frère, je t'en prie, n'en bois pas : tu deviendras un chevreuil et tu m'échapperas. »

Mais petit frère, s'agenouillant immédiatement devant la source, s'était penché sur l'eau et avait bu ; et dès que les premières gouttes eurent touché ses lèvres, il fut changé en chevreuil. Alors la petite sœur pleura son petit frère ensorcelé, et le petit chevreuil ne pleura pas moins, bien tristement assis à côté d'elle. Enfin la sœur dit :

« Console-toi, mon gentil chevreuil, je ne te quitterai jamais. »

Elle ôta sa jarretière d'or, la lui noua autour du cou et prit des joncs flexibles dont elle natta une corde souple afin d'attacher le gracieux animal, le conduisant ainsi et s'enfonçant avec lui plus avant dans le bois.

Lorsqu'ils eurent marché longtemps, longtemps, ils rencontrèrent enfin une maisonnette, et la sœur, voyant qu'elle était vide, pensa qu'ils pourraient en faire leur demeure. Alors, elle s'en fut chercher de l'herbe et de la mousse pour faire un lit bien doux au chevreuil. Chaque matin elle allait cueillir pour elle des noix, des fruits sauvages et des racines, et pour le chevreuil elle apportait de l'herbe tendre, qu'il lui mangeait dans la main en sautant gaiement autour d'elle. Le soir, quand la petite sœur était fatiguée, après avoir dit sa prière, elle posait sa tête sur le dos du chevreuil comme sur un coussin et s'endormait doucement; et si le petit frère avait pu seulement reprendre la forme humaine, ç'aurait été une vie superbe.

Ils vivaient ainsi depuis quelque temps dans la solitude de la forêt, quand il advint que le roi du pays organisa une grande chasse de ce côté. Le bois retentit des sons du cor, des aboiements des chiens et des cris joyeux des chasseurs; et lorsqu'il entendit tout cela, le petit chevreuil aurait voulu être de la fête.

« Ah! ma sœur, dit-il, laisse-moi partir pour courir dans le bois; je n'y tiens plus! »

Il la pria si longtemps, qu'elle y consentit.

« Mais, lui dit-elle, reviens bien ce soir; je fermerai ma porte à ces chasseurs barbares; pour que je te reconnaisse, frappe, et dis : Petite sœur, laisse-moi entrer! sinon, je n'ouvre pas. »

Le chevreuil bondit gaiement hors de la maison et ne se sentit pas d'aise en plein air.

Dès que le roi et ses chasseurs eurent aperçu le bel animal, ils coururent après lui, mais sans pouvoir l'attraper; et lorsqu'ils se croyaient près de l'atteindre, il sautait au milieu des buissons et avait disparu en un clin d'œil.

Quand il fit nuit noire, il retourna à la maisonnette, frappa et dit :

« Petite sœur, laisse-moi entrer. »

La porte s'ouvrit aussitôt, le chevreuil entra d'un bond dans la maison et reposa toute la nuit sur son lit moelleux.

Le lendemain, la chasse recommença, et lorsque le chevreuil eut entendu les sons du cor et le *halloh*[1] des chasseurs, il ne tint plus en place et dit :

---

1. Cri qui veut dire : *Allons! courage!*

« Petite sœur, ouvre-moi vite, il faut que je parte ! »

La petite sœur lui ouvrit la porte, en disant :

« Tu sais que ce soir tu devras être de retour et prononcer les mêmes mots. »

Quand le roi et les chasseurs virent de nouveau le chevreuil avec son collier d'or, ils lui donnèrent tous la chasse ; mais il était trop habile et trop leste pour eux. La poursuite dura tout le jour ; vers le soir, les chasseurs étaient parvenus à le serrer de si près, que l'un d'eux le blessa un peu au pied, de sorte qu'il boitait et ne pouvait plus aller que lentement. Le chasseur le suivit jusqu'à la maisonnette et l'entendit qui disait :

« Petite sœur, laisse-moi entrer. »

Il vit comment la porte s'ouvrait pour se refermer à l'instant. Le chasseur garda tout cela dans sa mémoire, s'en fut trouver le roi et lui raconta ce qu'il avait vu et entendu.

« Eh bien, reprit le roi, demain nous chasserons encore une fois. »

Cependant la petite sœur avait eu grand'peur en voyant entrer son gentil chevreuil blessé ; elle lava la plaie, qui saignait, mit des simples sur la blessure et dit :

« Va te coucher, mon cher petit, pour te guérir. »

La blessure était si peu de chose que le chevreuil ne la sentait déjà plus le lendemain ; et lorsqu'il entendit encore les joyeux bruits de chasse, il s'écria :

« Je n'y puis tenir, il faut que j'aille là-bas ! On ne m'attrapera pas facilement. »

La petite sœur pleura, et dit :

« Maintenant, ils vont te tuer, je ne te laisserai pas partir.

— Si tu me retiens, je mourrai de tristesse, répondit le chevreuil ; quand j'entends le cor, il me semble que je dois bondir. »

La petite sœur ne put résister plus longtemps; elle ouvrit la porte, le cœur gros, et le petit chevreuil s'élança, alerte et bondissant par le bois.

Dès que le roi l'aperçut :

« Chassez-le toute la journée jusqu'au soir, dit-il à ses compagnons, mais ne lui faites pas de mal. »

Après le coucher du soleil, il dit au chasseur qui avait découvert la retraite du charmant animal :

« Viens me montrer la maisonnette dont tu m'as parlé. »

Et lorsqu'il se trouva devant la porte, il frappa et dit :

« Petite sœur, laisse-moi entrer. »

La porte s'ouvrit, le roi entra et vit une jeune fille si belle, si belle qu'il n'en avait jamais vu de pareille. Elle parut tout effrayée de voir entrer un roi avec une couronne d'or, au lieu de son petit chevreuil. Mais le roi la regarda amicalement, lui tendit la main et dit:

« Veux-tu venir avec moi dans mon château et devenir ma femme bien-aimée ?

— Oh ! oui, dit la jeune fille, mais il faut que le petit chevreuil m'accompagne : je ne le quitterai jamais.

— Il restera avec toi, dit le roi, aussi longtemps que tu vivras, et je veux qu'il ne lui manque rien. »

Au même moment, le chevreuil arriva en sautant ; sa sœur lui renoua au cou sa tresse de joncs, la prit dans sa main et tous quittèrent la maisonnette de la forêt.

Le roi conduisit la belle enfant dans son château, où la noce fut célébrée en grande pompe. Ainsi, la petite sœur était reine maintenant. Pendant longtemps ils vécurent heureux ; le petit chevreuil était resté avec eux, bien soigné, bien choyé, cabriolant dans le parc du château.

Mais la méchante marâtre, à cause de laquelle les enfants étaient allés courir le monde, avait bien espéré que la petite sœur serait dévorée par les bêtes sauvages et le petit frère tué par les chasseurs sous la forme d'un chevreuil. En apprenant combien leur vie était prospère et florissante, une haine jalouse se réveilla dans son cœur, et elle n'eut plus d'autre pensée que de consommer leur perte à tous deux. Sa fille, qui était laide comme la nuit, et n'avait qu'un œil, lui faisait mille reproches, disant :

« N'est-ce pas moi qui aurais dû avoir le bonheur de devenir reine ?

— Calme-toi, répondait la vieille, quand le moment sera venu, j'agirai. »

Elle l'apaisa de cette façon, et quand le moment fut venu pour la jeune reine de mettre au monde un beau petit garçon, la vieille sorcière, pendant que le roi était à la chasse, prit la figure d'une des femmes de service, entra dans la chambre où se trouvait la malade et lui dit :

« Venez, le bain est préparé, il vous fortifiera et vous fera du bien ; venez vite, avant qu'il se refroidisse. »

Elle avait sa vilaine fille auprès d'elle, et les deux méchantes femmes portèrent la faible mère dans la salle de bain, l'y déposèrent, sortirent au plus vite et fermèrent la porte à clef. Mais dans la salle de bain elles avaient fait un feu d'enfer pour que la belle jeune reine y étouffât.

Cela fait, la vieille prit sa fille, lui mit un bonnet et la fit coucher dans le lit de la reine, en lui donnant la forme et la figure de celle-ci ; mais elle ne put lui remplacer l'œil perdu. Pour que le roi n'en fît pas la remarque, la fausse reine dut se tourner de façon à cacher le côté de la figure où il lui manquait un œil. Le soir, quand le roi fut de retour et apprit qu'un fils venait de lui naître, il ne se sentit pas de joie et voulut courir au lit de sa chère femme, pour voir comment elle allait. Alors, la vieille s'écria bien vite :

« N'approchez pas, laissez les rideaux clos, il ne faut pas que la reine voie encore la lumière, car elle a besoin de repos. »

Le roi se retira donc et ne sut pas qu'une fausse reine était couchée dans son lit.

Lorsqu'il fut minuit et que tout le monde se fut endormi dans le château, la servante qui veillait seule assise dans la chambre de l'enfant, à côté du berceau, vit s'ouvrir la porte et entrer la vraie reine. La mère prit l'enfant dans ses bras et lui donna le sein. Puis elle secoua le lit et y recoucha l'enfant en arrangeant sa couverture[1]. Elle n'oublia pas non plus le petit chevreuil qui reposait dans un coin de la chambre; elle y alla et lui caressa le dos. Puis elle sortit doucement par la porte, sans mot dire, et la servante demanda le lendemain aux gardiens si quelqu'un était entré au château dans la nuit; mais ils dirent :

« Non, nous n'avons vu personne. »

Elle revint ainsi durant bien des nuits, et jamais elle ne parlait; la servante la voyait toujours, mais elle n'osait en ouvrir la bouche à personne.

Après un temps assez long, la reine se mit à parler, une nuit, et dit :

« Comment va mon enfant? Comment va mon chevreuil? »

1. Cette idée touchante et charmante de la jeune mère qui *revient*, après sa mort, pour soigner son enfant au berceau, est fort répandue dans bien des pays allemands, au fond des campagnes : suivant les paysans, la mère enlevée prématurément ne reste pas dans son tombeau ; elle va, chaque nuit, soigner l'enfant orphelin ; et si ce dernier meurt, on croit que la mère est venue pour l'emporter dans la tombe avec elle.

> Maintenant je reviendrai encore deux fois, et puis jamais plus. »

La servante ne lui répondit pas ; mais lorsque le fantôme eut disparu, elle s'en fut trouver le roi et lui raconta tout. Le roi dit :

« Grand Dieu ! qu'est-ce que cela ? Je veux veiller auprès de l'enfant, la nuit prochaine. »

Le soir, il alla dans cette chambre ; et, à minuit, la reine reparut, et dit :

> « Que fait mon enfant ? Que fait mon chevreuil ?
> Maintenant je dois revenir encore une fois, et puis jamais plus. »

Ensuite elle soigna son enfant comme d'habitude avant de disparaître. Le roi n'osa l'aborder ; mais la nuit suivante, il veilla de nouveau, et le fantôme répéta :

> « Que fait mon enfant ? Que fait mon chevreuil ?
> Je ne reviens que pour cette fois seulement, et puis jamais plus ! »

Alors, le roi, incapable de se contenir davantage, s'élança vers elle et s'écria :

« Tu ne peux être une autre que ma femme bien-aimée !
— Oui, dit-elle, je suis ta femme bien-aimée. »

Et au même instant, la vie lui fut rendue par la grâce de Dieu, et elle se retrouva rose, fraîche et florissante de santé[1]. Puis elle raconta au roi le crime que la méchante sorcière et sa fille avaient commis.

Le roi fit mener les deux coupables devant les juges,

---

1. Voir la fin des *Trois nains de la forêt* et de *Zitterinchen*.

qui les condamnèrent. La fille fut conduite dans la forêt où les bêtes sauvages la déchirèrent, dès qu'elles l'aperçurent; la sorcière fut mise sur le bûcher et brûla misérablement. Et, à peine le feu l'eut-il consumée, que le petit chevreuil fut désensorcelé et reprit sa figure humaine.

Et petit frère et petite sœur vécurent heureux ensemble jusqu'à la fin de leurs jours.

LE COMPÈRE LA MORT[1]

Un pauvre homme avait douze enfants et travaillait jour et nuit afin de pouvoir leur donner du pain. Lorsque son treizième enfant vint au monde, il ne savait plus comment se tirer d'affaire, tant il était misérable. Il courut sur la grande route pour demander au premier venu d'être le parrain du nouveau-né. Le premier qu'il rencontra fut le *bon Dieu*; il savait déjà ce qui pesait sur le cœur de l'autre, et lui dit :

« Pauvre homme, tu me fais pitié, je veux être le parrain de ton enfant et assurer son bonheur en ce monde. »

—Qui donc es-tu?

—Je suis le *bon Dieu*.

—Alors, je ne veux pas de toi pour parrain, dit le

---

[1]. La donnée de ce conte est populaire ailleurs qu'en Allemagne. Elle se retrouve dans le sujet de l'opéra-bouffe *Crispino e la Comare*, des frères Ricci, et dans les *Contes d'un buveur de bière*, d'origine flamande, publiés récemment par M. Charles Deulin.

bonhomme, car tu donnes au riche et laisses mourir de faim les pauvres. »

Il disait cela, ignorant combien Dieu a partagé sagement la richesse et la pauvreté; il se détourna donc du Seigneur et poursuivit son chemin. Or, le Diable vint à sa rencontre et lui demanda :

« Que cherches-tu? Veux-tu me prendre pour être le parrain de ton enfant? Je lui donnerai autant d'or qu'il en voudra, et tous les plaisirs du monde. ».

— Qui es-tu?
— Je suis le *Diable*.
— Alors, je ne veux pas de toi pour parrain, répondit l'homme, tu tentes les gens et tu les voles. »

Il marchait encore lorsque La Mort s'approcha de lui et dit :

« Prends-moi pour parrain.
— Qui es-tu? reprit l'autre.
— Je suis *La Mort*, qui fait tous les hommes égaux.
— Tu es le vrai parrain! s'écria le père. — Tu prends les riches et les pauvres sans distinction; tu seras le parrain de mon enfant. »

La Mort répondit :

« Je rendrai ton enfant riche et célèbre; car celui qui m'a pour ami ne saurait manquer de rien.
— Dimanche prochain, le baptême aura lieu, dit l'homme; viens à l'heure marquée. »

Le compère *La Mort*[1] vint comme il l'avait promis et fut parrain dans les règles.

Lorsque le garçon fut devenu jeune homme, son par-

---

1. Nous avons gardé le nom de *La Mort* (qui est masculin en allemand), avec le titre de *compère* ou de parrain, pour ne rien changer au conte; on remarquera d'ailleurs qu'il existe en français, par une alliance de mots analogue, un *bonhomme Misère* dont la légende est bien connue.

rain vint le voir et l'emmena avec lui. Il le conduisit dans la forêt et lui montra une herbe, en disant :

« Maintenant, tu vas recevoir ton cadeau de baptême. Je veux faire de toi un médecin célèbre. Quand tu seras mandé auprès d'un malade je t'apparaîtrai chaque fois : si je me trouve à la tête du patient, tu peux déclarer hardiment que tu lui rendras la santé, tu lui donneras de cette herbe et il guérira ; si je me trouve aux pieds du malade, tu sauras qu'il m'appartient, tu devras dire que tous les remèdes du monde sont inutiles et que nul médecin ne pourrait le sauver. Mais prends garde de ne pas te servir de l'herbe contre ma volonté, car il t'arriverait malheur. »

Bientôt le jeune homme fut le médecin le plus célèbre du monde :

« Il n'a qu'à regarder le malade, et il sait d'emblée comment il va, s'il guérira ou s'il mourra. »

Aussi parlait-on de lui ; et, de loin ou de près, les gens venaient le chercher pour toute sorte de malades et lui donnaient tant d'argent qu'il fut bien vite un riche personnage.

Il advint que le roi tomba gravement malade. Le médecin fut mandé pour dire si la guérison était possible. Lorsqu'il se plaça devant le lit, il vit La Mort aux pieds du malade ; suivant le traité, l'herbe ne pouvait plus servir pour ce dernier. Le médecin songea au moyen de tromper La Mort ; il s'enhardit en se persuadant que le Compère ne lui garderait pas rancune, parce qu'il était son parrain. Il prit donc le malade, et le tourna de façon que La Mort se trouva à sa tête. Puis il donna de l'herbe de la forêt au roi, qui se remit et guérit complétement. Alors, La Mort s'approcha du médecin avec une figure fâchée et méchante, lui montra le doigt et lui dit:

« Pour cette fois-ci, je te pardonne, parce que tu es

mon filleul; mais si tu oses te jouer de moi encore une fois, je te prendrai toi-même avec moi ! »

Quelque temps après, la fille du roi tomba malade mortellement. Le vieux roi pleurait jour et nuit, à en devenir aveugle; et il fit savoir que celui qui guérirait sa fille l'épouserait et serait l'héritier de la couronne.

Le médecin vint au lit de la malade et vit La Mort à ses pieds. Il aurait dû se souvenir des paroles de son parrain; mais la grande beauté de la princesse le troubla tant, qu'il chassa toutes ces pensées loin de lui. Quoique La Mort le regardât d'un air furieux et lui montrât le poing, il changea la position de la malade, et lui donna de son herbe, de sorte que la vie se renouvela en elle.

Compère La Mort, qui se vit frustré pour la seconde fois de son bien, marcha droit au médecin et lui dit :

« Maintenant, c'est ton tour ! »

Et il le prit de sa main glacée et le conduisit dans un caveau souterrain. Là, mille et mille bougies étaient allumées par rangées à perte de vue, les unes presque entières, d'autres à moitié brûlées, d'autres toutes petites. A chaque instant quelques-unes s'éteignaient tandis que d'autres s'allumaient, de manière que les flammes semblaient sauter continuellement.

« Vois-tu, dit La Mort au médecin, ce sont les *lumières de la vie* de tous les hommes. Les plus grandes appartiennent à des enfants; celles qui sont à demi consumées à des gens mariés, dans la force de l'âge; et les plus petites aux vieillards. Mais il y a aussi des enfants et des jeunes gens qui n'ont qu'une bougie près de sa fin. »

Le médecin pria compère La Mort de lui montrer la lumière de sa vie. La Mort lui en désigna une toute petite et sur le point de s'éteindre :

« Regarde, lui dit-il, la voilà !

— Ah! cher parrain, dit le médecin effrayé, rallumezmoi une autre bougie; faites cela pour l'amour de moi, pour que je puisse jouir de la vie, que je devienne roi et que j'épouse la princesse!

— Je ne le puis, répliqua **La Mort**; il faut qu'une bougie s'éteigne avant que l'autre se rallume.

— Alors, mettez la nouvelle sur l'ancienne, pour qu'elle se rallume sans retard, dès que l'autre s'éteindra, » reprit le médecin.

Compère **La Mort** fit semblant de se rendre à son désir, il prit une longue et superbe bougie; mais en la mettant sur l'autre, il la posa mal, pour se venger de son filleul, et le petit bout qui restait de l'ancienne bougie tomba et s'éteignit.

Alors, le médecin aussi tomba et se trouva lui-même entre les mains de La Mort.

LA LUMIÈRE BLEUE

Il était une fois un roi qui avait dans son armée un brave et fidèle soldat comptant de longues années de services. Lorsque la guerre fut finie, comme ce soldat ne pouvait servir plus longtemps, à cause de ses blessures, le roi lui dit :

« Tu es libre de t'en aller, je n'ai plus besoin de toi : tu n'auras plus de solde; car celui-là seul reçoit des gages, qui rend des services. »

Alors le pauvre soldat, ne sachant que faire pour vivre désormais, s'en fut tout soucieux et marcha toute la journée; et vers le soir, il arriva à une grande forêt. Et, lorsqu'il fit nuit noire, il aperçut une lumière dont il s'approcha jusqu'à ce qu'il se trouvât devant une maison où demeurait une sorcière.

« Donnez-moi une couchette et si peu que ce soit à manger et à boire, dit-il ; autrement, je meurs !

— Oh ! répondit la sorcière, qui donc s'aviserait de donner quelque chose à un soldat errant ? Mais je veux être charitable et te recueillir si tu fais ce que je t'ordonnerai.

— Qu'exigez-vous ? demanda le soldat.

— Que tu me bêches demain mon jardin. »

Le soldat y consentit, et le lendemain, il travailla de toutes ses forces ; mais il n'eut pas fini sa tâche avant le soir.

« Je vois bien, dit la sorcière, que tu ne pourras pas continuer ton chemin aujourd'hui ; je vais te garder encore une nuit, à condition que tu me coupes demain une charge de bois. »

Le soldat y employa toute la journée suivante ; et le soir, la sorcière lui fit la proposition de rester encore une nuit.

« Tu n'auras qu'un travail léger pour demain, dit-elle ; derrière ma maison se trouve un puits sans eau ; j'y ai laissé tomber ma bougie, elle brûle sans se consumer d'une flamme bleue : tu vas me la chercher. »

Le lendemain, la vieille le mena au puits et l'y fit descendre dans un panier.

Il trouva la lumière bleue et fit le signe convenu pour que la vieille le tirât du fond de ce puits. Elle se mit en effet à tirer ; mais quand il fut tout près du bord, elle étendit la main pour lui prendre la bougie.

« Non, dit-il, car il s'apercevait de ses mauvaises pensées ; tu n'auras pas la lumière avant que je sois hors de là sur mes deux jambes. »

Alors, la sorcière en furie le laissa choir dans le puits et s'éloigna.

Le pauvre soldat retomba sur le fond humide, sans se faire de mal; toutefois la lumière bleue continuait de brûler : mais à quoi cela pouvait-il lui servir? Il vit bien qu'il n'échapperait pas à la mort.

Dans sa poche, il avait encore sa pipe à moitié remplie de tabac.

« Ce sera mon dernier plaisir, » pensa-t-il.

Et l'ayant allumée à la lumière bleue, il commença à fumer.

Lorsque la fumée eut fait le tour du puits, il vit tout d'un coup un petit homme noir devant lui, qui lui demanda :

« Seigneur, que désires-tu ?

— Qu'ai-je à t'ordonner? répondit le soldat étonné.

— Je dois accomplir tous tes souhaits, répliqua le petit homme.

— Bon ! dit le soldat; alors, aide-moi à sortir de ce puits. »

Le petit homme le prit par la main et le conduisit par un chemin souterrain, sans oublier de prendre la lumière bleue avec lui. En route, il lui montra les trésors que la sorcière avait amassés et cachés là; et le soldat enleva autant d'or qu'il en pouvait porter.

Lorsqu'il se retrouva sur terre, il dit au petit homme :

« Maintenant, va lier la vieille sorcière et conduis-la devant les juges. »

Bientôt, elle arriva sur un gros chat sauvage, en poussant des hurlements féroces, et passa aussi vite que le vent; et peu de temps après, le petit homme était de retour pour annoncer au soldat que tout était fini.

— Seigneur, que m'ordonnes-tu encore ?

— Rien pour le moment, repartit le soldat; tu peux retourner chez toi, mais sois prêt dès que je t'appellerai.

— C'est inutile, dit le petit homme, tu n'as qu'à allumer ta pipe à la lumière bleue, et je serai devant toi immédiatement. »

Puis il disparut à ses yeux.

Le soldat retourna dans la ville d'où il était venu. Il entra dans le meilleur hôtel et se fit faire de beaux habits; ensuite il commanda à l'hôtelier de lui arranger un bel appartement, aussi somptueux que possible. Quand tout fut bien installé, il appela le petit homme et dit :

« J'ai fidèlement servi le roi; il m'a renvoyé et m'a fait souffrir la faim; maintenant, je veux me venger !

— Quel ordre ai-je à exécuter ?

— Dans la nuit, quand la fille du roi sera couchée, tu me l'amèneras tout endormie et elle me servira comme servante. »

Le petit homme dit :

« C'est chose bien facile pour moi, mais dangereuse pour toi; car si cela se découvre, tu t'en trouveras mal. »

A minuit sonnant, la porte s'ouvrit et le serviteur de la lumière entra avec la fille du roi.

« Ah! te voilà, s'écria le soldat, vite à l'ouvrage! Prends le balai et balaie la chambre[1]! »

Elle fit tout ce qu'il lui commandait sans opposition, muette et les yeux à demi-fermés. Au premier chant du coq, le petit homme la reporta dans le château royal, sur son lit.

Le lendemain matin, lorsque la princesse se fut levée, elle alla chez son père et lui raconta qu'elle avait eu un rêve étrange.

---

1. Nous passons ici quelques lignes d'une trivialité extrême; comme Lauzun humiliant et maltraitant la grande Mademoiselle, cousine germaine de Louis XIV, le soldat force la princesse à lui ôter ses bottes; de plus il les lui jette à la tête. On voit clairement dans ce conte la marque d'une époque de brutalité et de misère; on y sent les rancunes et les désirs de vengeance du *vilain* opprimé, qui ne conçoit encore qu'une peine du talion grossière, appliquée à tort et à travers.

« J'étais emmenée avec la rapidité de l'éclair, et je me suis trouvée transportée dans la maison d'un soldat que j'ai dû servir comme une servante, faisant tout le gros ouvrage, balayant la chambre et cirant les bottes. Ce n'était qu'un rêve, et pourtant je me sens fatiguée comme si tout s'était accompli en réalité.

— Ton rêve aurait pu être une réalité, dit le roi ; je te conseille de mettre des pois dans ta poche et de la percer d'un petit trou ; de cette façon les pois tomberont et laisseront une trace dans la rue. »

Tandis que le roi parlait ainsi, le petit homme se tenait à côté de lui, invisible, et entendait tout. Dans la nuit, lorsqu'il emporta la princesse endormie, quelques pois tombèrent par ci, par là, mais ils ne pouvaient pas laisser de traces parce que le petit être rusé avait jeté d'avance des pois dans toutes les rues. La fille du roi fut donc obligée de servir de nouveau le soldat jusqu'au chant du coq.

Le lendemain matin, le roi envoya ses gens chercher les traces des pois ; mais ce fut peine perdue, car dans toutes les rues de la ville il y avait de pauvres enfants qui les ramassaient.

« Il faut songer à autre chose, dit le roi ; garde tes souliers, quand tu te coucheras, et avant de partir, caches-en un, je retrouverai l'autre. »

Le petit homme noir entendit tout cela, et lorsque le soldat lui ordonna derechef d'aller chercher la princesse, il lui conseilla de n'en rien faire, lui déclarant qu'il était sans ressource contre cette ruse, et que, si l'on découvrait le soulier chez lui, il pourrait lui arriver malheur.

« Fais ce que je te demande ! » dit le soldat.

Et la princesse dut encore travailler comme une servante pour la troisième fois ; mais elle avait caché son soulier dans son lit avant d'être enlevée.

Le lendemain le roi fit chercher par toute la ville le soulier de sa fille, qui fut saisi chez le soldat; et le soldat lui-même, qui s'était enfui, sur la prière du petit homme, fut bien vite rattrapé et mis en prison. Il avait oublié son bien dans sa fuite, la lumière bleue et de l'argent: il ne lui restait pas un ducat.

Comme il était à la fenêtre de sa prison, il vit passer un de ses camarades et frappa aux vitres pour l'appeler.

« Camarade, lui dit-il, aie la bonté de m'aller chercher un petit paquet que j'ai oublié à l'hôtel; je te donnerai un ducat pour la peine. »

Le camarade y courut vite et rapporta le paquet demandé.

Dès que le soldat fut seul, il alluma sa pipe et évoqua le petit homme noir.

« Sois sans crainte, dit celui-ci à son maître; va où l'on te conduira, laisse tout faire, mais prends la lumière bleue avec toi. »

Le jour d'ensuite on jugea le soldat, et quoiqu'il n'eût pas commis de crime, le juge le condamna à mort. Comme on le conduisait au supplice, il implora une dernière grâce.

« Laquelle? dit le roi.

— Permettez, sire, que je puisse fumer une pipe dans le trajet.

— Tu peux en fumer trois! répondit le roi. Mais ne crois pas que je te fasse grâce de la vie! »

Alors, le soldat tira sa pipe et l'alluma à la lumière bleue; et, dès qu'il s'en fut élevé quelques bouffées dans l'air, le petit homme apparut devant lui, une canne à la main, et lui demanda :

« Seigneur, qu'ordonnes-tu?

— Renverse-moi ces faux juges et leurs aides, et n'épargne pas non plus le roi qui m'a si mal traité! »

Là-dessus le petit homme sauta, prompt comme l'éclair, et quiconque était seulement touché par son bâton se voyait aussitôt par terre et n'osait plus remuer.

Le roi eut peur et commença à prier, et, rien que pour avoir la vie sauve, il donna au soldat son royaume et la princesse pour femme.

CENDRILLON[1]

Il était une fois un homme très-riche dont la femme tomba malade; et lorsqu'elle sentit venir sa fin, elle appela auprès de son lit sa fille unique, toute petite encore.

« Chère enfant, dit-elle, reste bonne et pieuse et Dieu t'aidera toujours; moi, je te regarderai du haut du Ciel et je serai toujours près de toi. »

Puis elle ferma les yeux et mourut.

La jeune fille allait chaque jour à la tombe de sa mère et pleurait; et elle resta bonne et pieuse.

La neige couvrait le cimetière d'un blanc linceul, et

---

1. *Aschenputtel* ou *Aschenbrœdel*. — Le conte allemand diffère dans presque tous ses détails du conte de Perrault; c'est pour cela que nous l'avons choisi, afin de montrer ces différences curieuses d'un même sujet, suivant le génie du pays. Ici, c'est la mère elle-même qui, du sein de la mort, veille sur son enfant et la venge. — Le personnage de Cendrillon est aussi populaire en Allemagne qu'en France. On le retouve encore ailleurs, chez les Highlanders de l'Écosse, par exemple, quoique sous un nom différent et avec d'autres détails : ainsi quand on veut essayer le soulier d'or, ce soulier saute de lui-même et vient s'ajuster au pied de la jeune fille.

quand le soleil le lui retira, le père épousa une autre femme.

Celle-ci amenait dans le ménage deux filles blanches et belles de figure, mais vilaines et noires de cœur. Alors commença un temps difficile pour la pauvre enfant.

« Que fait cette créature dans la chambre ? disaient-elles. Qui veut manger du pain doit le gagner ; la servante est bonne à la cuisine. »

Elles lui ôtèrent toutes ses belles robes, lui mirent une vieille souquenille grise, se moquèrent d'elle et la conduisirent à la cuisine où elle fut obligée de faire l'ouvrage le plus pénible, de se lever avant le jour, de porter de l'eau, d'allumer le feu, de préparer le manger et la lessive. Encore ses sœurs lui jouaient-elles tous les tours imaginables, se raillant d'elle et lui renversant toutes ses pois dans les cendres, pour qu'elle les y ramassât. Le soir, quand elle était fatiguée de travailler, elle ne trouvait pas de lit pour se reposer et il lui fallait coucher près du foyer dans les cendres. Et comme elle avait ainsi toujours l'air poudreuse et sale, on la surnomma *Cendrillon*.

Il advint que le père alla un jour à la foire et demanda à ses deux belles-filles ce qu'elles désiraient qu'il leur rapportât.

« De belles robes ! » dit l'une.

« Des perles et des pierreries ! » dit l'autre.

« Mais toi Cendrillon que veux-tu avoir ?

— Mon père, coupez-moi la première branche qui touchera votre chapeau quand vous reviendrez. »

Il acheta donc pour les deux sœurs de magnifiques robes, des perles et des pierreries ; et à son retour, comme il passait par une forêt, une branche de coudrier le heurta et jeta son chapeau à terre. Il cassa cette branche et l'emporta. Arrivé à la maison, il donna à ses belles-filles ce qu'elles avaient souhaité, et à Cendrillon la branche de noisetier. Cendrillon le remercia, alla à la tombe de sa mère, planta la branche et pleura si fort que celle-ci fut arrosée de ses larmes. Elle grandit et devint un bel arbre. Cendrillon se rendait là trois fois par jour pour pleurer et prier, et chaque fois un petit oiseau volait sur l'arbre, et l'oiseau lui jetait tout ce qu'elle demandait.

Or il arriva que le roi fit préparer un grande fête qui devait durer trois jours, et où toutes les belles jeunes filles du pays furent conviées, pour que son fils pût s'y choisir une fiancée. Lorsque les deux sœurs apprirent qu'elles étaient de ce nombre, elles furent très-joyeuses, appelèrent Cendrillon et lui dirent :

« Coiffe-nous bien, brosse nos souliers, attache nos boucles; car nous allons à la noce dans le château du roi. »

Cendrillon obéit; mais elle pleurait, parce qu'elle serait allée volontiers à la fête, et elle pria sa belle-mère de lui permettre d'y paraître.

« Toi, Cendrillon, dit la marâtre, toi, pleine de saleté, de poussière, tu veux aller à la noce, et tu n'as pas de robes! Tu veux danser, et tu n'as pas de souliers! »

Et comme Cendrillon la priait toujours, elle lui dit :

« Je t'ai mis un plat de lentilles dans les cendres; si tu les as ramassées dans deux heures, tu sortiras. »

La jeune fille s'en fut au jardin et dit :

« Petits pigeons, tourterelles, vous tous, petits oiseaux qui volez sous le ciel, venez et aidez-moi à chercher :

« Les bonnes dans le pot,
Les mauvaises dans le bec! »

Deux ramiers blancs entrèrent par la fenêtre de la

cuisine; puis vinrent les tourterelles et tous les autres petits oiseaux, et ils se mirent à l'œuvre autour des cendres. Et les ramiers balancèrent leurs petites têtes et commencèrent à faire *pic, pic, pic;* et les autres firent aussi *pic, pic, pic,* et mirent toutes les bonnes graines dans le plat. Au bout d'une heure, ils avaient déjà fini et s'envolèrent tous.

Alors la jeune fille apporta le plat à sa belle-mère; elle était joyeuse et croyait qu'elle pourrait aller à la fête. Mais sa marâtre lui dit:

« Non, Cendrillon, tu n'iras pas avec nous; tu n'as pas de robes et tu ne sais pas danser. » Elle ajouta, en voyant Cendrillon pleurer:

« Si tu peux me retirer deux plats de lentilles des cendres dans une heure, tu nous accompagneras. »

Elle pensait bien que la pauvre enfant n'y parviendrait jamais. Puis elle jeta les deux plats de lentilles dans les cendres. Mais la jeune fille retourna dans le jardin et dit:

« Petits pigeons, tourterelles, vous tous, petits oiseaux qui volez sous le ciel, venez et aidez-moi à chercher:

« Les bonnes dans le pot,
Les mauvaises dans le bec! »

Et deux ramiers blancs entrèrent par la fenêtre de la cuisine, comme la première fois; puis vinrent les tourterelles et tous les autres petits oiseaux qui volent sous le ciel, et ils se mirent à l'œuvre autour des cendres. Et les ramiers balancèrent leurs petites têtes et commencèrent à faire *pic, pic, pic;* et les autres firent aussi *pic, pic, pic,* et ils mirent toutes les bonnes graines dans les plats. Et avant qu'il se fût passé une demi-heure, ils avaient déjà fini et s'envolèrent tous.

Alors la jeune fille apporta les plats à sa belle-mère, et elle se réjouissait, croyant aller à la fête. Mais la méchante femme lui dit :

« Tout cela ne te sert de rien, tu n'iras pas avec nous; tu n'as pas de robes, tu ne sais pas danser, et nous aurions honte de toi ! »

Là-dessus, elle lui tourna le dos et s'en fut avec ses deux filles hautaines.

Dès qu'il n'y eut plus personne au logis, Cendrillon courut à la tombe de sa mère sous la coudraie, et dit :

« Petit arbre, remue-toi et secoue-toi,
Jette de l'argent et de l'or sur moi ! »

Alors le petit oiseau lui donna une robe d'argent et d'or et des pantoufles brodées de fils de soie et d'argent.

Elle revêtit sa belle robe et se rendit à la fête; ses sœurs et sa belle-mère ne la reconnurent pas et pensèrent voir une princesse étrangère, tellement elle était ravissante dans sa robe magnifique. Elles ne songèrent guère à Cendrillon, qu'elles croyaient restée à la maison dans les cendres. Le fils du roi alla au-devant de l'inconnue, la prit par la main et dansa avec elle. Il ne voulut danser avec nulle autre ce jour-là, garda la main de la jeune fille dans la sienne, et, si quelqu'un venait pour l'inviter, il répondait : « Celle-ci est ma danseuse. »

Elle dansa jusqu'au soir, puis voulut se retirer. Le fils du roi lui dit :

« Je vais vous accompagner. » Car il brûlait de savoir à qui appartenait cette belle jeune fille.

Mais elle lui échappa et sauta dans le pigeonnier. Le jeune prince attendit jusqu'à ce que le père vînt, et il lui raconta que la jeune étrangère s'était sauvée là.

« Si c'était Cendrillon ? » pensa le père; et il demanda

une hache pour briser le pigeonnier, mais il ne s'y trouva personne. Et lorsqu'ils arrivèrent au logis, Cendrillon était dans les cendres avec sa souquenille grise, et une petite lampe, à moitié éteinte, brûlait sur le foyer; car Cendrillon était descendue bien vite de l'autre côté du pigeonnier et avait couru au noisetier, pour ôter sa belle robe et la mettre sur la tombe où l'oiseau l'avait reprise; puis elle s'était blottie dans les cendres avec sa vilaine souquenille.

Le lendemain, la fête continua, et, une fois ses belles-sœurs et ses parents partis, Cendrillon s'en fut sous la coudraie, et dit :

« Petit arbre, remue-toi et secoue-toi,
Jette de l'argent et de l'or sur moi! »

Alors le petit oiseau lui donna une robe encore plus éblouissante que celle de la veille; et lorsqu'elle parut à la fête avec cette robe, tout le monde fut émerveillé de sa beauté. Le fils du roi, qui avait attendu jusqu'à son arrivée, la prit tout de suite par la main et ne dansa qu'avec elle. Et quand d'autres faisaient mine de l'inviter, il disait : « Celle-ci est ma danseuse. »

Le soir venu, elle songea à s'en retourner, et le prince voulut la reconduire, pour voir dans quelle maison elle irait; mais elle s'échappa dans le jardin, derrière la maison. Il y avait un magnifique poirier avec des poires superbes, sur lequel elle grimpa aussi vite qu'un écureuil, si vite que le prince ne put savoir où elle était passée. Il attendit cependant jusqu'à ce que le père vînt, et lui dit :

« L'étrangère m'a échappé encore, et je crois qu'elle s'est sauvée sur le poirier. »

« Si c'était Cendrillon? » pensa de nouveau le père. Il

se fit apporter une hache et coupa l'arbre, mais il ne s'y trouva personne. Et lorsqu'ils entrèrent dans la cuisine, Cendrillon était couchée dans les cendres comme d'habitude, car elle s'était hâtée de donner sa belle robe au petit oiseau sur la coudraie, et avait remis sa souquenille grise.

Le troisième jour, quand elle eut vu partir ses parents et ses sœurs, Cendrillon s'en fut à la tombe de sa mère, et dit :

« Petit arbre, remue-toi et secoue-toi,
Jette de l'argent et de l'or sur moi ! »

Alors l'oiseau lui jeta une robe si riche, si riche qu'elle n'en avait pas encore eu de pareille, et des pantoufles tout en or. Quand elle se présenta à la fête, on ne sut que dire, tant on l'admirait ; le fils du roi dansa uniquement avec elle, et si quelqu'un la demandait, il répétait : « Celle-ci est ma danseuse. »

Sur le soir elle voulut s'en aller, et le prince tint à l'accompagner ; mais elle lui échappa si vite qu'il ne put la suivre. Or le fils du roi avait usé de ruse ; il avait fait mettre de la poix sur l'escalier, et la pantoufle de la jeune fille y était restée attachée. Le prince la prit ; elle était gracieuse et mignonne et toute en or.

Le lendemain il s'en fut chez le père de Cendrillon et lui dit que celle à qui irait la pantoufle d'or deviendrait sa femme.

Les deux sœurs se réjouirent fort, car elles avaient de très-jolis pieds. L'aînée alla dans sa chambre pour essayer la pantoufle avec sa mère ; mais elle ne put y faire entrer l'orteil, parce que la pantoufle lui était trop petite. Alors, la mère lui donna un couteau et dit :

« Coupe l'orteil ; quand tu seras reine, tu n'auras pas besoin d'aller à pied. »

La sœur aînée se coupa l'orteil et fit ainsi entrer le pied, en dissimulant sa douleur, puis se rendit auprès du prince. Celui-ci la prit sur son cheval comme sa fiancée, et s'éloigna avec elle. Et lorsqu'ils passèrent près de la tombe sous la coudraie, les deux ramiers y étaient perchés et se mirent à dire :

> « Rouck di gouck, rouck di gouck,
> Le soulier est plein de sang,
> Le soulier est trop petit :
> La vraie fiancée est encore au logis ! »

Le prince regarda aussitôt le pied de sa compagne et vit sortir du sang de la pantoufle. Il fit tourner bride à son cheval, ramena chez elle la fausse fiancée et dit qu'il fallait que l'autre sœur essayât la pantoufle d'or. La seconde sœur monta donc à sa chambre, et son pied entra bien avec les doigts dans la pantoufle ; mais le talon était trop gros. La mère lui donna alors un couteau, en lui disant :

« Coupe le talon ; quand tu seras reine, tu n'auras pas besoin de marcher à pied. »

La jeune fille se coupa un morceau du talon, de manière à faire entrer le pied dans la pantoufle, et la montra au fils du roi, qui prit sa fiancée sur son cheval et partit. Mais, comme ils passaient près de la tombe, les deux ramiers étaient aux aguets sur la coudraie, et s'écrièrent :

> « Rouck di gouck, rouck di gouck,
> Le soulier est plein de sang,
> Le soulier est trop petit :
> La vraie fiancée est encore au logis ! »

Et le prince de regarder le pied de sa compagne, et de voir le sang qui sortait de la pantoufle et montait dans le bas blanc de la jeune fille. Il fit donc tourner bride à son cheval et ramena la fausse fiancée à la maison.

« Celle-ci n'est pas non plus la fiancée qu'il me faut, dit-il ; n'avez-vous pas une autre fille ? »

— Non, dit le père. Il n'y a plus que Cendrillon, l'enfant de ma femme défunte ; elle ne peut pas être la fiancée. »

Le fils du roi demanda qu'on l'allât chercher ; mais la belle-mère répondit :

« Cela ne se peut ; elle est beaucoup trop sale pour se laisser voir. »

Il voulut qu'on la lui amenât, et Cendrillon fut mandée devant lui. D'abord elle se lava la figure et les mains, puis entra et fit une révérence au prince, qui lui tendit la pantoufle d'or. Elle ôta le pied gauche de son gros soulier, le mit sur la pantoufle, appuya un peu, et se trouva chaussée à ravir. Et comme elle regardait le fils du roi en face, il la reconnut et dit : « Voici la vraie fiancée ! »

La marâtre et ses filles étaient terrifiées, et devinrent toutes blanches de colère. Mais le prince saisit la main de Cendrillon et l'emmena sur son cheval. Et lorsqu'ils furent devant le noisetier, les deux ramiers blancs s'écrièrent :

« Rouck di gouck, rouck di gouck,
Pas de sang dans le soulier !
Le soulier n'est pas trop petit !
C'est la vraie fiancée qu'il emmène ! »

Ayant dit cela, ils voltigèrent sur les épaules de Cendrillon, l'un à droite, l'autre à gauche, et demeurèrent ainsi tout le long du chemin.

Quand le mariage du prince fut sur le point d'être célébré, les mauvaises sœurs arrivèrent pour prendre part au bonheur de Cendrillon. Et au moment où les fiancés entraient dans l'église, l'aînée se tenant à la droite et la cadette à la gauche de Cendrillon, les ramiers leur piquèrent un œil à chacune ; un peu plus tard, en sortant, l'aînée étant à gauche et la cadette à droite, les ramiers leur piquèrent l'autre œil ; et elles furent ainsi punies de leur méchanceté et de leur fausseté, en restant aveugles toute leur vie.

RAIPONCE

Il était une fois un homme et une femme qui désiraient un enfant depuis longtemps; enfin, la femme eut l'espoir de voir son souhait exaucé par Dieu.

Ces gens avaient, sur le derrière de leur maison, une petite fenêtre d'où l'on pouvait apercevoir un jardin magnifique rempli des plus belles fleurs et de toute espèce d'herbes; il était entouré d'un haut mur et personne n'osait y entrer, parce qu'il appartenait à une sorcière qui avait beaucoup de pouvoir et que tout le monde craignait.

Un jour, la femme était à sa fenêtre et regardait le jardin; elle remarqua un parterre planté de superbes raiponces, et celles-ci avaient l'air si bonnes et si fraîches qu'elle se sentit une envie folle d'en manger. Cette envie de raiponces augmentait chaque jour; et comme la brave femme savait qu'elle ne pouvait en avoir, elle maigrissait et devenait toute pâle et toute faible.

Le mari en fut effrayé et lui demanda :

« Qu'as-tu donc, ma chère femme?

— Hélas! dit-elle, si je ne puis manger des raiponces du jardin qui est derrière notre maison, je vais mourir! »

Son mari, qui l'aimait beaucoup, se dit :

« Plutôt que de laisser mourir ma femme, il faut que je lui cherche des raiponces, coûte que coûte! »

Vers le soir, il escalada le mur et pénétra dans le jardin de la sorcière, coupa à la hâte une poignée de raiponces et les apporta à sa femme. Elle s'en accommoda tout de suite une salade, qu'elle mangea avec avidité. Elles avaient si bon goût que, le lendemain, son envie ne fit que redoubler. Pour qu'elle restât en repos, son mari fut forcé d'aller encore une fois dans le jardin. Le soir, il y descendit de nouveau; mais lorsqu'il eut grimpé par-dessus le mur, la frayeur le prit, car il se trouva en face de la sorcière.

« Comment, dit-elle en furie, oses-tu venir dans mon jardin, comme un voleur, pour me voler mes raiponces?

— Hélas! répondit-il, je m'y suis décidé malgré moi, et seulement pressé par le danger qui menaçait ma femme : elle a vu vos raiponces par la fenêtre et en a conçu une telle envie, qu'elle mourrait si elle n'en mangeait pas. »

Alors la colère de la sorcière s'adoucit un peu, et elle dit au mari :

« Si tout s'est passé comme tu le racontes, je te permettrai de prendre autant de raiponces que tu voudras, mais à la condition que tu me donneras l'enfant que ta femme va mettre au monde. Il ne s'en trouvera pas mal, et je lui servirai de mère. »

Le mari promit tout dans sa terreur; et lorsque sa femme eut donné le jour à une petite fille, la sorcière arriva, appela l'enfant du nom de *Raiponce* et l'emmena avec elle.

Raiponce devint la plus belle enfant qui fût sous le soleil. Lorsqu'elle eut douze ans, la sorcière l'enferma dans une tour au milieu de la forêt, qui n'avait ni escalier ni portes, mais seulement une petite fenêtre tout en haut. Quand la sorcière voulait monter, elle se mettait juste au-dessous, et disait :

« Raiponce, Raiponce,
Laisse tomber tes cheveux! »

Raiponce avait de longs et magnifiques cheveux, fins comme de l'or filé. Dès qu'elle entendait la voix de la sorcière, elle dénouait ses cheveux, les tournait autour d'un des crochets de la fenêtre, et il en tombait alors vingt aunes jusqu'au bas de la tour, où la sorcière montait ainsi.

Quelques années après, il advint que le fils du roi passa par la forêt, juste devant cette tour. Il entendit un chant si mélodieux qu'il arrêta son cheval pour écouter. C'était Raiponce qui essayait de passer le temps dans sa solitude en chantant de sa voix douce.

Le prince chercha en vain la porte de la tour; mais ce chant lui avait tellement touché le cœur, qu'il revint chaque jour dans la forêt, pour l'écouter. Une fois qu'il était caché derrière un arbre, il vit arriver la sorcière et il l'entendit qui disait :

« Raiponce, Raiponce,
Laisse tomber tes cheveux! »

Raiponce alors fit tomber ses longues nattes, et la sorcière put monter.

« Est-ce là l'échelle par laquelle on monte? se dit le prince; alors, je tenterai une fois la chance. »

Et le lendemain, lorsque le soir fut venu, il alla à la tour et dit :

« Raiponce, Raiponce,
Laisse tomber tes cheveux! »

Les cheveux tombèrent tout de suite, et le fils du roi monta.

D'abord, Raiponce fut effrayée de voir entrer un homme que ses yeux n'avaient jamais aperçu; mais le prince lui raconta, d'une voix amie, qu'il avait entendu son chant et qu'il s'était senti le cœur si ému qu'il n'avait plus eu de repos jusqu'à ce qu'il l'eût vue elle-même. Alors Raiponce perdit toute frayeur; et quand il lui demanda si elle voulait bien l'agréer pour mari, le voyant si beau et si jeune, elle pensa : « Il m'aimera plus que la vieille mère Gothel, » dit : *oui*, et lui donna sa main.

Il fut convenu que le prince viendrait la voir tous les soirs; et la sorcière, qui ne venait que dans le jour, ne remarqua rien jusqu'à ce qu'une fois Raiponce lui dit sans y songer :

« Dites-moi donc, mère Gothel, comment il se fait que vous devenez de plus en plus lourde, tandis que le jeune prince est chez moi dans un instant?

— Ah! enfant perverse, s'écria la sorcière, qu'ai-je entendu? Tu m'as donc trompée! »

Et, dans sa colère, elle prit les beaux cheveux de Raiponce, les tourna plusieurs fois autour de sa main gauche, saisit une paire de ciseaux de la main droite, et vite, vite, voilà ces beaux cheveux coupés et les nattes merveilleuses par terre. La sorcière fut sans pitié, car elle transporta Raiponce dans un désert où celle-ci mena une vie de misère et de chagrin.

Le même jour où elle avait chassé Raiponce de la tour, la sorcière attacha vers le soir les cheveux coupés au crochet de la fenêtre, et lorsque le fils du roi vint et dit :

« Raiponce, Raiponce,
Laisse tomber tes cheveux ! »

elle fit tomber les cheveux; mais le pauvre prince, au lieu de trouver en haut sa chère Raiponce, rencontra la méchante sorcière qui le regardait avec des yeux mauvais et terribles, et qui lui dit :

« Pour toi, Raiponce est perdue à jamais, tu ne la reverras plus ! »

Le prince était hors de lui, de douleur et de désespoir, et dans son délire il se jeta du haut de la tour; il ne se tua pas, mais ses deux yeux furent blessés. Triste et aveugle, il errait par la forêt, ne mangeant que des fruits sauvages et des racines, et ne faisant que pleurer et se désoler de la perte de sa chère femme.

Il erra ainsi plusieurs années et arriva dans le désert où Raiponce vivait misérablement avec ses deux jumeaux, un fils et une fille. Il y entendit une voix qui lui semblait familière, il suivit le son, et lorsqu'il approcha d'elle, Raiponce le reconnut et se jeta à son cou en pleurant. Deux larmes tombées de ses yeux mouillèrent ceux du prince aveugle, qui redevinrent clairs et purent voir comme auparavant. Et il conduisit alors sa femme et ses enfants dans son royaume, où ils vécurent tous longtemps dans la paix et dans le bonheur.

LES SIX CYGNES

Un roi chassait une fois dans une grande forêt, et il poursuivait le gibier avec tant d'ardeur qu'aucun de ses gens ne pouvait le suivre. Quand le soir vint et que le prince s'arrêta, il se trouva qu'il s'était égaré. En vain chercha-t-il une issue, il n'en découvrit aucune. Enfin il aperçut une vieille femme au chef branlant : c'était une sorcière. Le roi lui parla et dit :

« Ma bonne femme, ne pourriez-vous pas me montrer un chemin qui mène hors de cette forêt?

— Oh! oui certes, seigneur, je le puis! répondit-elle, mais à une seule condition ; et si vous ne la remplissez pas, vous resterez dans la forêt et vous y mourrez de faim.

— Quelle est cette condition? demanda le roi.

— J'ai une fille, reprit la vieille, qui est aussi belle que personne au monde, et qui mérite bien de devenir votre femme; si vous consentez à l'épouser et à faire d'elle la reine du pays, je vous montrerai le chemin qui mène hors de la forêt. »

Le roi promit tout dans son trouble, et la vieille le conduisit à sa cabane où sa fille se tenait près du feu. Elle reçut le roi comme si elle l'avait attendu, et il vit bien qu'elle était fort belle, mais elle ne lui plaisait pas, et il ne pouvait la regarder sans une certaine peur. Après qu'il eut mis la fille de la sorcière sur son cheval, la vieille lui indiqua le chemin, et le roi arriva bientôt à son château royal, où le mariage fut célébré.

Le roi avait déjà été marié, et il avait de sa première femme sept enfants, six garçons et une fille qu'il aimait plus que tout au monde. Craignant pour eux les mauvais traitements de leur belle-mère, il les mena dans un château isolé au milieu d'une forêt. Ce château était si bien caché et le chemin si difficile à trouver, que le roi même n'aurait pu le découvrir si une bonne fée ne lui eût fait don d'une pelote de fil qui se déroulait d'elle-même dès qu'il la jetait devant lui, et qui lui montrait le chemin. Mais le roi allait si souvent chez ses chers enfants, que la reine finit par remarquer ses absences. Elle fut curieuse de savoir à quoi il pouvait s'occuper ainsi tout seul dans la forêt, et fit tant, qu'à prix d'argent elle tira de ses domestiques l'explication du mystère; ils lui apprirent aussi la vertu de la pelote de fil qui servait à montrer le chemin. Dès lors elle n'eut plus de repos qu'elle ne sût où le roi cachait ce talisman, puis elle fabriqua de petites chemises de soie, et comme sa mère lui avait enseigné mille sortiléges, elle eut bientôt fait d'y coudre un charme.

Une fois que le roi était à la chasse, elle prit les chemises, alla dans la forêt, et le fil lui montra le chemin. Les enfants voyant venir de loin quelqu'un, pensèrent que c'était leur bon père, et ils sautaient de joie. Mais la marâtre jeta sur chacun d'eux une des chemises; et la chemise n'eut pas plutôt touché leur corps, qu'ils furent changés en cygnes et s'envolèrent au-dessus de la forêt.

La reine s'en retourna joyeuse dans sa demeure, croyant s'être débarrassée des enfants de son mari. Mais la petite fille ne se trouvait point avec les autres, et la marâtre n'avait pas entendu parler d'elle.

Le lendemain le roi vint pour voir ses enfants et ne rencontra que la petite fille.

« Où sont tes frères? demanda-t-il.

— Ah! cher père, répondit-elle, ils sont partis et m'ont laissée toute seule. »

Et elle lui conta ce qu'elle avait vu de sa fenêtre, comment ses frères s'étaient envolés par la forêt; même elle lui montra les plumes qu'ils avaient laissées tomber dans la cour et qu'elle avait gardées. Le roi fut bien triste, mais il ne lui vint pas à l'esprit de soupçonner la reine d'avoir commis cette mauvaise action; et, comme il craignait qu'on lui prît aussi sa petite fille, il voulut l'emmener avec lui. Mais elle avait peur de sa belle-mère et elle demanda au roi la permission de passer encore une nuit dans le château de la forêt.

La pauvre enfant se disait :

« Je ne suis plus en sûreté par ici, j'aime mieux aller à la recherche de mes frères. »

Et lorsque la nuit fut venue, elle s'enfuit et marcha tout droit devant elle dans la forêt. Elle marcha toute la nuit et le jour suivant sans s'arrêter, jusqu'à ce qu'elle fût rendue de fatigue. Alors elle vit une petite maisonnette de chasse; elle y entra et trouva une chambre avec six petits lits; mais elle n'osa en choisir un pour s'y reposer, et se cacha dessous pour passer la nuit sur le dur plancher.

Au coucher du soleil, elle entendit un bruit d'ailes et vit entrer les six cygnes. Ils se posèrent sur le sol et soufflèrent l'un contre l'autre jusqu'à ce que toutes les plumes fussent parties; après quoi la peau de cygne s'enleva comme une chemise. La jeune fille, ayant reconnu ses frères, se réjouit et sortit de dessous le lit. Ils n'étaient pas moins contents de revoir leur petite sœur; mais leur joie fut de courte durée.

« Tu ne peux rester ici, lui dirent-ils, c'est le rendez-vous d'une bande de voleurs; quand ils rentreront, s'ils te trouvent, ils te tueront.

— Ne pouvez-vous pas me protéger ? demanda la sœur.

— Non, répondirent-ils, car nous ne pouvons quitter notre peau de cygne que pendant un quart d'heure chaque soir, et nous ne gardons la forme humaine que pendant ce temps-là, pour redevenir cygnes de nouveau. »

La petite sœur pleura et dit :

« Ne puis-je donc pas vous délivrer ?

— Oh ! non, reprirent les six frères, les conditions sont trop difficiles. Durant six ans, tu ne devrais ni parler ni rire, et dans cet espace de temps il te faudrait coudre six chemises d'*étoilées*[1]. Qu'un seul mot s'échappe de ta bouche, et voilà tout l'ouvrage perdu ! »

Comme ses frères achevaient de lui conter ces choses, le quart d'heure se trouva passé, et ils s'envolèrent par la fenêtre.

La jeune fille résolut dans son cœur de délivrer ses frères, dût l'entreprise lui coûter la vie. Le lendemain, elle sortit, chercha des *étoilées* et se mit à coudre. Elle n'avait personne à qui parler et ne se sentait nulle envie de rire : elle était assise sur un arbre et ne regardait que son ouvrage.

Elle y avait déjà passé quelque temps, lorsque le roi du pays vint à chasser dans la forêt ; et ses chasseurs arrivèrent au pied de l'arbre où se tenait la jeune fille. Ils l'appelèrent et dirent : « Qui es-tu ? »

Elle ne répondit pas.

« Viens avec nous, reprirent-ils, nous ne te ferons pas de mal. »

Elle secoua simplement la tête. Comme ils la poursuivaient toujours de leurs questions, elle leur jeta son collier d'or, croyant les contenter ainsi. Mais ils continuaient toujours, et elle leur jeta sa ceinture, puis suc-

---

1. Fleurs des champs en forme d'étoiles.

cessivement tout ce dont elle pouvait se passer, de sorte qu'elle ne garda que sa chemise. Les chasseurs ne se laissèrent pas repousser; ils grimpèrent sur l'arbre, s'emparèrent de la jeune fille et la conduisirent devant le roi.

« Qui es-tu, lui demanda-t-il, et que faisais-tu sur cet arbre? »

Mais elle ne répondit pas. En vain il l'interrogea dans toutes les langues qu'il savait : elle resta muette comme un poisson. Cependant, elle était si belle que le cœur du roi en fut touché et qu'il se sentit pris d'un violent amour pour elle. Il la couvrit de son manteau, la mit devant lui sur son cheval et l'emmena dans son château. Là, il lui fit faire de riches habits, dans lesquels elle parut belle comme le jour; mais il ne pouvait tirer d'elle un seul mot. Il la plaça auprès de lui à table, et ses manières et son air modeste lui plurent tant, qu'il dit:

« Je veux l'épouser, ou personne au monde ! »

En effet, quelques jours après, il se mariait avec elle.

Or, le roi avait une méchante mère qui était mécontente de ce mariage et parlait mal de la jeune reine.

« Qui savait d'où elle sortait, cette fillette incapable même de parler? elle n'était certes pas digne d'un roi ! »

Au bout d'un an, lorsque la reine mit au monde son premier enfant, la vieille l'enleva et barbouilla de sang la bouche de la reine pendant son sommeil; puis elle s'en fut chez le roi accuser la pauvre mère d'être une anthropophage. Le roi, pourtant, n'en voulut rien croire et ne souffrit pas qu'on lui fît le moindre mal. Elle était toujours occupée à coudre des chemises et ne s'inquiétait pas d'autre chose.

La fois d'ensuite, la reine ayant donné le jour à un beau garçon, la rusée marâtre usa de la même supercherie ; mais le roi ne put encore se résoudre à croire aux paroles de sa mère, et dit :

« Elle est trop pieuse et trop bonne pour avoir fait cela ; si elle n'était pas muette et pouvait se défendre, son innocence serait bientôt reconnue. »

Cependant, lorsque la vieille eut enlevé pour la troisième fois l'enfant nouveau-né et recommencé d'accuser la reine, le roi ne put faire autrement que de livrer sa femme aux juges, et elle fut condamnée à périr sur le bûcher.

Le jour de l'exécution arrivé, — c'était aussi le dernier jour des six années pendant lesquelles elle ne devait ni parler ni rire, — les six chemises étaient presque finies, et il ne manquait plus que la manche gauche à la dernière pour compléter la délivrance des six frères, grâce à la tendresse patiente de leur sœur, et rompre la puissance du charme. Tandis qu'on la menait au bûcher, elle tenait les chemises d'*étoilées* sous son bras ; et quand elle y fut montée, comme on allait allumer le feu, elle regarda en l'air et vit des cygnes, au nombre de six, s'avancer à tire-d'ailes. Alors elle sentit que sa délivrance approchait aussi, et le cœur lui bondit de joie.

Les cygnes volèrent jusqu'à elle et se penchèrent pour qu'elle pût leur mettre les chemises. Dès que celles-ci eurent touché leur corps, la peau de cygne tomba de leurs membres, et les six frères apparurent aux yeux de celle qui les avait sauvés, frais et bien portants : au plus jeune seulement il manquait un bras, et il avait une aile de cygne à la place [1].

---

1. Ce conte n'est qu'une version populaire d'une partie de la légende du *Chevalier au Cygne*, tirée du *Roman de Dolopathos*, un de ces recueils de fables merveilleuses qui firent la joie du moyen âge. On sait que le *Dolopathos*, venu de l'Orient et rimé en langue d'*oïl* par le moine Herbert, est une des œuvres les plus curieuses de notre

Ils s'embrassèrent tous avec joie, et la reine, allant trouver le roi qui était dans la consternation, commença à parler et lui dit :

« Cher époux, maintenant je puis parler et vous jurer que je suis innocente et que j'ai été accusée faussement. »

Elle lui raconta alors les tromperies de la vieille, qui avait dérobé les trois enfants et les avait cachés. On les envoya chercher, à la grande joie du roi, et la méchante belle-mère fut liée sur le bûcher et réduite en cendres.

Et le roi et la reine vécurent longtemps heureux avec leurs six frères.

littérature du treizième siècle. Il faut lire l'excellente analyse de la légende du *Chevalier au Cygne* qui se trouve dans la quatrième partie des *Origines littéraires de la France*, par Louis Moland (chap. IV).

Dans le *Dolapothos*, il y a, comme dans le conte de Grimm, une marâtre qui persécute les sept enfants. Mais ceux-ci ont pour mère une belle et jeune fée, et viennent au monde ayant tous au cou une chaîne d'or : en ôtant cette chaîne, ils deviennent cygnes ; en la revêtant, ils reprennent la forme humaine. Après les avoir enlevés à sa bru pour les tuer et leur avoir substitué sept petits chiens, en trompant son fils et en faisant condamner la fée au supplice affreux de rester enfouie en terre jusqu'à la poitrine, la marâtre apprend que les six frères et leur sœur vivent dans les bois et quittent leurs chaînes, à certains moments, pour se transformer en cygnes. Tandis que la sœur, assise sur la rive du fleuve où se baignent ses frères, garde leurs chaînes, un émissaire de la marâtre survient et les lui arrache. L'enfant s'enfuit effrayée dans la forêt et garde sa chaîne ; pour accompagner ses frères, qui ne peuvent plus revenir à leur forme naturelle, la jeune fille se fait cygne comme eux. Puis ils prennent leur volée vers le château paternel. La sœur reprend la forme humaine, va demander l'aumône au château, soulage la pauvre fée qui n'est pas encore morte à la peine, et à laquelle on trouve qu'elle ressemble d'une façon étonnante. Finalement elle est reconnue par son père, lui raconte son histoire et celle de ses frères depuis leur exil dans les bois, échappe à la furie de la marâtre, qui est mise dans la fosse à la place de sa bru, et les six chaînes que l'on croyait perdues sont retrouvées entre les mains de l'orfèvre de la vieille reine, chargé d'en forger une coupe. Seulement, une de ces chaînes est restée avec un anneau ébréché, et celui à qui elle appartient garde sa forme de cygne pour toujours, au lieu que ses frères redeviennent hommes. Il adopte l'un d'eux pour compagnon : de là le surnom de *Chevalier au Cygne* donné à ce dernier.

LES TROIS NAINS DE LA FORÊT

Il était une fois un homme qui avait perdu sa femme et une femme qui avait perdu son mari. La femme avait une fille et l'homme en avait une aussi. Les jeunes filles se connaissaient, se promenaient ensemble et allaient chez la femme. Un jour, celle-ci dit à la fille du veuf :

« Écoute, fais savoir à ton père que je voudrais l'épouser, et qu'alors tu te laveras tous les matins avec du lait, et tu boiras du vin; tandis que ma fille se lavera avec de l'eau et boira de l'eau. »

La jeune fille s'en retourna chez elle et raconta à son père ce que la femme lui avait dit :

« Que dois-je faire? s'écria l'homme, le mariage est une joie et un tourment! »

Ne sachant quelle résolution prendre, il ôta sa botte et dit :

« Voici ma botte, elle a un trou dans la semelle; va au grenier, pends-la au gros clou, et remplis-la d'eau. Si elle retient l'eau, je prendrai une femme; si l'eau coule, je n'en veux pas. »

La fille fit ce que son père lui avait ordonné; mais l'eau resserra le trou, et la botte resta remplie jusqu'au bord. En apprenant ce résultat, le père monta lui-même pour voir si c'était bien vrai; puis il alla chez la veuve, l'épousa, et les noces furent célébrées. Le lendemain, lorsque les filles s'éveillèrent, il y avait devant celle du mari du lait pour se laver et du vin pour boire; et devant celle de la femme, de l'eau pour se laver et pour boire. Le second matin, il y eut de l'eau aussi bien devant la fille du mari que devant celle de la femme. Le troisième matin, il y eut devant la fille de la femme du lait pour se laver et du vin pour boire, et de l'eau devant celle du mari; et il en fut toujours ainsi désormais. La femme prit sa belle-fille en haine, et elle ne savait qu'inventer pour lui rendre la vie dure. Elle était jalouse de ce que sa belle-fille était belle et gracieuse, et sa fille laide et déplaisante.

Une fois, en hiver, la terre était durcie par le froid, les vallées et les montagnes couvertes de neige. La femme fit une robe de papier, appela la jeune fille et lui dit :

« Mets cette robe et va dans la forêt me chercher un panier de fraises, j'en ai envie.

— Grand Dieu! répondit la jeune fille, il n'y a pas de fraises en hiver, la terre est durcie et la neige a tout couvert. Comment puis-je aller avec cette robe de papier? Il fait si froid que le vent va souffler au travers, et que les épines vont me l'arracher du corps!

— Ne vas-tu pas m'obéir? dit la belle-mère; va-t'en au plus vite et ne reviens pas avant d'avoir ta corbeille remplie de fraises. »

Puis elle lui donna un morceau de pain sec et ajouta :

« Tu pourras en manger dans la journée. »

Mais elle pensait :

« Dehors elle va mourir de froid et de faim, et je ne la reverrai jamais. »

La jeune fille obéit. Elle mit la robe de papier et s'en alla avec son petit panier.

Partout de la neige; pas un brin d'herbe. Lorsqu'elle arriva dans la forêt, elle vit une maisonnette et trois petits nains qui regardaient de son côté. Elle leur dit bonjour et frappa à la porte. On la fit entrer dans la chambre, elle s'assit sur un banc près du poêle pour se chauffer et manger son déjeuner. Les nains lui dirent :

« Donne-nous en aussi un peu.

— Volontiers, répondit-elle. »

Elle partagea son pain et leur en donna la moitié. Ils lui demandèrent :

« Que veux-tu faire en plein hiver, ici, dans la forêt, avec ta robe de papier ?

— Ah ! dit-elle, je dois cueillir un panier de fraises, et ne pas rentrer à la maison avant de les avoir trouvées. »

Lorsqu'elle eut mangé son pain, ils lui donnèrent un balai et dirent :

« Enlève la neige derrière la porte d'entrée. »

Et lorsqu'elle fut sortie, les petits nains se demandèrent entre eux :

« Qu'allons-nous lui donner pour avoir été si gentille et si bonne et pour avoir partagé son pain avec nous ? »

Alors le premier dit :

« Je lui donne pour don de devenir plus belle de jour en jour. »

Le second dit :

« Je lui donne pour don de laisser tomber une pièce d'or de sa bouche, à chaque mot qu'elle prononcera. »

Le troisième dit :

« Je lui donne pour don d'être demandée en mariage par un roi. »

La jeune fille balaya la neige derrière la porte de la maisonnette, et trouva de belles fraises rouges et mûres. Pleine de joie, elle remplit son panier, remercia les petits hommes, prit congé d'eux, et courut à la maison porter les fraises à sa belle-mère. Lorsqu'elle entra et dit : « Bonsoir, » une pièce d'or lui tomba de la bouche ; puis elle raconta ce qui lui était arrivé dans la forêt ; mais à chaque mot qu'elle prononçait, des pièces d'or tombaient de sa bouche, et bientôt le plancher de la chambre en fut couvert.

« Voyez-moi cette insouciance, dit la belle-sœur, de jeter ainsi l'argent par terre. »

Mais elle l'enviait en secret et demandait incessamment à sa mère de l'envoyer dans la forêt. La belle-mère refusait et disait :

« Non, ma chère fillette, il fait trop froid, tu pourrais t'enrhumer. »

Cependant, comme elle la tourmentait toujours, elle finit par lui céder; mais elle lui fit faire, pour se vêtir, une robe fourrée, et lui donna des tartines et du gâteau.

La fille alla dans la forêt et marcha sans hésiter à la maisonnette. Les nains la regardèrent venir comme sa sœur; elle ne les salua pas, entra tout droit dans la chambre, se plaça près du poêle, et se mit à manger ses tartines et son gâteau.

« Donne-nous-en un peu, demandèrent les nains. » Mais elle répondit :

« J'en ai à peine assez pour moi, comment puis-je encore en donner à d'autres ? »

Quand elle eut fini de manger, ils dirent :

« Prends le balai et balaie derrière la porte de la maison.

— Oh ! balayez donc vous-mêmes, dit-elle ; je ne suis point votre servante. »

Voyant qu'ils n'allaient pas lui faire de cadeau, elle sortit. Alors, les petits hommes délibérèrent entre eux.

« Qu'allons-nous lui donner pour avoir été si méchante et avoir montré un si mauvais cœur ? »

Le premier dit :

« Je lui donne pour don de devenir plus laide de jour en jour. »

Le second dit :

« Je lui donne pour don de laisser tomber un crapaud de sa bouche, à chaque mot qu'elle prononcera. »

Le troisième dit :

« Je lui donne pour don de mourir d'une mort affreuse. »

La jeune fille chercha des fraises ; mais, comme elle n'en trouvait pas, elle retourna désappointée à la maison. Lorsqu'elle ouvrit la bouche pour raconter à sa mère ce qui lui était arrivé dans la forêt, il en sortit un crapaud à chaque parole, de sorte qu'elle inspirait du dégoût à tout le monde.

Dès ce moment, la belle-mère s'irrita encore davantage et ne songea plus qu'à faire du mal à la fille de son mari, dont la beauté augmentait de jour en jour. Enfin elle prit un chaudron, le mit sur le feu et y fit bouillir du lin. Quand ce lin fut cuit, elle le donna à rouir et à macquer[1] à la pauvre fille, avec une hache pour fendre la glace sur la rivière.

La pauvre enfant obéit et partit. Elle fit un trou dans la glace, et, pendant qu'elle travaillait, elle vit venir un carrosse magnifique où se trouvait le roi. Il s'arrêta.

« Mon enfant, qui es-tu et que fais-tu là ?

— Je suis une pauvre fille et je rouis du lin. »

Le roi fut ému de pitié, et, voyant qu'elle était si belle :

« Veux-tu venir avec moi ? dit-il.

— Oh ! oui, bien volontiers, » répondit-elle ; car elle était contente de s'en aller loin de sa mère et de sa sœur.

Elle monta donc vite en carrosse et suivit le roi. Lorsqu'elle fut arrivée au château, on célébra les noces en grande pompe, selon la promesse des nains. Un an

---

1. Tout le monde sait que *rouir* le lin, c'est le faire macérer dans l'eau ; le *macquer*, c'est le briser, pour achever de l'amener à l'état de filasse en séparant les parties ligneuses des fibres textiles.

après, la jeune reine devint mère d'un petit garçon. Sa belle-mère, ayant ouï parler de son bonheur inespéré, vint avec sa fille et feignit de lui faire une visite. Mais une fois que le roi fut sorti et qu'elles se trouvèrent sans témoin, la méchante femme et sa fille saisirent la reine, l'une par la tête, l'autre par les pieds, et la jetèrent dans la rivière. Puis la mère mit sa fille dans le lit et lui couvrit le visage[1]. Le roi, de retour, voulut parler à sa femme; mais la vieille s'écria :

« Taisez-vous ; ce n'est pas le moment : elle est en moiteur, il faut la laisser reposer. »

Le roi ne soupçonna rien de louche et ne revint que le lendemain matin. Lorsqu'il interpella sa femme et qu'elle fut forcée de répondre, il vit qu'à chaque mot un crapaud lui sortait de la bouche, comme il en sortait autrefois une pièce d'or. Il demanda ce que cela signifiait ; la vieille lui dit que c'était un effet de l'état de souffrance de la reine, mais que cela allait cesser.

Or, pendant la nuit, le garçon de cuisine vit venir un canard qui lui tint ce langage :

« Roi, que fais-tu ?
Dors-tu ou veilles-tu ? »

Et ne recevant pas de réponse, le canard continua :

« Que font mes hôtes ? »

Le garçon de cuisine répondit :

« Ils dorment bien. »

---

1. Cette aventure avec quelques variantes dans les circonstances et dans la forme du récit et du dialogue, reparaît plusieurs fois, sous divers noms, dans les contes populaires allemands. Voir *Petit frère et petite sœur* dans les contes de Grimm, et *Zitterinchen*, dans les contes de Bechstein. Ces rapprochements sont curieux à faire, et les différences intéressantes à noter.

Le canard demanda encore :

« Que fait mon petit enfant ? ».

L'autre répondit :

« Il dort dans son petit berceau. »

Alors le canard prit la forme de la reine, monta vers l'enfant, lui donna à boire, arrangea son petit lit, le couvrit bien, puis s'en retourna sous l'aspect d'un canard. La reine vint encore deux nuits, et la troisième nuit, elle dit au garçon de cuisine :

« Va, et dis au roi qu'il prenne son épée et qu'il la fasse tourner trois fois au-dessus de moi, sur le seuil. »

Le garçon courut avertir le roi qui prit son épée et la fit tourner trois fois au-dessus du fantôme. A la troisième fois, sa femme se trouva devant lui, fraîche, vivante et belle comme auparavant.

Le roi, rempli de joie, cacha la reine dans une chambre jusqu'au jour où l'on baptisa l'enfant. Après le baptême :

« Que faut-il faire, demanda-t-il, à une personne qui en arrache une autre de son lit pour la jeter à l'eau ?

— La méchante, répondit la vieille, ne mérite pas d'autre supplice que d'être enfermée dans un tonneau garni de clous à l'intérieur, qu'on laisse rouler du sommet d'une montagne jusqu'à la rivière. »

Le roi envoya chercher un tonneau ainsi disposé, y fit mettre la vieille et sa fille ; puis le couvercle étant replacé, on laissa rouler le tonneau du sommet de la montagne jusqu'à la rivière.

NOTICE

SUR CHARLES SIMROCK

Charles Simrock, poëte et philologue, connu surtout comme traducteur d'anciennes poésies allemandes, est né le 28 août 1802, à Bonn, où il fit ses premières études.

En 1823, il entra au service de l'administration prussienne, sans que son amour pour la poésie et la littérature ancienne en fût amoindri.

Alors parurent ses traductions des *Nibelungen*, puis du *Pauvre Henri* de Hartmann von der Aue.

Destitué, après les journées de juillet en France, pour avoir chanté la liberté et la révolution française, il se voua exclusivement aux travaux littéraires qu'il préférait, et fit preuve d'un grand talent poétique aussi bien que d'une connaissance approfondie et d'une intelligence remarquable de la vieille poésie épique de l'Allemagne.

Ces travaux, aussi heureux qu'assidus, l'ont fait nommer, en 1850, professeur de littérature et de langue allemande à l'Université de Bonn.

Simrock est le principal auteur de l'ouvrage curieux où sont indiquées les *sources des œuvres de Shakespeare* dans les nouvelles, contes et légendes de divers pays, et que publièrent avec lui Henschel et Echtermeier. Cet ouvrage fut suivi du *Trésor des légendes italiennes* (1832), et d'une étude, avec traduction, des *poésies de Walther von der Vogelweide* (1833).

Viennent ensuite : *Le pays du Rhin pittoresque et poétique* (1839) ; la collection des *Livres du peuple*, remaniée ou plutôt renouvelée entièrement par lui depuis 1839, et qui compte une quarantaine de volumes ; la traduction de *Parcival et Titurel*, de Wolfram d'Eschenbach (1842) ; le *Livre* et le *Petit livre des Héros*, sorte d'exposition poétique des légendes héroïques de l'Allemagne, et où se trouvent reprises les chansons des *Nibelungen*, de *Gudrun*, des *Amelungen*, de *Wieland le forgeron*, etc.

Ses *Poésies* originales (1844), parmi lesquelles se trouve plus d'une fraîche ballade, digne des maîtres, sont répandues partout. Les *Légendes du Rhin* (*Rheinsagen*), recueillies de la bouche du peuple et des poètes, ont été acclamées partout (1850).

Citons encore une excellente traduction de l'*Edda* (1851), et un *Dictionnaire de mythologie allemande* (1853).

Le recueil de *Contes allemands* de Simrock (*Deutsche Mæhrchen*) auquel nous empruntons plusieurs de ses plus jolis récits, est conçu dans le même esprit que celui des frères Grimm ; c'est-à-dire qu'il reproduit simplement la tradition populaire, sans prétendre l'embellir.

LA MONTAGNE DE VERRE

Un homme riche avait un fils unique du nom de Wilhelm. Lorsque celui-ci fut devenu grand, il entendit conter tant de merveilles des pays étrangers, qu'il ne fit que prier son père de l'envoyer au loin. Le père eût préféré le voir rester au logis, mais il finit par céder aux instances du jeune homme et le laissa partir.

Il voyageait déjà depuis quelque temps, lorsqu'un jour il arriva en face d'une mer paisible : il n'y avait pas un seul navire, et pourtant il aurait franchi les flots si volontiers ! Tandis qu'il demeurait là dans l'attente, il entendit tout à coup un bruit dans l'air, et aperçut trois grands oiseaux qui planaient au-dessus de sa tête.

Il les suivit du regard et vit qu'ils volaient vers une baie. En touchant la terre, ils ôtèrent leurs ailes et se précipitèrent dans l'eau, changés en trois belles jeunes filles. Alors Wilhelm s'approcha doucement, prit un des voiles qu'elles avaient déposés sur le bord, et s'en alla au plus vite avec le *rabenale*.

Quand les jeunes filles se furent baignées et voulurent s'envoler, l'une d'elles ne trouva plus son *rabenale*; dans son désespoir, elle monta sur le rivage et vit que le jeune homme qui lui avait pris ce voile était encore tout près d'elle. Elle courut après lui en pleurant; et lorsqu'elle se fut approchée, elle le conjura de lui rendre son voile. Mais il ne pouvait accueillir sa demande; car, plus il la contemplait et plus il entendait sa voix, plus elle lui plaisait. Il lui dit qu'il ne lui rendrait pas le *rabenale*, car il ne pouvait plus vivre sans elle, tant il l'aimait : il fallait qu'elle vînt avec lui et acceptât d'être sa femme. Elle y consentit enfin et l'accompagna chez ses parents, qui les reçurent tous deux avec joie, et le mariage fut aussitôt célébré.

Les deux époux vécurent heureux pendant quelque temps; mais un jour le mari, forcé de s'absenter pour quinze jours, confia à sa mère la clef du coffret où il avait caché le *rabenale*, en la priant de la bien garder. Au bout des quinze jours, la jeune femme dit à sa belle-mère qu'elle voulait aller au-devant de son mari, mais qu'il faisait bien chaud et qu'elle n'avait pas de voile pour se garantir du soleil. La mère lui donna la clef du coffret; elle l'ouvrit pour y prendre un voile, et trouva, à sa grande surprise, son *rabenale*. Vite, elle le mit et disparut [1].

---

1. Henri Heine parle dans son livre de l'*Allemagne* (chapitre des *Traditions populaires*) de ces femmes-cygnes qui « descendent souvent des hauteurs de l'air sur leurs ailes de cygne, déposent leur enveloppe

Lorsque le fils rentra au logis, il demanda où était sa femme, et la chercha vainement par toute la maison. Enfin la mère avoua qu'elle avait confié à sa bru la clef du coffret, et qu'elle ne l'avait plus revue depuis ce moment.

Il vit alors qu'il avait perdu sa compagne, et en fut tellement désespéré, qu'il songeait à se tuer. Il se coucha tristement, et le lendemain, après une nuit d'insomnie, il lut sur la glace de sa chambre une inscription dont le sens était qu'il devait, s'il voulait que sa femme lui fût rendue, l'aller chercher dans la *montagne de verre* et la délivrer. Où se trouvait la montagne de verre? Il n'en savait rien, et personne ne pouvait le renseigner. Enfin il se dit : « Je veux retourner au bord de la mer paisible où je l'ai rencontrée ; peut-être y apprendrai-je ce qu'elle est devenue. »

Comme il avait déjà fait un bon bout de chemin, il vit devant lui une plume magnifique ; il la ramassa et arriva au bord de la mer ; mais il ne découvrit ni un navire ni une âme. Un grand oiseau seulement volait autour de lui en décrivant de larges cercles. « Que peut-il vouloir,

empennée comme une robe, paraissent alors comme de belles jeunes filles, et se baignent dans les parties retirées des rivières. Sont-elles surprises..., elles s'élancent promptement, reprennent leur peau emplumée, et sous la forme de cygne remontent dans les airs. » Ici le *rabenale*, — nom traditionnel de ce voile merveilleux, — est soustrait par le héros du conte, qui retient ainsi l'une des jeunes filles, se fait aimer d'elle et l'épouse, pour la perdre ensuite avec le *rabenale*. Musæus raconte une histoire pareille dans ses *Contes populaires*. On remarquera que dans le récit de Simrock, la jeune femme qui reprend son voile et s'envole est soumise à un enchantement, et qu'une fois délivrée par son mari dans la montagne de verre, elle s'en retourne volontiers avec lui, comme l'héroïne d'un récit de Bechstein attend sa délivrance de celui qui voulait l'épouser et loin duquel les nixes la retiennent sous les eaux, lui permettant seulement de revenir trois nuits de suite chez le comte : après quoi, s'il ne la retient pas, elle sera elle-même changée en *nixe*. (Voir plus bas *Zitterinchen*, note.)

ce pauvre oiseau ? » pensa le voyageur. Et s'approchant, il lui demanda si par hasard il ne cherchait pas sa plume. « Dans ce cas, dit-il, la voici. »

L'oiseau témoigna sa joie, se fit remettre sa plume, et s'envola fièrement en décrivant de larges cercles. Puis il revint à Wilhelm et lui dit :

« Pourquoi es-tu venu au bord de la mer paisible ? Peut-être veux-tu la passer ?

— Oui, dit Wilhelm, je le voudrais bien. »

Alors l'oiseau l'enleva et l'emporta de l'autre côté. Là, il aperçut devant lui une grande montagne de verre.

« Tu as certainement envie de monter jusqu'en haut ? dit l'oiseau.

— Oui, repartit Wilhelm, cela me plairait bien. »

L'oiseau le porta encore sur le haut de la montagne, et lui recommanda d'aller tout droit jusqu'à une petite cabane, de frapper à la porte et de demander du travail ; puis il le posa par terre et s'envola, mais le voyageur s'en alla droit devant lui jusqu'à ce qu'il eût trouvé la cabane. Quand il eut frappé à la porte, une vieille femme vint lui ouvrir, s'enquérant de ce qu'il voulait.

« Pourrait-il avoir là du travail ?

— Oui, » dit la vieille ; et elle le conduisit immédiatement dans une vaste forêt, lui remit une hache de verre, et lui désigna environ cent arbres qu'il devait couper tous avant le soir, sous peine d'avoir le cou tordu.

Il se mit sans retard à l'ouvrage ; mais au premier coup sa hache se cassa ; il s'assit alors accablé de tristesse jusqu'à l'heure de midi, où une jeune fille lui apporta de quoi dîner. Le voyant si triste, elle lui demanda ce qu'il avait. Il lui raconta comment la vieille femme lui avait ordonné de couper ces arbres, et comment au premier coup sa hache s'était cassée. La jeune fille lui dit de ne pas s'affliger pour cela, mais de bien manger et de dormir un peu après. Il ne pouvait pas manger beaucoup ni dormir non plus, tant il avait de chagrin ; mais il ferma les yeux et fit mine de sommeiller, et quand il les rouvrit, il s'aperçut que tous les arbres de la forêt étaient coupés.

« Voilà qui va bien, pensa-t-il ; maintenant j'arriverai ! »

Et il retourna tout joyeux au logis de la vieille. Il trouva celle-ci devant la cabane, et elle lui demanda s'il avait achevé son ouvrage.

« Oui, dit-il, c'est fait. »

Alors la vieille ajouta qu'elle allait voir si tout était en ordre, et qu'elle lui donnerait une autre tâche pour le lendemain. Lorsqu'elle eut tout examiné, elle dit que c'était convenablement fait, et que son hôte pouvait se coucher pour cette nuit.

Le lendemain, elle mélangea du froment, du seigle et de l'avoine, et dit au jeune homme de faire un tas à part de chaque espèce de grain. Il se hâta d'entreprendre sa tâche ; mais il n'avançait pas, et à midi il n'avait encore qu'une poignée de chaque sorte. Il s'assit et regarda d'un air triste devant lui. Lorsque la jeune fille qui lui apportait à dîner se présenta, et, le voyant tristement assis, lui demanda de nouveau ce qu'il avait, il répondit que la vieille lui avait ordonné de faire un tas à part de chaque sorte de grains, avant la fin du jour, et que c'était une chose impossible ! La jeune fille lui dit encore qu'il ne devait pas s'inquiéter de cela, mais manger gaiement son dîner et dormir ensuite. Il mangea donc un peu et trouva meilleur goût au repas que la veille ; puis il s'étendit pour dormir, et, en se réveillant, il aperçut chaque tas de grain mis à part.

« Voilà qui va bien, pensa-t-il ; maintenant j'arriverai ! »

A son retour, il rencontra la vieille sur le pas de la porte, et elle lui demanda si le travail était fini.

« Oui, dit-il, tout est fait. »

Elle ajouta qu'elle voulait voir si elle avait lieu d'être contente, et qu'elle lui donnerait une autre besogne pour le lendemain ; que, pour cette nuit, il pouvait se coucher.

Le lendemain, elle l'éveilla et s'en fut avec lui aux champs ; puis, lui montrant deux ruisseaux qui allaient côte à côte, elle lui annonça qu'il aurait à verser l'eau de l'un dans le lit de l'autre, de façon qu'il ne restât pas une goutte du premier.

Il entreprit aussitôt de vider le lit de l'un des ruisseaux ; mais lorsqu'il eut travaillé trois ou quatre heures, l'eau du ruisseau n'avait pas encore diminué. Épuisé de fatigue, il s'assit, le cœur plein de tristesse. A midi la jeune fille revint avec le dîner, et, remarquant l'abattement du jeune homme, lui demanda ce qui l'affligeait. Il répondit qu'on lui avait ordonné de verser l'un de ces ruisseaux dans l'autre, qu'il avait déjà travaillé avec ardeur, mais qu'il n'avait presque rien fait jusque-là. La jeune fille alors lui répéta qu'il ne devait pas s'inquiéter de cela ; et elle l'engagea à manger, puis à dormir, promettant de faire l'ouvrage à sa place. Le lendemain, dit-elle, la vieille lui imposerait une tâche plus difficile que toutes les autres : il lui faudrait reconnaître sa femme pour l'arracher de la montagne de verre. S'il pouvait la distinguer parmi trois cents femmes qui se ressemblaient toutes, il serait libre, et elle aussi ; mais s'il ne le pouvait pas, il accomplirait leur malheur à tous deux. Il aurait à passer deux ou trois fois entre les rangs que formeraient ces femmes, jusqu'à ce qu'il se sentît piqué par une épingle : à ce signe, il reconnaîtrait sa femme.

Il retourna donc tout joyeux à la cabane et dit à la vieille, qui se tenait sur le seuil, que le travail était fait. Elle dit qu'elle allait voir si c'était la vérité ; et, quand elle eut tout inspecté, elle revint lui annoncer qu'il pouvait se coucher, mais qu'il aurait une nouvelle tâche le lendemain.

Le lendemain matin, en effet, elle l'éveilla et le mena dans une vaste salle. Il y avait là trois cents femmes, toutes jeunes et belles, se ressemblant toutes ; et, dans cette foule, il lui fallait trouver sa femme. Il commença à marcher et à passer entre les rangs, et renouvela plusieurs fois l'épreuve, la vieille allant toujours derrière lui. Comme il avait achevé de passer deux fois déjà entre les rangs, et s'apprêtait à revenir sur ses pas pour la troisième fois, il se sentit piqué très-fort à la poitrine. Il se retourna vivement, saisit la jeune femme la plus proche et l'embrassa. Au même instant, un craquement et un bruit de tonnerre épouvantable se firent entendre dans la salle. Le corps de la vieille s'était brisé en mille morceaux, la montagne de verre s'était engloutie, et à sa place apparaissait une ville tout entière fourmillant d'habitants.

Mais notre voyageur n'avait même pas un regard pour ce spectacle : il prit sa femme par la main et l'emmena du côté de la mer. Et lorsqu'il y arriva, il ne la trouva plus calme et déserte ; de grands navires et de petites barques se balançaient sur les flots, les pêcheurs y jetaient leurs filets, les moulins tournaient sur le rivage, on ne cessait d'embarquer et de débarquer des marchandises, et l'on voyait toute sorte de gens et de métiers.

Les deux époux se laissèrent conduire à l'autre bord et atteignirent bientôt leur pays, où on les reçut avec joie et où ils continuèrent de vivre gaiement.

Quelque temps après, on apprit que le roi, ensorcelé auparavant dans la montagne de verre, avait fait écrire partout des lettres, pour offrir à son sauveur sa couronne et son royaume, s'il lui ramenait sa fille. Une de ces lettres parvint jusqu'à Wilhelm, et il la montra à sa femme qui reconnut tout de suite qu'elle était de son père. Ils résolurent sur-le-champ de retourner chez lui, prirent congé de leurs parents et commencèrent le grand voyage.

En arrivant à la mer, ils virent tout d'abord un navire; mais il fallait attendre qu'il eût abordé. Pendant ce temps, Wilhelm aperçut un mort sur le rivage, et deux hommes en train de le battre. Il s'approcha et leur demanda pourquoi ils agissaient de la sorte. On lui répondit que le mort avait laissé des dettes et qu'on le battrait jusqu'à ce qu'il se trouvât quelqu'un d'humeur à payer pour lui. Il s'informa du chiffre de la dette, et on lui indiqua une grosse somme; il la paya néanmoins sur l'heure, et y ajouta encore quelque chose pour enterrer le mort décemment.

Sur ces entrefaites, le navire aborde, il le frète et reconnaît qu'il lui reste juste assez pour acquitter le prix du voyage. Ils étaient déjà embarqués, lorsque surviennent deux officiers qui demandent au capitaine s'il peut les prendre avec lui. Le capitaine prie Wilhelm d'y consentir; ce que celui-ci fait volontiers. Mais les officiers avaient reconnu la fille du roi, car ils avaient été au service de ce prince. Ils étaient bien fâchés qu'un étranger l'eût délivrée et fût destiné à occuper le trône, grâce au don de sa main. Le navire était en marche depuis quelque temps, lorsqu'un jour, se promenant sur le pont, ces hommes poussèrent Wilhelm à l'eau, et allèrent dire à la fille du roi, seule dans sa cabine, que son compagnon venait de tomber à la mer. Ils lui déclarèrent qu'ils étaient prêts à la tuer immédiatement si elle ne jurait d'attester à son père que c'étaient eux qui l'avaient délivrée des enchantements de la montagne de verre. Elle jura enfin ce qu'ils voulaient.

Quand le navire eut abordé, ils l'accompagnèrent au

château, disant au roi qu'ils lui ramenaient sa fille, se vantant d'être ses sauveurs et réclamant la récompense promise.

Le roi, plein de joie à la vue de sa fille retrouvée, l'interrogea pour savoir si elle avait déjà choisi entre ses deux sauveurs. Elle dit que non; aussi les haïssait-elle de tout son cœur, mais elle ne pouvait rien dire à son père, pas même pourquoi elle était si triste. Elle croyait son cher Wilhelm bien mort; il n'était pourtant pas noyé : un esprit l'avait déposé sur la plage, en lui disant qu'il était l'esprit du mort dont le jeune homme avait payé les dettes et l'enterrement. Il lui fallait maintenant se rendre en face du château royal, dans une hôtellerie, et y prendre un logement; et lorsque le roi passerait avec sa fille, et que celle-ci le verrait là, le reste irait tout seul. Wilhelm fit ainsi qu'il en avait reçu l'avis, et on l'installa dans une chambre ayant vue sur le château royal.

Un jour, le roi demanda à sa fille si elle ne voulait pas sortir pour se promener avec les deux officiers : l'air lui ferait tant de bien, et elle était toujours si triste! Elle répondit qu'elle sortirait volontiers avec lui, mais non avec eux. Il prit donc le bras de sa fille et sortit du château juste au moment où Wilhelm regardait par la fenêtre de l'hôtellerie. Et comme ils passaient par là, la fille du roi leva les yeux, reconnut son mari et s'évanouit de joie.

Le roi chercha à la ranimer, et bientôt, la princesse ayant repris ses sens, il s'informa de la cause de cet évanouissement. La princesse dit que le jeune homme aperçu à la fenêtre de l'hôtel lui avait semblé avoir un visage connu. Puis ils continuèrent leur promenade; mais, en passant de nouveau devant l'hôtellerie où Wilhelm regardait encore par la fenêtre, la princesse s'évanouit une seconde fois. Après l'avoir rappelée encore à elle, son père lui adressa la même question et reçut la même réponse, car elle ne pouvait lui en dire plus, à cause de son serment.

Le roi fit comparaître l'étranger devant lui, et lui demanda qui il était. Le jeune homme alors conta ses aventures et avoua toute la vérité. Le roi demanda s'il pouvait en donner la preuve par un signe ?

« Oui, » dit le jeune homme, et il tira une bague et un mouchoir que la fille du roi avait brodé elle-même.

Le roi reconnut la bague et manda sur-le-champ sa fille : elle embrassa l'étranger tendrement et confirma tout ce qu'il avait dit, car elle se crut déliée de son serment, puisque la vérité s'était découverte sans elle. Un grand festin fut préparé, par ordre du roi, qui convia aussi pour ce jour les deux officiers, mais après avoir commandé en secret de garder toutes les issues. Les officiers crurent que la princesse allait choisir un mari entre eux, et arrivèrent sans arrière-pensée. Pendant le dîner, le roi proposa un jeu : c'était que chacun racontât une histoire. Il commença lui-même par raconter comme quoi son royaume avait été ensorcelé par un méchant sorcier, et comme quoi il avait recouvré son royaume et retrouvé sa fille.

Puis, les officiers racontèrent tout au long comment ils avaient fait pour délivrer le royaume et la princesse, et comment l'un d'eux devait l'obtenir pour femme et devenir roi.

En ce moment, Wilhelm entra dans la salle; les officiers furent saisis d'effroi et voulurent s'échapper, mais les soldats croisèrent leurs épées et défendirent la sortie.

A son tour, Wilhelm raconta l'aventure des trois oiseaux qui s'étaient changés en jeunes filles, celle du *rabenale* qui lui avait conquis l'une d'entre elles pour femme;

il dit comment il l'avait perdue, et puis comment il avait dû la délivrer dans la montagne de verre, quels travaux la vieille femme lui avait imposés et comment elle s'était brisée en morceaux. Il dit sa rencontre avec le mort maltraité, la trahison des officiers qui l'avaient jeté à l'eau et l'intervention de l'esprit du mort qui l'avait sauvé. En même temps, il montra pour signes de la vérité, la bague et le mouchoir que la princesse reconnut. Lorsqu'il eut fini, il s'assit à la place restée vide jusque-là entre sa femme et le roi, et réservée au fiancé.

Les officiers tentèrent encore une fois de s'enfuir; mais l'épée leur barra de nouveau le chemin.

Le roi, alors, demanda à ses convives quelle punition méritaient les deux traîtres. On jugea qu'il fallait les laisser périr de faim dans un cachot; le roi les fit aussitôt saisir et ordonna l'exécution du jugement.

Et Wilhelm reçut la couronne avec la princesse.

LE MAITRE DE TOUS LES MAITRES

Lorsque le Seigneur Jésus-Christ vivait sur la terre avec saint Pierre, ils arrivèrent un jour chez un forgeron qui se croyait si habile dans son art, qu'il s'était forgé une enseigne où se trouvait cette inscription en lettres d'or : « *Ici demeure le maître de tous les maîtres.* »

En passant devant cette enseigne et en lisant l'inscription, le Seigneur se prit à rire, et l'apôtre avec lui. Alors le forgeron, qui se tenait sur le pas de sa porte, lui demanda :

« Pourquoi riez-vous?

— Nous rions de ton enseigne, dit l'apôtre, et de la prétention que tu as d'être le maître des maîtres.

— Et je le suis! » repartit le forgeron.

Alors Jésus lui demanda :

« Combien de temps te faut-il pour fabriquer un fer de cheval?

— Oh! dit le forgeron, je le mets trois fois au feu, et il est prêt.

— C'est trop, dit Jésus, une fois suffit. »

Mais le forgeron n'en voulut rien croire.

Au même instant, survint un cavalier dont le cheval avait perdu ses fers, et il pria le forgeron de le ferrer.

« Bon! dit le forgeron, voici une occasion de montrer votre grand art. Ferrez ce cheval à votre façon.

— Ainsi ferai-je, » répliqua Jésus.

Il s'approcha du cheval, lui rompit une des jambes de devant et la mit dans la cheminée de la forge, pendant que saint Pierre soufflait; puis il plongea un fer dans le feu, le retira tout rouge et le cloua tranquillement sous le sabot du cheval. Ensuite, il lui remit sa jambe, en fit autant de la seconde jambe de devant et des deux jambes de derrière, les rompant l'une après l'autre, les ferrant et les remettant ensuite à leur place. Et quand le cheval eut de nouveau ses quatre fers, il allait une fois encore plus vite qu'auparavant, et le cavalier paya généreusement le forgeron.

« Vous n'êtes pas, après tout, un si mauvais ouvrier! dit celui-ci à Jésus.

— Crois-tu? lui répondit le Seigneur.

— Mais il me faut des preuves plus éclatantes de votre

art, continua l'autre, avant que je vous reconnaisse pour mon maître. »

En ce moment, un petit vieillard entra dans la forge, courbé par l'âge et demandant l'aumône.

« Avec ce vieillard, dit le Seigneur, je vais forger un jeune homme, si tu veux.

— Comme il vous plaira! reprit le forgeron. Mais le vieux ne voudra pas se laisser faire.

— Cela ne fait pas de mal, » dit Jésus.

Il fit donc souffler le feu par saint Pierre, et quand le feu flamba de toute sa force, grand, immense, il saisit le bonhomme, le plongea dans la fournaise effrayante, au point qu'il devint rouge comme une rose; et là, il louait Dieu à haute voix. Le Seigneur ne le toucha qu'une fois seulement de son marteau; puis, avec les tenailles il le tira de hors du feu; et lorsqu'il eut fait couler sur lui assez d'eau pour le refroidir, Jésus le posa par terre transformé en jeune homme de vingt ans, mince et beau, avec des membres tout droits.

« Il y a au-dessus de ma porte, dit le forgeron, une inscription qui proclame qu'ici demeure le maître de tous les maîtres; mais pourtant j'avoue qu'on n'est jamais trop vieux pour apprendre encore. Je ne savais pas ce secret-là, mais maintenant que j'en ai vu l'épreuve, je saurai m'y prendre aussi bien que vous. Il est temps de dîner, restez chez moi, prenez place à ma table, nous reparlerons plus tard de notre art. Le jeune homme que vous avez forgé est invité avec vous. »

Le forgeron avait une vieille belle-mère bossue et presque sourde; elle se mit à côté du jeune homme et lui demanda si le feu l'avait brûlé bien fort. Il déclara que jamais il ne s'était senti plus à l'aise que dans ce feu ardent, où il lui semblait avoir le corps baigné d'une rosée délicieuse. Cela ne manqua pas de réjouir la bonne femme, qui en oublia le boire et le manger, ne songeant plus qu'au moyen d'être aussi rajeunie.

Comme on venait de manger la soupe, un autre cavalier arriva pour faire ferrer son cheval.

« Ce sera bientôt fait, dit le forgeron; j'ai appris une nouvelle manière de forger, expéditive et profitable quand les jours sont courts. »

Alors il cassa les quatre pieds du cheval à la fois; car, disait-il, je ne vois pas pourquoi il faudrait les casser l'un après l'autre. Et il dit au cavalier, qui avait peur pour son cheval.

« Ne craignez rien, messire; s'il arrive malheur à votre bête, je vous la payerai. »

Puis il jeta les quatre pieds du cheval dans la cheminée, entassa charbon sur charbon, fit souffler le feu à tour de bras par ses apprentis : après quoi, il voulut faire comme il avait vu faire par Jésus, mais il ne put y arriver; les pieds du cheval furent calcinés, et le cavalier exigea le prix de sa monture. Cela ne plut guère au maître forgeron, mais il se garda bien de montrer son mécontentement et dit :

« Si j'ai manqué une chose, je ne manquerai pas l'autre. »

Il alla chercher sa belle-mère et lui demanda si elle voulait être rajeunie, afin de pouvoir sauter comme une fillette de dix-huit ans.

« Bien volontiers, répliqua la vieille, qui se souvenait des confidences du jeune homme. »

Le maître forgeron la mit alors dans la cheminée, fit manœuvrer les soufflets par son garçon et frappa la vieille avec son marteau, de sorte qu'elle commença à se tordre en poussant des cris épouvantables.

« Reste donc tranquille, s'écria le forgeron. Pourquoi hurles-tu et sautes-tu ainsi? Je vais souffler comme il faut. »

Et il fit si bien aller les soufflets, que les vêtements de la vieille flambaient comme paille. Elle criait follement; mais le forgeron, sans perdre contenance, la tira du feu avec ses tenailles et la posa dans la braisière où elle criait plus fort encore. Et quand il l'en retira, elle tomba évanouie; mais de rajeunissement, pas l'ombre.

« Je veux lui venir en aide, reprit Jésus, et guérir ce cheval, si tu avoues que tu n'es pas le maître de tous les maîtres. »

Le forgeron, à ces mots, prit son marteau et jeta bas son enseigne devant la porte; puis le Seigneur mit de nouveau la vieille dans la cheminée de la forge, reprit le marteau et les tenailles et retira de la braisière une belle jeune fille de dix-huit ans. Ensuite il chercha dans les cendres les pieds du cheval, les ferra et les remit au pauvre animal, qui se trouva parfaitement guéri, se releva et commença à hennir de joie. Le cavalier, ravi de ce miracle, donna une grosse somme au forgeron et partit.

Le forgeron était content; mais la plus contente de toutes les personnes présentes fut la jeune fille qui se mit à sauter et à danser par la forge, embrassant l'un après l'autre chacun des assistants et enfin le jeune homme. Elle devint sa femme, et ils redevinrent vieux ensemble, et s'ils ne sont morts, ils vivent encore aujourd'hui[1].

---

1. Cette formule naïve termine beaucoup de vieux contes allemands.

LES TROIS SOUHAITS[1]

Il y a longtemps de cela, on bâtissait une fois une église dans un village qui existe encore aujourd'hui; et, dans ce village, vivait un pauvre homme qui avait beaucoup travaillé durant de longues années, tout en restant gueux comme un rat. Ce bonhomme avait des enfants, et, souvent, pas un morceau de pain au logis. Volontiers il eût donné quelque chose pour la fondation de l'église, s'il avait seulement su où le prendre. En voyant passer les riches du pays avec leurs voitures et leurs charrues chargées de pierres pour bâtir l'église, le pauvre hère se disait :

« Que vais-je faire, misérable que je suis, moi qui n'ai voiture ni charrue ? »

Or, l'idée lui vint de prendre sa hotte et de porter des pierres à l'église, dans la nuit, pendant que tous dormaient. Et ainsi fit-il.

Comme il travaillait de la sorte dans la nuit, un vieux petit homme s'approcha de lui et lui dit :

« Que faites-vous si tard ici, l'ami ?

— Ah ! dit le gueux, je n'ai voiture ni charrue, et j'aimerais pourtant à donner quelque chose pour bâtir l'église ; aussi, je prends ma hotte, et je porte des pierres pendant que tout le monde dort. »

---

1. C'est la vieille idée si populaire de la sottise de l'esprit humain, qui ne sait ni ce qu'il veut ni ce qu'il doit vouloir; ici le contraste du gueux plein de cœur et du riche cupide y ajoute un autre élément d'intérêt. On pourra comparer la fin de ce conte avec le conte bien connu de Perrault qui repose sur la même donnée.

Alors le petit homme lui dit :

« Eh bien, cette peine ne restera pas sans récompense, je t'accorde le pouvoir de faire trois souhaits. »

Le pauvre homme réfléchit un instant, et répondit :

« En ce cas, je désire, quand je mourrai, le ciel et la vie éternelle; pour cette vie, je m'accommoderais du vieux bahut qui est dans le grenier, s'il pouvait se trouver rempli d'or sans se vider jamais. Autrement, je n'ai besoin de rien : le ciel et de l'argent, cela me suffit.

— Prends garde, reprit le petit homme, ta maison est une bicoque et tombera bientôt; qui sait si tu vivras assez de temps pour en bâtir une autre? Fais encore un souhait.

— Eh bien, alors, dit le bonhomme, je désire que ma maison devienne une fois plus grande.

— Tout cela te sera accordé, » dit le petit homme, et il disparut.

Lorsque l'artisan arriva devant sa demeure, il vit que l'ancienne avait été remplacée par une autre une fois plus grande. Le vieux bahut se trouvait rempli d'or et s'emplissait toujours de nouveau. Notre homme vécut désormais tranquille et content, et, dans son bonheur, il n'oublia ni les églises, ni les pauvres.

Ce qui s'était passé ne resta pas ignoré dans le village; tout le monde en jasait. Un homme riche, un affreux avare en entendit parler; il avait cependant beaucoup de bien, mais jamais assez.

« Si j'avais la même chance! » se dit-il.

Et, prenant une hotte, il apporta des pierres pour bâtir l'église, pendant que tout le monde dormait.

Bientôt le petit vieillard survint et dit :

« Eh! l'ami, que faites-vous si tard ici?

— J'apporte des pierres, répliqua le riche, pendant que tout le monde se repose et dort.

— Alors, tu auras le pouvoir de former trois souhaits, » lui dit le petit homme.

Le riche y avait réfléchi d'avance, et répondit :

« Je souhaite deux yeux vifs et clairs à mon vieux cheval ; quant aux deux autres souhaits, j'en réserve l'honneur à ma femme.

— Eh bien, dit le petit homme, vos souhaits s'accompliront. »

Lorsque l'avare fut de retour au logis, il alla tout de suite à l'écurie ; son vieux cheval s'y trouvait avec des yeux clairs et vifs. Puis, il entra dans sa maison et dit à sa femme :

« J'avais trois souhaits en mon pouvoir : le premier est fait, mon cheval a des yeux clairs et vifs ; mais c'est toi, femme, qui auras l'honneur de former les deux autres souhaits : je te l'ai réservé. »

Mais la femme se fâcha et dit :

« Si tu as souhaité pareille chose, je voudrais, vieux fou, que tu fusses borgne comme était ton cheval ! »

A peine avait-elle prononcé ces mots, que son mari devint borgne comme l'était le vieux cheval autrefois. L'avare fut pris d'une telle fureur qu'il exprima le troisième souhait en criant à sa femme :

« Si tu ne sais souhaiter que cela, pauvre sotte, je voudrais te voir aveugle ! »

Ainsi fut fait, et ce fut là leur récompense.

RECONNAISSANCE ET INGRATITUDE

L'empereur de Rome allait un jour d'une ville à une autre, lorsqu'il rencontra un homme et lui demanda qui il était.

« Sire, répondit ce dernier, je suis un pauvre homme de votre pays, et je m'appelle *Undank*[1].

— Si j'étais sûr, reprit l'empereur, de ta fidélité, je t'admettrais à mon service. »

Le pauvre homme promit d'être fidèle et se réjouit de l'offre de l'empereur, qui l'emmena avec lui à sa cour. Là, le nouveau venu agit sagement et gagna le cœur du

1. Ce nom veut dire *ingratitude*.

prince par son maintien affable, de sorte que celui-ci le nomma son intendant et son gouverneur.

Quand notre homme se vit bien installé, il se monta la tête dans son orgueil et opprima les pauvres et tous ses inférieurs.

Près du palais, s'étendait une forêt hantée par des bêtes féroces ; le gouverneur y fit pratiquer de grands trous, que l'on dissimula ensuite avec des branchages et de la verdure, pour que les animaux, en passant là-dessus, tombassent dans le piége, et qu'on pût les prendre aisément.

Un jour, le gouverneur passait à cheval par cette forêt et songeait, dans sa présomption, qu'il n'y avait, dans tout le royaume, personne de plus puissant que lui. Et comme il allait se berçant de ces pensées, il vint à choir dans une des fosses.

Peu de temps après, un lion arriva et tomba dans le même trou ; puis un sagouin, puis un gros serpent, affreux à voir, qui roulèrent tous à côté de lui. Le gouverneur fut contraint de rester parmi ces animaux, dans une angoisse terrible ; et il avait beau crier, il ne se trouvait personne pour le tirer de là.

Or, il y avait aussi dans la ville un pauvre homme nommé *Wido*, qui se rendait tous les jours à la forêt, pour couper du bois, afin de gagner son pain et celui de sa femme. Cet homme prit le même chemin ce jour-là, et s'en fut à son travail non loin de la fosse au fond de laquelle était le gouverneur ; et quand ce dernier entendit les coups de hache, il recommença à pousser des cris. Le bûcheron se hâta d'accourir et demanda qui se plaignait ainsi.

« Je suis le gouverneur de l'empereur, dit l'autre, et si tu me tires de cette fosse, je te comblerai d'argent et d'honneurs ; car je me trouve ici en compagnie d'un lion, d'un sagouin et d'un serpent, et j'attends à chaque instant la mort, sans savoir laquelle de ces bêtes va me dévorer.

— Je ne suis, reprit le bûcheron, qu'un pauvre homme, et je n'ai rien de plus que le bois que je coupe et dont je nourris ma femme et mes enfants. Si je perds la journée d'aujourd'hui et si je suis trompé par vous, j'en éprouverai un grand dommage. »

Le gouverneur lui répondit :

« Par la fidélité que je dois à Dieu et à l'empereur, mon seigneur et maître, je te jure d'accomplir tout ce que je t'ai promis. »

Alors le bûcheron courut à la ville et en rapporta une longue corde qu'il fit descendre dans la fosse. Aussitôt le lion sauta dessus et s'y tint si ferme que le bûcheron crut retirer le gouverneur. Et lorsque le lion fut hors du trou, il remercia son sauveur d'un geste de reconnaissance et s'en fut chercher sa pâture. Puis Wido laissa de nouveau descendre sa corde, et crut, en la ramenant, tirer hors, cette fois, le gouverneur ; mais ce fut le sagouin qui s'échappa. Il aida de même le serpent à sortir, et le gouverneur était toujours au fond. Enfin, il descendit la corde pour la quatrième fois ; le gouverneur se la passa autour du corps et fut hissé par le bûcheron. Après quoi, ils tirèrent tous deux le cheval de la fosse : le gouverneur l'enfourcha immédiatement et s'en retourna à la cour ; l'autre s'en fut chez lui conter à sa femme tout ce qui s'était passé, et comment le gouverneur avait promis de l'enrichir, ce dont elle eut grande joie.

Le lendemain matin, il se leva, alla à la cour et frappa à la porte. Le portier lui demanda ce qu'il voulait.

« Va, je t'en prie, dit-il, chez le gouverneur, et annonce-lui que l'homme auquel il a parlé hier dans la forêt sollicite un moment d'audience. »

Le portier y alla, fit sa commission; mais le gouverneur se fâcha et dit :

« Va et réponds que je n'ai vu personne dans la forêt, que je ne sais qui est cet homme, et qu'il ait à détaler sur l'heure ! »

Le portier revint avec la réponse dont l'avait chargé le gouverneur. Alors le pauvre homme fut pris de peur, s'en retourna chez lui tout triste et conta sa peine à sa femme, en se plaignant d'avoir été si méchamment trompé.

La femme dit :

« Tranquillise-toi; le gouverneur était fort occupé sans doute, et c'est pour cela qu'il t'a renvoyé ainsi. »

Il la crut et se calma un peu. Le lendemain, il se leva de bonne heure et retourna pour la seconde fois à la cour; mais le gouverneur lui fit enjoindre, dans les termes les plus durs, de ne pas reparaître, s'il ne voulait se voir traité de la bonne manière.

Lorsqu'il rapporta douloureusement cette nouvelle réponse à sa femme, celle-ci le consola et dit :

« Essaye une troisième fois; peut-être Dieu lui inspirera-t-il une meilleure pensée; s'il refuse encore de te donner audience, va-t'en et n'y songe plus. »

Le bonhomme suivit le conseil de sa femme, se leva de bonne heure et alla prier le portier de l'annoncer encore une fois au gouverneur. Mais quand le gouverneur entendit parler de lui, il se mit dans une colère folle, sortit brusquement et fit battre le pauvre bûcheron de telle sorte qu'on le laissa pour mort sur la place.

Quand sa femme eut appris ce qui s'était passé, elle prit un de ses ânes, le mena jusqu'à la porte du château et remporta sur le dos de la bête son mari qui en fit une maladie de six mois, et mangea le reste de ce qu'il avait avec les médecins.

Dès qu'il se sentit un peu remis, il alla dans la forêt couper du bois comme d'habitude, et il y rencontra le lion qu'il avait tiré de la fosse et qui conduisait un âne chargé de pierreries magnifiques. Et lorsque Wido s'approcha, le lion l'attendit avec l'âne, s'inclina devant lui comme pour le remercier de sa peine, puis reprit son chemin en lui laissant l'âne. Wido emmena le baudet chez lui, le cœur joyeux, ouvrit les ballots et y trouva assez de trésors pour devenir un riche personnage.

Cependant, il alla dans la forêt le jour suivant. Alors survint le sagouin qui l'aida à travailler, témoignant par là qu'il voulait se montrer reconnaissant. Et lorsque le bûcheron eut fini, comme il rentrait avec son âne chargé de bois, il rencontra le serpent qu'il avait tiré de la fosse et qui portait dans sa gueule une pierre de trois couleurs : *blanche, noire, rouge*. Lorsque Wido arriva auprès de lui, le serpent mit la pierre par terre et s'en retourna dans la forêt. Wido ramassa la pierre, la regarda, et il aurait bien désiré savoir quelle valeur ou quelle puissance elle avait. Pour s'en instruire, il se rendit chez un sage qui savait le cours des étoiles, et il le pria de lui dire les vertus de cette pierre. Et quand le sage l'eut aperçue, il eut grande envie de la posséder et offrit sur le champ cent livres comptant au bûcheron. Mais l'autre répondit qu'il ne voulait pas la vendre, qu'il voulait seulement en connaître les qualités.

« Cette pierre a trois vertus capitales, dit le sage : abondance et richesse sans bornes, joie sans mélange, lumière sans ombre. Quiconque l'achètera au-dessous de son prix ne saurait la garder : elle s'en retournera auprès de toi. »

Ces paroles réjouirent Wido, qui remercia le sage et revint au logis conter son bonheur à sa femme ; et elle s'en réjouit grandement avec lui.

Et, par la puissance de la pierre, ils ne cessèrent de croître en fortune et en considération ; et Wido s'acheta plusieurs domaines l'un après l'autre, et fut bientôt élevé au rang de chevalier.

Mais lorsque l'empereur apprit que Wido avait fait un si rapide chemin par la vertu de la pierre, il l'envoya quérir, le pressa de questions, et Wido finit par avouer qu'il devait tout à cette pierre merveilleuse.

L'empereur demanda alors à l'acheter, mais Wido refusa de la vendre, disant qu'il en avait besoin lui-même.

« Eh bien, dit l'empereur, je te laisse le choix, ou de me vendre ta pierre, ou d'être chassé de mon empire. »

Quand Wido l'entendit parler ainsi, il répondit :

« Je vois que vous la désirez sérieusement ; mais je vous préviens tout de suite que, si vous ne me la payez pas à sa juste valeur, elle ne restera pas chez vous et retournera chez moi.

— Je vais te la payer, répliqua l'empereur, de façon à te rendre content. »

Et il lui donna plus de trente mille écus en échange de la pierre. Wido prit l'argent et laissa le talisman aux mains de l'empereur. Le lendemain, Wido retrouvait la pierre dans sa cassette ; et lorsque sa femme en fut informée, elle lui dit.

« Va vite la rapporter à l'empereur, pour qu'il ne t'accuse pas de la lui avoir volée. »

Wido alla donc à la cour et pria l'empereur de lui dire où il avait mis la pierre en sûreté. L'empereur répondit qu'il l'avait serrée dans sa cassette ; mais Wido la lui ayant montrée, le prince, stupéfait à cette vue, lui demanda par quel miracle il en était redevenu possesseur ; et celui-ci lui raconta comment il avait tiré le gouverneur de la fosse où il était en compagnie des bêtes féroces, comment ces animaux avaient témoigné leur reconnaissance et comment le gouverneur avait manqué à sa parole.

Quand l'empereur eut tout entendu, il fit venir le gouverneur et l'interrogea; et comme ce dernier ne trouvait rien pour sa défense, l'empereur se mit en colère et dit :

« Ah ! méchant homme ! c'est avec raison qu'on te nomme *Undank;* car tu es plus faux et moins fidèle que les bêtes sauvages, et tu as récompensé le bien par le mal. Mais une telle conduite ne restera pas sans châtiment : je donne toutes tes richesses, tes domaines et ta charge de gouverneur au chevalier Wido. Pour toi, tu seras pendu aujourd'hui même ! »

Chacun loua l'empereur d'avoir rendu un jugement si juste, et Wido, élevé au poste de gouverneur, agit avec tant de sagesse qu'à la mort de l'empereur il fut choisi pour lui succéder, et régna en paix jusqu'à la fin de ses jours.

———

LA VOLONTÉ DE DIEU

Un roi, chassant avec sa suite, trouva un cerf qu'il relança. Et le bois était sombre, et un épais brouillard s'élevait. Le roi perdit de vue le cerf, et aussi sa suite. Comme elle le cherchait d'un côté et qu'il la cherchait d'un autre, ils ne se rencontrèrent point. Tandis qu'il allait s'égarant de la sorte, la nuit tomba tout d'un coup, si bien qu'il ne savait plus ni où il était ni de quel côté il devait tourner ses pas.

Enfin, il aperçut une lumière dans le lointain ; il donna de l'éperon à son cheval, et arriva à une chaumière où il frappa, pour réclamer l'hospitalité.

Dans la chaumière demeurait un garde forestier, qui n'avait jamais vu son seigneur ; il lui demanda donc qui il était et où il voulait aller si tard.

« Je suis, répondit le roi, un simple chevalier égaré dans cette forêt ; donne-moi, je t'en prie, l'hospitalité pour cette nuit.

— Entrez sous la garde de Dieu ! repartit le forestier. Je partagerai volontiers avec vous le peu que j'ai. »

Il mena le cheval à l'écurie ; puis il mit le couvert et servit ce qu'il avait de mieux.

Dans la conversation, le roi demanda qui était le maître de la forêt.

« Le roi ! dit l'autre ; et moi, je suis son garde forestier. Je vous donnerais volontiers un bon lit ; mais ma femme est près d'accoucher, et elle-même a besoin du nôtre. »

Après le souper, quand ce fut l'heure de prendre du repos, le forestier dressa un lit pour le chevalier dans l'écurie ; et comme le roi était plongé dans son premier sommeil, il entendit une voix qui disait :

« Cette nuit, va naître un enfant qui sera roi après toi. »

Trois fois le roi entendit la voix ; et, saisi de frayeur, il s'écria :

« Si c'est l'enfant du forestier qui doit régner après moi, je saurai y mettre bon ordre ! »

Au milieu de ces réflexions, il fut surpris par les cris d'un enfant nouveau-né, et en conçut encore plus d'effroi.

« Si c'est un garçon qui vient de naître, pensa-t-il, c'est l'enfant de ce forestier que la voix a voulu désigner. Mais il ne sera pas dit que l'enfant d'un homme de rien aura pu régner sur mes États après moi. »

Le jour venu, il se leva, prit son cheval, manda le forestier et lui dit :

« Je suis le roi, ton seigneur. »

Le forestier effrayé demanda grâce pour ne l'avoir pas mieux reçu et l'avoir fait coucher à l'écurie.

« Ne crains rien, reprit le roi, je te remercie de m'avoir donné un gîte dans mon embarras. Mais, dis-moi, ta femme n'est-elle pas accouchée d'un enfant, cette nuit ?

— Sire, dit le garde, elle est accouchée d'un garçon. »

Le roi le pria de lui montrer l'enfant; et, quand on le lui eut apporté, l'ayant regardé attentivement, il vit un signe sur son front, le remarqua avec soin et dit au forestier :

« Je veux faire élever cet enfant et l'adopter pour mien. Dans six semaines, je l'enverrai chercher.

— Sire, répliqua le forestier, je ne mérite pas que vous me fassiez l'honneur d'élever mon enfant; mais Dieu vous récompensera de tant de condescendance. »

Cependant, la suite du roi l'avait rejoint et l'accompagna au château.

Six semaines après cette aventure, le roi fit appeler trois serviteurs fidèles et leur dit :

« Allez trouver le garde chez qui j'ai passé la nuit dans la forêt, et emmenez l'enfant qui lui est né cette nuit-là; et quand vous serez dans la forêt, vous le tuerez secrètement, et vous m'apporterez son cœur. Je vous l'ordonne, sur peine de la vie.

— Sire, répondirent les serviteurs, que votre volonté soit faite ! »

Ils allèrent donc chez le garde, dans la forêt, et lui demandèrent l'enfant, pour le porter au roi qui se chargerait de l'élever, et le forestier le leur donna.

En repassant par la forêt, lorsqu'ils crurent avoir trouvé un endroit convenable, ils mirent l'enfant par terre pour le tuer d'après l'ordre du roi. Il leur souriait et leur tendait ses petits bras.

« Ah ! dit l'un d'eux alors, ce serait grand péché vraiment que de tuer un enfant si innocent et si beau !

— Nous ne voulons pas le tuer, dirent aussi les autres ; cherchons un moyen de lui sauver la vie, en cachant la vérité au roi.

— Ici, dans le bois, dit un de ces hommes, il y a beaucoup de jeunes marcassins ; tuons-en un et portons son cœur au roi, au lieu du cœur de l'enfant. »

Ils suivirent ce conseil, posèrent l'enfant sur un tronc d'arbre où l'on devait le trouver facilement, et s'en furent présenter au roi le cœur du marcassin tué par eux. Le roi le prit, le jeta dans le feu et s'écria :

« Maintenant, je serais curieux de voir comment tu feras pour régner après moi ! »

Or, le jour même où l'enfant du garde était resté exposé sur un arbre, un comte, en chasse avec ses chiens, vint à traverser la forêt ; et quand les chiens furent proche de l'arbre sur lequel se trouvait l'enfant qui pleurait, ils s'arrêtèrent en aboyant. Le comte, observant ce qui se passait, accourut avec sa suite de ce côté, entendit les cris de l'enfant et l'aperçut là, sur l'arbre, enveloppé d'un mauvais drap. Il l'enleva, le mit sur ses genoux et se hâta de le porter à sa femme ; et comme ils n'avaient pas d'enfants, il lui dit :

« Chère femme, annonçons à tout le monde que cet enfant nous appartient ; j'espère qu'il nous donnera lieu de nous réjouir. »

Ce projet plut fort à la comtesse ; et, au bout de quelques jours, il ne fut bruit, par tous leurs domaines, que du fils dont la comtesse était accouchée, à la grande joie des gens du pays.

L'enfant grandit, aimé de tous ; et, au bout de sept ans, on l'envoya à l'école ; et il continua de croître en force jusqu'à l'âge de vingt ans. Alors il arriva que le roi manda à sa cour les gentilhommes de son royaume, riches et pauvres. Le comte y alla comme les autres, et amena le jeune homme avec lui. Le roi le vit donc, et reconnut ce signe sur le front qu'il avait remarqué dans la maison du forestier et dont il avait pris bonne note dans sa mémoire.

En sortant de table, il dit au comte :

« A qui appartient ce garçon qui vous sert d'écuyer ?

— C'est mon fils, » répondit le comte.

Mais le roi ayant ajouté :

« Au nom de la foi que vous m'avez jurée, dites-moi la vérité ! »

Le comte avoua qu'il ne connaissait pas les parents du jeune homme ; qu'il l'avait trouvé à la chasse, vingt ans auparavant, abandonné sur un arbre et enveloppé d'un drap en lambeaux.

Le roi, après le récit du comte, manda en secret les serviteurs qu'il avait envoyés chercher l'enfant du forestier, et les pressa sérieusement de lui déclarer en toute franchise ce qu'ils avaient fait de cet enfant.

« Sire, lui répondirent ces hommes, assurez-nous la vie sauve, et nous dirons la vérité. »

Le roi les assura de son pardon, et ils convinrent alors qu'ils avaient eu pitié de l'enfant, de peur de commettre un péché et un crime.

« Nous avons tué à sa place un petit marcassin, dont

nous vous avons apporté le cœur, après avoir mis l'enfant sur un arbre.

— Alors c'est bien *lui*, pensa le roi, qui doit régner après *moi*; mais je saurai l'en empêcher! »

Il pria donc le comte de laisser le jeune homme à sa cour; mais, depuis ce moment, il ne songea plus de nouveau qu'aux moyens de le tuer.

La reine et sa fille se trouvaient dans un autre pays, loin du roi. Un jour, celui-ci appela le jeune homme et lui dit :

« Il faut que tu te rendes tout de suite auprès de la reine avec une lettre de ma part : il y a si longtemps que je n'ai eu des nouvelles d'elle et de ma fille!

— Sire, répondit le jeune homme, je suis prêt. »

Aussitôt le roi fit venir son secrétaire, et lui dicta une lettre en ces termes :

« Madame, dès que vous aurez reçu et lu la présente lettre, ne tardez pas, sur peine de la vie, à faire tuer dans les trois jours le messager qui vous l'apportera. »

Il scella la lettre du sceau royal et la remit au jeune homme, qui partit, et, au bout de trois jours, arriva sur le soir au château d'un chevalier, très-fatigué du long chemin qu'il avait fait jusque-là. Le chevalier l'accueillit à merveille comme envoyé du roi, lui donna à boire et à manger, et, après le dîner, le laissa prendre du repos; car il vit bien qu'il en avait grand besoin. Le voyageur s'étendit sur un sofa et s'endormit aussitôt.

La lettre pendait hors de la châtelaine qu'il portait au côté; le chevalier, voulant s'assurer s'il était bien couché, entra dans la chambre et aperçut la châtelaine avec la lettre aux armes du roi, adressée à la reine. Il se demanda s'il devait ouvrir la lettre et la lire. Ayant reconnu qu'il pouvait la retirer de l'enveloppe sans briser le cachet, il la lut et vit qu'elle prescrivait la mort de son hôte.

Il eut pitié du pauvre garçon qui allait lui-même porter cet ordre, et il se dit :

« Ce serait grand péché d'envoyer à la mort un jeune homme si beau et de si belles manières ; mais cela n'arrivera pas, si Dieu m'aide ! »

Il fit donc immédiatement écrire une autre lettre :

« Chère femme et reine, je vous ordonne, sur peine de la vie, de bien recevoir le messager qui vous apportera cette lettre, et de lui donner dans les trois jours votre fille unique pour femme. Vous inviterez tous les seigneurs, chevaliers et nobles du pays à la noce, et vous la célébrerez avec toute la magnificence convenable. »

Le chevalier glissa cette lettre dans l'enveloppe aux armes du roi et la remit dans la châtelaine du page. Il le garda encore une nuit, et le lendemain matin, le jeune homme prit congé de son hôte en lui témoignant sa reconnaissance.

Lorsqu'il fut arrivé près de la reine, il la salua de la part du roi et lui remit la lettre. Après l'avoir lue, elle embrassa le messager et lui dit :

« Sois le bienvenu, mon fils. Je me conformerai volontiers aux ordres du roi mon époux. »

Les noces s'accomplirent donc en grande pompe, et les fiancés reçurent une foule de riches cadeaux et d'objets précieux. Puis les invités retournèrent chez eux, mais le jeune homme resta avec sa femme et la reine.

Bientôt après toutes ces fêtes survint le roi, qui avait ouï dire, en chemin, combien la reine avait heureusement arrangé ce mariage. Il en ressentit autant de peur que de surprise.

La reine, sachant qu'il arrivait, dit à son gendre :

« Allons à la rencontre du roi, pour le recevoir. »

Le roi et la reine s'étant rencontrés, celle-ci embrassa tendrement son mari. Mais quand le prince avisa le jeune homme à côté d'elle, il fut pris d'une frayeur mortelle et dit :

« Madame, vous méritez la mort! »

Elle demanda grâce, et s'écria :

« Mon cher seigneur, qu'ai-je fait pour la mériter?

— Quoi! répliqua le roi, ne vous ai-je pas ordonné, sur peine de la vie, de tuer dans les trois jours le jeune homme porteur de la lettre?

— Sire, répondit la reine, j'ai encore cette lettre que vous m'avez envoyée. Il y est dit que je dois, sur peine de la vie, donner dans les trois jours notre fille pour femme à ce jeune homme.

— Et ce mariage, reprit le roi, est-il fait?

— Oui, dit la reine.

— Eh bien, ajouta le roi, montrez-moi la lettre que j'ai envoyée. »

Dès qu'il y eut jeté les yeux et qu'il eut vérifié le cachet, il s'écria :

« Quelle folie, de la part de l'homme, de vouloir arranger les choses autrement que Dieu l'a ordonné! »

Puis il embrassa le jeune homme et le traita dès lors comme son fils.

Et, après la mort du roi, son gendre lui succéda sur le trône[1].

---

1. La morale placée dans la bouche du roi laisse à désirer, comme on voit! Il s'incline *sous la main* de Dieu; mais il ne paraît guère se repentir de l'atrocité même de son dessein : curieux état de conscience qui fut en général le propre du moyen âge.

L'ENFANT DU ROI

Un soldat rêva qu'il devait demander son congé pour faire son bonheur.

Il va chez son capitaine et lui demande son congé. Le capitaine lui conseille de rester, lui promet de l'avancement, et le fait d'emblée nommer caporal. Le soldat se laisse persuader; mais la nuit suivante, il rêve de nouveau qu'il doit prendre son congé, et qu'autrement il ne pourra faire son bonheur. Il retourne chez le capitaine et renouvelle sa demande. Mais le capitaine lui dit de rester, qu'il pourrait devenir général, et, d'emblée, il le fait sergent. Le soldat se laisse persuader encore; mais lorsqu'il rêve de nouveau la nuit suivante que, s'il ne prend son congé, il ne saurait trouver le bonheur, il va pour la troisième fois chez le capitaine demander son congé : on le lui accorde enfin. Il se met en route dès le lendemain, et arrive dans une capitale où tout est tendu de draperies noires. Il entre dans une auberge et demande ce que signifient ces draperies noires qu'on voit partout. L'aubergiste lui raconte que la fille du roi a été ensorcelée dès avant sa naissance. En venant au monde, elle commença tout de suite à parler, et dit au roi qu'elle mourrait dans trois jours; qu'il devrait alors la faire enterrer devant le maître-autel, envoyer chaque nuit une sentinelle, et faire mettre sur une table un veau rôti et un tonneau de vin. Ainsi avait-on fait; mais chaque matin, on retrouvait la sentinelle le cou tordu, de sorte que personne ne voulait plus occuper ce poste, quoique le roi eût fait publier que celui qui délivrerait son enfant l'épouserait et hériterait du royaume après sa mort. Le soldat dit qu'on pouvait annoncer au roi qu'un sergent était prêt à monter la garde cette nuit même. L'aubergiste le regarda en ouvrant de grands yeux, et objecta qu'il fallait avoir beaucoup de courage. Eh bien! ce courage, le soldat répondit qu'il l'avait et qu'il allait tout de suite offrir ses services au roi.

L'aubergiste le mène chez le roi : celui-ci tout heureux, lui donne un shako, un fusil et une giberne, et lui fixe le moment où il doit entrer dans l'église. Quand l'heure fut venue, la peur commença pourtant à prendre le soldat; il alla donc à l'auberge boire un coup pour se donner du cœur. Alors l'aubergiste l'avertit encore qu'il lui en coûterait la vie, comme à tant d'autres. Enfin, une telle peur s'empare de lui, qu'il se décide au plus vite à fuir avec son équipement. Mais arrivé à la porte de la ville, il entend derrière lui une voix qui lui dit :

« Jean ! Jean ! où vas-tu ? ce n'est pas là le chemin pour aller à ton poste ; si tu n'y vas pas, tu ne peux trouver ton bonheur.

— S'il en est ainsi, pensa-t-il, j'irai tout de même. » Il revient sur ses pas et prend le chemin de l'église : la même voix lui dit encore de marcher continuellement devant l'autel jusqu'à minuit moins un quart, de déposer son fusil, d'y suspendre son sabre, son shako et sa giberne, et de se mettre dans la chaire. Au coup de minuit, le cercueil devait paraître, le couvercle se soulever, puis l'enfant royal sortirait pour se mettre à sa recherche ; mais si le soldat restait tranquille, il ne le trouverait pas.

Ainsi fit le sergent ; il marcha jusqu'à onze heures trois quarts devant l'autel, déposa son fusil, y suspendit son shako, son sabre et sa giberne, et s'assit dans la chaire. A minuit, le cercueil sortit du plancher, le couvercle se souleva ; l'enfant sortit, regarda tout autour de lui et dit :

« Mon père m'a envoyé aujourd'hui une sentinelle, mais non pas le veau ni le tonneau de vin ; cependant, je ne sais où se tient la sentinelle. Sentinelle ! annonce-toi ! »

Le sergent sentit un frisson glacial parcourir son corps ; mais il se tint tranquille et ne souffla mot. Alors l'enfant vola à travers l'église, jusqu'à l'orgue : il se mit à en jouer, et en joua presque une heure. Ensuite, il reprit son vol à travers l'église, vit le soldat dans la chaire et s'écria :

« Sentinelle ! sentinelle ! pourquoi ne t'es-tu pas annoncée ? S'il me restait plus de temps, tu t'en repentirais ! »

A une heure juste, il rentra dans le cercueil, le couvercle se referma et tout disparut sous terre ; maintenant plus de danger : le sergent descendit de la chaire et se remit en marche devant le maître-autel.

Le lendemain matin, le roi arriva dans une voiture à

quatre chevaux noirs et mit la clef dans la serrure :

« Qui vive ! crie le sergent.

— Ami ! répond le roi. Te voilà donc vivant ? Oh ! que je m'en réjouis ! Tu sauras délivrer mon enfant ! »

Le soldat monta dans la voiture à côté du roi, et l'on retourna au château où ils prirent un repas délicieux. Puis le roi lui permit de se promener à pied, à cheval, comme il lui plairait ; seulement, le soir, il monterait encore la garde à l'église. L'heure venue, la peur le reprit. Il retourna à l'auberge, boire un coup pour se donner du cœur. L'aubergiste lui dit qu'il avait eu de la chance une fois, mais qu'il ne devait pas s'y fier, car il aurait le même sort que les autres. La peur le saisit tellement alors, qu'il s'enfuit en prenant exprès un autre chemin pour éviter la voix. Mais à peine a-t-il franchi la porte, qu'il s'entend appeler par son nom :

« Où donc veux-tu aller, Jean ? ce n'est pas là le chemin de ton poste ! Si tu n'y vas pas, tu ne trouveras jamais le bonheur. Écoute, je vais te dire ce que tu dois faire pour échapper sain et sauf. Dès que l'horloge commencera à sonner minuit, cache-toi derrière saint Jean, sur le maître-autel ; là, l'enfant ne te trouvera pas. »

Alors le sergent revint sur ses pas et alla à l'église où il marcha devant l'autel, et fit exactement comme la veille ; seulement, il alla se mettre derrière saint Jean. A minuit sonnant, le cercueil apparut et s'ouvrit ; l'enfant en sortit, regarda tout autour de lui et dit :

« Mon père m'a bien envoyé la sentinelle, mais non pas le veau rôti ni le tonneau de vin, et je ne sais où se tient la sentinelle. Sentinelle ! annonce-toi ! »

Mais le sergent se tint tranquille et ne souffla mot. Alors l'enfant vola à travers l'église, jusqu'à l'orgue ; il se mit à en jouer, et en joua presque une heure. En revenant de l'orgue, vers la chaire, il souffla dessus, et la chaire tomba, brisée en mille morceaux. Arrivé auprès du maître-autel, il vit le sergent derrière saint Jean.

« Sentinelle! sentinelle! s'écria-t-il, pourquoi ne t'es-tu pas annoncée? Si j'avais encore une minute à moi, tu t'en repentirais! Mais, maintenant, il faut que je rentre dans mon cercueil. »

Quand le couvercle se fut refermé et que le cercueil eut disparu, le sergent descendit de derrière saint Jean et marcha devant l'autel jusqu'au lendemain. Alors arriva le roi avec six chevaux noirs; il prit amicalement le sergent dans sa voiture. Le soldat lui dit que l'enfant avait déjà réclamé deux fois la table avec le veau rôti et le tonneau de vin, et lui demanda pourquoi il ne les avait pas fait mettre dans l'église.

« C'est vrai, dit le roi, l'enfant avait donné cet ordre immédiatement après sa naissance; mais comme il ne goûtait à rien, on a fini par l'oublier. Demain, il ne te manquera rien; sois de bonne heure à ton poste. »

Le sergent retourna boire un coup à l'auberge pour se redonner du cœur; car il n'était vraiment pas trop à son aise. L'aubergiste lui fit tant de peur avec les cous tordus, qu'il s'enfuit une troisième fois et par une troisième porte; il croyait ainsi ne plus rencontrer la voix. A peine était-il sorti, qu'il s'entendit rappeler.

« Holà! camarade, veux-tu absolument fuir ton bonheur? Dès demain, tu pourras célébrer ta noce et devenir roi, si tu restes cette fois encore. Voici ce que tu as à faire : avant que minuit sonne, couche-toi dans le confessionnal; avant que l'enfant revienne de l'orgue, mets-toi dans le cercueil; alors tu n'auras plus rien à craindre de lui. »

Le sergent alla tout droit à l'église, marcha devant le maître-autel jusqu'à onze heures trois quarts, fit comme les autres nuits et se cacha dans le confessionnal. A minuit sonnant, le cercueil paraît et s'ouvre, l'enfant en sort, regarde autour de lui et s'écrie :

« Aujourd'hui mon père m'a envoyé non-seulement une sentinelle, mais aussi la table avec le veau rôti et le tonneau de vin ; mais je ne vois toujours pas la sentinelle. Sentinelle, annonce-toi ! »

La sentinelle se tint tranquille et ne souffla mot. Alors l'enfant se mit à table, mangea le veau entier, et but tout le tonneau de vin. Puis il s'envola à travers l'église jusqu'à l'orgue et en joua, mais si peu, que le sergent n'eut que tout juste le temps de se mettre dans le cercueil. L'enfant se hâta de revenir le long de l'église, vers le maître-autel, et souffla sur la statue de saint Jean, qui se brisa en mille morceaux. Arrivé auprès du cercueil, il y vit la sentinelle étendue et dit :

« Sentinelle, lève-toi ! c'est ici ma place ! »

La sentinelle ne bougea pas. Au coup d'une heure, l'enfant se mit sur le sergent dans le cercueil. Il était froid comme glace et lourd comme plomb. Le couvercle se referma, le cercueil descendit, et l'enfant resta étendu sur le sergent jusqu'à ce qu'il reprît sa chaleur et son poids naturels. Puis il se mit à grandir, et, à mesure qu'il grandissait, le poids diminuait, le froid se dissipait. Il devint enfin une vierge florissante de vingt ans. Alors le cercueil remonta, le couvercle s'ouvrit. La belle jeune fille sauta hors de la bière et donna la main au sergent, en disant :

« Sentinelle, tu m'as délivrée, lève-toi, tu seras mon époux. »

Elle l'attira vers elle et lui tendit la bouche pour l'embrasser. Le sergent n'avait-il pas trouvé son bonheur ?

Cependant le matin était venu ; le roi arriva avec huit chevaux noirs, et, lorsqu'il vit sa fille sauvée, il renvoya le cocher et la voiture, et ordonna d'atteler huit chevaux blancs. Il fit monter le sergent avec la jeune reine, s'assit à côté d'eux et les conduisit au château. Alors un grand festin fut dressé, on proclama par la ville que la fille du roi était sauvée, et que son libérateur la conduirait à l'autel et succéderait au roi.

Tout fut en liesse ; les draperies noires firent place à des draperies rouges, et le peuple se pressait en foule pour assister au mariage. Puis la noce fut célébrée avec tant de joie, que pour un peu j'aurais bien voulu y être.

LES SEPT COMPAGNONS

Il était une fois un roi qui se trouvait en guerre avec un puissant empereur, son voisin; il perdit la bataille et fut contraint de voir brûler sa capitale et emporter toutes les richesses de son trésor. Quelque temps après, il revint de ce coup et songea à reprendre ce butin à l'empereur. Il fit donc annoncer par tout le pays que chaque propriétaire devait fournir un cavalier à l'armée ou payer mille écus au trésor.

Il était aussi un comte, à qui la guerre avait fait essuyer des pertes énormes; il avait souffert de tous les ravages et de tous les pillages. Tous ses fils étaient morts au champ de bataille, et lui-même était trop vieux pour porter les armes. Quant à payer les mille écus, la charge aurait été trop lourde pour lui, car elle aurait nécessité la vente de ses biens. Un jour, comme il était triste et abattu, une de ses filles lui dit :

« Savez-vous, mon père ? donnez-moi les habits et l'armure d'un chevalier avec un bon cheval ; alors j'irai au camp du roi et je m'y présenterai comme votre fils. »

Cette proposition plut assez au comte ; il donna à sa fille l'habit et l'armure d'un chevalier et le meilleur cheval de son écurie. La jeune comtesse se mit en route, et le premier jour elle arriva près d'un étang, sur les bords duquel une vieille femme faisait brouter ses agneaux. Un petit agneau était tombé dans l'eau, et la vieille femme ne savait comment l'en retirer. Lorsque le chevalier parut, elle lui demanda de l'aider. Mais celui-ci fit mine de ne pas entendre et passa fièrement. Alors la vieille femme s'écria :

« Si vous ne voulez pas m'aider, je vous souhaite bon voyage, mademoiselle ! »

« Hélas ! se dit la jeune comtesse, si tout le monde s'aperçoit au premier coup d'œil que je suis une demoiselle, je ferais mieux de retourner à la maison ; car, à mon arrivée au camp, on me renverrait honteusement en se moquant de moi. »

Elle tourna bride et revint à la maison. Le comte fut tout chagrin de la voir revenir si vite, car maintenant il lui fallait trouver les mille écus. Alors sa seconde fille lui dit :

« Donnez-moi l'habit et l'armure d'un chevalier et un bon cheval ; j'irai au camp et je m'y présenterai comme votre fils. On ne me reconnaîtra certainement pas. »

Le comte lui acheta des vêtements et des armes, lui donna le meilleur cheval de son écurie et la bénit. Quelque temps après son départ, elle arriva à l'étang, sur le bord duquel la vieille femme gardait ses agneaux. Un agneau était encore tombé dans l'eau, elle ne savait comment l'en retirer et implora avec instance l'aide du jeune chevalier; mais celui-ci rêvait à ses glorieux faits d'armes et passa fièrement. Alors la vieille femme s'écria :

« Bon voyage, mademoiselle! »

Lorsque la jeune comtesse vit qu'elle était reconnue aussi bien que sa sœur, elle désespéra du succès, tourna bride et revint chez son père. Le comte fut très-peiné : il fallait chercher les mille écus. Alors vint sa troisième fille, la cadette :

« Cher père, dit-elle, essaye avec moi; peut-être serai-je plus heureuse et alors tu seras sauvé. »

D'abord le comte ne sut à quoi se résoudre. Sa fille cadette lui était la plus chère; il ne voulait pas l'exposer aux périls de la guerre, et il était tellement habitué à elle qu'il ne pouvait s'en passer. Elle le pria bien fort et si longtemps qu'il finit par céder. Elle dut se contenter d'une armure rouillée et n'eut qu'un mauvais cheval, parce que les chevaux de ses sœurs boitaient. Elle s'en alla joyeuse et arriva le soir même à l'étang sur les bords duquel la vieille femme gardait ses agneaux. Celle-ci se lamentait encore sur un petit agneau tombé dans l'étang. La jeune fille n'attendit pas qu'on lui demandât son aide; elle mit tout de suite pied à terre, retira l'agneau et le rapporta à la vieille en essayant de la calmer.

« Tenez, ma bonne femme, le petit agneau n'est qu'un peu effrayé; mais il se remettra bien vite, car il ne s'est fait aucun mal.

— Grand merci, cher chevalier, dit la vieille, vous m'avez rendu un grand service. Un service en vaut un autre et je veux voir ce que je puis faire pour vous. Votre cheval n'est guère solide sur ses pieds; vous en méritez un meilleur. »

Elle frappa la terre avec sa baguette, le sol s'entr'ouvrit; au même instant un beau cheval blanc en sortit.

« Pas ainsi, camarade! dit la vieille, tu aurais dû venir mieux bridé et mieux harnaché que le cheval de l'empereur. »

Elle toucha le cheval de sa baguette, et immédiatement il se trouva orné des plus beaux harnais.

« J'ai instruit moi-même ce cheval, continua la vieille, il est savant et connaît le passé, le présent et l'avenir. Tenez-le bien, vous pouvez vous fier à ses conseils. Mais vous n'êtes pas habillé selon votre rang : un si beau et si riche cavalier doit être autrement équipé. »

Elle frappa encore la terre de sa baguette et il en sortit immédiatement une grande caisse remplie d'armures magnifiques et d'autres objets de guerre; sur le sol s'étalaient des monceaux d'or. Alors la vieille ôta au chevalier son armure rouillée, prit dans la caisse les pièces une à une et l'en arma; elle mit le reste dans son sac avec l'or et engagea le chevalier à continuer sa route de bon cœur. Il partit et entra dans une forêt où il entendit de grands coups de hache et un craquement, comme si des arbres tombaient. En s'approchant il vit un bûcheron qui, à chaque coup de cognée, mettait un chêne par terre.

« Pourquoi détruis-tu cette forêt? demanda le chevalier.

— Oh! ma femme veut faire la lessive, répondit le bûcheron, et elle a besoin de petit bois.

— Comment t'appelles-tu?

— Je m'appelle *Fort-Bras*[1]. »

---

1. Le texte dit littéralement : *Fort des os.*

Alors le cheval savant se mit à parler et conseilla à son maître d'emmener cet homme qui pourrait lui être utile plus tard.

« Veux-tu me servir? demanda le chevalier; je te donne la nourriture et un bon salaire.

— Pourquoi pas? dit Fort-Bras, ma femme peut venir elle-même chercher ce fagot. »

Puis il prit sa hache sur son épaule et suivit le chevalier. Arrivés à la lisière de la forêt, ils virent un homme qui se liait les pieds avec une corde très-courte.

« Pourquoi fais-tu cela? demanda le chevalier.

— Pour pouvoir attraper les lièvres et les chevreuils; car si je marche trop vite, je dépasse tout le gibier et je n'ai rien. Il n'y a plus de cerfs, messieurs les officiers les ont tous tués.

— Comment t'appelles-tu? demanda le chevalier.

— Mon nom est *Vite-comme-l'oiseau*.

— Celui-ci peut être utile aussi, dit le cheval blanc.

— Veux-tu entrer à mon service? reprit le chevalier. Tu auras assez de gibier à manger sans avoir besoin de courir. »

Vite-comme-l'oiseau, content de la proposition, le suivit.

Un peu plus loin, ils trouvèrent un chasseur qui tirait les yeux bandés; on ne voyait pas sur quoi.

« Que veux-tu tuer? demanda le chevalier. »

Le chasseur répondit:

« A vingt lieues d'ici, sur la pointe d'un clocher, il y a une mouche, que je veux tuer.

— Pourquoi as-tu les yeux bandés?

— Oh! les murailles et les fortifications tomberaient, tellement mes regards sont ardents.

— Comment t'appelles-tu?

— Mon nom est *Tire-juste*.

— Cet homme te sera aussi utile, emmène-le, dit le cheval blanc.

— Veux-tu entrer à mon service? demanda le chevalier; tu auras à tirer et je te donnerai bon salaire. »

Le chasseur accepta et le suivit. Bientôt ils arrivèrent au bord d'un grand lac : un homme étendu par terre buvait l'eau à grandes gorgées.

« Pourquoi fais-tu cela? demanda le chevalier.

— Eh! mon Dieu! répondit-il, parce que j'ai une soif terrible que je ne sais comment apaiser. Dix fois, j'ai vidé cette mare; mais avant qu'elle fût remplie de nouveau, j'ai pensé mourir de soif.

— Comment te nomme-t-on?

— Mon nom est *Boit-tout*.

— Cet homme te sera très-utile, dit le cheval. Emmène-le.

— Veux-tu me servir? demanda le chevalier. Je te donnerai du vin à boire, au lieu d'eau.

— J'en serai bien aise, dit Boit-tout, » et il le suivit.

Alors ils gravirent la montagne. Là ils aperçurent soixante-douze moulins à vent dont les ailes tournaient rapidement, et cependant on ne sentait pas le moindre vent. Lorsqu'ils descendirent la montagne, ce vent devint tellement violent qu'ils pouvaient à peine avancer. Enfin ils arrivèrent dans la plaine et y trouvèrent un homme qui bouchait une de ses narines et soufflait par l'autre.

« Que fais-tu là, mon ami? demanda le chevalier.

— Eh! dit-il, vous voyez bien ces moulins-là? il faut que je leur fasse du vent; autrement ils n'iraient pas.

— Pourquoi bouches-tu une de tes narines?

— Oh! dit le souffleur, je ne puis enlever la montagne et les moulins.

— Quel est ton nom? demanda le chevalier.

— Le souffleur *Grosse-Joue*.

— Un homme dont on peut se servir, dit le cheval; prends-le avec toi.

— Veux-tu venir avec moi? demanda le chevalier, tu auras bon salaire et peu de besogne.

— Volontiers, » répondit le souffleur Grosse-Joue, et il le suivit.

Peu de temps après, ils se trouvèrent dans une prairie où ils virent un homme l'oreille contre terre, comme s'il écoutait.

« Que fais-tu là? demanda le chevalier.

— J'entends croître l'herbe et tousser les puces, dit-il, et, quand je mets une oreille contre terre, je sais ce qui se passe à quelques lieues à la ronde.

— Comment te nommes-tu? demanda le chevalier.

— Mon nom est *Fine-Oreille*.

— Il peut te rendre service, dit le cheval blanc.

— Veux-tu venir avec moi? demanda le chevalier, je te donnerai bon salaire et peu de besogne. »

Fine-Oreille satisfait suivit les autres.

Avant d'arriver au camp, ils trouvèrent un homme debout devant un amas d'os et grignotant le dernier.

« As-tu toujours un pareil appétit? demanda le chevalier.

— Non, dit l'homme, mais seulement quand je n'ai pas assez mangé. Il n'y avait pas grand'chose ici; l'armée du roi mange tous les troupeaux.

— Comment t'appelles-tu? demanda le chevalier.

— On me nomme *Mange-Tout*, et l'on ne me donne rien à manger.

— Prends-le avec toi, dit le cheval, il pourra te servir.

— Viens avec moi, dit le chevalier, je satisferai ta faim.

— Pourvu que vous teniez votre parole! » répondit Mange-Tout en grommelant, et il le suivit au camp.

Lorsqu'ils furent arrivés, le chevalier tira de son sac une tente magnifique qu'il dressa, et il donna à chacun de ses compagnons une splendide livrée. Le roi vint à passer avec la reine : il vit la tente magnifique et les serviteurs richement vêtus. Il fit appeler le chevalier, qui sortit immédiatement et répondit avec vivacité à toutes les questions du roi et de la reine. Il plut tout de suite au roi qui le nomma sur-le-champ son premier écuyer. Mais le beau jeune homme plut encore davantage à la reine ; lui, au contraire, regarda à peine cette belle personne ; ses yeux étaient fixés sur le roi. Le lendemain matin, il se promenait dans le parc du château, lorsqu'il rencontra la reine qui prit son bras et lui ordonna de la mener à son appartement. Il la conduisit jusqu'à la porte, et s'excusa alors, sur ce qu'il devait être présent au lever du roi, pour prendre ses ordres. La reine en fut blessée et lui garda rancune. A table, on parla d'un dragon qui ravageait les États du roi ; la reine dit que le jeune chevalier lui avait demandé sa protection pour qu'on lui permît d'aller se mesurer avec le dragon. Le jeune chevalier se tut ; il ne pouvait donner un démenti à la reine ; mais le roi, qui s'était attaché à lui, lui dit qu'il était encore trop jeune et trop faible. La reine ne voulut rien entendre, et poursuivit si bien le roi de ses instances, qu'il céda à sa volonté. Le chevalier, tout abattu, alla voir son cheval blanc. Celui-ci l'engagea à tenter cette entreprise avec calme et à suivre ses conseils ; car les événements tourneraient alors à son honneur et à sa gloire. Avant de partir, il demanda au roi son portrait et l'obtint. La reine, fâchée de ce qu'il n'avait pas demandé le sien, tomba en pâmoison.

Le chevalier se rendit avec ses sept compagnons dans la forêt où se tenait le dragon. Il y avait là un grand lac vers lequel le dragon volait tous les jours pour boire. D'après le conseil du cheval blanc, le chevalier ordonna à Boit-Tout de vider ce lac. Une fois cela fait, Fort-Bras reçut l'ordre d'aller chercher assez de tonneaux de vin pour remplir le lac: puis il revint encore une fois à la ville, chercher vingt barils de harengs qu'on répandit sur le rivage, juste à l'endroit où le dragon venait boire. Lorsque le dragon arriva, il commença par engloutir ces vingt barils de harengs; alors il sentit une telle soif, qu'il vida entièrement le lac, sans y laisser une seule goutte. Mais, complétement ivre, il tomba par terre sans connaissance, et se mit à ronfler si fort que les branches tombaient des arbres. Alors le chevalier appela ses sept compagnons, fit lier le dragon endormi, et ordonna à Fort-Bras de le porter devant la tente du roi, pour qu'il eût lui-même le plaisir de tuer ce monstre épouvantable. A cette vue, le peuple poussa des cris de joie, et le roi serra la main du chevalier avec reconnaissance. La reine, honteuse de l'issue de cette aventure, essaya de nouveau de gagner le jeune chevalier et le combla d'amabilités et de caresses. Mais quand elle vit qu'elle n'y gagnait rien, son amour se changea encore en haine : elle alla trouver le roi et lui dit que le jeune et vaillant chevalier était prêt à reprendre, seul et sans armée, tout le butin conquis par l'empereur, et qu'il l'avait chargée de lui en obtenir la permission. Le roi ne voulut pas y consentir, disant que c'était envoyer le jeune chevalier à une mort certaine. Toutefois la reine insista : il avait vaincu le dragon, il était capable d'accomplir l'autre exploit; un refus pouvait le porter à tourner ses armes contre lui-même. Le roi céda enfin, et donna son consentement. Lorsque le chevalier apprit ce qu'on demandait de lui, il se rendit tout désolé à l'écurie pour chercher une consolation auprès de son petit cheval; celui-ci savait déjà tout et lui réservait de bons conseils.

Alors le chevalier prit congé du roi, mais non de la reine qui s'en trouva fort piquée et dont la haine ne fit que s'accroître. Il ne s'en inquiéta pas; car il tenait plus à la bonne opinion du roi qu'aux bonnes grâces de la reine. Il partit avec ses compagnons pour la capitale de l'empereur, descendit devant le château, et se présenta comme ambassadeur du roi; il pria l'empereur de renvoyer à son maître le trésor qu'il lui avait enlevé, et de lui donner une indemnité pour le dommage causé. L'empereur se mit à rire et dit :

« Seigneur ambassadeur, si vous étiez arrivé à la tête d'une armée de sept cent mille hommes, nous pourrions causer un peu. Mais, comme votre suite ne se compose que de sept hommes, je ne vous rends nullement les trésors du roi, ou vous mangerez tout le pain qui doit se cuire cette nuit dans ma capitale. »

Le chevalier remercia l'empereur d'une condition si facile à remplir, et dit qu'il reviendrait le lendemain pour déjeuner. De retour à l'hôtel, il fit venir son serviteur Mange-Tout, et lui demanda s'il était bien sûr de son affaire. Le glouton se réjouit à l'idée de manger une fois à sa faim; mais auparavant, il fut forcé de jeûner, car, par précaution, le chevalier ne lui donna pas à souper. Le lendemain, lorsqu'il arriva sur la grande place, le pain tendre y était amassé en pyramides. Le chevalier en fut effrayé; Mange-Tout secoua la tête, mais parce qu'il doutait de pouvoir apaiser sa faim, après un si long jeûne. Il se mit immédiatement à l'œuvre, et bientôt il ne resta plus trace de toutes ces pyramides de pains. Mange-Tout était assis devant la place vide et criait aux gens qu'ils eussent encore à lui cuire du pain, pour l'amour de Dieu, s'ils ne voulaient le laisser mourir de faim. De cette façon, la première condition était remplie; mais, qui ne tint pas sa parole? ce fut l'empereur. Il dit:

« Celui qui a tant mangé doit avoir soif. Ne soyez donc

pas fâché, mon chevalier; mais je ne vous rendrai pas les trésors avant que vous et vos gens, vous ayez vidé tous les puits de la ville.

— Je ferai selon vos ordres, sire, dit le chevalier; nous ne vous demandons que la grâce de pouvoir vider en même temps les tonneaux de vin; car l'eau pure est une boisson fade. »

L'empereur y consentit, à la grande joie de Boit-Tout qui aimait aussi le vin plus que l'eau. Pourtant, il commença par l'eau, et, lorsque tous les puits furent vidés, il se mit à boire dans les caves. Fort-Bras soulevait les tonneaux, et Boit-Tout, étendu au-dessous de la bonde, n'avait qu'à avaler. Bientôt on ne trouva plus une seule goutte de vin, même à prix d'argent. L'empereur était fort mécontent, non-seulement parce que les tonneaux étaient vides, mais aussi parce qu'il ne voulait pas rendre les trésors et qu'il ne savait plus quel prétexte donner. Alors sa fille, qui était la coureuse la plus agile de tout le pays, le tira d'embarras :

« Mon père, dit-elle, promettez le trésor au chevalier, si l'un de ses gens me dépasse à la course. »

Le conseil plut à l'empereur, et le chevalier, en songeant à son coureur, accepta encore cette épreuve. Ils allèrent donc au champ de course, qui était long de deux lieues et la fille de l'empereur retroussa ses jupes pour courir avec Vite-comme-l'oiseau. Celui-ci demanda d'abord à boire; mais, comme tous les puits étaient vides, et tous les tonneaux de vin aussi, on lui donna de l'eau-de-vie. Enivré par cette boisson, Vite-comme-l'oiseau tomba presque inanimé au pied d'un arbre. Le signal de la course avait été donné trois fois. La fille du roi partit la première, déjà elle n'était plus qu'à une demi-lieue du but et Vite-comme-l'oiseau ne se montrait pas encore. Le chevalier eut peur et chargea Fine-oreille d'écouter de quel côté se trouvait Vite-comme-l'oiseau. Fine-Oreille s'étendit par terre et dit :

« Il est couché sous un arbre et ronfle si fort que les branches craquent.

— Envoie-lui une flèche pour le réveiller, dit le chevalier à Tire-juste. »

Celui-ci mit une flèche à son arc, et Vite-comme-l'oiseau, éveillé par la douleur, regarda autour de lui et vit que la fille de l'empereur était tout près du but. Alors il se leva et se mit à courir si vite qu'il arriva encore bien avant elle. Le chevalier réclama sérieusement le trésor.

« Puisez dans ma trésorerie, dit l'empereur ; mais prenez seulement ce qu'un de vos hommes pourra porter. »

A cette nouvelle Fort-Bras fit venir soixante-douze tailleurs qui travaillèrent toute la nuit pour coudre un grand sac de toile forte, dans lequel il voulait emporter le trésor. Arrivé dans la trésorerie, il mit le trésor du roi dans une poche de son gilet et celui de l'empereur dans l'autre. Le trésorier effrayé courut avertir l'empereur. Celui-ci vint en hâte et dit qu'il ne l'entendait pas ainsi et que son trésor ne bougerait pas. Mais Fort-Bras répondit qu'il ne rendrait rien de cette misère-là, qu'il s'était fait faire un sac et qu'il ne trouvait maintenant rien à mettre dedans ; que c'était un singulier gouvernement. L'empereur, craignant qu'il ne le mît lui-même dans le sac, se tut. Le chevalier prit congé de lui et partit avec ses compagnons. Ils avaient fait à peu près une lieue, lorsque Fine-Oreille se coucha par terre et dit qu'il entendait le pas des chevaux, que certainement l'empereur les faisait poursuivre pour reprendre les trésors. Le chevalier eut peur et ordonna d'accélérer la marche. Ils se trouvèrent bientôt au bord d'une large rivière où il n'y avait ni barque, ni navire pour les passer à l'autre rive. Alors Boit-Tout se mit à boire et avala toute l'eau de la rivière, de sorte qu'ils passèrent à pied sec. Au moment où l'empereur arriva avec ses chevaliers, le lit de la rivière était déjà de nouveau rempli; ils avancèrent à la nage avec leurs chevaux, et ils étaient au milieu du courant, lorsque le souffleur Grosse-Joue souffla sur l'eau et souleva des vagues qui engloutirent hommes et chevaux.

Ensuite les serviteurs du cheval se disputèrent pour savoir lequel d'entre eux avait fait la meilleure besogne et mérité la plus grosse part du butin.

« Si je n'avais pas été là, dit le souffleur Grosse-Joue, l'empereur nous aurait attrapés et tués.

— Si je n'avais pas été là, dit Boit-Tout, nous n'aurions pu passer la rivière.

— Et si je n'avais pas été là, dit Fort-Bras, vous n'auriez eu ni à boire, ni à souffler, et nous serions encore dans la capitale... ou pendus ! »

Chacun fit ainsi ressortir ses mérites. Enfin le chevalier les mit d'accord en disant que tout ce butin appartenait au roi, qui saurait les récompenser richement à leur retour. Ils firent donc la paix et continuèrent leur route jusqu'à la capitale.

Lorsqu'ils arrivèrent, le roi alla à leur rencontre et les reçut avec des transports de joie. La reine, voyant que sa perfidie n'avait pas eu de succès, ne savait si elle devait se réjouir ou se fâcher; enfin son amour pour le beau chevalier l'emporta. Mais comme il restait froid et insensible aux marques de faveur qu'elle lui prodiguait, la reine irritée l'accusa faussement auprès du roi d'avoir osé l'insulter[1].

---

1. Nous résumons ici en quelques lignes un passage où le rôle de la reine est un peu trop chargé et qui n'ajoute rien au caractère original du conte.

Le roi entra dans une juste colère et condamna le chevalier à être attaché à un poteau et exécuté en présence du peuple, dans d'horribles tortures. L'exécution aurait eu lieu le lendemain matin ; mais, en arrachant les vêtements du chevalier, on s'aperçut que c'était une femme. A cette vue, la reine, comprenant que sa calomnie allait être dévoilée, tomba comme foudroyée et ne se releva pas de son évanouissement.

Le roi prit pour femme la belle comtesse et se chargea aussi de ses compagnons. De la sorte, Mange-Tout ne sentit plus la faim ni Boit-Tout la soif. Le cheval merveilleux ne fut pas oublié non plus : tous les jours, la nouvelle reine lui donnait elle-même l'orge dorée.

LES DONS DES ANIMAUX

Un roi avait un fils unique qui aurait beaucoup aimé voyager pour voir le monde ; mais son père ne voulait pas le lui permettre, et sa belle-mère encore moins.

Enfin, après bien des instances, il obtint du roi la grâce de partir, quoique la reine fît tout son possible pour l'en empêcher. Lorsque son cheval fut prêt, il sauta en selle et dit un dernier adieu à ses parents qui l'accompagnaient jusqu'à la porte du château. Alors, sa belle-mère s'approcha et lui tendit un verre de vin qu'elle l'engagea à boire pour se donner des forces dans le voyage. Il le prit, et fit semblant de boire ; mais il le renversa en secret derrière lui, car il n'avait pas confiance dans sa belle-mère. Quelques gouttes de ce vin étant tombées sur la queue du cheval, lorsqu'il eut marché un quart d'heure dans la forêt, le cheval tomba mort sous lui. Le prince fut donc obligé de continuer sa route à pied; il s'égara dans la forêt, et revint à la place où était le cheval.

Là, il vit des animaux réunis autour du corps, qui voulaient le séparer et le partager entre eux, mais qui ne pouvaient arriver à se mettre d'accord.

C'étaient un lion, un chien, un oiseau, une abeille et une fourmi. Il les prévint et leur dit :

« Ne mangez pas de cet animal, il est empoisonné. »

Ils ne voulurent pas le croire et le prièrent de procéder au partage. Alors il leur dit :

« Si vous ne voulez pas mourir, laissez cet animal! Mais si vous voulez absolument que j'en fasse le partage, je donne au lion la grosse chair, au chien les os, à l'oiseau la tête, le sang à l'abeille et les entrailles à la fourmi. Si vous êtes contents, je vais partager le corps : mais ce ne sera pas ma faute si vous payez ce repas de votre vie. »

Les animaux louèrent beaucoup ce partage, mais ne se laissèrent pas persuader : le prince tira donc son épée et fit les parts, en priant encore une fois les animaux de ne pas y toucher; puis il partit.

Le lion dit alors :

« L'abeille, qui extrait le suc le plus doux de toutes les fleurs et y laisse le poison, goûtera la première et nous fera savoir si nous pouvons jouir de notre butin. »

L'abeille suça doucement, se leva avec précipitation et s'écria :

« N'y touchez pas! c'est le plus fort poison qu'il y ait : la mort me punit de ma désobéissance et de ma curiosité. »

Et elle tomba morte par terre. Ainsi les autres animaux virent que le prince avait eu raison de les prévenir, et n'hésitèrent plus à suivre son conseil.

« Nous devrions bien, se dirent-ils entre eux, lui donner quelque chose pour avoir fait un partage si juste et nous avoir si consciencieusement avertis. »

Et le lion ordonna au chien, qui était le meilleur coureur, de rappeler le jeune homme. Comme il revenait, le lion lui dit que tous lui devaient force reconnaissance pour son bon avis; car, s'ils s'étaient jetés sur cette viande, ils auraient gagné la mort comme la pauvre abeille : c'est pourquoi ils voulaient lui donner chacun une chose qui pût lui être utile.

D'abord, il refusa de rien prendre, parce qu'il avait tout ce dont il pouvait avoir besoin; mais les animaux répondirent que ce qu'ils avaient à lui donner ne serait ni argent, ni or, et vaudrait pourtant mieux que l'un et l'autre. Ils lui octroyèrent le don de revêtir leur forme, aussi souvent qu'il lui plairait, rien qu'en prononçant ces mots : *Si j'étais lion! Si j'étais oiseau!* Aussitôt dit, aussitôt fait; puis, son désir accompli, il aurait la faculté de reprendre à l'instant sa forme naturelle.

Le prince fut ravi du cadeau, il en remercia les animaux et poursuivit sa route. En s'enfonçant de plus en plus dans la forêt, il rencontra une bande de brigands qui se précipitèrent sur lui, l'épée au poing. Alors il pensa : « *Si j'étais oiseau maintenant!* » et tout de suite il se sentit changé en oiseau et s'envola par dessus la tête des voleurs. Ils restèrent quelque temps ébahis, ne sachant ce qu'était devenu leur homme, mais bientôt ils reprirent leur chemin pour chercher une autre aubaine et l'oiseau se moqua d'eux en chantant. Il se trouvait si bien d'être oiseau, qu'il garda cette forme et prit son vol jusqu'à ce qu'il parvînt près d'un grand château. Il se percha sur un tilleul devant le palais, et chanta si bien, que la princesse se mit à la fenêtre. Alors il chanta encore mieux, car la fille du roi lui plaisait beaucoup ; il ne pouvait se lasser de la regarder, et elle ne se lassait pas de l'écouter. Enfin, il se posa et se balança sur la dernière branche, près de la fenêtre. La fille du roi étendit le bras pour l'attraper ; son bras n'arrivait pas jusqu'à lui, et pourtant elle le saisit, car l'oiseau sauta sur son doigt et lui chanta ses plus belles chansons, avec tant de charme, que la princesse ne put s'empêcher de l'embrasser. Il dut se contenir pour ne pas penser : « *Si j'étais homme !* » La princesse se fit apporter une cage d'or et le mit dedans ; et il sautait d'un bâton sur l'autre, chantant si bien que la fille du roi y trouvait son unique plaisir.

La nuit venue, quand tout le monde fut couché, la princesse se mit au lit, et il pensa : « *Si j'étais fourmi !* » Et tout de suite il devint fourmi et sortit ainsi de sa cage, puis il souhaita de se retrouver sous sa forme humaine et s'en fut au chevet de la princesse. Mais au premier baiser qu'il lui prit, elle commença à crier si haut, que toute la cour et le vieux roi lui-même accoururent.

En attendant, le prince s'était de nouveau changé en fourmi ; et, blotti de nouveau dans sa cage, sous forme d'oiseau, la tête nichée sous ses ailes, il faisait semblant de dormir.

La fille du roi ne savait comment s'excuser de tout le bruit dont elle était cause ; le roi la gronda fort d'avoir jeté l'alarme au château par ses rêves. Quand tous se furent éloignés, le prince pensa : « *Si j'étais fourmi !* » Et il s'en fut auprès de la princesse. Là, il reprit sa forme humaine et lui dit tout bas qu'il était le petit oiseau, qu'elle ne devait pas faire de bruit, qu'il était le fils d'un roi et qu'il irait le lendemain chez son père la demander en mariage.

La princesse cessa d'être fâchée ; et le lendemain, il la

prit par la main et la conduisit chez son père, à qui il fit sa demande et qui les fiança sur-le-champ.

Après le repas, comme ils se promenaient ensemble, ils gravirent une montagne d'où l'on avait une vue superbe sur tout le pays que le père de la princesse gouvernait. A peine avait-il eu le temps d'y jeter les yeux, qu'en se retournant il vit qu'elle avait disparu. Il ne comprenait pas où elle pouvait être restée; or, elle avait été *enchantée* et engloutie dans le sein de la terre. Le prince croyait que le vent l'avait enlevée, et il se changea en chien de chasse pour aller à sa recherche; mais nulle part il ne trouva la piste, que là où elle avait disparu. Il se mit donc en tête de voir s'il ne découvrirait pas une fente, et il finit par en apercevoir une toute petite. Alors il pensa : «*Oh! si j'étais maintenant fourmi!*» Immédiatement il le redevint et entra dans la fente, pour voir où cela le conduirait. Bientôt il arriva dans un large corridor qui paraissait ne pas avoir de fin et qui le menait toujours plus bas. Plein d'impatience, il reprit la forme du chien, courut jusqu'à ce qu'il fût dehors, en face d'un grand lac, et il le passa sous forme d'oiseau. Le lac aboutissait à une vaste grille derrière laquelle il vit se promener beaucoup de dames et de messieurs. comme fourmi, il monta sur la grille et vit sa fiancée; il l'entendit même parler aux autres et demander s'il n'y avait pour eux aucun espoir d'être sauvés de cette captivité.

« Non, lui dit-on, il n'y avait pas d'espoir; car celui dont ils pourraient attendre leur salut avait à vaincre un sanglier qui venait emporter tous les jours une brebis de chez un paysan; du ventre du sanglier sauterait un lièvre, qu'on aurait à attraper et à tuer; du corps de ce lièvre s'envolerait une colombe qu'il faudrait happer dans l'air et égorger; de la colombe tomberait un œuf, qui devait être cassé sur le haut de la montagne : alors ils seraient tous délivrés. »

Lorsque le prince eut entendu cela, il laissa la grille derrière lui, s'envola au-dessus du lac, courut sous forme de chien dans le corridor noir, sortit de la fente en se faisant fourmi et reprit sa figure d'homme. S'étant renseigné sur l'endroit où demeurait le paysan à qui le sanglier enlevait chaque jour une brebis, il se rendit chez cet homme et lui demanda s'il n'avait pas besoin d'un berger ? Il avait ouï dire qu'on lui prenait une brebis tous les jours ; mais si le troupeau l'avait pour gardien, il n'en serait plus dérobé une seule.

« Oui, dit le paysan, j'ai bien besoin d'un tel berger, mais jusqu'ici je ne l'ai jamais rencontré. »

Le prince fut engagé sur l'heure comme berger, et mena le lendemain son troupeau aux champs. Le paysan se dit :

« Tu devrais aller voir comment cet homme garde tes moutons. »

Et il le suivit, en se cachant dans les haies. A midi, le sanglier arriva, bondissant et couvert d'écume, et réclama sa brebis. Mais le berger se changea en lion et lui dit :

« Tu n'en auras pas ! »

Le sanglier n'osa pas approcher du lion, qui n'osait pas non plus toucher au sanglier.

« Si j'avais seulement deux croûtes de pain sec, s'écria le sanglier, je te montrerais bien le chemin !

— Et moi, si j'avais seulement deux poulets rôtis, répliqua le lion, je te le montrerais mieux encore ! »

Ils restèrent ainsi longtemps l'un en face de l'autre, jusqu'à ce que le sanglier s'éloigna. Lorsque le berger ramena le troupeau à la maison, le paysan en fit le compte et vit que pas une brebis n'y manquait. Le lendemain, le berger sortit de nouveau avec le troupeau; alors son maître fit rôtir bien vite deux poulets et les mit dans sa poche; puis il le suivit dans la prairie, où il se cacha dans les buissons. A midi, le sanglier revint, écumant de fureur, et demanda sa brebis. Mais le berger s'était encore changé en lion et lui dit :

« Tu n'en auras pas!

— Ah! si j'avais seulement deux croûtes de pain sec! dit le sanglier...

— Si j'avais seulement deux poulets rôtis! » reprit le lion.

Aussitôt, le paysan de lui jeter les deux poulets. Le lion les dévore à l'instant, puis il attaque le sanglier et le déchire. Un lièvre surgit immédiatement et s'enfuit dans la forêt.

« *Si j'étais chien de chasse maintenant*, pensa le prince, *pour attraper le lièvre!* » Ce qui fut fait; et il déchira le lièvre sur-le-champ. Du ventre de l'animal sortit alors une colombe.

« *Ah!* se dit-il, *si j'étais faucon pour la lier!* » Ce qui fut fait, et il l'égorgea; et de la colombe tomba un œuf qu'il attrapa au vol.

Puis il reprit sa forme humaine, mit l'œuf dans sa poche et ramena le troupeau au logis; et quand le paysan eut compté ses brebis, il vit qu'il les avait toutes. Le prince-berger lui déclara qu'il pouvait prendre maintenant tel berger qu'il voudrait, et qu'il n'avait plus besoin de ses services. Après quoi, le prince gravit la montagne et cassa l'œuf sur le sommet.

Alors un grand bruit se fit entendre : la montagne s'ouvrit, et des villes et des villages en sortirent qui y avaient été engloutis, et ensuite les messieurs et les dames que le prince avait aperçus, et parmi celles-ci sa fiancée.

Il la prit sans retard par la main et la reconduisit chez son père, où l'on célébra des noces splendides ; et quand le vieux roi eut cessé de vivre, le prince lui succéda avec la princesse.

Et s'ils ne sont pas morts, ils vivent encore, et celui qui a raconté ces choses vit aussi, mais seulement pour le temps qu'il plaira à Dieu.

NOTICE
SUR LOUIS BECHSTEIN

Louis Bechstein, né le 24 novembre 1801, dans le duché de Saxe-Meiningen, est mort le 16 mai 1860, conseiller d'État et bibliothécaire du prince régnant.

Il s'était occupé d'abord de pharmacie, obéissant aux circonstances, et méconnaissant complétement son propre talent, jusqu'à ce que l'attention du duc Bernhard Erich fut éveillée par ses *Couronnes de sonnets* (1828). La sollicitude du prince pour le jeune homme lui rendit possible l'étude de l'histoire et de la philosophie, ainsi que le séjour de Leipzig et de Munich, d'où il revint pourvu de l'instruction qu'il y était allé chercher, pour être nommé bibliothécaire particulier du duc et bibliothécaire en second de la Bibliothèque publique, en 1831.

Dans la même année, il fonda l'Association pour les recherches d'antiquités, dont il dirigea les travaux avec beaucoup de zèle et de succès, et qui le poussa à écrire le *Musée allemand de la littérature, de l'histoire, de l'art*, etc. (1842).

Bechstein s'est montré écrivain distingué et fort appliqué dans plusieurs directions. S'il est juste de remarquer, avec certains critiques sévères, que son talent facile manque parfois de fermeté et que son activité littéraire ne s'exerce pas autour d'un centre fixe, on ne peut nier que ses productions laissent en général, une impression agréable ; ses *Nouvelles* surtout se recommandent par la variété et par le charme. Pureté et vivacité du sentiment, élégance simple du récit, enthousiasme sincère pour le vrai, le beau et le bon, tels sont les caractères partout reconnaissables dans les ouvrages de Bechstein : — le *Trésor des légendes de la Thuringe* (1835-1838) ; *Contes et fantaisies* (1833) ; la chanson de la *Danse des morts* (1831) ; *Arabesques* (1832) ; la *Journée des princes* (1834) ; *Poésies* (1836) ; *Contes du pays et de l'étranger* (1839) ; *Philidor ou la vie d'un pasteur de campagne* (1842) ; *Vouloir et devenir*, scènes de la vie des corporations d'étudiants en Allemagne (1850).

Il avait montré sa connaissance de la vieille littérature allemande par son édition du *Minnesænger* Othon de Botenlauben, en 1845 [1].

Son « Livre de contes » (*Mæhrchenbuch*) et son « Nouveau livre de contes allemands » (*Neues deutsches Mæhrchenbuch*) auxquels nous avons fait un certain nombre d'emprunts, ont reçu partout un accueil aussi favorable que ceux des frères Grimm. On n'en compte plus les éditions.

[1] On sait que les *Minnesænger* ont joué en Allemagne, au moyen âge, le même rôle que les *trouvères* et les *troubadours* chez nous.

LA BERGERIE D'OR

Il était une fois une belle jeune fille qui s'appelait *Ilse*. C'était la fille unique d'un chevalier farouche. Elle aimait la forêt avec le chant des oiseaux, le parfum des fleurs, le chuchotement des sources. Elle s'y promenait volontiers tantôt avec sa vieille nourrice, sa seule compagne (car la mère d'Ilse était morte très-jeune), tantôt, solitaire; car elle n'avait rien à redouter et n'avait aucune peur, parce qu'elle ne connaissait pas le danger. Un jour, Ilse se promenait ainsi autour du château de son père, dans la forêt verte aux arbres séculaires, aux rochers pittoresques tapissés de fougères variées et de plantes rares, mélangées de fleurs et arrosées par des sources vives. Elle arriva à une grotte qui lui sembla tout à fait inconnue ; elle ne se souvenait ni de l'avoir vue, ni de s'en être jamais approchée.

De l'intérieur de cette grotte sortait un bruit harmonieux pareil aux sons d'une harpe éolienne. Elle se sentit entraînée dans ce passage étroit et sombre, qui devenait de plus en plus obscur et resserré, à mesure qu'elle avançait. Arrivée à l'endroit le plus étroit et le plus noir, elle aperçut une douce clarté à travers une fente. Ilse ne résista pas à la curiosité, se glissa par cette fente et se trouva soudain au milieu d'un monde tout différent du nôtre. Les sons et la lumière augmentèrent d'intensité, elle vit s'épanouir des fleurs magnifiques en pierreries, dont les feuilles étaient aussi des pierres fines de toutes les nuances possibles de vert. De petits êtres, à peine hauts de deux pieds, se pressaient en masse sur la prairie, et bientôt Ilse fut entourée d'une foule innombrable qui lui souhaita la bienvenue ; ces petits êtres s'approchèrent d'elle avec une confiance quelque peu insolente.

« Qui êtes-vous ? demanda-t-elle étonnée, je ne vous ai jamais vus, jamais je n'ai entendu parler de vous.

— Nous sommes le peuple de la montagne, les *Grillons !* » répondit un des petits êtres d'une petite voix fine et aiguë qui avait en vérité quelque chose du cri d'un grillon. « Il n'est point surprenant que tu ne nous connaisses pas : nos grottes ne sont pas ouvertes tous les jours, ni à toutes les heures de la journée où l'œil humain pourrait les voir.

— Jamais je n'ai entendu parler du peuple de la montagne, des Grillons, dit Ilse qui vivait comme dans un rêve.

— Apprends à nous connaître, et tu nous aimeras, reprit le premier de ces êtres souterrains. Et, si tu nous aimes, tu deviendras une des nôtres, peut-être notre reine. »

Reine ! Ce mot enflamma le cœur d'Ilse. Il avait été beaucoup question de reines dans le château de son père : elles étaient, en général, très-riches et très-belles ; tout le monde leur obéissait et les servait. Oui, sa nourrice le lui avait raconté. Pourquoi Ilse ne pourrait-elle pas devenir reine ? Elle se laissa conduire par ses gentilles connaissances et parcourut avec elles le royaume souterrain. Toute cette magnificence qui l'entourait, toute cette splendeur l'éblouit, les sons mélodieux ravirent son âme. Et puis le doux murmure des ruisseaux, le bruissement lointain des cascades, dont les flots se précipitaient sur la terre, cette douce clarté, plus vive que le clair de lune et moins intense que la lumière du soleil, tout cela frappa les sens d'Ilse qui était encore presque une enfant. L'amabilité des Grillons avec qui l'on pouvait jouer si gentiment, comme elle le croyait, tout excitait en elle le désir de vivre toujours dans ce royaume souterrain ; car, là-haut, aucune affection ne la retenait.

Son père était un chevalier brusque et rude qui se souciait peu d'elle ; sa nourrice était vieille et pouvait mourir : alors Ilse vivrait seule et sans joie dans le château de son père, évité de tous les hommes.

Ses réflexions furent encore accompagnées par le chuchotement et les prières des Grillons :

« Reste chez nous, tu ne vieilliras jamais ! tu fleuriras éternellement dans les charmes de la jeunesse. Chaque jour sera une fête pour toi ! Tout ce que tu désireras tu l'auras ; pour toi toujours les meilleures choses ! »

Ainsi entourée et entraînée, Ilse vit tout à coup un troupeau de brebis à peine grandes comme des agneaux. Leurs toisons étaient d'or ; le petit chien éveillé qui les gardait avait également des poils d'or. Elle ne vit pas de berger ; mais une houlette d'or était par terre. Ilse souhaita la possession de ce troupeau. « Tu pourrais, pensait-elle, mettre les Grillons à l'épreuve. » Et elle leur dit :

« Si je restais chez vous, mes bons Grillons, et si je désirais posséder ce troupeau, pour le conduire moi-même, accéderiez-vous à mon désir ? »

Des centaines de voix fines lui répondirent : « Oh ! oui ; oh ! oui. » Et les Grillons ne firent à Ilse qu'une seule condition : c'est qu'elle ne mettrait jamais plus les pieds sur la terre et qu'elle garderait avec soin le troupeau, pour qu'aucune des brebis précieuses ne se perdit. Puis ils lui donnèrent la houlette d'or, l'ornèrent de rubans d'argent et lui souhaitèrent la bienvenue comme à une des leurs.

Ilse ne vit plus dans ce royaume d'innocence les révolutions des jours, des mois, des saisons, ni les vicissitudes des destins puissants, qui agitent les cœurs des hommes. Là-haut, on l'avait cherchée, on l'avait crue perdue, on avait porté son deuil, puis on l'avait oubliée. Sa nourrice était morte, son père avait péri sur le champ de bataille ; ses ennemis avaient détruit et brûlé son château ; il ne restait sur la montagne que des ruines entourées d'une forêt, — non plus la vieille forêt d'autrefois : ses arbres avaient été abattus et une forêt nouvelle croissait là-haut, dont les arbres étaient déjà grands et forts. Ilse continuait toujours à garder son troupeau d'or et à jouer avec les Grillons naïfs. Elle apprit beaucoup de secrets de la nature et du royaume souterrain et le souvenir d'un autre monde où elle avait vécu jadis lui semblait un rêve. Pourtant ce souvenir ne s'endormait pas ; il se réveilla au contraire en elle, de plus en plus vif, et devint le mal du pays. Ilse avait remarqué que tantôt un Grillon, tantôt un autre allait sur la terre, tandis qu'à elle, on lui avait défendu sévèrement toute communication avec les hommes, et peu à peu elle arriva à faire des réflexions qui détruisirent le bonheur calme qu'elle avait goûté jusque-là.

« A quoi me sert ce troupeau? pensait-elle. Je le garde, mais il ne m'appartient pas ; je n'en puis faire ce que je veux. Je deviendrais, m'avait-on promis, reine des Grillons, et je suis devenue tout le contraire : une pauvre bergère. Tout monte là-haut, vers la belle clarté du soleil ; les racines rassemblent les principes vivifiants dans le sein de la sève, pour les faire pénétrer et monter jusqu'à la cime des arbres. Les sources, les eaux souterraines courent toutes sur le sol et se frayent un chemin avec impétuosité. Où est le ciel bleu que j'ai vu autrefois ? où est le pays rafraîchi par la tiède brise du printemps ? où est le son majestueux des cloches ? Les Grillons n'ont pas de Dieu, pas d'église, pas de ciel. Moi je veux revoir le ciel, je veux.... »

Et alors Ilse découvrit ses désirs aux Grillons. Ceux-ci penchèrent tristement leurs petites têtes : ils prévoyaient tout ce qui allait arriver.

« Tu as promis de rester toujours avec nous, objectèrent-ils.

— Vous m'avez promis la réalisation de tous mes désirs, reprit Ilse.

— Mais nous t'avons imposé la condition de ne jamais retourner sur la terre, il t'en souvient?

— Je ne veux pas y retourner, dit Ilse ; je veux seulement la revoir, elle et le ciel bleu, et humer la douce brise du printemps.

— Alors tu ne se seras plus une des nôtres, objectèrent encore les Grillons ; tu te faneras, tu vieilliras et tu mourras. Dans notre royaume fleurit la jeunesse éternelle. »

Ilse se tut ; mais elle devint triste. Son désir ne fit que

s'accroître; elle ne soignait plus son troupeau d'or; rien ne la réjouissait plus, elle n'adressait la parole à aucun Grillon. Les Grillons se plaignirent entre eux :

« Elle est perdue de toute façon pour nous, satisfaisons son désir. »

Ilse rentra dans la grotte supérieure qui lui avait donné accès dans le royaume des souterrains, et revit la lumière splendide d'un jour terrestre. Ah! quel puissant rayonnement! ses regards enchantés se perdirent dans la campagne, du côté où s'élevait le château de son père. Mais bientôt, comme tout lui parut étrange! Les rayons du soleil tremblaient sur les couronnes de verdure des arbres, le ciel souriait dans son bleu de saphir; les vieux rochers étaient toujours les mêmes, mais les arbres avaient changé; le chemin nivelé qui avait conduit Ilse à la grotte n'existait plus; le sol entier de la forêt était couvert d'une couche épaisse d'herbes sauvages. Ilse regarda vers le sommet de la montagne, où elle savait le château de son père, avec ses tours et ses tourelles, ses créneaux, ses saillies; elle resta consternée : il n'y avait plus rien. Rien ne subsistait qu'un dernier débris du mur d'enceinte, surmonté d'un vieux beffroi grisâtre, sur les créneaux ébréchés duquel étaient perchés des corbeaux et des faucons.

« Qu'est-ce donc? se demanda-t-elle. Mon séjour là-bas me paraît si court, et tant d'années se sont écoulées? Mais quel âge puis-je avoir, alors? »

Elle regarda tout autour d'elle, et vit des bourgs et des châteaux nouveaux dans le lointain; mais d'autres, dont elle se souvenait très-bien, avaient disparu.

Ilse n'osa mettre le pied dehors. Elle resta dans la grotte; car elle l'avait promis aux Grillons, lorsqu'ils lui avaient permis enfin, à contre-cœur toutefois, de revoir la terre; et bien des jours elle y resta, songeant et réfléchissant. On lui permit aussi de sortir son petit troupeau d'or et de le garder sur la prairie, devant la grotte ; mais seulement à jour et à heure fixes : le premier jour du mois de mai, à l'Ascension, à la Pentecôte, à la Saint-Jean, soit à midi, quand le soleil est le plus haut, ou vers minuit, la veille de ces fêtes. Ces jours-là, beaucoup d'habitants de la contrée, suivant une ancienne habitude des temps païens, gravissaient les hauteurs pour y chercher des plantes médicinales et des racines miraculeuses.

Il arriva quelquefois à Ilse d'être vue par des hommes : on était frappé de cet étrange fantôme, pâle, calme, sérieux, vêtu d'une robe blanche, qui ne vieillissait jamais. Quelques-uns virent aussi son troupeau d'or ; mais ils ne purent, malgré tous leurs efforts, attraper une brebis ; car le chien gardait les têtes à toison d'or d'un œil attentif, et au moindre avertissement qu'il faisait entendre, Ilse levait sa houlette, et son troupeau disparaissait.

Quand des hommes purs et bons s'approchaient d'Ilse, elle répondait aux questions qu'ils lui adressaient, mais seulement à des questions sérieuses et faites dans un but sérieux. Parfois ses réponses avaient un double sens, sous lequel elles contenaient un avis ou des paroles prophétiques. Alors ils se souvinrent que, dans les temps païens, il avait déjà vécu dans les forêts des dieux et des prophétesses[1], et ils appelèrent Ilse, du nom de ces prêtresses, une *Allrune*. Toutes les dames blanches sont de pareilles Allrunes, qui, d'après la légende, hantent les vieux châteaux et les vieilles forêts, en attendant leur délivrance.

Ilse aussi espérait être délivrée de la captivité où la retenait le charme des Grillons, à qui elle s'était donnée

---

1. Voir plus bas la *Légende de Loreley* (note sur la persistance des traditions païennes au moyen âge en Allemagne).

elle-même; mais elle ignorait que son désenchantement dépendît d'une chose presque inimaginable.

Un jour qu'elle était assise dans l'obscurité de sa grotte et laissait brouter son troupeau sur la prairie, une créature humaine y survint. C'était une *Bilbze* ou méchante sorcière, faisant secrètement du mal aux hommes et aux animaux. Elle appela Ilse :

« Pourquoi restes-tu toujours seule sur cette hauteur, grande Allrune? Rentre parmi les hommes! Reprends des sentiments humains, partage les joies et les douleurs des hommes! Aime et sois aimée. »

Ilse répondit douloureusement :

« Ma parole me retient; autrement, je m'en irais volontiers dans la vallée avec mon troupeau.

— Tu n'as qu'à vouloir; tu en as le pouvoir, s'écria la Bilbze. Frappe de ta houlette la fente qui est à l'intérieur de la grotte, fais le signe de la croix, et elle se fermera à jamais. Aucun des Grillons ne pourra te suivre, et tu seras entièrement libre. »

Ilse restait irrésolue, songeant à sa parole, lorsqu'un jeune homme d'une grande beauté se montra et lui tint ce langage :

« Aie confiance en moi, belle vierge, tu vivras là-haut dans le château de tes aïeux, que je vais rebâtir. Tu vas régner à mes côtés sur cette contrée florissante. Cette femme qui t'a parlé est ma mère, et grande est sa puissance. »

Ilse fit le signe de la croix et frappa contre la fente du rocher. Il en sortit non des sons mélodieux, mais les gémissements plaintifs des Grillons frustrés de leur troupeau. La Bilbze poussa un affreux cri de triomphe, et son fils se précipita sur Ilse pour l'enlacer de ses bras. Mais, chose étrange! Ilse opposa sérieusement sa houlette au fils de la sorcière, et fit le signe de la croix contre le jeune homme. Cet acte brisa tout le charme, et celui qui paraissait si beau tomba en montrant une figure hideuse. La vieille Bilbze tomba aussi, se roula dans d'horribles convulsions, et apparut sous la forme d'une affreuse sorcière.

« Attends ta récompense, damnée ! attends ! » s'écria la Bilbze en se relevant ; puis elle passa devant Ilse, pénétra dans la grotte et brandit contre la fente la racine *qui ouvre tout*[1].

Le royaume des souterrains s'ouvrit immédiatement, et la Bilbze s'écria :

« Arrivez, sortez, Grillons ! cherchez votre troupeau, punissez cette infidèle, cette parjure ! Qu'elle ait pour châtiment un éternel désir et une éternelle déception ! »

Déjà les Grillons entouraient Ilse, et s'interposaient entre elle et la Bilbze et son fils.

« Tu es et tu resteras la nôtre, dit l'aîné du peuple grillon. Quand aucune cloche ne sonnera, quand il n'existera plus d'église, ni d'hommes méchants comme cette Bilbze, alors l'heure de ta délivrance sonnera ! Pas avant ! Attends et garde ton troupeau. Tu ne verras plus le jour sur la terre qu'une fois tous les sept ans. Alors tu pourras te montrer avec tes brebis. »

Et il en fut ainsi ; et aujourd'hui encore, à midi, tous les sept ans, on peut voir cette vierge enchantée, avec son troupeau, seule, pâle et triste, dans sa robe blanche comme la neige. Il existe encore des méchants, et les bons sont appelés au temple de Dieu par les cloches.

1. En allemand *Springwurzel*, mot à mot : *saute-racine*.

SEPT-FOIS-BELLE

Dans un village vivaient une fois deux vieilles gens qui avaient une petite maisonnette et pour tout enfant une fille bien belle et extrêmement bonne. Elle travaillait, balayait, lavait, filait et cousait comme sept, et elle était belle comme sept en même temps : c'est pourquoi on l'appelait *Sept-fois-belle.*

Mais comme les gens la regardaient toujours, elle en était honteuse, et, le dimanche, quand elle allait à l'église, elle prenait un voile ; car Sept-fois-belle était aussi sept fois plus pieuse qu'une autre, et c'était là sa plus grande beauté.

Le fils du roi l'aperçut ainsi un jour, et il eut grand plaisir à regarder sa jolie taille, aussi fine et aussi élancée que la tige d'un jeune pin ; mais il se dépita de ne pas voir sa figure, à cause du voile, et il demanda à quelqu'un de sa suite :

« Comment se fait-il que nous ne voyons pas la figure de Sept-fois-belle ?

— Cela vient, répondit le serviteur, de ce que Sept-fois-belle est aussi modeste que belle.

— Eh bien, dit le prince, si Sept-fois-belle est si modeste avec sa beauté, je veux l'aimer toute ma vie et l'épouser. Va chez elle, porte-lui cette bague d'or de ma part et dis-lui que j'ai à lui parler, et qu'elle ait à venir ce soir sous le grand chêne. »

Le serviteur fit comme on lui avait ordonné, et Sept-fois-belle croyant que le prince voulait lui commander de l'ouvrage, alla sous le grand chêne, où le prince lui dit alors qu'il l'aimait à cause de sa modestie et de ses vertus, et qu'il la voulait prendre pour femme.

Sept-fois-belle répondit :

« Je suis une pauvre fille, et vous êtes un riche prince ; votre père serait bien fâché si vous prétendiez me prendre pour femme. »

Mais le prince la pressa tant et tant d'y consentir, qu'elle promit enfin de réfléchir, en demandant quelques jours de répit. C'était déjà trop pour le prince que d'attendre quelques jours, et dès le jour suivant, il envoya une paire de souliers d'argent à Sept-fois-belle et la fit prier de venir sous le grand chêne. Lorsqu'elle revint, il lui demanda si elle avait réfléchi ; mais elle dit qu'elle n'avait pas encore eu le temps de la réflexion, car il y avait beaucoup à faire dans le ménage : — puis elle n'était qu'une pauvre fille, lui un riche prince, et le roi son père serait bien fâché s'il s'avisait de l'épouser. Cependant le fils du roi la pria de nouveau tant et tant que Sept-fois-belle promit encore de réfléchir et de parler à ses parents des intentions du prince. Le lendemain matin, celui-ci lui envoya une robe de drap d'or et la fit prier de revenir sous le chêne. Mais lorsque Sept-fois-belle arriva et que le prince l'interrogea, elle fut forcée de répondre qu'elle avait eu trop à faire toute la journée et n'avait pas eu le temps de réfléchir, et qu'elle n'avait pu causer avec ses parents ; puis elle répéta au prince ce qu'elle lui avait répondu deux fois : qu'elle était pauvre, lui riche, et que ce mariage fâcherait le roi son père. Le prince lui dit que tout cela n'y faisait rien, qu'elle devait l'épouser et devenir reine plus tard ; et lorsqu'elle vit qu'il songeait sincèrement à ce mariage, elle y consentit enfin et vint dès lors chaque soir sous le grand chêne retrouver le fils du roi;—mais le roi n'en devait rien savoir.

Or, il y avait à la Cour une vieille et laide gouvernante qui, en épiant le prince, parvint à découvrir son secret et le dit au roi. Le roi se mit en colère et détacha plusieurs de ses gens pour brûler la chaumière où vivaient les parents de Sept-fois-belle, dans l'espoir que la jeune fille se trouverait brûlée aussi. Cela n'arriva pourtant pas, Sept-fois-belle ayant sauté par la fenêtre dès qu'elle avait aperçu le feu, et s'étant cachée dans un puits; quant à ses parents, les pauvres vieilles gens y perdirent la vie.

Sept-fois-belle resta quelque temps dans le puits; elle pleura beaucoup ses parents, et lorsqu'elle sortit de son refuge et chercha sous les cendres, elle y trouva encore quelques objets utiles, qu'elle vendit; puis, de cet argent elle s'acheta des habits d'homme et alla à la Cour du roi offrir ses services. Le roi s'informa de son nom, et le nouveau venu répondit : *Malheur*. Ce jeune homme lui plut tellement, qu'il le prit sur-le-champ à son service, et bientôt *Malheur* fut aimé aussi de tous ses compagnons.

Quand le prince apprit que la chaumière de Sept-fois-belle avait été incendiée, il crut qu'elle y était morte et en ressentit une vive douleur. Le roi, qui le croyait également, voulut que son fils épousât enfin une princesse et le força de demander en mariage la fille d'un roi, son voisin. Toute la Cour et tous les serviteurs du roi partirent donc pour la célébration du mariage; pour *Malheur*, c'était là l'épreuve la plus triste, et il avait un lourd fardeau sur le cœur. Il vint le dernier dans les rangs de l'escorte, chantant tristement de sa voix claire :

> On m'appelait *Sept-fois-belle*,
> *Malheur* est mon nom maintenant !

Le prince l'entendit de loin, y fit attention et demanda :
« Qui donc chante si bien là-bas ?
— Ce doit être mon valet *Malheur*, répondit le roi, qui est à mon service depuis peu. »
Alors, ils entendirent de nouveau ce chant :

> On m'appelait *Sept-fois-belle*,
> *Malheur* est mon nom maintenant !

Le prince demanda encore une fois si ce n'était pas une autre personne que le valet du roi, et le roi dit qu'il n'en savait pas davantage.

Lorsque la cavalcade se trouva tout près du château de la nouvelle fiancée, la belle voix plaintive se fit entendre de nouveau :

> On m'appelait *Sept-fois-belle*,
> *Malheur* est mon nom maintenant !

Cette fois, le prince n'attendit pas plus longtemps, il donna de l'éperon à son cheval et galopa le long des rangs, comme un officier, jusqu'à l'endroit où se tenait *Malheur*, qu'il reconnut pour Sept-fois-belle.

Le prince lui fit un signe amical et retourna se mettre à la tête des siens, pour entrer dans le château. Quand tous les hôtes et toute la suite des serviteurs furent assemblés dans la grande salle, pour célébrer les fiançailles, le prince dit à son futur beau-père :

« Sire, avant de me fiancer avec la princesse votre fille, j'ai à vous demander le mot d'une énigme. Je possède une belle armoire dont j'ai perdu la clef, il y a quelque temps ; j'ai voulu en acheter une autre, et bientôt j'ai retrouvé la première : maintenant dites-moi, sire, de quelle clef il faut que je me serve ?

— De l'ancienne, naturellement, dit le roi ; il faut honorer l'ancien et ne pas le mépriser, par amour du nouveau.

— Très-bien, seigneur roi, lui répondit le prince ; alors ne soyez pas fâché si je n'épouse pas la princesse votre fille : elle est la clef neuve, et voici la clef ancienne. »

Et, prenant Sept-fois-belle par la main, il la conduisit à son père en lui disant :

« Regardez, mon père, voici ma fiancée. »

Mais le vieux roi s'écria tout effrayé :

« Ah ! mon cher fils, mais c'est *Malheur*, mon serviteur ! »

Et beaucoup de courtisans s'écrièrent :

« Seigneur Dieu ! Malheur ! Malheur !

— Non, dit le prince, il n'est point question de *malheur*, mais de *Sept-fois-belle*, ma chère fiancée ! »

Et il prit congé de l'assistance et emmena Sept-fois-belle avec lui dans son plus beau château, comme sa femme et sa compagne bien-aimée.

LES ÉPREUVES DU MAITRE VOLEUR

Il était une fois deux pauvres vieilles gens qui habitaient dans un village de la Thuringe une petite chaumière, loin des autres maisons, tout au bout du village. Les deux vieillards étaient honnêtes et laborieux. Ils n'avaient plus d'enfant, leur fils unique, un mauvais garnement, s'étant éloigné en secret et n'ayant plus donné signe de vie à ses parents, si bien qu'ils le croyaient mort et dans la main du Seigneur.

Une fois, — c'était jour de fête, — que les vieux époux étaient assis devant la porte de la maison, une magnifique voiture à six chevaux entra dans le village ; un beau monsieur s'y trouvait seul, et derrière se tenait le domestique dont la livrée était roide de galons d'or et d'argent. La voiture traversa tout le village, et les paysans qui sortaient justement de l'église crurent que c'était au moins un duc ou un roi qui arrivait, car leur seigneur dans le vieux château ne pouvait pas déployer une pareille spendeur.

Tout à coup la voiture s'arrêta devant la porte de la dernière maison, le domestique descendit pour ouvrir la portière à son maître, et celui-ci en sortit et s'approcha des vieilles gens qui se levèrent, tout étonnés, de leur banc. Il leur dit bonjour et leur demanda s'il ne lui serait pas possible d'avoir des *quenelles* de pommes de terre. La bonne vieille s'étonna fort de la demande ; mais le beau jeune homme, si richement vêtu, satisfit aussitôt sa curiosité en lui disant qu'aucun cuisinier ne lui en avait encore fait qui fussent à son goût, et qu'il voulait manger une fois de ce mets préparé par des habitants mêmes du pays, comme dans sa jeunesse.

Les deux vieillards invitèrent donc le noble chevalier, — car ils prenaient l'étranger pour un chevalier, — à entrer dans leur chaumière ; et il fit conduire la voiture à l'auberge par le cocher. La bonne vieille alla vite chercher des pommes de terre dans la cave de sa maisonnette, se mit à les râper, à les piler et à les presser, fit bouillir de l'eau, y jeta les quenelles bien fournies de gras et bénit le mets avec ces paroles pieuses : *Dieu le garde !* C'est pour cette raison qu'on appelle souvent les quenelles « les *Dieu le garde* du sud de la Thuringe. »

Pendant que la vieille préparait le repas, son mari était allé au jardin avec l'étranger et s'occupait à regarder si les tuteurs qu'il avait attachés avec des scions à de jeunes arbres fraîchement plantés tenaient toujours bien, ou si le vent n'avait pas arraché un des liens; et, à chaque endroit où l'accident avait eu lieu, le vieillard rattachait les tuteurs aux jeunes arbres.

« Pourquoi, lui dit l'étranger, liez-vous cet arbre à trois places?

— Parce qu'il a trois bosses, répondit le vieillard; et je veux qu'il se tienne droit en grandissant.

— Très-bien, mon vieux père, dit l'étranger, mais vous avez là un vieil arbre bossu : pourquoi ne pas le lier aussi à un tuteur, pour qu'il devienne droit?

— Ho! ho! reprit en riant le bonhomme, les vieux arbres, s'ils sont courbés, ne deviennent plus droits; si l'on veut les redresser, il faut les tenir roides dans leur jeunesse.

— Est-ce que vous avez des enfants? demanda de nouveau l'étranger?

— Mon Dieu, répondit le vieillard, j'ai eu un garçon qui était un vaurien; il n'a fait que de mauvais tours, et finalement il s'est enfui d'ici et n'est plus jamais revenu. Qui sait où le bon Dieu ou le diable l'aura mené!

— Pourquoi n'avez-vous donc pas redressé votre fils, comme ces arbres-là, lorsqu'il était temps encore? demanda l'étranger d'une voix sérieuse. S'il est mal venu, bossu ou courbé, c'est votre faute! Mais, supposé qu'il revînt, le reconnaîtriez-vous?

— Je ne sais, monseigneur, répondit le père, il a dû grandir beaucoup, s'il vit encore; mais il avait un signe auquel je pourrais le reconnaître : seulement, le jour où il reviendra sera le jour qui ne vient jamais! »

Alors l'étranger retira son habit et montra au vieillard

le signe dont il avait parlé. Le pauvre homme leva les bras au ciel et s'écria :

« Seigneur Jésus ! Tu es mon fils, mais non... tu es tellement riche ! Serais-tu devenu comte ou duc ?

— Non pas, mon père, reprit doucement le fils : ni l'un ni l'autre, mais tout autre chose ; je suis devenu un voleur, parce que vous ne m'avez pas redressé. Mais n'en parlons plus ; je suis un vrai maître dans mon art, et non un de ces misérables charlatans, comme on en voit tant par le monde ! »

Le vieillard restait muet de frayeur et de joie tout ensemble. Il conduisit son fils dans l'intérieur du logis près de sa mère, qui venait justement de finir les quenelles et s'apprêtait à les servir. La pauvre bonne mère serra son fils dans ses bras, pleura et dit :

« Voleur ou non, tu es toujours mon cher fils, et mon cœur bondit de joie, tant je suis aise de te revoir dans ma vieillesse. Ah ! que va dire ton parrain, le seigneur du château là-haut !

— Ouais ! dit le père, tandis qu'ils mangeaient bravement les quenelles tous les trois ; ton parrain ne va pas vouloir entendre parler de toi dans ces conditions ; il te fera pendre peut-être sans beaucoup de façons !

— Enfin, je veux toujours aller voir mon parrain, dit le fils ; » et il se rendit au château dans son carrosse.

Le gentilhomme fut très-content de revoir son filleul dans cet équipage, lui qui n'avait bien voulu être son parrain que par pitié. Mais il ne se réjouit nullement en apprenant de sa propre bouche qu'il jouait dans le monde le rôle d'un grand voleur, et il songea tout de suite aux moyens qu'il pourrait employer pour se débarrasser de lui de la bonne manière.

« Eh bien, dit le gentilhomme à son filleul, nous allons voir si tu es expert dans ton métier et si tu es devenu un grand voleur qu'on puisse laisser faire sans en avoir honte, ou si tu n'es qu'un de ces volereaux qu'on pend au premier gibet : c'est là ce que je te réserve, certainement, si tu ne peux pas accomplir les trois épreuves que je vais t'imposer.

— Allons, dites, mon parrain, repartit l'autre, je n'ai pas de besogne en train. »

Le gentilhomme réfléchit un instant, puis il dit :

« Ecoute, voici les trois épreuves. Pour la première, tu devras me voler dans l'écurie mon cheval favori, que je ferai garder par mes valets et par des soldats ayant ordre de tuer quiconque fera mine d'y pénétrer. Pour la seconde épreuve, tu devras me voler mon drap de lit quand je serai couché avec ma femme, et dérober l'alliance qu'elle porte au doigt; mais sache que j'aurai sur moi des pistolets chargés. Pour troisième et dernière épreuve (et ce sera le vol le plus difficile), tu devras enlever le pasteur et le maître d'école de l'église et les pendre dans un sac au fond de ma cheminée. Et pour cela, tu trouveras toutes les portes ouvertes. »

Le maître voleur remercia gaiement son parrain de lui avoir indiqué des épreuves aussi faciles et s'en fut pour exécuter la première, la nuit suivante.

Le gentilhomme fit tous les préparatifs imaginables pour bien garder son cheval : le premier écuyer étant monté dessus, un autre valet prit les rênes, et un troisième tint la queue, tandis qu'une escouade de soldats faisait le guet devant la porte. Ils gardaient, gardaient toujours, et juraient en se plaignant d'être gelés, car il faisait très-froid; de plus, tous avaient grand soif. Alors se montra une vieille bonne femme fatiguée, portant un petit bidon sur un panier; elle toussait et marchait péniblement dans la cour. Le petit baril éveilla des pensées attrayantes dans l'esprit des soldats : peut-être y avait-il de l'eau-de-vie là dedans, et l'eau-de-vie est un remède universel contre les froids et les brouillards! Ils appelèrent la vieille auprès du feu pour se réchauffer, et l'interrogèrent sur le contenu du bidon. Ils avaient deviné juste : c'était de l'eau-de-vie, et de la bonne, encore! Et le meilleur de l'affaire, c'est que le petit bidon n'était pas clos hermétiquement ni goudronné, mais qu'il avait un robinet et que l'eau-de-vie était à vendre. Aussitôt les soldats s'empressèrent d'en acheter et d'avertir les valets de garde dans l'écurie : un gobelet venait après l'autre, et la petite vieille avait fort à faire pour les remplir, de telle sorte que son bidon se vida presque entièrement.

Mais la bonne femme n'était autre que le maître voleur en personne, qui s'était ainsi déguisé et avait mêlé à l'eau-de-vie une potion somnifère, d'une force diabolique. Les soldats ne furent pas longtemps à fermer les yeux, l'un après l'autre, ni les gardes à tomber de sommeil, et le voleur se trouva tout à point dans l'écurie pour recevoir entre ses bras l'écuyer en train de choir de son cheval : il le mit à califourchon sur la barrière et l'y attacha un brin, pour que le brave garçon ne se fît pas de mal en roulant par terre. Au cocher qui tenait les brides et ronflait dans un coin, notre voleur mit une corde dans la main, et au valet une poignée de paille au lieu de la queue. Puis il prit une housse de cheval, la coupa, enveloppa les pieds de la bête, monta dessus, et, *hop!* le voilà parti du château par la porte ouverte d'avance.

Dès qu'il fit jour, le gentilhomme regarda par la fenêtre et vit arriver au galop un chevalier superbe sur un cheval non moins beau, qui lui sembla avoir un air de connaissance. Le cavalier s'arrêta et lui dit par la fenêtre :

« Bonjour, parrain! votre cheval vaut son pesant d'or.

— Va-t'en à tous les diables ! s'écria le châtelain, lorsqu'il vit que ce cheval était bien son cheval pie ; tu es un maître voleur ! Mais attends, va toujours, et fais-moi voir à fond ton métier. »

Là-dessus, le digne seigneur prit son fouet et alla tout en colère à l'écurie ; mais en apercevant les groupes ridicules formés par les gens de garde endormis, il éclata de rire. Seulement il se dit en lui-même :

« Si le vaurien revient cette nuit pour me voler le drap de lit, je lui envoie une balle dans la tête, car je ne veux plus savoir près de moi un homme aussi dangereux. »

La nuit venue, le gentilhomme s'en fut se coucher avec sa femme, et, à côté de lui, il mit des pistolets chargés, avec d'autres armes, se gardant bien de s'endormir, et veillant pour écouter si quelque chose remuait. Pendant longtemps, rien ne bougea ; mais enfin, comme la nuit était déjà très-avancée, il sembla au châtelain qu'on appuyait une longue échelle à la fenêtre, et bientôt il vit se dessiner l'ombre d'un homme qui se disposait à entrer par là.

« Ne t'effraye pas, femme, » dit le gentilhomme, qui saisit le pistolet, visa, tira et logea une balle dans la tête du brigand : celui-ci chancela, et tout de suite après on l'entendit choir lourdement.

« Ce gaillard-là ne se relèvera pas, dit le châtelain, mais, pour éviter tout scandale, je vais descendre immédiatement par l'échelle et mettre ce mort de côté. »

La femme du seigneur en parut bien aise, et son mari fit comme il lui avait dit. Bientôt, il revint et dit à la dame :

« Il est vraiment mort ; mais, avant de le placer dans la fosse, je veux l'envelopper dans un drap, et, comme il est mort pour la bague, nous allons la lui donner : passe-moi la bague et le drap de lit. »

Elle lui donna l'un et l'autre, et vite il redescendit. Ce n'était pourtant pas son mari qui lui avait ainsi parlé, mais le voleur. Pour accomplir cette épreuve, il avait détaché un pauvre pendu du premier gibet voisin,—car, dans ce temps-là, il y avait encore des gibets en Allemagne, — et l'avait chargé sur ses épaules en montant à l'échelle. Lorsqu'il avait vu partir le coup de pistolet, il avait laissé tomber le pendu, et était vite descendu de l'échelle pour se cacher. Et, quand le gentilhomme était venu et s'était trouvé en face de celui qu'il croyait avoir tué, le voleur s'était hâté de remonter à la chambre des châtelains, où il avait pris la voix de son parrain et demandé la bague et le drap.

Le lendemain, le gentilhomme regardait par la fenêtre, comme d'habitude ; il vit passer et repasser un homme qui, certes, avait du linge à vendre, du moins à en juger par le petit ballot qu'il portait sur l'épaule ; et il faisait étinceler une bague aux rayons du soleil. Tout à coup cet homme s'écria :

« Bonjour, parrain ! J'espère que, vous et la marraine, vous avez bien dormi cette nuit ? »

Le gentilhomme resta comme foudroyé lorsqu'il reconnut, frais et dispos, son filleul qu'il avait tué la veille de sa main et enterré lui-même ; et il s'empressa de demander à sa femme le drap et la bague.

« Eh ! tu me les as demandés cette nuit, répondit la dame.

— Au diable ! mais ce n'était pas moi, s'écria le gentilhomme en colère. »

Il se calma pourtant à l'égard de sa femme qui n'en pouvait mais ; quant à son filleul, il lui montra le poing et lui cria par la fenêtre :

« Archi-filou ! la troisième, vite la troisième épreuve qui te fera pendre, malgré que tu en aies ! »

La nuit suivante, il se passa quelque chose d'extraordinaire dans le cimetière. Le maître d'école, qui demeurait tout près, le vit le premier et l'annonça au pasteur. Parmi les tombes et sur les tombes, de petites flammes sautillaient d'un mouvement irrégulier.

« Ce sont de pauvres âmes en peine ! » dit le pasteur en frissonnant.

Tout à coup, une ombre noire apparut sur les marches de l'église et proféra d'une voix sourde ces paroles :

>   Accourez tous, accourez tous auprès de moi,
>   Le dernier jour est arrivé !
>   O vous tous hommes, priez, priez !
>   Les morts cherchent déjà leurs ossements !
>   Quiconque veut encore entrer au ciel
>   Entrera dans ce sac !

« Ne le voulons-nous pas ? demanda au pasteur le maître d'école, dont les dents claquaient de peur.

— Il est temps, avant le terme fatal. L'apôtre saint Pierre nous appelle, il n'y a pas à en douter. Mais l'argent pour le voyage ?

— Je me suis privé de vingt écus pour faire une réserve, chuchota le maître d'école.

— J'ai mis de côté cent écus en cas de besoin, ajouta le pasteur.

— Allons les chercher ! » s'écrièrent nos deux héros.

C'est ce qu'ils firent ; après quoi, ils s'approchèrent du fantôme noir. Or, c'était le maître voleur ; il avait acheté des écrevisses et leur avait mis des bougies allumées sur le dos : voilà les pauvres âmes du cimetière ! Puis il s'était affublé d'une barbe de moine et d'un froc, et s'était muni d'un sac à houblon, dans lequel il fit entrer les deux compères, après leur avoir pris leurs épargnes. Ensuite il ferma le sac et le tira après lui par tout le village, — à travers une mare, en criant : « Nous passons la mer Rouge ! » — puis par l'étang, en criant de nouveau : « Nous passons le torrent de Cédron ! » — puis par le corridor du château, où il faisait frais, en criant encore : « Nous traversons la vallée de Josaphat ! » — En montant l'escalier : « Voici déjà l'échelle du ciel, » dit-il enfin, et il alla pendre le sac à un crochet dans la cheminée où l'on fumait les jambons ; il fit une fumée affreuse et s'écria d'une voix terrible : « Ceci est le purgatoire ! on y demeure quelques années ! » Et il s'en fut.

Le pasteur et le maître d'école crièrent de toutes leurs forces, si bien que tous les domestiques accoururent. Le maître voleur alla directement chez son parrain.

« Cher parrain, dit-il, la troisième épreuve est accomplie. Le pasteur et le maître d'école sont pendus au fond de la cheminée, et vous pouvez, si cela vous plaît, les voir se débattre ou les entendre crier.

— Oh ! tu es un vaurien, un archi-fripon, un archi-filou et le maître voleur de tous les voleurs ! » s'écria le gentilhomme ; puis il ordonna de sauver les deux pauvres hères du purgatoire. « Tu m'as vaincu, va-t'en, voici de l'or, dit-il, va-t'en et ne reviens jamais, va te faire pendre pour ton argent où tu voudras !

— Merci bien, cher parrain, c'est ce que je ferai, dit le voleur ; mais ne tenez-vous pas à dégager les gages que j'ai honnêtement gagnés ? Je vous laisse votre cheval pour deux cents écus, l'alliance de votre femme et le drap pour cent écus, et l'argent du pasteur et du maître d'école pour cent vingt écus ! Sinon, je m'en vais avec le tout. »

Le gentilhomme fut presque foudroyé derechef, et dit :
« Cher filleul, ce n'était qu'une plaisanterie ; tu ne prétends pas garder ces choses-là : songe que je t'ai fait cadeau de la vie !

— Eh bien, soit ; je vais aller vous chercher les objets, » dit le voleur.

Il s'en alla en effet et fit atteler sa voiture, y fit monter son père et sa mère, enfourcha lui-même le cheval du gentilhomme, se passa la bague au doigt et ne renvoya à son parrain que le drap avec la lettre suivante.

« *Rendez l'argent au pasteur et au maître d'école, ou votre femme sera volée par*

Votre dévoué filleul et maître voleur. »

Alors le gentilhomme eut grand'peur, et supporta ce dommage, ne voulant plus entendre parler de son filleul. Aussi n'en eut-il plus de nouvelles, car celui-ci était parti avec ses parents pour un autre pays, où il était devenu un homme honnête et honoré[1].

---

1. Henri Heine dit quelque part que les Allemands diffèrent des Français, dans leurs contes, en ce qu'ils n'y cherchent et n'y mettent pas nécessairement une *moralité* précise : ils content et lisent pour s'amuser avant tout. Mais cela ne veut pas dire, pourtant, que leurs contes les plus bizarres, comme celui-ci, n'aient pas de quoi donner matière à maintes réflexions, voire à quelques leçons morales. En voyant le langage que le gentilhomme tient à son filleul, lui promettant le gibet, s'il n'est qu'un piètre fripon, et toute espèce de sécurité s'il est vraiment un *maître voleur*, on se souvient aussitôt du vers de Lafontaine :

Mal prend aux volereaux d'imiter les voleurs.

C'est de la satire, et de la meilleure, sous un masque de bouffonnerie, à l'adresse de tant de gens qui mesurent leur estime ou leur indulgence bien plus à l'adresse qu'à l'honnêteté de la personne. La même leçon satirique marque la fin du conte, où l'on voit le maître voleur devenu *honnête et honoré*, y est-il dit, dans un autre pays où il vit tranquillement du fruit de ses friponneries extraordinaires !

Il est assez piquant encore d'avoir mis dans la bouche du fripon lui-même ce précepte de saine morale : qu'il faut *redresser* les gens à temps; bien qu'il y ait une rare effronterie de sa part à le jeter au nez de ses parents, avec l'idée arrêtée de ne rien changer à ses allures. C'est, nous le répétons, de la *morale* par voie de satire, et sous forme d'ironie très-verte et très-originale.

L'ANE PARLANT

Sur de hautes montagnes couvertes de forêts vivait autrefois un Esprit puissant[1] qui se plaisait à taquiner les hommes et à châtier les méchants en leur jouant mille tours, mais qui aidait les gens paisibles et travailleurs. Toutefois, ses bons offices avaient toujours un avant-goût amer, car, avant de prêter son aide, il commençait par effrayer, par inquiéter ses obligés.

1. *Rübezahl*, le génie du *Riesengebirge* (montagnes des Géants) continuant les monts *Sudètes* et séparant la Bohême de la Silésie. — Voir pour l'explication de ce nom et pour quelques autres tours de ce prince des gnomes, les extraits de Musæus donnés plus loin.

Un jour, un pauvre marchand descendait dans la vallée, sa hotte remplie de verreries qu'il venait d'acheter dans une fabrique pour les vendre ensuite, et il comptait, comme la laitière, le profit qu'il allait tirer de son affaire : tant des fioles et des matras qu'un pharmacien avait commandés et qui seraient payés le double du prix d'achat; tant des globes de verre pour les ateliers des cordonniers; tant des bouteilles et des carafes pour les hôteliers, et il se trouva que le gain total était assez rond. Aussi, le marchand, plus sage que la laitière, ne sauta-t-il pas à l'idée de son profit; mais il prit garde au chemin qui était très-roide et très-raboteux et à sa hotte qui était très-lourde.

Invisible, l'Esprit de la montagne accompagnait le marchand de verreries et écoutait son monologue. Comme cet homme songeait à réaliser un gain un peu trop fort, l'Esprit chercha tout de suite un moyen de lui jouer un tour et de lui causer quelque frayeur. A quelques pas de là, dans le chemin, il se changea en un vieux tronc d'arbre qui, bien coupé, juste au-dessus d'un sentier rapide, invitait à s'y asseoir. Le verrier, chargé de sa hotte, descendait avec précaution; mais il lui était plus difficile de descendre que de monter en portant ce fardeau. Il dut se reposer un instant, et, voyant le tronc d'arbre, il s'y assit avec sa hotte. Aussitôt, l'Esprit changé en tronc d'arbre se retira, et le verrier tomba par terre avec toute sa charge, qui se cassa en mille morceaux. Pas un objet ne resta entier. « Grand Dieu! s'écria-t-il hors de lui, quelle frayeur! quelle perte[1]! »

Cet homme avait l'air de vouloir se tuer. Il ne pouvait aller chercher d'autres verreries, car il n'avait pas d'ar-

---

1. Voir plus bas, le troisième extrait de Musæus; il y est question du même tour joué à un marchand verrier, bien que le reste de l'histoire soit tout autre.

gent, et on ne lui livrait rien à crédit dans la fabrique. La petite somme qu'il avait gagnée avec tant de peine et qui lui avait servi à acheter sa charge était réduite en miettes.

Un jeune homme monté sur un âne arriva du haut de la montagne, chantant et sifflant. Il demanda au verrier désolé ce qui lui était arrivé. L'autre lui raconta son malheur.

« A combien évalues-tu ta perte? dit le voyageur.

— Hélas! à huit ou neuf écus. Pour sûr, voilà ce que m'auraient rapporté mes verreries cassées, répondit-il en soupirant.

— Je t'aiderais volontiers, pauvre homme, reprit le cavalier à l'âne; mais je suis sans argent moi-même. Sais-tu? là-bas, dans la vallée, demeure un meunier filou, qui est en même temps aubergiste. Il mesure si chichement que ses clients en pleurent, et les voyageurs qui viennent chez lui ne sont pas mieux traités. C'est l'avarice, la cupidité faite homme, et, pour le punir, c'est lui qui va te payer ta marchandise.

— Comment peut-il se faire qu'un être si avare et si cupide m'en donne volontiers le prix? demanda le marchand en suivant à pied le voyageur et en conduisant l'âne dans les passages où le chemin était trop rapide.

— Volontiers? de bon cœur? s'écria le voyageur avec un sourire moqueur. Non, mon bon ami, je suis sûr que le meunier ne le fera pas spontanément; mais il le fera tout de même. Nous allons lui vendre mon âne, qui vaut bien dix à douze écus; si on le lui cède pour neuf, il conclura bien vite le marché, et il nous donnera encore à manger.

— Oui... mais... cher monsieur... demanda doucement le verrier, vous ne voudriez pas vendre votre âne... pour moi?

—Le vendre au meunier, continua le voyageur, et pourquoi pas, mon garçon? Je n'y tiens pas, je sais où trouver d'autres ânes. »

Le verrier ne crut pas si facilement à son bonheur en perspective. Il lui paraissait tout à fait incroyable qu'un homme sans argent (il l'avait avoué lui-même) allât vendre un âne aussi cher à son profit; mais il ignorait que le propriétaire de l'âne n'était autre que l'Esprit, le Seigneur des montagnes en personne, qui l'avait fait tomber et qui était l'auteur du dégât.

Bientôt on arriva au moulin. Le meunier était à la porte et se réjouissait de voir venir les étrangers. Aussi regardait-il avec plaisir cet âne bien nourri, bien portant et lisse, comme jamais il n'avait vu un de ses ânes. Les hôtes se firent donner du pain, des saucissons et de la bière; on parla de ceci, de cela, et le marchand raconta son malheur. Le meunier faillit en mourir de rire; il riait tant, qu'il était obligé de tenir à deux mains son ventre rond comme une boule.

Le verrier vexé se fâcha tout rouge; mais un regard du voyageur l'engagea à se taire.

Quand le meunier eut ri tout son soûl, l'âne fit entendre sa voix, et là-dessus notre homme entama une conversation.

« Un joli animal! en vérité, dit-il, quel âge a-t-il?
— Quatre ans.
— Combien le vendez-vous?
— Il n'est pas à vendre.
— Quel dommage! j'en ai justement besoin; la semaine dernière, j'en ai perdu un.
— Vous l'avez peut-être trop bien nourri? demanda l'étranger.
— Heu! heu! c'est tout juste le contraire, répondit le meunier trop prompt à parler.

— Vraiment? Oh! alors, j'aurais peur de voir tomber mon âne entre vos mains. Il est habitué à bien vivre.

— Oui bien! dit le meunier en se reprenant, il ne manquera de rien chez moi. Je voulais dire que le mien refusait de manger et qu'il en est mort. Je vous donne sept écus du grison!

— Vrai? Il ne manquerait plus que cela! dit le voyageur d'un ton moqueur. A quoi pensez-vous, meunier, un âne magnifique pour sept écus? Fi donc! je ne le donnerais pas pour douze? »

Le désir de posséder cet âne devint chez le meunier une idée fixe.

« Je mets huit écus, s'écria-t-il, en faisant sonner l'argent dans ses poches.

— Mettez-en onze et le marché est fait!

— Non, neuf! s'écria le meunier; c'est mon dernier mot.

— Mon dernier mot est dix et le repas gratis, dit le propriétaire de l'âne. »

Le meunier se gratta l'oreille; il voulait baisser le prix, mais l'étranger resta inébranlable.

« Le repas gratis et dix écus! pas un sou, pas un liard, pas un pfennig[1] de moins!

— Vous êtes un homme de pierre! dit le meunier d'une voix lamentable.

— Oh! bien oui, au lieu d'une pierre, mettez donc toute la montagne! fit l'étranger en se moquant[2]. »

Le meunier tenait à cet âne; avec des lamentations et des soupirs, il compta dix écus sur la table, non pas en bonnes pièces, mais en gros sous tout usés et couverts de vert-de-gris. L'étranger tout joyeux prit cet argent, le

---

1. Petite pièce de monnaie de la valeur d'un centime environ.
2. Rübezahl joue ici sur les mots *pierre* et *montagne*; en allemand: *Stein* et *Gebirge*, faisant ainsi allusion à sa qualité de Seigneur du Riesengebirge.

compta plusieurs fois, le mit dans un petit sac de cuir et le donna à son heureux compagnon, tandis que le meunier courait mener *son* âne à l'écurie.

Le verrier, tout étonné de ce cadeau, voulait remercier son bienfaiteur; mais l'étranger lui dit :

« Ne me remercie pas; je te devais neuf écus; prends le dixième pour l'inquiétude que tu as eue. Maintenant va à l'écurie, regarde ce qu'y fait le meunier, et, s'il demande où je suis, tu lui diras que j'ai passé la montagne. Dieu te garde! »

Le verrier, enchanté, prit sa hotte sur son dos, et passa par la cour dans l'écurie où l'âne nouvellement acheté se trouvait déjà. Le meunier lui avait arrangé sa litière de ses propres mains, et lui apportait une botte de foin frais et odorant qu'il mit dans le râtelier. Mais quels ne furent pas l'étonnement du verrier et la frayeur du meunier, lorsque l'âne toisa l'avare d'un regard inexprimable, secoua sa tête et ses longues oreilles, et, exhalant de sa bouche une haleine brûlante, dit d'une voix de basse :

« Cher meunier, mon bonhomme, c'est dommage; mais je ne mange pas de foin : je ne prends que du rôti et des grillades. »

Terrifié, le meunier se précipite hors de l'écurie, renverse presque le verrier qui était sur la porte et s'écrie :

« Le diable est dans l'écurie! où est le filou qui m'a vendu cette diablerie? »

— Il a passé la montagne, répondit le verrier. » Et il riait du meunier autant que celui-ci avait ri de lui.

Le meunier rassembla tous ses gens; il ne tarissait pas sur le compte de l'âne parlant; car, n'ayant pas beaucoup voyagé, il trouvait extraordinaire d'entendre parler un âne. Ses gens crurent qu'il était devenu fou. Il les conduisit alors à l'écurie pour leur montrer l'âne parlant; mais il n'y avait à sa place, auprès de la crèche, qu'une botte de paille, et le meunier avoua tout haut que c'était lui maintenant qui était un pauvre âne battu.

Quant au verrier, il s'en alla par les sentiers escarpés, en bénissant le Seigneur de la montagne et en se réjouissant de tout son cœur du dommage causé au meunier avare et malveillant.

LE ROI AU BAIN

Il était une fois un roi qui possédait une foule de pays allemands et étrangers; son cœur devint hautain, et il crut qu'il n'y avait pas de seigneur aussi puissant que lui. Il arriva qu'un jour, en assistant aux vêpres, il entendit réciter ce verset : *Deposuit potentes de sede et exaltavit humiles.* Comme il ne comprenait pas le latin, il demanda aux savants qui l'entouraient ce que voulaient dire ces mots, et on lui en dit la signification : *Il a renversé les puissants de leur trône, et il a élevé les humbles.*

Le roi fut effrayé et irrité de ces paroles, et il décréta qu'à l'avenir ce verset de l'évangéliste saint Luc ne serait plus ni lu ni entendu, et qu'on l'effacerait avec soin des livres saints. Cet ordre du roi fut porté dans tous ses États par ses envoyés, pour être signifié aux prêtres dans leurs églises et aux moines dans leurs couvents. Les livres où subsisterait ce verset devaient être brûlés. Ainsi, les paroles condamnées furent supprimées partout, et nulle part dans les églises elles ne furent plus ni lues ni chantées.

Or, il advint que le roi se rendit un jour au bain, et Dieu, pour le punir du sacrilége qu'il avait commis, envoya un ange sur la terre pour y prendre la forme du roi, et frappa d'aveuglement tous les yeux, de façon que l'ange fut pris pour le roi, et que celui-ci ne fut plus reconnu pour ce qu'il était.

En sortant du bain, le roi se mit sur un banc où était déjà assis l'ange. Alors le maître baigneur lui commanda de se lever et de s'asseoir autrement.

« Es-tu ivre, lui demanda le roi, que tu oses me parler ainsi, à *moi*, le roi, ton seigneur ?

— Vous, dit le baigneur, vous êtes peut-être bien un fou; pour mon seigneur le roi, il est assis ici. De qui êtes-vous donc le roi? et où se trouve situé le royaume de Votre Majesté? C'est l'*empire de Fougonie*, peut-être ?

— Misérable ! » s'écria le roi en colère, qui prit un baquet et le jeta à la tête du baigneur.

Les gens de la maison accoururent au bruit et battirent le roi jusqu'à ce que l'ange, en qualité de roi, les séparât et délivrât le pauvre prince des mains de ses serviteurs. Puis il le quitta, sortit de la salle de bain, et les gens du roi lui mirent les magnifiques vêtements du monarque, parce qu'ils le prenaient pour ce dernier; après quoi, ils le conduisirent à la cour avec la pompe habituelle. Quant au vrai roi, il fut mis tout nu à la porte par le baigneur et ses gens, sans rien comprendre à ce qui lui arrivait. Alors le peuple accourut, l'entoura et se moqua de lui, sans en excepter ses propres serviteurs, car personne ne le reconnaissait. Et il s'enfuit loin de cette foule, tout nu et tout honteux, et tous le poursuivirent jusqu'au logis de son échanson et féal conseiller.

C'était juste l'heure du dîner, et l'échanson était assis, en train de sommeiller un peu, lorsque le roi sonna à la porte et demanda à entrer. Le portier le somma de dire ce qu'il voulait et qui il était, et l'autre dit :

« C'est *moi*, le roi !

— Fi donc ! s'écria le portier. Je n'ai jamais vu de roi dans une misère aussi honteuse ! Tu n'entreras pas du tout ! »

Mais le roi cria tant et tant, et fit un bruit tellement infernal, que l'échanson l'entendit et désira savoir ce qui se passait.

« Seigneur, dit le portier, il y a là un homme à la porte, qui est nu et qui se dit ton seigneur et ton roi ; et le peuple est derrière lui, à le poursuivre de ses moqueries.

— Qu'on le fasse entrer, dit l'échanson, pris de pitié, et qu'on lui donne un vêtement pour couvrir sa nudité. »

On obéit, et le roi entra, sans que l'échanson pût le reconnaître non plus.

« O mon ami, s'écria le prince, tu dois et tu vas me reconnaître pour ton roi, quoiqu'un destin malveillant s'acharne après moi aujourd'hui et me ravisse mon bien et mon honneur. Songe aux paroles que nous avons échangées hier en secret, lorsque je vous ai demandé, à toi et à mes autres conseillers, de faire une chose dont vous m'avez représenté l'exécution comme indigne d'un prince. »

Et le roi rappela encore d'autres secrets à l'échanson. Mais celui-ci se mit à rire, et répliqua :

« Vous dites vrai, j'en conviens, mais, il faut que le diable vous ait soufflé cela ! »

Et le roi dit :

« Quelle que soit la faute pour laquelle j'ai pu mériter ce malheur, je sens dans mon cœur que je suis un roi véritable et juste. »

L'échanson ne voulut pas le contredire, parce que la

contradiction monte encore plus la tête aux fous et n'est pas de bon usage chez les gens raisonnables. Mais il ordonna de servir quelque nourriture à l'étranger et se dit, à part soi :

« Je vais porter au roi la nouvelle de ce cas exceptionnel. »

Cet échanson avait tant de crédit à la cour, par ses bons et sages conseils, qu'il y avait libre accès à toute heure de la journée. Il gagna donc le chemin du palais, parut devant l'ange et lui apprit l'étrange histoire de son hôte. L'ange ordonna de l'amener au palais, et toute la cour s'assembla dans la grande salle, et les domestiques remplirent en foule les escaliers. Quand l'échanson amena le roi humilié, tout le monde s'écria :

« Dieu vous garde, seigneur roi sans pays ! »

L'ange était assis en grande pompe sur le trône, à côté de la belle reine, et salua le roi dont il tenait la place et dont le cœur se gonfla de rage en voyant son ennemi assis auprès de la reine sa femme.

Et l'ange lui demanda :

« Est-il donc vrai que vous soyez le roi ici ? »

Et le roi répondit :

« J'ai vu le jour où j'étais puissant *ici*, où ma royale épouse m'accueillait comme son seigneur et maître; mais je suis privé maintenant de son gracieux salut, qu'elle ne m'avait jamais refusé jusqu'à ce jour d'opprobre et de misère pour moi ! Oh ! avec quelle tendresse je me suis encore séparé d'elle ce matin ! »

La reine rougit à ces paroles, indignée de s'entendre dire qu'elle avait dû embrasser un étranger, et elle dit à l'ange :

« Mon cher seigneur et époux, cet homme est-il fou ? »

Et un vieux chevalier de la cour s'écria :

« Tais-toi, méchant drôle! On devrait te traîner au gibet sur une peau de vache! »

Et les jeunes gentilshommes, désireux de montrer leur zèle et leur courage, suivirent le roi, qu'ils n'auraient pas traité doucement si l'ange ne les en eût empêchés. Il emmena le roi dans un cabinet écarté et lui dit :

« Eh bien, crois-tu, oui ou non, que Dieu ait un empire absolu sur toutes les créatures ? Vois comme sa puissance infinie te courbe dans la poussière ! Que te sert ton armée ? Qui obéit à tes commandements ? Cette vérité subsiste encore : *Deposuit potentes de sede*, et ni toi ni tes pareils ne pourrez l'abolir jamais ! »

Tel fut le discours que l'ange tint au monarque, et celui-ci répondit en tremblant :

« Qui êtes-vous ? Êtes-vous le Dieu tout-puissant dont vous parlez ? S'il en est ainsi, que votre grâce descende sur moi, pauvre mortel!

— Je ne suis pas Dieu, répliqua l'ange, mais je suis un de ses envoyés et un des serviteurs du Christ. Il m'a donné mission de te punir de ton orgueil : Dieu abaisse et élève qui il veut! Pourquoi fais-tu la guerre à cette vérité ? »

Alors le roi tomba à genoux devant l'ange et implora la grâce et le pardon du Seigneur. L'ange le fit se relever et dit :

« Il faut que tu aies foi dans la parole de l'Évangile confié à la bouche des prêtres! Il faut que tu sois juste envers le petit comme envers le grand! Est-ce là ta volonté? En ce cas, tu vas être remis en possession du trône d'où dépendent ta puissance et ta gloire. »

Alors le roi s'humilia de nouveau devant l'envoyé de Dieu, se courba, s'agenouilla, et dit :

« Je veux suivre tes préceptes, rends-moi la grâce de Dieu! »

Et l'ange lui tendit la main, lui restitua les vêtements royaux et lui rendit son aspect habituel ; et, tandis que le roi ôtait la robe dont l'échanson l'avait gratifié, l'ange disparut à ses yeux et monta au ciel dans le pays des âmes et dans le royaume du Père éternel. Le roi s'écria :

« Que le doux Christ, le Seigneur tout-puissant, soit loué ! Ce que l'ange m'a dit est la vraie vérité ! »

Et il sortit de l'appartement comme un homme qui n'avait jamais souffert. Ses serviteurs lui demandèrent avec empressement :

« Sire, où donc est le fou ? »

Mais il manda la reine et tous les siens, et leur raconta ce qui s'était passé et ce qu'il avait souffert, leur montrant le pauvre habit qu'il portait. Les courtisans eurent grand'honte et grand'peur de l'avoir reçu et maltraité de la sorte, lui, leur maître ; et beaucoup se croyaient déjà sûrs de perdre leurs biens et la vie aussi. La reine même demanda grâce au roi son époux et l'assura qu'elle ne l'avait pas reconnu. Il prit les deux mains de sa femme dans sa main et dit doucement :

« Femme, Dieu l'a voulu ainsi, taisez-vous ! A la fin, je ne me reconnaissais plus moi-même ! »

Dès lors, il fit remettre le verset *Deposuit* dans tous les livres d'où il avait dû être rayé, et ordonna de le lire dans les églises ; et il devint un roi très-humble.

Et celui qui lit cette histoire humiliera également son cœur devant Dieu et le priera de le garder du péché d'orgueil et d'insolence [1].

---

1. Bien que nous ayons eu l'intention de donner un recueil de *contes* proprement dits et non de *légendes* pieuses, nous avons cru devoir traduire par exception quelques récits de ce genre, tels que la *Volonté de Dieu*, de Simrock, et le *Roi au bain*, de Bechstein, qui nous ont paru curieux, soit pour le fond, soit pour la forme. Ici, derrière la leçon d'humilité chrétienne, on peut trouver une leçon d'égalité universelle. Que reste-t-il du pauvre roi, une fois dépouillé de ses habits

ZITTERINCHEN

Il était une fois un pauvre journalier qui avait deux enfants, un fils du nom d'Abraham et une jeune fille appelée Christine.

Les deux enfants étaient encore fort jeunes lorsque le père mourut, et des personnes charitables les recueillirent, sans quoi ils seraient morts de misère. La jeune fille était d'une beauté si remarquable, que pas une dans le pays ne l'égalait. Abraham devint un jeune homme plein de force, et entra au service d'un riche comte, par la protection d'un de ses bienfaiteurs. Mais avant de quitter Christine, il fit faire le portrait de celle-ci par un peintre de ses amis, et l'emporta, car il aimait beaucoup sa sœur.

Le comte était très-satisfait d'Abraham; mais il remarqua que souvent il tirait un portrait de son sein pour le baiser; il s'en étonna d'autant plus qu'Abraham était calme et modeste, et ne sortait presque pas du logis. Aussi lui demanda-t-il une fois si ce portrait représentait sa fiancée, et il le regarda de plus près lorsque Abraham lui eut déclaré que c'était le portrait de sa sœur.

royaux? Et quel sujet de réflexions pour qui se croyait investi d'un caractère et d'un prestige surhumains, s'imposant irrésistiblement comme une force de la nature et éclatant aux yeux comme la lumière du soleil!

On peut rappeler ici que la fête des Fous, au moyen âge, se nommait aussi la fête du *Deposuit*, par allusion au verset qu'on entonnait par trois fois, en signe de réjouissance, le jour où les princes même de l'Église abdiquaient pour un instant leurs dignités entre les mains d'un *prince* ou *pape des Fous*, sous le nom duquel le peuple prenait pour un instant sa revanche de tant de jours d'humiliation et de misère.

« Si ta sœur est belle à ce point, dit-il, elle mérite d'être la femme d'un gentilhomme.

— Elle est bien plus belle encore, dit Abraham. »

Le comte fut ravi de la réponse, et envoya en secret sa nourrice auprès de Christine.

La nourrice partit dans un carrosse à quatre chevaux, en descendit devant la maison des parents adoptifs de Christine, dit qu'elle lui apportait les saluts de son frère, et qu'il fallait que la jeune fille vînt avec elle au château du comte. Christine avait déjà grande envie de revoir son frère, et se montra prête à suivre la nourrice. Elle avait un petit chien qu'elle avait sauvé de l'eau, qui s'appelait *Zitterinchen*, et montrait un grand attachement pour elle. Le petit chien sauta dans la voiture avec Christine; mais la nourrice avait un méchant projet. Comme ils passaient au bord d'un fleuve, sur une rive escarpée, elle fit remarquer à Christine les poissons d'or qui jouaient dans l'eau, et lorsque la jeune fille se pencha pour regarder par la fenêtre de la voiture, sans arrière-pensée, cette femme la précipita dans le fleuve, tandis que la voiture s'en allait.

Or la nourrice avait une vieille cousine, et il avait déjà été convenu entre elles qu'on l'attendrait à un certain endroit; au moment donc où le cocher donnait à boire à ses chevaux, la cousine de la nourrice entra secrètement dans le carrosse. Elle portait un voile épais, et sa parente lui conseilla de dire au comte qu'elle avait fait vœu de ne pas lever son voile avant six mois.

La dame voilée fut conduite devant le comte, qui la pria avec instance de se découvrir le visage; mais elle s'y refusa fermement, et le comte n'en devint que plus désireux de la voir. Il avait toute confiance dans l'honnêteté d'Abraham, qui lui avait dépeint sa sœur comme beaucoup plus belle que le portrait. Il lui dit donc qu'il la voulait prendre pour femme; le prêtre arriva, et le mariage fut célébré. La cérémonie accomplie, la dame ne refusa pas plus longtemps de lever son voile ; mais quel ne fut pas l'effroi du comte en apercevant une figure toute jaune au lieu d'une figure jeune, fraîche et belle. Il se mit dans dans une colère terrible, et fit jeter Abraham en prison, malgré ses protestations que cette dame n'était pas sa sœur; et le portrait trompeur fut exposé à la fumée de la cheminée.

Un jour, le domestique couché dans la chambre qui précédait celle du comte eut une étrange vision[1]. Une forme blanche se tenait devant son lit et secouait des chaînes de fer en disant :

« Zitterinchen ! Zitterinchen ! »

Alors le petit chien, qu'on avait gardé au château, sortit de dessous le lit où il était couché, et répondit :

« Ma bien-aimée Christine !

— Où est mon frère Abraham ? demanda l'apparition.

— Il est en prison, il est dans les fers, répondit le petit chien.

— Où est mon portrait ?

— A la fumée !

— Où est la vieille femme de chambre ?

— Avec le comte.

— Dieu me garde ! Maintenant je reviendrai encore deux fois, et si l'on ne me délivre pas, je serai perdue pour cette vie. »

Puis l'apparition s'évanouit.

Le domestique crut avoir rêvé, et ne dit rien au comte de cette vision. Mais la nuit suivante, la même scène se renouvela devant son lit; le fantôme secoua plus fort ses chaînes, et dit qu'il ne reviendrait plus qu'une fois. Pour

---

1. Voir la fin de *Petit frère et petite sœur* et des *Trois nains de la forêt*.

le coup, le domestique ne put douter de la réalité de ce qu'il avait vu; il découvrit tout à son maître, et celui-ci, après y avoir réfléchi, se décida à voir et à écouter lui-même. A minuit, il se trouvait derrière la porte de sa chambre à coucher, qu'il avait laissée entr'ouverte.

Enfin il aperçut le blanc fantôme qui se détachait du fond de la chambre; il l'entendit secouer ses chaînes et appeler :

« Zitterinchen ! Zitterinchen ! »

Et le petit chien de répondre :

« Ma bien chère Christine !

— Où est mon frère Abraham?

— Il est en prison, il est dans les fers!

— Où est mon portrait?

— A la fumée!

— Où est la vieille femme de chambre?

— Avec le comte!

— Que Dieu me garde ! »

Alors le comte ouvrit bien vite la porte, saisit le fantôme et retint une chaîne qui se détacha au même instant : l'apparition s'était changée en une jeune femme resplendissante de beauté, qui lui souriait et qui ressemblait au portrait, si ce n'est qu'elle était plus belle.

Le comte, ébloui et ravi, demanda l'explication du mystère.

Christine lui raconta comment la nourrice l'avait traîtreusement jetée dans le fleuve; comment les *nixes*[1]

---

1. Les *nixes* sont les esprits de l'eau, comme les nains, *wichtelmænner* ou *gnomes*, sont les esprits de la terre, comme les *elfes* sont surtout les esprits de l'air. « Les *elfes*, dit Henri Heine, dansent la nuit sur les prairies, sur les marécages, sous les chênes antiques, dans les clairières, et laissent sur le sol des traces qu'on nomme *cercles des elfes*. Les *nixes* dansent près des étangs et des rivières. On les a vues aussi danser sur les eaux la veille du jour où quelqu'un devait se noyer. »

l'avaient enveloppée de leurs voiles verts et conduite dans leur palais, sous l'eau ; comment elle avait dû devenir une des leurs et s'y était refusée, et comment les *nixes* lui avaient enfin permis de paraître, pendant trois nuits, dans l'antichambre du comte : si, après ces trois fois, ses chaînes n'avaient pas été brisées, l'arrêt irrévocable du sort devait faire d'elle une *nixe*.

Le comte fut aussi étonné que joyeux de ce récit. Abraham sortit immédiatement de prison, et reconquit toute la faveur du comte ; puis, dans la même prison, ce dernier fit jeter la vieille nourrice, et sa cousine fut chassée du château à coups de fouet.

Le portrait de Christine quitta le fond de la cheminée, et le comte le porta sur son cœur ; Christine elle-même devint la femme du comte.

Zitterinchen léchait les mains de sa maîtresse ; mais quand celle-ci lui eut assuré qu'elle vivrait désormais d'heureux jours, Zitterinchen se changea en une belle princesse, qui raconta son histoire à Christine stupéfaite : elle avait été ensorcelée par un vieux sorcier, et la fin de l'enchantement de Christine avait fait cesser le sien.

Henri Heine parle ici des *nixes* comme d'êtres féminins : il est question également, dans les légendes, du *nix* mâle. (V. ci-après, la *Notice sur Winter.*) Tous ces esprits des eaux attirent sous les ondes les voyageurs imprudents. — « Le mystère, dit encore Heine, est le caractère des *nixes*, de même que le rêve aérien est celui des *elfes*. » Elfes et nixes peuvent prendre la forme qui leur plaît, vivre parmi les hommes et faire des enchantements. (*De l'Allemagne : Traditions populaires.*) Toutefois, si comme le dit Henri Heine les *nixes* sont toujours les esprits de l'eau, les *elfes* peuvent ajouter à l'empire du monde aérien l'empire de l'eau et celui du feu et des minéraux. (Voir plus loin le conte des *Elfes*, de Tieck.)

LA TABLE

L'ANE ET LE BATON MAGIQUES

Dans une petite ville vivait un honnête tailleur avec sa famille qui se composait du père, de la mère et de trois fils. Ces derniers n'étaient pas nommés par leurs noms de baptême ni par leurs parents ni par les habitants de la ville; mais on les appelait le *Long*, le *Large*, le *Niais*. Le Long devint un menuisier, le Large un meunier et le Niais un ébéniste.

Lorsque le Long sortit d'apprentissage, on lui fit ses malles pour l'envoyer à l'étranger, et le jeune homme s'en alla joyeusement à grands pas, par la porte de sa petite ville natale. Il marcha longtemps d'un endroit à l'autre sans pouvoir trouver de travail. Sa bourse de voyage, déjà assez mince, tirait à sa fin, et il n'avait en perspective ni gain ni travail d'aucune sorte. Alors il devint triste et s'en fut doucement la tête basse. La route qu'il suivait le conduisit par une forêt calme et belle; et il y cheminait depuis quelque temps, lorsqu'il rencontra un petit homme rondelet qui le salua d'un air amical, s'arrêta et lui demanda :

« Eh bien, jeune homme, où allez-vous? Vous avez l'air bien triste! Qu'y a-t-il donc?

— C'est le travail qui me manque, dit le Long avec franchise : voilà tout le secret de ma tristesse. — J'ai marché longtemps, — je n'ai plus d'argent.

— Quel métier savez-vous? demanda le petit homme,

— Je suis menuisier.

— Oh! alors, venez avec moi, s'écria le nain tout joyeux; je vais vous donner de l'ouvrage! Je demeure dans cette forêt-ci. — Oui, oui, venez toujours, vous verrez mon logis tout à l'heure. »

A cent pas de là tout au plus, le Long vit une belle maison entourée de sapins comme d'un rempart; et, à l'entrée, il y avait deux pins gigantesques, pareils à deux sentinelles. Le petit homme fit entrer notre apprenti menuisier qui perdit vite sa tristesse et pénétra dans la chambre du maître de la maison, la mine gaie et épanouie.

« Sois le bienvenu, » dit une vieille petite femme en sortant de son coin derrière le poêle et en s'approchant du Long pour le débarrasser de sa valise.

Le maître du logis prolongea longtemps dans la soirée la causerie avec son nouvel aide, et la petite vieille servit des mets et ajouta une cruche de quelque chose qui valait mieux que de l'eau ou de la bière.

Le jeune menuisier se plaisait très-bien chez son maître. Il n'avait pas trop à faire, travaillait activement et se comportait en tout comme il faut, en brave et honnête homme, sans donner prise à aucune plainte. Mais au bout de quelques mois, le petit homme lui dit :

« Cher ami, je ne puis te garder plus longtemps; je suis forcé de te donner congé. Et, comme je ne puis récompenser ton travail avec de l'or, je veux te donner un beau souvenir qui te sera plus utile que de l'or et de l'argent. »

En disant cela, il lui tendit une petite table charmante, et continua en ces termes :

« Aussi souvent que tu dresseras devant toi la table que voici, en répétant trois fois : — *Table, couvre-toi!* elle te présentera tous les mets et toutes les boissons que tu pourras désirer pour ton repas. Et maintenant, Dieu te garde! Et songe à ton vieux maître. »

Le Long quitta l'atelier à contre-cœur, triste et gai en même temps. Il prit la table merveilleuse des mains du maître et s'en retourna dans son pays, après l'avoir mille et mille fois remercié. En route, la table lui offrit ses riches dons aussi souvent qu'il prononça la formule : alors surgissaient les mets les plus exquis, les vins les plus fins; les nappes étaient superbes et le couvert en argent. Naturellement, le Long tenait sa table pour un grand trésor; et dans la dernière auberge où il passa, il la confia à l'aubergiste pour la lui garder. Mais, comme il n'avait rien mangé dans l'auberge et qu'il s'était enfermé avec sa table, l'hôte avait regardé par un trou à travers la porte, et il avait découvert le mystère de la table. Il fut donc enchanté d'avoir à la garder et se réjouit fort des qualités charmantes qu'elle avait. Il goûta un dîner superbe à la petite table et songea au meilleur moyen de se l'approprier; et, se rappelant qu'il en avait une pareille, bien que ce ne fût pas une table *Couvre-toi*, le fripon d'aubergiste cacha la vraie et rendit l'autre au menuisier, qui s'en chargea gaiement pour regagner la maison paternelle. Il embrassa avec joie tous les siens et découvrit à son père quelles qualités magnifiques possédait la petite table. Le père en doutait fortement. Mais le fils la mit devant lui et dit par trois fois : — *Table, couvre-toi!* — Elle ne se couvrit pas du tout, et l'honnête tailleur dit à son fils :

« Gros Jean, va, as-tu été si longtemps à l'étranger pour te moquer de ton père? Allons, tâche qu'on ne rie pas de toi! »

Le Long ne savait pas ce qui était advenu à sa table; il essaya de toutes les façons, mais elle ne se couvrit pas davantage, et le Long fut obligé de reprendre le rabot de menuisier et de travailler à la sueur de son front.

Pendant ce temps, le meunier sortit d'apprentissage à son tour et partit pour l'étranger. Et il arriva qu'il prit le même chemin que son frère, et qu'il y rencontra le même petit homme et fut de même accepté pour ouvrier. Mais la maison de la forêt était maintenant un moulin. Lorsque le jeune meunier y eut travaillé quelque temps, comme un brave et honnête garçon, le maître du moulin lui donna, en guise de souvenir, un *lion de meunier*[1], et lui dit :

« Au moment de nous séparer l'un de l'autre, prends ce petit cadeau, qui te vaudra mieux que de l'or et de l'argent, avec lesquels je ne puis te payer le prix de ton travail. Chaque fois que tu diras à l'âne que voici : — *Anon, étends-toi !* il éternuera des ducats. »

Plus souvent que le Long n'avait jamais dit en route à sa table : — *Table, couvre-toi !* — le Large disait maintenant : — *Anon, étends-toi !* — Et l'âne s'étendait alors et laissait tomber les pièces d'or qui faisaient un cliquetis incessant. C'était chose remarquable que ces pièces d'or. Mais le meunier entra aussi dans l'auberge de l'hôte trompeur et voleur ; il fit mettre le couvert et préparer un repas pour lui et pour tous ceux qui voulurent y prendre part, et quand l'hôte demanda de l'argent :

« Attendez un instant, dit-il, je vais en chercher. »

Il prit la nappe, alla dans l'écurie, la déploya sur la paille, et dit : — *Anon, étends-toi !*

Alors, l'âne s'étendit et éternua des ducats qui tombèrent en résonnant sur la nappe ; mais l'aubergiste se tenait à la porte, regardant par un trou, et garda bonne note de cette affaire. Le lendemain, il y avait toujours

---

1. Expression piquante, pour désigner l'âne, et qui rappellera au lecteur la fable de Lafontaine : *le Lion et l'Ane chassant*, où « l'âne fanfaron » croit faire office de lion par « la tempête de sa voix. »

un âne, mais ce n'était pas le vrai; et le meunier, montant dessus sans arrière-pensée, retourna ainsi au logis. Lorsqu'il arriva chez son père, il raconta son bonheur à tous les siens et dit, lorsqu'ils entourèrent son âne : — *Anon, étends-toi !*

L'âne étranger s'étendit en effet; mais ce qu'il laissait tomber n'était rien moins que des pièces d'or. Tous ceux à qui le meunier avait voulu montrer ce secret se moquèrent de lui. Il battit furieusement le pauvre âne; mais impossible de faire sortir une seule pièce d'or de sa peau : et le Large fut obligé de travailler derechef comme son frère.

Une année s'était écoulée ainsi. Le Niais sortit d'apprentissage et s'en alla à l'étranger comme un brave compagnon ébéniste qu'il était. Il prit exprès le même chemin que ses frères, désirant beaucoup rencontrer le petit homme chez qui ils avaient trouvé du travail; qui savait, à ce que disaient les deux frères, aussi bien tous les métiers que les sciences et les arts, et qui leur avait fait de si beaux cadeaux.

Il arriva enfin dans la même forêt, trouva la demeure du petit homme qui le prit chez lui parce qu'il le connaissait pour un ouvrier appliqué. Et, quelques mois après, le petit homme dit de nouveau :

« Je ne puis te garder plus longtemps, je te donne ton congé. »

Au moment des adieux, il ajouta :

« Je te donnerais volontiers un souvenir comme à tes frères; mais à quoi cela te servirait-il, puisqu'ils t'appellent le Niais? Ton frère le Long et ton frère le Large ont perdu leurs cadeaux par leur niaiserie : que t'arrivera-t-il donc à toi? Mais prends toujours ce simple sac, il te sera utile. Aussi souvent que tu diras : — *Bâton, hors du sac !* — aussi souvent un gros bâton bien taillé en sortira pour te secourir et t'aider, et ne cessera de frapper que lorsque tu diras : — *Bâton, vite dans le sac!* »

L'ébéniste remercia beaucoup le petit homme et s'en fut avec son petit sac ; et pendant longtemps il n'eut pas besoin de son secours, tout le monde le laissant marcher en repos, parce qu'il s'en allait gaiement et tranquillement. Quelquefois seulement il donna à goûter du bâton à un archer de l'écuelle ou aux chiens des villages qui sortent de toutes les maisons pour grogner après les voyageurs.

Il atteignit enfin cette auberge où l'hôte voleur avait pris leur bien à ses deux frères. Le fripon menait maintenant joyeuse vie et se trouvait fort riche, mais il avait toujours envie de dérober quelque chose aux voyageurs. En se couchant, l'ébéniste donna son sac à l'aubergiste et l'avertit de ne pas lui dire : — *Bâton, hors du sac!* car il pourrait bien lui arriver d'en recevoir quelque chose. Mais la petite table et l'ânon plaisaient tellement à l'aubergiste qu'il était en goût de s'emparer d'une troisième chose merveilleuse. A peine eut-il la patience d'attendre que son hôte se fût couché, pour dire : — *Bâton, hors du sac!*

Aussitôt, le bâton de sortir et de battre le roulement sur le dos de l'aubergiste, et de lui faire de tels *bleus* et de tels *noirs* que le misérable hôte courut réveiller l'ébéniste en hurlant de douleur. Celui-ci lui dit :

« C'est bien fait, aubergiste! Je t'ai averti! Tu as volé à mes frères la table *Couvre-toi* et l'ânon *Étends-toi!* »

L'aubergiste cria :

« A l'aide, pour l'amour de Dieu! Je me meurs! » Car le bâton lui retombait toujours sur le dos. « Je consens à tout rendre, table et âne! Ah! je succombe, je me meurs! »

Alors l'ébéniste commanda :

« *Bâton, vite dans le sac!* »

Et immédiatement le bâton rentra dans le sac. L'aubergiste fut bien content de s'en tirer au moins la vie sauve, et abandonna volontiers la table et l'âne. Puis l'ébéniste boucla sa valise, monta sur l'âne et s'en fut dans son pays.

La joie de ses frères fut grande à la vue de leurs cadeaux qui faisaient merveille maintenant, aussi bien que jadis, et qu'avait reconquis leur frère, celui qu'ils appelaient toujours le Niais et qui s'était montré plus fin qu'eux.

Et les trois frères restèrent près de leurs parents, et ils n'eurent plus besoin de travailler pour gagner leur pain quotidien ; car, de tout ce que peut désirer le cœur de l'homme, ils avaient plus qu'il ne leur fallait.

LA BRANCHE DE NOYER

Il était une fois un riche marchand qui, appelé par ses affaires en pays étranger, prit congé de ses trois filles et leur dit :

« Mes chères enfants, dites-moi ce que je dois vous rapporter. »

L'aînée répondit :

« Mon père, je voudrais avoir un beau collier de perles. »

La seconde :

« Je désire une bague ornée d'un diamant. »

La cadette se serra contre la poitrine de son père et dit doucement :

« Pour moi, ce que j'aimerais, c'est une petite branche verte de noyer, cher père !

— C'est bien, mes filles, j'y songerai, et maintenant Dieu vous garde ! »

Le marchand voyagea longtemps et fit de grandes affaires, mais il n'oubliait pas le souhait de ses filles. Il avait déjà dans sa malle un collier de perles magnifiques et avait aussi acheté une bague avec un diamant pour chaton, qu'il destinait à sa seconde fille ; mais il ne pouvait trouver une branche de noyer, malgré toutes ses recherches. En retournant dans son pays, souvent il faisait route à pied, espérant, comme son chemin le menait par de vastes forêts, y trouver enfin un noyer. Mais il voyagea longtemps en vain, et l'excellent père commençait à s'attrister de ne pouvoir même pas satisfaire l'innocent désir de son enfant la plus chère.

Un jour enfin qu'il marchait tristement, suivant un chemin qui le menait par une sombre forêt entre des buissons épais, il heurta une branche de noyer avec son chapeau, et il entendit comme un bruit de grêle au-dessus de sa tête ; il leva les yeux et il vit que c'était une belle branche verte de noyer d'où pendait une grappe de noix d'or. Alors le marchand, tout joyeux, étendit la main et cassa cette branche superbe ; mais, à l'instant même, un ours sauvage sortit des buissons et se campa, furieux, sur ses pattes de derrière, en s'écriant d'une voix terrible :

« Pourqui as-tu cassé ma branche de noyer, dis ? Je vais te dévorer ! »

Tremblant de frayeur et tout bouleversé, le marchand répondit :

« O mon ours, ne me dévore pas et laisse-moi aller avec cette branche. Je te donnerai un jambon énorme et beaucoup de saucissons. »

Mais l'ours hurla de nouveau :

« Garde ton jambon et tes saucissons. Si tu veux que je ne te dévore pas, promets-moi de m'abandonner ce que tu rencontreras tout d'abord en rentrant chez toi; c'est la seule condition que j'accepte! »

Le marchand y consentit volontiers, se disant qu'en général son barbet sautait au-devant de lui à son retour, et comptant le sacrifier pour sauver sa vie. Après avoir reçu de l'ours une bonne poignée de main, il vit ce dernier se retirer d'un air tranquille, et s'en alla, en respirant d'aise, le pied leste et le cœur gai, jusqu'à sa demeure.

La branche aux fruits d'or parait somptueusement le chapeau du marchand lorsqu'il rentra dans sa ville natale. Pleine de joie, sa fille cadette accourut au-devant de son cher père, et le barbet vint en sautant derrière elle; les filles aînées et la mère sortirent un peu moins vite du logis pour lui souhaiter la bienvenue. Quelle ne fut pas la terreur du marchand, lorsqu'il vit sa fille s'avancer ainsi la première vers lui! Tout soucieux et affligé, il se dégagea des embrassements de son enfant heureuse, et, après les premiers baisers, il raconta avec peine ce qui lui était arrivé à l'occasion de la branche de noyer. Tous alors pleurèrent et devinrent tristes; pourtant ce fut la fille cadette qui témoigna le plus de courage, se montrant décidée à tenir la promesse de son père. D'ailleurs la mère eut bientôt trouvé une bonne idée :

« N'ayons pas peur, mes amis; si l'ours se présente vraiment et s'il te rappelle à toi, mon mari, la promesse que tu lui as faite, nous lui donnerons la gardeuse de volailles au lieu de notre fille, et il se contentera d'elle. »

La proposition fut applaudie, et les jeunes filles redevinrent gaies et se réjouirent fort de leurs beaux cadeaux. La plus jeune portait toujours sa branche de noyer, mais elle ne songeait plus guère ni à l'ours ni à la promesse de son père.

Un jour, une voiture de couleur sombre s'arrêta devant la maison du marchand, et le vilain ours en sortit, entra dans le logis en grognant, et exigea du marchand effrayé l'accomplissement de sa promesse. On alla en secret et bien vite chercher la fille du pâtre, qui était fort laide; on l'habilla comme il faut, et on l'installa dans la voiture de l'ours; puis le voyage commença. Dès qu'ils furent en route, l'ours mit sa tête sauvage sur les genoux de la jeune fille, et grommela :

> Gratte-moi, chatouille-moi,
> Doucement, derrière les oreilles,
> Ou je te dévorerai tout entière!

Et la jeune fille commença à chatouiller l'ours, mais non comme il l'entendait, et il vit bien qu'on l'avait trompé. Il fit mine alors de vouloir dévorer la gardeuse de volailles; mais, dans son angoisse, elle sauta hors de la voiture. Ensuite l'ours retourna devant la maison du marchand et réclama avec furie la vraie fiancée. Alors la charmante fille fut forcée de partir, et, après d'amers adieux, elle s'en alla avec son vilain fiancé. Dans la voiture, il grommela de nouveau, en mettant sa tête hérissée sur les genoux de la jeune fille :

> Gratte-moi, chatouille-moi,
> Doucement, derrière les oreilles,
> Ou je te dévorerai tout entière!

Et la jeune fille le chatouilla, mais si doucement qu'il

y prenait plaisir et que son regard d'ours sauvage se radoucit, de sorte que la pauvre fiancée reprit un peu de confiance. Le voyage ne dura pas longtemps, car la voiture allait aussi vite que l'ouragan dans l'air. Bientôt ils atteignirent une sombre forêt, et là tout à coup la voiture s'arrêta à l'entrée d'une caverne affreusement noire : c'était la demeure de l'ours. Oh! comme la pauvre fille tremblait! surtout lorsque l'ours l'entoura de ses redoutables pattes et lui dit avec douceur :

« C'est là que tu vas demeurer, chère fiancée, et que tu seras heureuse, si tu montres là dedans assez de courage pour que les bêtes féroces ne te déchirent pas! »

Et il ouvrit une porte de fer, quand ils eurent fait quelques pas dans la caverne; puis il entra avec sa fiancée dans une chambre toute remplie d'horribles larves qui rampaient dans l'ombre autour d'eux. Et l'ours grommela, de sa voix la plus douce, à l'oreille de sa fiancée :

> Ne tourne pas la tête!
> Ni à droite, ni à gauche; —
> Va tout droit, tu resteras en repos.

Alors la jeune fille marcha sans regarder de côté ni d'autre, et pendant ce temps aucune des larves hideuses ne bougea. Elle passa ainsi à travers dix chambres, dont la dernière était remplie d'êtres affreux, de dragons et de serpents, de crapauds pleins de venin, de basilics et de griffons. Et l'ours grommela dans chaque salle :

> Ne tourne pas la tête!
> Ni à droite, ni à gauche; —
> Va tout droit, tu resteras en repos.

La pauvre jeune fille, dans son angoisse, tremblait

comme la feuille, mais elle ne perdit pas courage et ne regarda ni à droite ni à gauche. Enfin, lorsque la douzième chambre s'ouvrit, une mer de lumière les enveloppa, une musique ravissante se fit entendre avec des cris de joie et d'allégresse partout. Avant que la fiancée de l'ours eût pu se remettre un peu, tout émue encore de tant d'horribles visions et du charme inexprimable de ce nouveau spectacle, un coup de tonnerre si terrible retentit, qu'elle pensa que ciel et terre allaient s'abîmer. Presque aussitôt le calme se fit. Forêt, caverne, bêtes féroces, tout avait disparu, ainsi que l'ours : un château magnifique avec des chambres étincelantes d'or et des serviteurs richement vêtus avaient remplacé tout le reste; l'ours était devenu un beau jeune homme, le prince de ce beau château, et il attira sa fiancée sur son cœur et la remercia mille fois de l'avoir délivré si délicieusement, lui et ses serviteurs, les bêtes de la caverne, de l'enchantement qui les tenait captifs.

La grande et riche princesse porta toujours à son corsage la branche de noyer qui avait le privilége de ne jamais se faner, et elle la portait d'autant plus volontiers que cette branche avait été la cause de son doux bonheur. Bientôt ses parents et ses sœurs furent instruits de sa belle destinée, et priés de rester pour toujours dans le château du prince-ours, et d'y mener avec eux la vie la plus heureuse du monde [1].

---

1. Ce conte offre quelque ressemblance, pour le sujet, sinon pour les détails du récit, avec la *Belle et la Bête*, si populaire chez nous : c'est toujours la beauté et la bonté opérant le même miracle sur la brute dont la forme sauvage recouvre un homme.

LE CHEVREUIL D'OR

Il était une fois un frère et une sœur très-pauvres ; la fille s'appelait Marguerite, et le garçon Hans. Leurs parents étaient morts et ne leur avaient pas laissé de bien ; c'est pourquoi ils étaient forcés de s'en aller mendier leur pain. Ils étaient encore trop petits et trop faibles pour travailler, car le petit Hans n'avait que douze ans et Margot était plus jeune encore. Le soir, ils allaient frapper à la porte de la première maison venue, et demandaient un gîte pour la nuit. Souvent des gens charitables les avaient déjà recueillis et nourris, ou leur avaient donné des vêtements.

Ils arrivèrent, un soir, à une maisonnette qui se trouvait tout isolée et frappèrent à la fenêtre. Bientôt une vieille femme passa la tête pour regarder, et ils lui demandèrent si l'on ne pouvait pas les recevoir là pour cette nuit.

« Volontiers, répondit la vieille, entrez toujours. »

Mais lorsqu'ils furent dans la maison, la vieille leur dit :

« Je veux bien vous garder cette nuit ; seulement, si mon mari s'aperçoit de votre présence, vous êtes perdus ; car il aime volontiers un rôti de chair fraîche et tue tous les enfants qu'il rencontre. »

Alors les enfants eurent grand'peur ; cependant ils ne pouvaient plus continuer leur marche, tant il faisait déjà nuit noire. Ils se laissèrent cacher de bon cœur par la femme dans un tonneau vide, et y restèrent bien tranquilles. Longtemps ils demeurèrent sans pouvoir dormir, surtout lorsqu'ils entendirent les pas lourds d'un homme qui rentrait et qui, pour sûr, était l'ogre. Ils ne tardèrent pas à en avoir la certitude quand ils l'entendirent gronder sa femme, parce qu'elle ne lui avait pas préparé un rôti d'enfant.

Le lendemain, l'ogre quitta la maison et fit tant de bruit en marchant que les enfants, qui s'étaient enfin endormis, en furent tout de suite éveillés. Lorsque la femme leur eut servi à déjeuner, elle leur dit :

« Maintenant, mes enfants, il vous faut aussi travailler un peu. Voici deux balais : montez balayer mes chambres ; il y en a douze, mais vous n'en balayerez que onze. Il ne faut jamais ouvrir la douzième. J'ai à sortir ; soyez appliqués à l'ouvrage, pour être prêts quand je rentrerai. »

Les enfants balayèrent vite et vite et eurent bientôt fini leur tâche. Marguerite aurait voulu connaître ce qu'il y avait dans la chambre qu'ils ne devaient pas voir, puisqu'on leur avait défendu d'en ouvrir la porte. Elle regarda un peu par le trou de la serrure et vit une petite voiture en or avec un chevreuil d'or. Vite elle appela le petit Hans, pour qu'il regardât aussi. Et après avoir guetté partout pour s'assurer que la femme ne rentrait pas encore, comme ils ne la voyaient paraître nulle part, ils se hâtèrent d'ouvrir la porte, de tirer de la chambre la voiture avec le chevreuil, se mirent dans la voiture et s'en allèrent au plus vite. Mais leur voyage ne dura pas longtemps, car ils aperçurent tout à coup l'ogre et sa femme qui venaient à leur rencontre, et juste par le même chemin que les deux fugitifs avaient pris avec la voiture dérobée.

Hans dit :

« Ah! petite sœur, que faire? Si les deux vieux nous découvrent, nous sommes perdus!

— Reste tranquille, dit Margot, je sais une puissante formule de sorcier que j'ai apprise de notre grand'mère :

>La rose rouge pique !
>Si tu me vois, ne me vois pas !

Et, immédiatement, ils furent changés en rosier : Margot devint la rose, Hans les épines, le chevreuil les tiges, et la voiture les feuilles.

Aussitôt survinrent l'ogre et sa femme, et celle-ci voulut cueillir la rose, mais elle se piqua tellement aux épines qu'elle en eut les doigts ensanglantés et s'en alla toute fâchée. Dès que le mari et la femme eurent disparu, les enfants se remirent en marche et arrivèrent bientôt devant un four plein de pain[1]. Et ils entendirent une voix qui criait :

« Prenez mon pain ! prenez mon pain ! »

Vite Margot prit le pain et le mit dans la voiture ; après quoi, ils partirent de nouveau. Ils arrivèrent, peu de temps après, devant un poirier chargé de fruits mûrs, et une voix se fit entendre, qui leur cria :

« Secouez mes poires ! secouez mes poires ! »

Marguerite les secoua sans tarder, et Hans l'aida à les ramasser et à en remplir la voiture.

Puis ils passèrent devant une vigne qui leur dit, d'une voix douce :

« Cueillez mes grappes ! cueillez mes grappes ! »

---

1. On se rappelle sans doute un passage offrant un caractère marqué d'analogie avec celui-ci, pour les circonstances et pour les termes, dans un conte des frères Grimm : *La dame Hollé*, qui se trouve traduit plus haut.

Margot les cueillit donc et les mit, comme le reste, dans la voiture.

Cependant, l'ogre et l'ogresse étaient arrivés chez eux et avaient vu avec colère que les enfants leur avaient volé la voiture d'or avec le chevreuil, tout juste comme ces deux méchantes gens les avaient d'abord volés, si ce n'est qu'au larcin le mari et la femme avaient ajouté le meurtre du vrai propriétaire des objets. Or, la voiture et le chevreuil n'étaient pas seulement d'un grand prix en eux-mêmes, mais ils possédaient encore cette qualité charmante, que partout où ils allaient on leur faisait des cadeaux, l'arbre comme le buisson, le four comme la vigne. Aussi l'ogre et l'ogresse avaient-ils joui longtemps de la possession de la voiture, se laissant donner d'excellente nourriture et vivant en liesse et en fête. Lorsqu'ils virent qu'on leur avait enlevé la voiture, ils se mirent bien vite en route pour rattraper les fugitifs avec ce butin magnifique. L'ogre savourait déjà le rôti de chair fraîche que lui fourniraient les enfants, car il avait l'intention de les tuer sur l'heure. Les deux vieux poursuivaient les pauvrets à grandes enjambées, et ils les apercevaient de fort loin, parce que ceux-ci se trouvaient juste devant eux. Le frère et la sœur arrivèrent à un grand lac, et là, il leur fut impossible de passer outre, car il n'y avait ni pont ni barque pour traverser l'eau et fuir. Il n'y avait qu'une multitude de canards, qui nageaient gaiement. Margot les appela près du bord, leur donna à manger et dit :

> Petits canards, petits canards, nagez ensemble,
> Faites-moi un pont pour traverser l'eau !

Alors les canards se tinrent tous ensemble et firent ainsi un pont aux enfants, qui passèrent à l'autre rive avec la voiture et le chevreuil. Tout de suite après arriva l'ogre, qui grommela d'une voix affreuse :

Petits canards, petits canards, nagez ensemble,
Faites-moi un pont pour traverser l'eau !

Vite les canards se mirent à nager ensemble et portèrent les deux vieux — de l'autre côté, qu'en pensez-vous ? certes non ! — juste au beau milieu du lac, à l'endroit le plus profond ; puis ils se dispersèrent, et le méchant ogre et sa vilaine femme tombèrent au fond de l'eau pour y périr.

Mais Hans et Marguerite devinrent des gens riches qui usèrent de leurs richesses pour faire beaucoup de bien aux pauvres, parce qu'ils songeaient toujours au temps où la vie leur était si amère et où ils allaient mendier eux-mêmes leur pain par les chemins.

LES SEPT CORBEAUX

Comme il arrive bien des choses merveilleuses dans le monde, il arriva qu'une pauvre femme mit au monde à la fois sept garçons, qui tous vécurent et grandirent bien. Quelques années après, elle eut aussi une petite fille. Son mari était appliqué à l'ouvrage et bon travailleur ; aussi les gens qui avaient besoin d'un bon ouvrier le prenaient-ils volontiers à leur service, de sorte qu'il pouvait nourrir sa nombreuse famille d'une manière suffisante et, l'économie de sa femme aidant, mettre quelques écus de côté pour les jours de besoin. Mais ce bon père mourut dans la force de l'âge, et sa pauvre veuve se trouva bientôt dans la misère; car elle ne pouvait gagner de quoi suffire aux besoins de huit enfants, pour la nourriture et pour le vêtement.

Les sept garçons grandissaient toujours, et leurs besoins avec eux; mais ils devenaient plus méchants de jour en jour, au grand chagrin de leur mère. La malheureuse femme pouvait à peine supporter tout ce qui l'accablait et la chagrinait. Elle voulait élever ses enfants dans des sentiments de piété et de bonté; mais ni par douceur, ni par rudesse, elle n'arrivait au but : les cœurs des garçons restaient durs. Alors, un jour que sa patience était épuisée, elle dit :

« O méchants garçons, je voudrais que vous fussiez des corbeaux noirs, vous envolant pour ne jamais revenir! »

Et aussitôt les sept garçons furent changés en corbeaux, s'envolèrent par la fenêtre et disparurent.

Dès lors, la mère vécut en repos avec sa jeune fille; elles gagnèrent même plus que le nécessaire. Et la fille devint jolie, bonne et modeste. Mais quelques années après, toutes les deux, la mère et la sœur, eurent envie de revoir les sept frères; et souvent elles parlaient d'eux et pleuraient.

« Ah! disaient-elles, si les garçons revenaient et étaient de braves garçons, nous pourrions vivre si bien par notre travail et avoir tant de joie ensemble! »

Et comme ce désir augmentait toujours dans le cœur de la jeune fille, elle dit une fois à la mère :

« Chère mère, laisse-moi aller à la recherche de mes frères, afin de les tirer de leur misérable existence, et de les ramener ici pour l'honneur et la joie de ta vieillesse! »

La mère répondit :

« Ma fille bien-aimée, je ne puis ni ne veux te retenir; fais cette bonne action, et va-t'en à la garde de Dieu! »

Elle lui donna alors une petite bague en or qu'elle avait déjà portée dans son enfance, au temps où ses frères s'étaient trouvés changés en corbeaux.

La jeune fille s'en alla donc loin, bien loin dans le monde, et fut longtemps sans découvrir aucune trace de ses frères. Mais, un jour, elle arriva à une haute montagne, au sommet de laquelle elle vit une maisonnette; et, s'étant assise pour se reposer, elle regardait toujours cette maison, qui lui semblait presque avoir l'apparence d'un nid d'oiseau, car elle était grise et comme faite de boue et de cailloux; puis elle lui parut avoir l'aspect d'une habitation humaine.

« Si mes frères demeuraient là-haut? » pensa-t-elle; et quand elle vit sortir de la maison sept corbeaux, sa présomption se confirma.

Elle se leva toute joyeuse pour gravir la montagne; mais le chemin qui y conduisait était pavé de pierres si étranges et si lisses qu'on eût dit un miroir, et qu'elle retombait chaque fois, après avoir fait un bout de chemin. Alors elle devint bien triste, et se demanda comment elle pourrait parvenir au sommet. Là-dessus, voyant une belle oie blanche, elle se dit :

« Si j'avais ses ailes, je serais bien vite là-haut ! »

Puis elle songea :

« Mais ne pourrais-je pas les prendre? J'aurais alors ce qu'il me faut. »

Et elle attrapa vite la belle oie, lui coupa les ailes et les pieds, et s'empressa de se les coudre ; et lorsqu'elle essaya de voler, cela allait si bien et si vite et si aisément, que c'était merveille! Et, quand elle était fatiguée de voler, elle courait avec les pattes d'oie et ne glissait même pas. Elle arriva ainsi au but si longtemps désiré.

Là-haut, elle entra dans la maison qui était toute petite ; elle y vit sept tables des plus petites, sept petites chaises, sept petits lits, et dans le poêle elle trouva sept petits plats avec des oiseaux rôtis et des œufs cuits.

L'excellente sœur était bien lasse du voyage et bien contente de pouvoir se reposer vraiment ; elle avait faim aussi. Elle tira donc les plats du poêle et mangea un peu de chacun ; elle s'assit un peu sur chaque petite chaise et se reposa sur chaque lit, et dans le septième elle s'endormit et y resta jusqu'au retour de ses frères.

Ceux-ci volèrent par la fenêtre dans l'intérieur de la chambre, prirent les plats dans le poêle, mais virent tout de suite qu'on y avait goûté. Puis ils voulurent se coucher et trouvèrent leurs lits défaits ; et l'un des frères poussa un cri et dit :

« Oh ! quelle est cette jeune fille que j'aperçois dans mon lit ? »

Les autres frères accoururent vite et virent avec étonnement la jeune fille endormie. L'un d'eux s'écria :

« Si c'était notre petite sœur ? »

Et un autre, jetant une exclamation de joie :

« Oui, c'est notre sœur ! elle avait ces beaux cheveux-là et cette jolie petite bouche, et elle portait à l'index cette bague qu'elle porte maintenant au petit doigt. »

Et ils furent pleins de joie et l'embrassèrent tous bien des fois ; mais elle dormait de si bon cœur qu'elle fut longtemps avant de se réveiller.

Enfin, la jeune fille ouvrit les yeux et vit les sept frères noirs perchés sur son lit. Alors elle dit :

« Oh ! soyez mille fois les bienvenus, mes chers frères ; Dieu merci, je vous ai enfin trouvés ! J'ai fait un long et pénible voyage pour vous ramener de votre exil, si votre cœur est changé et si vous ne voulez plus fâcher notre bonne mère, si vous voulez travailler comme il faut et devenir l'honneur et la joie de la vieille femme. »

En l'entendant parler ainsi, les frères avaient pleuré amèrement.

« Oui, chère sœur, dirent-ils, nous voulons êtres bons et ne jamais offenser notre mère. Hélas! nous menons une vie misérable sous forme de corbeaux, et avant de nous être bâti ce logis nous sommes presque morts de faim et de misère. Avec cela, nous avions le remords qui nous tourmentait jour et nuit ; car il nous fallait dévorer les cadavres des pauvres pécheurs condamnés, et cela nous montrait sans cesse la fin affreuse du pécheur. »

La sœur versa des larmes de joie en apprenant quel changement s'était fait dans le cœur de ses frères.

« Oh! s'écria-t-elle, maintenant tout va bien ; quand vous reviendrez à la maison et que la mère saura que vous êtes devenus bons, elle vous pardonnera et vous rendra votre forme humaine. »

Au moment de partir pour la maison maternelle avec leur sœur, les sept frères dirent en ouvrant un petit coffret :

« Chère sœur, prends ces bagues d'or et ces pierres luisantes dans ton tablier, et emporte-les avec toi au logis ; nous les avons trouvées petit à petit, et une fois redevenus hommes, nous avons là de quoi nous enrichir. Nous les avions apportées ici à cause de leur éclat. »

La petite sœur fit comme ses frères lui avaient dit, et elle se réjouit elle-même à la vue de ces belles parures. Pendant le voyage, elle fut portée tour à tour par un des frères corbeaux, jusqu'à ce qu'ils atteignirent la maison de la vieille. Alors ils volèrent par la fenêtre et demandèrent pardon à leur mère, jurant de toujours rester des enfants dociles. La sœur aussi pria la mère avec eux, et celle-ci avait le cœur tellement rempli de joie et d'amour que ses sept fils obtinrent aussitôt leur pardon. Sur-le-champ, ils redevinrent hommes, jeunes, avenants et beaux à l'envi. Ils embrassèrent leur mère et leur sœur en les remerciant. Et bientôt les sept frères épousèrent de braves jeunes filles, se bâtirent une grande maison, — car ils avaient reçu force argent en échange de leurs pierreries, — et la nouvelle maison fut inaugurée pour le mariage des sept frères.

La sœur aussi épousa un brave homme ; mais, sur les instances de ses frères, elle demeura avec eux.

Ainsi la mère eut encore beaucoup de joie de la conduite de ses enfants, par qui elle fut soignée avec amour et honorée jusqu'à un âge très-avancé.

LA CAPOTE DE NAIN

Il était une fois un meunier qui avait trois fils et une fille. Il aimait beaucoup sa fille, mais il ne pouvait souffrir ses fils ; toujours il était mécontent d'eux et leur rendait la vie fort dure, car ils ne parvenaient jamais à lui donner satisfaction. Les trois frères en étaient bien attristés, et avaient souhaité plus d'une fois de se voir transportés loin de la maison paternelle ; souvent ils se plaignaient ensemble et poussaient des soupirs, ne sachant que faire.

Un jour qu'ils étaient assis tous trois, pleins de tristesse, l'un d'eux vint à dire en soupirant :

« Ah ! si nous avions seulement une capote de nain, cela nous aiderait tous !

— Et que pourrions-nous en faire? demandèrent les deux autres.

— Les nains qui demeurent dans les montagnes vertes, reprit leur frère, ont des capotes qu'on nomme aussi *capotes de brouillard;* et elles ont le don de rendre invisibles ceux qui les mettent. C'est une belle chose, frère, que celle-là! Alors on peut éviter les gens qui n'ont aucun souci de vous et dont on ne reçoit jamais une bonne parole; on peut aller où l'on veut, prendre ce qu'on veut, et personne ne s'en aperçoit, aussi longtemps qu'on reste couvert d'une capote de nain.

— Mais comment se procure-t-on une capote si rare? demanda le plus jeune des trois frères.

— Les nains, répondit l'aîné, sont un petit peuple très-drôle, et qui aime à jouer. Ce leur est une grande joie de lancer leurs capotes en l'air : *housch!* ils sont visibles, — *housch!* ils rattrapent leurs capotes, les revêtent et redeviennent invisibles. On n'a donc qu'à prendre garde au moment où un nain jette sa capote en l'air, pour saisir vite le petit homme et rattraper soi-même la capote; de cette façon le nain est forcé de rester visible, et on devient maître de tout le peuple des nains. Alors on peut, ou garder la capote et se rendre invisible, ou se laisser donner autant de nains qu'il en faut pour être bien servi toute sa vie; car ils ont sous leur domination tous les métaux de la terre, ils savent tous les secrets et toutes les forces merveilleuses de la nature; par leurs conseils, ils peuvent faire un savant d'une bête, un sage professeur d'un écolier, et un ministre d'un simple écrivain public.

— Que c'est charmant! s'écria l'autre frère; mais vas-y, alors, et cherche à attraper des capotes pour toi et pour nous, ou au moins pour *toi*, et tu nous aideras à nous en aller d'ici!

— Soit! dit le frère aîné, j'y consens. »

Et bientôt il se trouva sur la route des montagnes vertes.

Le chemin était un peu long, et le brave garçon n'arriva qu'à la brune aux montagnes des nains. Il se coucha dans l'herbe verte, à un endroit où il y avait des marques de ronds tracés par les nains dans leurs danses au clair de lune. Bientôt il vit quelques nains, tout près de lui, faire des cabrioles, jeter leurs capotes et se livrer à toute espèce de folies. Une petite capote tomba à côté de lui, et déjà il étendait la main pour la prendre; mais le nain à qui appartenait la capote, plus adroit, la rattrapa lui-même et cria : *Au voleur! au voleur!*

A ce cri, tout le peuple des nains se rua sur le pauvre garçon, et ce fut comme une tribu de fourmis autour de lui ; il ne put se débarrasser de cette foule d'ennemis et dut souffrir que les nains le fissent prisonnier et l'emmenassent dans leurs demeures souterraines, d'où leur vient à eux-mêmes le nom de *génies souterrains*.

Le frère aîné ne reparaissant pas, les deux autres se trouvèrent bien tristes et bien malheureux de cet événement, et leur sœur en conçut aussi du chagrin, car elle était douce et bonne, et souvent elle se désolait de voir le père se montrer si dur envers ses trois fils, tandis qu'il la favorisait uniquement. Mais pour le vieux meunier, il se contenta de grommeler :

« Si ce vaurien de garçon est allé au diable, que m'importe ? C'est un mangeur qui ne gagne rien, du moins au logis! Il reviendra, il sait le goût du pain! Mauvaise herbe ne meurt pas! »

Mais les jours se passaient, l'un après l'autre, et le frère aîné ne revenait pas, et le père devenait de plus en plus dur et grondeur à l'égard des deux fils qui lui restaient. Ceux-ci se plaignaient souvent ensemble, et le plus âgé dit:

« Sais-tu, frère ? Je veux m'en aller moi-même dans les montagnes vertes ; peut-être y trouverai-je une capote de nain. J'imagine que notre frère se sera emparé d'une capote, qu'il voyage pour son bonheur et qu'il nous aura oubliés. Mais moi, pour sûr, je reviendrai si je suis heureux ; si je ne reviens pas, c'est que je n'aurai pas eu de chance, et dans ce cas, adieu pour toujours ! »

Les deux frères se séparèrent tristement, et le moins jeune partit pour les montagnes vertes. Mais là, tout se passa pour lui comme pour son frère. Il vit les nains, essaya de prendre une capote ; et le nain, plus agile que lui, de crier : *Au voleur ! au voleur !* et toute la foule des génies souterrains de se jeter sur le pauvre garçon, de l'entourer et de l'emmener dans leurs retraites.

Le plus jeune frère attendit avec impatience le retour de l'autre, mais en vain ; la tristesse le prit, car il songeait maintenant que son frère n'avait pas dû être heureux. La sœur devint triste aussi ; seul, le père dit avec insouciance :

« Bah ! ce qui est fait est fait. Celui qui ne veut pas rester chez lui peut s'en aller. Le monde est long et large. Ce n'est pour rien que le charpentier a laissé un trou dans la maison[1]. Quand l'âne se trouve trop bien au logis, il va sur la glace et se casse une jambe. Laissez donc aller ce vaurien ; pourquoi vous lamenter à cause de lui ? Je suis content de ne plus le voir. Loin des yeux, loin du cœur ! »

Jusqu'alors, pour le frère cadet ç'avait été une consolation de supporter avec ses deux frères leurs misères communes ; mais, à présent qu'il étaient partis, il trouvait sa position intolérable ; aussi dit-il à sa sœur :

---

[1]. Expression proverbiale pour dire qu'une personne est libre de s'en aller et qu'on lui souhaite ironiquement bon voyage !

« Chère sœur, je m'en vais, et il est possible que je ne revienne jamais, s'il m'arrive la même chose qu'à mes frères. Le père ne m'aime pas, sans qu'il y ait de ma faute. Les paroles de colère qui tombaient jadis sur nous trois retombent maintenant sur moi seul, et c'est une charge trop lourde pour moi. Adieu donc, et que le bonheur reste avec toi ! »

Sa sœur ne voulait pas le laisser partir; car, de ses trois frères, c'était celui qu'elle aimait le plus. Mais il s'en alla en secret, et en route il songeait aux moyens d'attraper une capote de nain. Lorsqu'il arriva aux montagnes vertes, il reconnut bientôt, aux marques de l'herbe foulée, le lieu choisi pour les danses nocturnes, et le soir, il s'y coucha par terre, attendant que les nains se présentassent pour jouer, danser, et jeter leurs capotes en l'air.

Un des nains vint tout près de lui et lança en l'air sa capote; mais, en garçon avisé, notre ami ne bougea même pas : « J'ai du temps devant moi, pensait-il; il faut rendre ces petits hommes confiants. » Le nain reprit donc sa capote, qui était tombée à côté du jeune voyageur. Il ne se passa pas longtemps avant qu'une seconde capote vînt encore à tomber tout près de lui. « Bon ! se dit-il, voilà qu'il pleut des capotes ! »

Mais il n'étendit pas la main, et demeura coi, jusqu'à ce qu'enfin une autre capote lui tomba juste sous la main; vite, il la saisit et se leva.

Au voleur ! au voleur ! s'écria le nain à qui elle appartenait, d'une petite voie aiguë qui fit accourir tous les nains. Mais le jeune homme était devenu invisible pour eux, par la vertu de la petite capote. Alors, ils commencèrent tous à pousser des cris et à se lamenter, le conjurant de rendre la capote *pour tout au monde.*

« *Pour tout au monde ?* répliqua le jeune garçon, toujours prudent, cela m'irait très-bien ! Nous pourrions conclure ce marché. Mais auparavant, je veux savoir en quoi consiste votre *tout*; et d'abord, je vous demande de me dire où sont mes frères.

— Ils sont dans les montagnes vertes, repartit le nain à qui appartenait la capote.

— Et qu'y font-ils?

— Mais, ils servent.

— Ah! ils servent! Eh bien, vous me servirez désormais. Allons, descendons chez mes frères. Leur servitude est finie, la vôtre commence. »

Les petits génies souterrains, forcés d'obéir à un mortel, — car la possession de la capote lui donnait l'ascendant sur eux, — tout chagrins et consternés de cette mésaventure, conduisirent leur maître vers une fissure de la montagne, qui s'ouvrit en résonnant; et vite ils entrèrent et descendirent. En bas, dans la montagne, il y avait de larges et magnifiques places, des salles hautes et vastes, de grandes et de petites chambres, et des cabinets de toute sorte pour les besoins du peuple nain; mais avant de prendre garde à autre chose, le jeune homme demanda immédiatement où étaient ses frères. On les lui amena, et le cadet vit qu'ils étaient vêtus en valets, et ils s'écrièrent d'une voix plaintive :

« Ah! toi aussi, tu arrives, pauvre cher frère aimé; toi, notre cadet! Maintenant, nous voilà tous ensemble, mais tous trois au pouvoir des génies souterrains; et jamais plus nous ne reverrons la lumière céleste, ni la forêt verte et les champs dorés!

— Chers frères, répondit le cadet, attendez; je pense que cela va changer un peu. — Allons! commanda-t-il aux nains, des vêtements princiers et des appartements splendides pour mes frères et pour moi. »

Mais il eut bien soin de tenir ferme la capote de nain entre ses mains, lorsqu'on se mit tout de suite à exécuter ses ordres et à changer les vêtements. Puis le nouveau maître des nains commanda un festin avec des mets choisis et des vins exquis; puis des intermèdes de chant et de musique avec un ballet, car les nains excellent dans ces arts; puis des lits superbes pour se reposer, une illumination de tout l'empire souterrain, une voiture en verre attelée de chevaux magnifiques pour aller partout dans la montagne verte et pour y voir tout ce qu'il y avait de remarquable.

Alors les trois frères passèrent dans toutes les grottes de pierres fines; ils rencontrèrent les fontaines les plus merveilleuses, virent s'épanouir les métaux en fleurs : lis d'argent, tournesols d'or, roses de cuivre; et partout éclataient la même pompe et la même magnificence. Puis le maître des nains commença à traiter des conditions moyennant lesquelles il consentirait à rendre la capote, et il les fit terriblement lourdes. La première fut qu'on lui donnerait un breuvage composé du suc de ces herbes merveilleuses dont toutes les vertus sont si bien connues des nains, afin de guérir le cœur malade de son père et de convertir les mauvaises dispositions de celui-ci en affection pour ses trois fils. La seconde condition fut que le jeune homme aurait pour sa sœur un trousseau aussi opulent que celui d'une princesse. La troisième fut qu'il aurait aussi une voiture remplie de pierreries et de chefs-d'œuvre de l'art le plus rare, comme les nains seuls peuvent en faire, — puis une voiture remplie d'argent monnayé, car le proverbe dit que rien ne rit comme l'argent, et les trois frères voulaient rire, — puis encore une voiture pour eux trois, arrangée très-commodément, avec des glaces aux portières, et tout ce qu'il fallait pour cette voiture : chevaux, harnais et cocher.

Les nains firent mille contorsions et mille grimaces en s'entendant dicter de pareilles conditions, et ils gémissaient si fort qu'une pierre aurait eu pitié d'eux, si une pierre avait un cœur; mais toutes leurs lamentations ne leur servirent à rien.

« Si vous ne voulez pas vous exécuter, dit leur maître, cela m'est bien égal! Alors nous resterons ici — c'est très-joli chez vous, — je vous prendrai vos capotes à tous, et vous verrez comme vous serez arrangés, si l'on vous aperçoit : dès qu'un de vous se montrera, on le mettra à mort! Ou bien, je remonterai à la surface de la terre, j'irai y chercher des crapauds, et je vous en donnerai un à chacun pour compagnon de lit. »

Lorsque le maître eut prononcé le mot *crapauds*, tous les nains tombèrent à genoux et s'écrièrent :

« Grâce! grâce! Tout plutôt que cela! Pour tout au monde ne nous fais pas cela! »

Car les crapauds sont l'horreur et la mort des nains.

« Fous que vous êtes, reprit le maître en grondant, je ne vous impose rien de tout cela; je vous ai fait seulement trois conditions des plus modestes; je pouvais exiger bien davantage, mais au fond je suis bon garçon. Je pourrais prendre tout et garder la capote, et la souveraineté avec elle; or, vous le savez bien, aussi longtemps que j'aurai la capote, je ne mourrai pas. Voyons, vous consentez à remplir mes trois misérables conditions? C'est dit?

— Oui, oui, notre seigneur et maître! répondirent les petits hommes en soupirant, » et ils s'empressèrent de chercher tout ce qu'il leur avait demandé et d'obéir à ses ordres.

Dans le moulin du vieux meunier, là-haut, il n'y avait plus de bon temps pour personne. Lorsque le frère cadet s'en était allé, le meunier avait dit en grognant :

« Bien! le voilà parti aussi; — c'est comme cela, quand on a élevé ses enfants, — ils vous tournent le dos. —

Maintenant, je n'ai plus que ma fille, mon trésor, ma favorite. »

Mais la favorite restait assise à pleurer.

« Te voilà encore à pleurer ! grommela le vieux ; tu crois que je vais penser que ces larmes-là sont pour tes frères ? Tu pleures ce vaurien aussi qui veut t'épouser ! Il est vide comme un sac de farine, — *il* n'a rien, *tu* n'as rien, *je* n'ai rien, *nous* n'avons rien à nous trois. Entends-tu marcher les ailes du moulin ? Je n'entends rien. Rien ne va mal comme un moulin qui ne va pas. Je ne puis moudre, et tu ne peux te marier, ou c'est faire mariage de mendiants. Eh bien, alors ? »

C'était de telles paroles que la pauvre fille avait à entendre chaque jour, et elle se mourait presque de chagrin.

Mais voilà qu'un beau matin arrivèrent une, deux, trois voitures, qui s'arrêtèrent devant le moulin ; de petits cochers étaient sur les siéges, de petits valets sautèrent à bas de chacune des voitures et furent ouvrir les portières, et l'on en vit sortir trois beaux jeunes hommes, vêtus comme des princes.

D'autres valets entourèrent les voitures, en déchargèrent le contenu, et eurent grand'peine à transporter dans le moulin des malles, des coffres, des cassettes, des toilettes et des bahuts à n'en plus finir.

Le meunier et sa fille demeuraient, la bouche béante d'étonnement, à la porte d'entrée.

« Bonjour, père ! Bonjour, sœur ! Nous voici de retour ! » s'écrièrent les trois frères.

Les autres les regardaient, ébahis.

« Bois à notre bienvenue, cher père ! » dit l'aîné, en prenant des mains d'un valet une petite bouteille qu'il vida dans un gobelet richement travaillé ; puis il tendit le gobelet à son père.

Le père but, rendit le gobelet d'or, et tous y burent après lui. Le vieillard se sentit le cœur échauffé d'une douce chaleur, et cette chaleur devint un feu ardent, le feu de l'amour. Il pleura, prit ses fils dans ses bras, leur donna un vrai baiser de père et les bénit. Et celui que la jeune fille aimait arriva, et il eut sa part du breuvage et des embrassades comme les autres.

Et les roues du moulin allèrent toutes seules de joie, elles qui étaient restées inactives pendant si longtemps, et elles continuèrent toujours, toujours, à tourner.

HISTOIRE DU BRAVE TAILLEUR

Il était une fois un tailleur qui habitait une ville nommée Romadia.

Une fois qu'il travaillait, il avait à côté de lui une pomme, et beaucoup de mouches vinrent se mettre dessus, attirées par la douce odeur du fruit. Le tailleur se fâcha, prit un morceau de drap qu'il voulait jeter dans l'endroit aux rognures, et le lança sur la pomme; et lorsqu'il regarda, il se trouva qu'il avait tué sept mouches d'un seul coup.

« Oh! oh! pensa le petit tailleur, suis-je donc un tel héros?»

Il se fit faire tout de suite une armure, et fit mettre sur le bouclier, en lettres d'or : *Sept d'un coup !* Puis notre homme, revêtu de son armure, se promena par les rues et sur les boulevards, et ceux qui le virent crurent que ce héros avait tué *sept hommes d'un coup* et eurent peur de lui.

Il y avait dans le même pays un roi dont la renommée était répandue partout. Le paresseux tailleur, qui avait quitté sur-le-champ son aiguille et ses ciseaux, résolut d'aller voir le roi, entra dans la cour du château, se mit sur l'herbe et s'endormit. Les domestiques qui allaient et venaient et qui aperçurent le tailleur dans sa riche armure et lurent l'inscription en lettres d'or, se demandèrent avec beaucoup de surprise ce qu'un homme aussi redoutable prétendait faire en temps de paix à la cour du roi. A coup sûr ils croyaient voir un fort grand seigneur.

Les conseillers du roi qui avaient vu aussi le tailleur endormi, en informèrent immédiatement leur bon sire, Sa Majesté le roi, en risquant l'humble remarque que ce héros pouvait rendre d'excellents offices au pays en cas de guerre. Ces paroles plurent beaucoup au roi, qui fit aussitôt demander au tailleur s'il voulait prendre du service. Le tailleur répondit qu'il n'était venu que pour cela et qu'il priait Sa Majesté, au cas où il pourrait lui être utile, de l'admettre à son service ; ce que le roi accepta vite, lui assignant un bon traitement et lui donnant un bel appartement, de sorte qu'il n'avait qu'à vivre joyeusement, sans rien faire.

Il ne se passa pas longtemps avant que les chevaliers du prince, qui n'avaient qu'un traitement médiocre, devinssent les ennemis du tailleur; et ils l'auraient volontiers envoyé au diable, s'ils n'avaient eu peur d'une querelle avec lui, craignant de ne pouvoir se défendre assez bien, puisqu'il tuerait à chaque coup sept d'entre eux. Aussi songeaient-ils jour et nuit, et à chaque instant, aux moyens de se débarrasser de ce terrible guerrier. Mais comme leur esprit n'était pas très-brillant, ils ne trouvèrent pas de ruse convenable pour éloigner le héros de la cour, et ils se décidèrent enfin à se rendre tous en même temps auprès du roi et à lui demander leur congé ; ce qu'ils firent en effet.

Lorsque le roi vit que tous ses féaux serviteurs allaient le quitter pour un seul homme, il devint triste, plus triste qu'il n'avait jamais été, souhaitant n'avoir jamais vu ce héros; mais il n'osait le renvoyer, de peur qu'il lui tuât tous ses hommes et prît pour lui-même le royaume. Pendant que le roi cherchait conseil afin de savoir ce qu'il avait de mieux à faire pour garder la paix dans cette circonstance difficile, il songea enfin à une ruse qui devait le débarrasser pour toujours de ce foudre de guerre que nul ne soupçonnait être un simple tailleur. Il manda tout de suite le héros, et lui dit qu'il l'avait entendu vanter comme le guerrier le plus fort et le plus habile qui existât sur la terre. Il ajouta que dans la forêt il y avait deux géants qui faisaient beaucoup de mal en volant, brûlant et tuant tout dans le pays, et dont on ne pouvait approcher même avec des armes, car tous leurs coups étaient mortels : si le héros voulait lui promettre de les tuer et les tuait en effet, il obtiendrait du roi la main de sa fille avec la moitié du royaume pour dot ; et, pour cette expédition, le prince offrit de lui donner cent chevaliers comme auxiliaires.

Ces paroles rendirent le tailleur tout joyeux, et il songea combien ce serait beau de devenir le gendre du roi et d'avoir pour dot la moitié du royaume. Il répliqua donc effrontément qu'il se trouvait au service de Sa Majesté pour tuer les géants, mais qu'il se passerait bien de l'aide des cent chevaliers. Après quoi, il prit le chemin de la forêt, commanda aux chevaliers qui le suivaient, d'après l'ordre du roi, de l'attendre sur la lisière du bois, et entra dans les buissons pour tâcher de voir en cachette les géants. Enfin, après avoir cherché longtemps, il les trouva tous les deux sous un arbre, endormis et ronflant de telle façon que les branches se balançaient comme secouées par l'ouragan. Le tailleur ne fit pas de longues réflexions ; il remplit ses poches de grosses pierres, monta sur l'arbre au pied duquel dormaient les géants, et se mit à jeter une pierre si rudement sur la poitrine de l'un d'eux qu'il s'éveilla et se fâcha contre son camarade, lui demandant pourquoi il l'avait battu. L'autre s'excusa de son mieux, disant qu'il l'avait battu sans le savoir, et que cela avait dû lui arriver en dormant. Lorsqu'ils se furent assoupis de nouveau, le tailleur prit une seconde pierre et la lança sur l'autre géant, qui se fâcha à son tour contre son camarade en lui demandant pourquoi il la jetait si fort. Celui-ci jura qu'il ne savait pas de quoi il s'agissait. Après une dispute de quelques instants, le sommeil ferma de nouveau les yeux des deux géants, et le tailleur se remit à lancer une pierre sur le premier qui, ne pouvant supporter plus longtemps un tel traitement de la part de son compagnon, par qui il se croyait battu, commença à le battre de toutes ses forces. L'autre n'étant pas d'humeur plus endurante, ils se levèrent tous deux, arrachèrent de gros arbres du sol, en laissant par bonheur celui sur lequel se trouvait perché le tailleur, et ils se battirent avec tant de violence qu'ils tombèrent morts l'un et l'autre.

Quand le tailleur vit, du haut de son arbre, que les géants s'étaient tués réciproquement, il eut plus de courage que jamais, descendit gaiement de l'arbre, fit quelques blessures avec son épée à chacun des géants, et sortit de la forêt pour retrouver ses chevaliers. Ils lui demandèrent s'il avait découvert les géants ou s'il ne les avait pas vus.

« Oui ! dit le tailleur, je les ai découverts, et vus, et tués tous les deux et je les ai laissés gisants sous un arbre. »

Cela sembla étrange à entendre aux chevaliers; ils ne voulaient et ne pouvaient pas croire qu'un homme fût revenu sans blessures d'une rencontre avec les géants et qu'il les eût même tués à lui seul. Ils allèrent dans la forêt pour contempler cette merveille, et ils reconnurent que l'héroïque tailleur leur avait dit la vérité. Alors ils furent saisis d'étonnement et eurent plus de peur que jamais du héros, car ils craignaient qu'un tel vainqueur leur enlevât la vie à tous, s'il s'avisait de les traiter en ennemis.

Les chevaliers retournèrent à la cour pour rendre compte au roi de ce qu'ils avaient vu; et lorsque le tailleur arriva pour raconter lui-même sa prouesse et réclamer la main de la princesse avec la moitié du royaume, le roi regretta bien d'avoir tant promis à ce guerrier étranger, maintenant que les géants étaient morts et ne pouvaient plus faire de mal. Il se reprit donc à rêver aux moyens de se débarrasser du héros, auquel il ne comptait nullement donner sa fille en mariage. Aussi dit-il au tailleur qu'il existait encore par malheur dans une autre forêt, une licorne[1] dont bêtes et gens avaient terriblement à souffrir : s'il parvenait à s'emparer de l'animal, le main de la princesse lui appartiendrait.

Le brave tailleur fit bon visage à cette proposition ; il se munit d'une corde, alla dans la forêt où vivait la li-

---

1. Animal fantastique dont le nom revient souvent dans les contes et romans du moyen âge : espèce de cheval avec une corne au front.

corne sauvage, et ordonna à ses compagnons de l'attendre à la sortie du bois, déclarant qu'il voulait y entrer *seul* pour tenter *seul* l'aventure, comme il avait combattu *seul* et sans aide contre les deux géants. Il marchait depuis quelque temps dans la forêt, quand il vit la licorne courant sur lui, la corne baissée, pour le découdre. Mais c'était un gaillard agile, et il attendit que la bête fût tout près de lui, pour se glisser vite derrière l'arbre le plus proche, de sorte que la licorne, qui arrivait au galop, ne put se détourner à temps et s'abattit contre l'arbre avec tant de violence qu'elle le perça de part en part de sa corne et se trouva ainsi retenue de force. Lorsque le tailleur la vit se débattre en vain, il s'approcha, lui noua la corde autour du cou et l'attacha le mieux du monde à l'arbre; puis il rejoignit ses compagnons pour leur annoncer sa victoire sur la licorne.

Ensuite, notre homme s'en fut chez le roi, lui fit un rapport en forme sur l'heureux accomplissement de son royal désir, et lui rappela modestement qu'il avait engagé deux fois sa royale parole. Le roi était bien attristé et ne savait que faire, le tailleur réclamant la main de la princesse, que Sa Majesté ne voulait pas du tout lui accorder. Il exigea donc une troisième épreuve du héros. Celui-ci devait prendre un sanglier sauvage qui habitait une autre forêt encore et qui ravageait tout le pays : s'il sortait vainqueur de cette épreuve, il aurait tout de suite la princesse; et le roi lui offrit tous ses chevaliers pour l'aider.

Pour le coup, le tailleur s'en alla de mauvaise humeur avec ses compagnons jusqu'à la forêt, et leur enjoignit de l'attendre à la sortie. Les chevaliers en furent bien aises, car le sanglier les avait reçus plus d'une fois de telle façon, que beaucoup n'étaient jamais revenus et que pas un ne se souciait de recommencer pareille chasse. Aussi le remercièrent-ils cordialement, et tout d'une voix, de courir seul les risques de cette dangereuse entreprise, en les laissant en arrière et en lieu de sûreté. Le tailleur n'était pas depuis bien longtemps dans la forêt, qu'il fut remarqué par le sanglier : l'animal se précipita sur lui, la hure écumante et les défenses prêtes à l'embrocher : le cœur tremblait à notre héros, et il regardait autour de lui pour chercher du secours. Le bonheur voulut qu'il existât une vieille chapelle dans la forêt; et comme le tailleur se trouvait tout près, il sauta dedans d'un seul bond et sortit par une fenêtre sans vitres, vis-à-vis de la porte. Bientôt le sanglier le suivit en tournant dans la chapelle; le tailleur fit vite par dehors le tour de l'édifice, se glissa jusqu'à la porte et put ainsi enfermer le sanglier féroce. Puis il fut dire à ses compagnons ce qu'il avait fait ; ils arrivèrent à la chapelle, s'assurèrent de la réalité de l'aventure, et s'en revinrent, pleins d'étonnement, conter la chose à leur maître.

S'il fut plutôt gai que triste du nouvel exploit du guerrier, c'est ce que chacun peut imaginer de lui-même : le roi se voyait maintenant contraint d'accorder sa fille au tailleur, ou il avait à craindre que ce dernier essayât contre Sa Majesté en personne la force dont il venait de donner trois preuves éclatantes. Mais, sans aucun doute, si le roi eût su que le héros n'était qu'un tailleur, il lui eût plutôt fait cadeau d'une corde pour se pendre. Quant à considérer si le roi donnait sa fille à un homme obscur et sans naissance, s'il la donnait volontiers ou non, cela était bien égal au tailleur ; mais il était fier de devenir le gendre du roi. De la part du prince, le mariage ne fut pas célébré avec beaucoup de joie; toujours est-il que le tailleur était maintenant gendre du roi, et même roi.

Au bout de quelque temps, voilà que la jeune reine entendit, une fois, son seigneur et mari dire en dormant :

« Valet, fais-moi mon habit, — fais des reprises à mes culottes, — vite, dépêche-toi, ou je te — je te baillerai de l'aune autour des oreilles! »

Le cas parut bien singulier à la jeune femme du nouveau roi, et elle soupçonna fort son mari de n'être qu'un tailleur; elle conta sa découverte au roi son père, et le pria de la débarrasser de cet homme.

Lorsque le roi eut écouté ce récit, la pensée qu'il avait été contraint de donner sa fille à un tireur d'aiguille lui perça le cœur. Il la consola de son mieux et lui recommanda de laisser la porte de la chambre à coucher ouverte, la nuit prochaine, d'aposter sur le seuil quelques serviteurs; et si elle entendait encore de pareilles paroles, les serviteurs auraient ordre d'entrer et de tuer le tailleur. La jeune reine y consentit et promit de suivre les avis de son père.

Or, le roi avait à sa cour un écuyer qui aimait le tailleur et qui avait entendu les paroles perfides du prince. Il alla tout droit chez le jeune roi et l'informa du cruel complot qui se tramait contre lui, l'engageant à se défendre de son mieux. Le tailleur-roi lui sut un gré infini de cet avertissement et lui dit qu'il n'était pas en peine de se tirer de là.

La nuit venue, il se coucha à l'heure habituelle et fit bientôt semblant d'être plongé dans un sommeil profond. Alors sa femme se leva en secret, ouvrit la porte et se recoucha tout doucement. Bientôt le jeune roi commença à parler comme en rêve, mais à haute voix, pour être bien entendu de ceux qui étaient au guet devant la porte :

« Valet, fais mon habit, — fais les reprises de mes culottes, — vite, ou tu goûteras de l'aune! J'ai... j'en ai tué *sept d'un coup*, — j'ai tué deux géants, — j'ai pris la licorne, — j'ai pris le sanglier sauvage... Et j'aurais peur des gens qui sont là, devant la porte de ma chambre? »

Lorsque les gens postés sur le seuil entendirent ces paroles, ils s'enfuirent comme s'ils avaient eu mille diables à leurs trousses, aucun ne voulant être le premier à se mesurer avec le tailleur.

Et, de cette façon, le brave tailleur fut et resta roi jusqu'à la fin de ses jours [1].

LE FORGERON DE JUTERBOGK

Dans la petite ville de Jüterbogk [2] vivait un forgeron dont les enfants et les vieilles gens se racontent l'histoire étrange.

Ce forgeron, dans sa jeunesse, avait un père d'humeur sévère, qui observait bien les commandements de Dieu. Il fit de grands voyages et eut de nombreuses aventures; aussi était-il très-expert dans son métier. Il avait une teinture d'acier qui rendait impénétrables chaque harnais et chaque armure qu'il y trempait, et il se joignit à l'ar-

---

1. Il y a dans l'esprit de ce conte pour le moins autant de satire morale que de pure bouffonnerie. Le *brave* tailleur ne semble d'abord qu'un fanfaron des plus comiques, lorsqu'on le voit se pavaner sous une belle armure pour avoir tué *sept mouches* d'un coup ! Mais, dans ses diverses aventures, s'il n'use pas beaucoup de son épée, il fait preuve de sang-froid et d'imaginative : c'est le triomphe de l'intelligence sur la force brute. Voilà le trait caractéristique.

Autre aspect du conte : cet homme passe, aux yeux de tous, pour un héros ; mais on le soupçonne d'être un ancien tailleur : dès lors, plus d'égards ni d'estime, et, sans la peur qu'il inspire de nouveau, c'en serait fait de lui ! N'est-ce pas de la satire, et de la meilleure ?

2. Cette ville est située dans la province prussienne de Brandbourg.

mée de l'empereur Frédéric[1], où il devint armurier impérial et fit la guerre dans la Pouille et dans le Milanais. Là, il conquit la voiture qui portait les drapeaux de la ville, et il revint dans son pays avec beaucoup de richesses, quand l'empereur fut mort.

Il vit de beaux jours, puis de mauvais, et vécut plus de cent ans.

Un jour, il était assis dans son jardin, sous un poirier, lorsque survint un petit homme gris qui s'était montré plusieurs fois le bon ange de notre forgeron. Le petit homme passa la nuit chez celui-ci et le pria de ferrer son âne, ce que le forgeron fit volontiers sans demander d'argent. Alors le petit homme dit à Pierre de former trois souhaits, mais de ne pas oublier le meilleur. Le forgeron souhaita donc, comme les voleurs lui prenaient quantité de poires, qu'une fois monté sur le poirier, personne n'en pût descendre sans sa permission; puis, comme on l'avait aussi volé quelquefois dans sa chambre, il souhaita de même que personne n'y pût entrer sans sa permission, sinon par le trou de la serrure. A chaque souhait futile qu'il faisait, le petit homme lui disait sérieusement:

« N'oublie pas le meilleur!

— Le meilleur, dit le forgeron pour dernier souhait, le meilleur, c'est une bonne goutte d'eau-de-vie; c'est pourquoi je souhaite que cette bouteille ne se vide jamais!

— Tes souhaits seront accomplis! » dit le petit homme, qui passa encore la main sur quelques barres de fer, enfourcha son âne, et quitta la forge.

Le fer s'était changé en argent pur; le forgeron devenu pauvre était redevenu riche, et il vécut toujours

---

1. Voir la note à la fin du conte.

en bonne santé, car le liquide contenu dans la bouteille était, sans qu'il le sût, une *eau de vie*.

Enfin, le compère *la Mort*[1], qui semblait l'avoir oublié longtemps, frappa à sa porte, et le forgeron parut tout disposé à s'en aller avec lui; il le pria seulement de lui permettre de se rafraîchir et de prendre quelques poires au poirier, où il ne pouvait monter lui-même à cause de sa faiblesse. La Mort monta à l'arbre, et le forgeron dit :

« Restes-y ! »

Car il avait envie de vivre encore quelque temps.

Compère la Mort mangea toutes les poires; puis le jeûne commença pour lui, et il se dévora lui-même : d'où vient qu'il est resté à l'état de squelette affreux. Personne ne mourait plus sur la terre, ni hommes ni bêtes, et il en arriva beaucoup de mal. Finalement le forgeron s'accorda avec compère la Mort, qui jura de le laisser désormais en repos. La Mort s'envola en furie, commença par tout décimer par le monde, et, ne pouvant se venger en personne du forgeron, lui envoya le Diable pour l'emmener.

Le Diable se mit vite en chemin; mais le forgeron sentit d'avance le soufre, ferma sa porte, tint un sac de cuir ouvert au-devant de la serrure avec l'aide de ses garçons, et lorsque messire le Diable y entra, n'ayant pas d'autre moyen de pénétrer dans la forge, le sac fut noué aussitôt, porté sur l'enclume, et tous frappèrent dessus avec les plus lourds marteaux, de sorte que le Diable devint tout mince et jura bien de ne jamais revenir. Dès lors, le forgeron vécut en repos jusqu'à ce qu'il fût las de la vie, toutes ses connaissances et tous ses amis étant morts.

Alors il se mit en route pour aller au ciel et heurta

---

1. Le nom de la Mort est masculin en allemand. — Voir le conte des frères Grimm intitulé : *Le Compère la Mort*.

modestement à la porte. Saint Pierre vint regarder au guichet, et Pierre le forgeron reconnut son patron et son ange gardien, qui l'avait sauvé par une faveur visible de tant de dangers et qui lui avait accordé en dernier lieu les trois souhaits. Mais saint Pierre lui dit maintenant :

« Au large ! Le ciel doit te rester fermé ! Tu as oublié de souhaiter le meilleur de tout, qui est la vie éternelle ! »

Ainsi rebuté, Pierre s'en retourna et voulut essayer de l'enfer ; il s'en alla par en bas et trouva bientôt le chemin spacieux et commode, et fréquenté par une foule de gens.

Dès que le Diable apprit que le forgeron de Jüterbogk approchait, il ferma vite la porte de l'enfer et se mit en état de défense.

Comme le forgeron ne trouvait place ni dans le ciel ni dans l'enfer, et comme il était dégoûté de la terre, il s'en fut retrouver l'empereur Frédéric dans le *Kyffhœuser*[1], pour lui offrir ses services. Le vieil empereur, qu'il avait eu pour maître, se réjouit à la vue de son armurier Pierre, et lui demanda tout de suite si les corbeaux volaient toujours autour des ruines du château de Kyffhœuser. Et lorsque Pierre eut dit oui, l'empereur soupira.

Quant au forgeron, il resta dans la montagne, où il ferre le cheval favori de l'empereur et les chevaux de la princesse et de ses dames, jusqu'à ce que l'heure de la délivrance sonne pour eux.

Et c'est ce qui arrivera, d'après la légende, quand les corbeaux ne voleront plus autour de la montagne, et quand, sur le champ de la ville, un vieil arbre mort recommencera à verdir et à fleurir. Alors l'empereur reviendra avec tous ses chevaliers, il combattra la grande

---

1. Voir plus bas l'histoire du *Berger* et l'histoire des *Musiciens* au Kyffhœuser, parmi les contes de Franz Hoffmann.

bataille de la délivrance et suspendra son bouclier à cet arbre refleuri. Après quoi, lui et les siens entreront dans le repos éternel [1].

LE RÊVE DE BONHEUR DU JEUNE BERGER

Il y avait une fois un pauvre paysan qui était depuis des années berger dans un petit village. Sa famille était peu nombreuse : il n'avait que sa femme et un petit garçon, leur unique enfant. De bonne heure, il avait pris celui-ci avec lui, et lui avait enseigné les devoirs d'un honnête berger. Dès que l'enfant fut un peu grand, il put

---

[1]. Ce conte est des plus curieux. Par l'histoire de la Mort et du poirier, il rappelle la légende du *bonhomme Misère*, qui fait partie de notre *Bibliothèque bleue*. La double aventure de Pierre le forgeron au ciel et en enfer se trouve racontée par Émile Souvestre dans les *Derniers Bretons*, où le héros porte le nom de Moustache. Enfin, la conclusion du conte rattache ce récit au cycle populaire des légendes inspirées par le souvenir de Frédéric Barberousse dans sa montagne enchantée ; car c'est bien de *Frédéric I*ᵉʳ *Barberousse* qu'il s'agit ici, quoique le texte allemand porte : *Frédéric II*, par une confusion évidente entre le grand-père et le petit-fils, que fait aussi Henri Heine, dans son livre *De l'Allemagne*, chapitre des *Traditions populaires*, en ayant l'air de prêter au premier, au vieux héros des légendes allemandes, adversaire de la papauté, mais réconcilié finalement avec elle et mort en terre sainte, quelque chose de l'esprit du second, ennemi irréconciliable de l'Église et du Christianisme. — L'empereur Frédéric des légendes est toujours *Frédéric Barberousse* ; c'est lui qui demeure dans le Kyffhæuser, où il rêve de reconquérir le saint Sépulcre. — Voir les contes de Franz Hoffmann, ci-après.

lui confier la garde des troupeaux et gagner lui-même quelques sous en tressant des paniers. Le petit berger menait gaiement son troupeau dans les prairies; il s'en allait sifflant ou chantant de joyeuses chansons et faisant claquer son fouet : le temps ne lui semblait pas long. A midi, il se couchait paisiblement avec son troupeau, mangeait son pain, buvait l'eau d'une source limpide, et parfois sommeillait jusqu'au moment de conduire ses bêtes ailleurs. Un jour, le petit berger s'était étendu à l'ombre d'un grand arbre pour se reposer après son dîner. Il s'endormit, et fit un rêve étrange. Il voyageait loin, bien loin; — un cliquetis se fit entendre, comme s'il tombait une pluie de pièces d'argent; — puis ce fut comme un bruit de coups de fusil répétés; — puis apparurent des troupes innombrables tout équipées et vêtues d'armures étincelantes : — tout cela l'étourdissait. Cependant il marchait toujours, et toujours en montant; enfin, il se trouva sur une hauteur où un trône était dressé; il s'y assit, et à ses côtés prit place une belle jeune femme qui se montra soudain. Et dans son rêve, le petit berger se leva, et dit d'un air sérieux et solennel : « Je suis le roi d'Espagne. » Au même instant, il s'éveilla.

Préoccupé de son rêve merveilleux, le petit berger emmena son troupeau, et, le soir, quand il fut assis avec ses parents sur le banc de la maison, tout en coupant des baguettes, il leur raconta son rêve, et dit à la fin :

« Vraiment, si je fais encore ce rêve, j'irai en Espagne, et je verrai si je ne puis pas devenir roi.

— Petit sot, lui dit son père, oui, on va te faire roi ! Tâche qu'on ne se moque pas de toi. »

Sa mère riait à gorge déployée, et battait des mains en répétant :

« Roi d'Espagne ! roi d'Espagne ! »

Le lendemain, à midi, le petit berger se coucha sous

le même arbre. O miracle! le même rêve vint le bercer. A peine put-il retenir son impatience jusqu'au soir : il serait volontiers allé à la maison et en Espagne. Lorsqu'il eut ramené son troupeau et raconté de nouveau son rêve, il dit :

« Si je fais encore ce rêve, je pars immédiatement. »

Le troisième jour, il se mit sous son arbre, et le même rêve se présenta pour la troisième fois. Le berger se leva dans son rêve, et dit : « Je suis le roi d'Espagne. » Là-desssus, il s'éveilla, prit sur-le-champ son chapeau, son fouet et sa besace, rassembla tout son troupeau et le ramena directement au village. Alors les gens se fâchèrent de le voir venir si tôt et si longtemps avant les vêpres; mais le jeune gars était tellement enthousiasmé, qu'il n'écouta ni les propos des voisins, ni ceux de ses propres parents; il réunit ses quelques vêtements du dimanche, en fit un paquet qu'il prit sur son épaule au bout d'un bâton de noyer, et partit bien vite, sans se laisser retenir. Il marchait d'un pas rapide, comme s'il allait arriver le soir même en Espagne. Mais ce jour-là, il n'atteignit qu'une forêt. Il n'y avait nulle part ni maison, ni village, et il se décida à se coucher sous les buissons. A peine avait-il fermé l'œil, qu'un bruit l'éveilla : une bande d'hommes passait devant les buissons en parlant très-haut. Le jeune berger se leva tout doucement, et les suivit à une faible distance. « Peut-être, pensait-il, trouverai-je une auberge, et là où ces hommes vont coucher aujourd'hui, me sera-t-il possible de coucher aussi. »

Ils n'avaient pas marché longtemps, qu'une assez grande maison s'éleva devant eux; mais elle était située juste à l'endroit le plus épais de la forêt. Les hommes frappèrent; la porte s'ouvrit, et le petit berger se glissa dans la maison à la suite des autres. A l'intérieur, une seconde porte s'ouvrit, et tous entrèrent dans une grande salle à peine éclairée, dont le plancher était couvert de bottes de paille, d'édredons et de draps préparés pour servir de lits à tous ces hommes. Le petit berger se cacha bien vite sous une botte de paille qui était près de la porte, et de là il écouta et observa tout ce qui se passait. Bientôt il s'aperçut, car il était intelligent et très-éveillé, que ces hommes formaient une bande de voleurs, dont le chef était le propriétaire de la maison. Quand les nouveaux arrivés furent couchés, le chef monta sur un siége un peu élevé, et dit d'une voix de basse :

« Mes braves compagnons, parlez-moi de votre besogne d'aujourd'hui. Où avez-vous pénétré, et quel butin apportez-vous ? »

Alors un homme très-grand, avec une barbe longue et noire, se leva et répondit :

« Mon cher capitaine, ce matin j'ai enlevé à un gentilhomme une culotte de cuir; elle a deux poches, et aussi souvent qu'on la retourne, en la secouant vivement, il en tombe une poignée de ducats.

— Cela sonne bien ! » dit le chef.

Un autre brigand fit son rapport ainsi :

« J'ai volé aujourd'hui à un général son chapeau à trois cornes, qui a le don de lancer des coups de fusil par chacune des cornes, quand on le tourne sur sa tête.

— Cela s'entend ! » dit le capitaine.

Un troisième se leva et dit :

« J'ai pris une épée à un chevalier : aussi souvent qu'on enfonce cette épée en terre, il en sort un régiment de soldats.

— Un beau fait d'armes ! » dit le capitaine.

Un quatrième brigand se leva et dit :

« J'ai ôté à un voyageur endormi une paire de bottes qui, lorsqu'on les met, font sept lieues à chaque pas.

— De quoi aller vite et bien ! dit encore le chef; pendez ce butin au mur, et puis mangez, buvez et dormez tout votre soûl. »

Alors il quitta le dortoir des brigands. Ceux-ci burent encore longtemps, puis s'endormirent profondément. Quand tout fut calme et tranquille, le petit berger sortit de sa cachette, mit la culotte de cuir, coiffa le chapeau, ceignit l'épée, chaussa les bottes et sortit tout doucement de la maison. Dans la forêt, les bottes montrèrent déjà leur vertu merveilleuse, à la grande joie du petit berger, et il n'eut pas à marcher bien longtemps pour entrer dans la capitale de l'Espagne, nommée Madrid. Il demanda au premier individu qu'il rencontra la principale hôtellerie; mais il fut salué de cette réponse :

« Mon petit ami, va où logent tes pareils, et non là où mangent les grands seigneurs. »

Toutefois, une pièce d'or rendit ce personnage plus civil; il se fit volontiers le guide du petit berger, et lui indiqua le meilleur hôtel.

Là, le jeune homme commanda les plus belles chambres et demanda à l'hôtelier :

« Eh bien, qu'y a-t-il de nouveau dans votre ville? »

L'hôtelier fit une mine longue et répondit :

« Monseigneur, vous êtes donc étranger dans ce pays? Comment, vous n'avez pas encore appris que Sa Majesté le roi met sur pied une armée de vingt mille hommes? Voyez-vous, nous avons des ennemis; oh! c'est un mauvais temps! Monseigneur, est-ce que vous entrerez dans l'armée?

— Naturellement! » s'écria le jeune homme en rougissant de joie.

Quand l'hôtelier fut parti, il passa vite la culotte de cuir, en fit tomber des pièces d'or et s'acheta des costumes magnifiques, des armures et des pierreries, dont il se para, et fit demander une audience au roi. Admis au palais, il fut conduit par deux chambellans dans une grande et magnifique salle. Il rencontra sur son passage une jeune dame fort belle qui s'inclina gracieusement devant lui ; il la salua poliment, et les chambellans lui dirent après :

« C'est la princesse, fille du roi. »

Le jeune homme fut ravi de la beauté de la princesse, et son enthousiasme lui donna la hardiesse de parler au roi.

« Sire, dit-il, je vous offre respectueusement mes services de cavalier ; mon épée, que je vous apporte, va vous gagner la victoire, et mon armée va conquérir tout ce que mon roi lui ordonnera de subjuguer. Mais je demande une récompense ; après que j'aurai remporté la victoire, je demande votre fille en mariage. Voulez-vous y consentir, mon roi ? »

Le roi fut étonné d'un langage si décidé, et dit :

« Eh bien, j'accepte ta proposition ; si tu reviens victorieux, tu seras mon successeur, et tu auras ma fille pour femme. »

Alors l'ancien berger s'en alla tout seul dans les champs, et y enfonça la pointe de son épée par-ci par-là ; en quelques minutes, plusieurs milliers de soldats bien armés sortirent du sol, et le jeune homme les conduisit au combat, en qualité de général, monté sur un cheval superbe magnifiquement harnaché et couvert de drap d'or, avec des rênes étincelantes de brillants.

Le jeune capitaine marcha contre l'ennemi et livra une bataille effroyable ; du chapeau qu'il avait sur la tête partaient sans cesse des coups mortels, et son épée appelait du sein de la terre un régiment après l'autre, si bien que l'ennemi fut battu et dispersé en quelques heures, et que l'on déploya les étendards de la victoire. Mais le vainqueur voulut poursuivre ses avantages, et prit un bon lopin du pays ennemi. Triomphant et glorieux, il retourna en Espagne où le bonheur le plus doux l'attendait.

La belle princesse n'avait pas été moins ravie de l'aspect du jeune homme que lui des grâces de la princesse, et le roi était homme à savoir apprécier les mérites de notre héros. Il lui tint parole, lui donna sa fille pour femme et le désigna pour lui succéder comme héritier du trône.

Les noces furent célébrées avec beaucoup de pompe, et l'ancien berger se trouva au comble du bonheur. Bientôt après le mariage, le vieux roi remit la couronne et le sceptre aux mains de son gendre, qui s'assit fièrement sur le trône à côté de sa belle épouse, et reçut les hommages adressés à sa royauté nouvelle.

Alors, voyant son rêve si bien réalisé, il songea à ses pauvres parents, et lorsqu'il fut seul avec sa femme, il lui dit :

« Chère femme, sache que j'ai encore mes parents, mais ils sont très-pauvres ; mon père est berger dans un village, loin d'ici, et moi-même, dans mon enfance, j'ai gardé les troupeaux jusqu'au jour où un rêve m'a averti que je deviendrais roi d'Espagne. Le bonheur m'a souri ; regarde, je suis roi ; mais je voudrais voir mes parents heureux, et avec ton consentement, je désire les aller chercher. »

La reine y consentit volontiers et laissa partir son mari, qui voyagea vite avec ses bottes de sept lieues.

En route, il rendit aux vrais propriétaires les choses merveilleuses que les brigands leur avaient volées, excepté les bottes, courut chercher ses pauvres parents, qui ne se connaissaient pas de joie ; puis il fit don d'un duché au propriétaire des bottes, et il vécut heureusement et honorablement jusqu'à son dernier jour comme roi d'Espagne.

DEUXIÈME SÉRIE

CONTES DE FRANZ HOFFMANN

DE WINTER ET DE SCHANZ

NOTICE
SUR FRANZ HOFFMANN

Alexandre-Frédéric Franz Hoffmann qu'il ne faut pas confondre avec le fameux Hoffmann, l'auteur des *Contes fantastiques*, est né le 22 février 1814, à Bernbourg.

Il suivit les cours du collége de cette ville jusqu'à l'âge de quinze ans, puis il entra en qualité de commis dans la maison de librairie de son frère aîné, à Stuttgart, où il resta jusqu'en 1839, résistant à l'envie qu'il avait de se faire acteur. Depuis cette époque, il ne s'est plus occupé que de littérature, habitant tour à tour Stuttgart, Halle et finalement Dresde.

Après avoir d'abord publié plusieurs traductions des langues étrangères, il s'est mis à composer lui-même des contes pour les enfants, paraissant par séries. En 1845, il fit paraître un journal, *l'Ami de la jeunesse*, qu'il remplissait de ses ouvrages; depuis 1850, ce recueil s'appelle le *Nouvel Ami de la jeunesse*, et contient des extraits de géographie et d'histoire, des biographies, des contes, etc.

Écrivain laborieux, aussi plein de modestie que de mérite, Franz Hoffmann devait faire la triste expérience de l'insuffisance des ressources qu'offre la littérature toute seule pour les besoins de la vie; et il dit lui-même que souvent il s'est trouvé dégoûté du travail forcé auquel il était tenu pour livrer chaque année à ses éditeurs une quantité déterminée et énorme de copie.

Outre ses compositions pour l'enfance, il a aussi écrit des récits pour le peuple qui sont réunis sous le titre d'*Histoires du Calendrier*.

Le reste de ses publications : fantaisie, histoire, histoire naturelle, etc., est en majeure partie dédié à la jeunesse. Souvent il prend ses sujets de récits amusants dans quelque roman de Cooper ou de Marryat, en les adaptant à l'âge de ses lecteurs.

Le volume de Contes de Franz Hoffmann : « Légendes allemandes » (*Deutsche Sagen*), qui nous a fourni plusieurs extraits, contient de curieuses traditions populaires d'un caractère local, notamment les légendes relatives à l'empereur Frédéric Barberousse et à la montagne enchantée du Kyffhæuser formant le troisième livre du recueil. Forcés de nous borner, pour mettre plus de variété dans le volume que nous publions, nous avons pris toutefois dans le recueil dont nous venons de citer le titre de quoi donner une idée suffisante de ce genre de légendes.

KUNÉGONDE DU KYNAST[1]

En Silésie, sur une haute montagne se trouvent les ruines du château de Kynast, qui regardait jadis fièrement de sa hauteur le pays d'alentour, jusqu'à ce que la foudre vint frapper ses remparts de roches et que le feu détruisit ce puissant édifice.

Autrefois, lorsque le château brillait encore dans toute sa magnificence, vivait sur le Kynast une damoiselle d'une rare beauté, mais d'humeur fière et hautaine. Beaucoup de nobles et braves chevaliers avaient de-

[1] Conte de la Silésie.

mandé sa main, à cause de sa beauté et de sa grande richesse, mais elle les avait refusés tous, parce qu'elle ne voulait obéir à personne au monde. Cependant, comme il venait et revenait toujours des prétendants, elle songea aux moyens de se débarrasser, une fois pour toutes, de leurs demandes.

« Eh bien, dit-elle un jour aux chevaliers, celui d'entre vous qui osera chevaucher sur le mur d'enceinte de mon château, au sommet du Kynast, celui-là seul aura ma main ! »

Quand les cavaliers entendirent ce défi, les plus braves et les plus hardis furent pris d'effroi, et plus d'une joue florissante pâlit et devint blanche comme un linge ; car c'était une entreprise terrible et mortelle que celle dont la noble damoiselle exigeait d'eux l'épreuve. Le mur sur lequel cette chevauchée devait avoir lieu était si étroit que les fers du cheval avaient peine à y trouver place ; encore le mur n'était-il pas seulement bâti sur la pente de la montagne roide et inaccessible, il y en avait une partie jetée au-dessus du gouffre connu sous le nom d'*Enfer*. Un seul faux pas du cheval devait précipiter en bas cheval et cavalier, et les tuer du coup.

La plupart des chevaliers, après avoir mesuré encore une fois du regard le mur et le précipice béant, arrangèrent tranquillement leurs montures et quittèrent le château. Les appartements bruyants devinrent déserts et il n'y eut qu'un petit nombre de téméraires qui restèrent pour tenter le tour périlleux du rempart.

On les vit, l'un après l'autre, monter chacun sur son cheval, qui gravit en gémissant, et tout essoufflé, ce mur escarpé. Quelques-uns tombèrent dans le gouffre sans avoir fait plus de la dixième partie du chemin, et bien peu d'entre eux gagnèrent l'endroit appelé l'*Enfer* ; mais là le plus noble cheval était saisi de peur, et, malgré la main assurée du cavalier, il trébuchait, se précipitait de la hauteur du Kynast, et n'arrivait au bas qu'après s'être brisé contre les rochers. Là, plus d'un noble chevalier trouva une mort indigne de lui, et le bruit de la cruauté de la belle Kunégonde ne tarda pas à se répandre par toute l'Allemagne; aussi, pendant longtemps, pas un prétendant n'osa-t-il approcher des murs damnés du château de Kynast. Dame Kunégonde était parvenue à son but et s'en félicitait, sans éprouver aucun remords de ce que tant de jeunesse avait péri si horriblement. Elle chassait par les forêts, courait le cerf fugitif et le loup rapace, et pour le reste n'en prenait nulle mélancolie.

Mais, tandis qu'elle vivait ainsi heureuse et insouciante, la Providence ne dormait pas, et le jour était proche où elle allait être punie et tomber de toute la hauteur de son arrogance.

Un jour parut au pied du Kynast un beau chevalier. Une armure magnifique, aux ornements d'or et d'argent, recouvrait ses membres, et il montait un superbe cheval blanc. A côté de lui marchait un écuyer d'une beauté rare. Arrivé au pied du rocher, le chevalier étranger demanda à quelques gens du pays si le château situé là-haut n'était pas le Kynast. Les paysans répondirent affirmativement, et, comme ils prévoyaient que le chevalier voulait essayer, après tant d'autres, de chevaucher sur les murs, ils le considérèrent d'un air plein de pitié. Un vieillard vénérable sortit de leurs rangs, et lui dit loyalement :

« Seigneur, vous êtes sans doute venu pour demander la main de la belle et sauvage Kunégonde. Savez-vous quelle condition terrible elle a mise à cette faveur?

— Je sais cela, répondit le chevalier; et c'est justement pour remplir cette condition, qui a déjà coûté la vie à tant de braves chevaliers, que j'ai fait ce long voyage hors de mon pays.

— Ah ! seigneur, vous ne pouvez savoir combien est terrible et difficile l'entreprise que vous voulez tenter, dit le vieillard en secouant tristement la tête. Écoutez l'avis loyal d'un pauvre paysan, retournez en arrière si vous tenez à la vie ! Là-haut ne fleurit que la fleur empoisonnée du malheur !

— Et moi, je prétends jeter cette fleur elle-même dans le malheur, avec l'aide de Dieu, dit le chevalier d'un ton doux et ferme tout ensemble. Laisse-moi aller sans crainte, mon ami, et si tu me portes quelque intérêt, dis une prière pour le salut de mon âme, quand tu apprendras qu'il est advenu de moi comme des autres. Dieu vous garde, bonnes gens ! »

Là-dessus, le chevalier, donnant de l'éperon à son cheval blanc, se mit à gravir, d'une allure ferme et fière, la pente de la montagne, aux yeux des paysans étonnés.

« Oui ! dit enfin le vieillard, si jamais quelqu'un peut accomplir cette rude tâche, c'est lui ! Car, de ma vie, je n'ai jamais vu ni chevalier plus noble, ni cheval plus beau ! »

Les paysans se remirent en route, et parlèrent encore beaucoup du chevalier étranger et de la damoiselle Kunégonde. Cependant l'étranger était parvenu depuis longtemps au château.

Jamais chevalier n'avait, comme celui-ci, plu à l'altière Kunégonde. Par sa belle taille, sa prestance noble et courageuse, ses paroles fières, il avait fait sur elle une impression si profonde qu'elle désira, pour la première fois de sa vie, que le tour périlleux s'accomplît sans conséquences funestes. Même, si elle n'avait eu honte de se montrer infidèle à sa parole, elle eût retiré cette condition et donné sa main au chevalier sans autre examen.

Le soir, quand l'étranger voulut se rendre à son appartement, il demanda à la châtelaine si elle lui permettait de tenter l'épreuve dès le lendemain matin? La damoiselle hésita à répondre et pria enfin le chevalier de différer ce téméraire exploit de quelques jours encore, jusqu'à ce que lui et son cheval fussent remis entièrement des fatigues du voyage.

«Oh! non, je ne suis pas fatigué lorsqu'il s'agit de faire une bonne action,» répliqua le chevalier, et il ne cessa pas d'insister, que Kunégonde ne lui eût accordé la permission pour le lendemain. Alors il gagna son appartement et dormit toute la nuit d'un sommeil paisible, jusqu'à ce que le soleil vînt dorer les pics des rochers.

Quant à Kunégonde, elle ne ferma pas l'œil de la nuit, car elle tremblait pour la vie de l'étranger qui lui plaisait comme nul autre chevalier.

Le soleil éclairait la cour du château quand le chevalier y descendit et ordonna à son écuyer de seller et de brider son cheval blanc. Et, tandis que l'écuyer exécutait cet ordre, son maître s'avança jusqu'au bord du mur, regarda au fond du précipice béant qui s'étendait à ses pieds et adressa au ciel une courte prière qui sembla le fortifier beaucoup et le remplir d'un courage joyeux. Puis il sauta en selle et fit faire à son cheval quelques tours dans la cour du château. Enfin il piqua vers le mur et il allait y monter lorsqu'un cri, partant du balcon du château, l'engagea à s'arrêter encore un instant. Il leva les yeux et aperçut Kunégonde qui attendait avec une angoisse mal dissimulée le début de cette téméraire chevauchée. Lorsqu'elle vit le chevalier s'arrêter, elle le pria en grâce de différer jusqu'au lendemain; mais il secoua la tête, flatta le col élancé du superbe coursier et lui dit d'une voix douce de marcher.

Le noble animal gravit le rempart d'un pied ferme et assuré, et arriva sans accident à la partie supérieure du mur. Dans la cour les serviteurs se tenaient assemblés et contemplaient ce jeu terrible; tous les yeux étaient fixés sur le chevalier dans une affreuse anxiété. Le jeune et doux écuyer était pâle comme un mort, et une larme d'angoisse brillait dans son œil bleu. Mais le chevalier lui fit un signe d'encouragement du haut du mur, comme s'il voulait lui dire :

« N'aie pas peur ! »

Lorsque le cheval fut arrivé sur le mur, il s'arrêta, regarda en avant, puis dans le gouffre sans fond; puis il poussa un clair et joyeux hennissement et tourna le cou en arrière comme pour voir son noble maître. Celui-ci lui flatta doucement la crinière, lui dit quelques paroles caressantes et lui mit la bride sur le cou. On eût dit que le cheval n'avait attendu que cela : il se sentit à peine libre de tous ses mouvements, qu'il s'avança, la tête baissée, d'un pas lent mais sûr, le long du mur étroit. Les spectateurs le suivaient des yeux et le cœur leur battait avec violence; à peine osaient-ils respirer. L'angoisse serrait la gorge à tout le monde. Cependant, le magnifique cheval marchait toujours avec précaution mais sans avoir souci du danger, à ce qu'il semblait, et son maître restait en selle sur son dos ferme et sûr, comme s'il eût fait une promenade de plaisance à travers une verte prairie. De temps en temps le cheval tâtait avec le sabot une pierre mal assurée, et quand elle ne lui paraissait pas offrir assez de sécurité, il savait l'éviter d'un mouvement habile.

De cette façon il arriva à l'endroit le plus dangereux du mur, près du lieu où l'*Enfer* semblait ouvrir sa gueule béante pour engloutir cheval et cavalier. Là, apercevant bien le danger, le cheval fit halte, et de nouveau tourna la tête vers son maître. Les spectateurs le virent faire avec étonnement, et çà et là on entendit un murmure de louanges pour le noble animal. Tous le regardaient avec une curiosité anxieuse; seul, le jeune écuyer ferma les yeux, comme s'il ne pouvait soutenir ce spectacle horrible.

Le chevalier flatta encore une fois le cou de sa bête, et lui dit d'une voix caressante :

« Pourquoi hésites-tu, mon beau cheval? Va, va toujours par ce chemin de vertiges; nous ne devons pas rester à mi-route, va, mon beau coursier! »

Le cheval hennit joyeusement et se remit en marche, mais avec plus de lenteur encore et plus de précautions qu'auparavant. Maintenant il se trouvait à la place dangereuse que personne jusqu'ici n'avait franchie. Il hésita encore, frappa le mur avec le pied de devant, et il s'en détacha un morceau qui tomba dans le précipice avec un bruit de tonnerre. Tous les assistants poussèrent un cri d'angoisse, car chacun d'eux crut que le cheval et le cavalier allaient suivre les pierres. Mais le cheval se tenait plus ferme que le mur, et le cavalier se tenait aussi tranquillement en selle, comme si rien n'était arrivé.

« Sois sans crainte, mon écuyer, dit le chevalier au jeune homme qu'il avait laissé en bas; Dieu nous a aidés jusqu'ici, il nous aidera jusqu'au bout. En avant, mon bon cheval, en avant! »

Et le cheval marcha en avant, sauta d'un pied hardi par-dessus le trou béant, et passa l'*Enfer* heureusement et sans accident. Dès lors chacun respira, soulagé d'un grand poids, et le jeune écuyer versa des larmes de joie, car le pire de l'épreuve était fini; de l'autre côté de l'*Enfer*, la pente avait moins de roideur, et quand bien même le cheval eût trébuché, il n'y avait plus de danger pour la vie du vaillant chevalier. Il ne fallut pas longtemps au cheval blanc pour trotter lestement de l'autre extrémité du mur d'enceinte jusqu'en bas, en dansant avec grâce sur la mousse verte de la cour.

L'écuyer, revoyant son maître sans blessure, jeta un cri de joie auquel se mêlèrent les hourrahs des vassaux; et se précipita dans les bras du chevalier, qui était déjà descendu de cheval. Le chevalier embrassa affectueusement le jeune homme, lui dit quelques paroles d'une voix douce, et le jeune homme le quitta en rougissant; après quoi, le chevalier caressa le cou de sa bête, qui hennit d'allégresse et gratta la terre du pied :

« Toi, mon beau cheval, dit-il avec joie, tu seras heureux chez ton maître reconnaissant. Aucune selle, aucune bride ne te gênera, tu vivras libre dans la plus belle prairie de mes domaines que je ferai arranger pour toi seul près de mon château. Réjouis-toi, mon bon cheval, tu as bien mérité cette récompense ! »

Puis il mena de sa propre main son cheval à l'écurie, lui ôta la selle et les brides, lui donna de l'avoine dorée, et seulement alors il se disposa à monter au château, accompagné de son écuyer, pour revoir damoiselle Kunégonde après l'heureuse issue de l'entreprise.

Kunégonde l'attendait déjà avec impatience, car elle était prête de grand cœur à reconnaître la vaillance du chevalier et à lui donner sa belle main, en récompense d'une telle victoire. Lorsque le chevalier entra avec son jeune écuyer, elle s'avança toute joyeuse et voulut l'entourer de ses bras :

« Non pas, noble damoiselle ! dit le chevalier en faisant un pas en arrière et en prenant la main de l'écuyer rougissant. — Je sais bien que vous avez promis pour récompense votre cœur et votre main à celui qui suivrait à cheval la crête des murs d'enceinte de votre château; mais regardez, je ne puis faire usage ni de l'un ni de l'autre. Ici, sous le costume d'un écuyer, vous voyez ma femme bien-aimée, ma noble épouse, et vous pouvez reconnaître en ma personne le landgrave Adalbert de

Thuringe, seulement venu pour empêcher à l'avenir chaque brave chevalier, aspirant au don de votre main, de perdre la vie en y prétendant. Je suis arrivé à ce but après avoir dressé mon cheval favori à aller sur des chemins de rochers et sur des pierres étroites. Maintenant que l'épreuve est accomplie, nous n'avons plus rien à faire l'un avec l'autre, et je me borne à vous donner le conseil amical de vous débarrasser de votre arrogance intraitable. Faites pénitence dans les cendres, et au premier brave chevalier qui demandera votre main, accordez-la, au nom de Dieu ! »

Pendant que damoiselle Kunégonde restait là humiliée et foudroyée, et ne trouvait pas un mot en réponse aux paroles sévères du noble landgrave, il quitta le château avec sa femme et retourna dans son pays sans jamais plus s'occuper de l'altière damoiselle. Celle-ci réfléchit au discours du landgrave, devint pieuse et modeste, et épousa plus tard un brave chevalier pour qui elle fut toujours l'épouse la plus dévouée jusqu'à sa fin.

D'après une autre version de la légende, Kunégonde n'aurait pu vaincre son amour pour le chevalier qui l'avait ainsi humiliée et punie, et se serait jetée elle-même dans le précipice : digne fin de la vie de Kunégonde la Hautaine !

L'ILSENSTEIN OU LA ROCHE D'ILSE[1]

Lors du déluge pendant lequel les eaux de la mer du Nord submergèrent les vallées de la Saxe, un jeune

---

1. Conte du Harz. — Le Harz est une ramification des montagnes

homme et une jeune fille qui s'aimaient s'enfuirent des pays du Nord, pour sauver leur vie, jusque sur les montagnes du Harz. Ils montèrent de plus en plus, à mesure que l'eau montait, et s'approchèrent du Brocken[1], qui semblait leur offrir de loin un refuge. Enfin ils se trouvèrent sur un rocher immense qui se dressait hors de cette mer furieuse. De la hauteur du roc ils voyaient, aussi loin que le regard pouvait porter, tout le pays inondé par les flots. Les maisons, les animaux, les hommes, tout avait disparu. Ils étaient absolument seuls et regardaient les vagues se briser contre les rochers où ils étaient. Mais l'eau montait toujours plus haut, et ils songeaient déjà à quitter cet endroit pour s'enfuir par un banc de rochers, encore à découvert, et gravir le Brocken qui s'élevait pareil à une grande île au-dessus de de cette mer impétueuse.

Tout d'un coup le rocher trembla sous leurs pieds et fut brisé en deux, menaçant de les séparer à chaque instant. Du côté tourné vers le Brocken se trouvait la jeune fille, de l'autre le jeune homme, les mains étroitement enlacées. Les parois du rocher se penchèrent à gauche et à droite, mais les mains unies ne se séparèrent pas. La jeune fille et le jeune homme tombèrent dans le gouffre, et en un moment ils furent engloutis par les flots.

La jeune fille s'appelait Ilse. Elle a donné son nom à la vallée, à la rivière qui la parcourt et à la roche où elle demeure encore aujourd'hui[2].

de la forêt Noire, qui s'étend dans le Hanovre, le Brunswick et la Saxe prussienne ou province de Magdebourg. Le Harz, comme le Riesengebirge, est un foyer de traditions légendaires d'un caractère spécial.

1. Point culminant du Harz, séjour des brouillards et des nuages, parmi lesquels la tradition populaire place des rondes fantastiques de sorcières.

2. La rivière se nomme l'*Ilse* et la vallée l'*Ilsethal*, comme le rocher l'*Ilsenstein*. — L'Ilsenstein revient plusieurs fois dans les contes

LA VIERGE DE L'ILSENSTEIN

Non loin d'Ilsenbourg, au pied du Brocken, s'élève un rocher roide et haut, à la pointe duquel étincelle une croix de fer gigantesque, mais qui, vue de la vallée, paraît petite et sans importance à cause de l'immensité de la hauteur. C'est l'Ilsenstein ; et en face de ce rocher un autre se dresse, pareil de forme et aussi élevé au-dessus de la vallée, comme si un tremblement de terre les eût tout d'un coup séparés.

Là-haut, sur l'Ilsenstein, souvent une belle vierge est assise et regarde la vallée dans la nuit. Mais le matin, quand le premier rayon du soleil la touche, elle descend les rives de l'Ilse pour se baigner dans les flots clairs de ce gracieux ruisseau. Il n'est pas donné à tout œil humain de l'apercevoir. Mais quiconque la voit parle avec ravissement de sa beauté et de son charme merveilleux ; et plusieurs, à qui elle a fait part des trésors cachés dans l'intérieur du rocher, parlent de sa bonté et de sa générosité avenante.

Un matin, de bonne heure, comme les premiers rayons du soleil éclairaient les ombres de l'épaisse forêt, un charbonnier passa par là pour entrer dans le bois et commencer son ouvrage. Au bord du ruisseau, il aperçut la vierge assise, et la salua d'un air triste et respectueux.

---

du Harz, ainsi que la vierge Ilse, qui est tantôt la jeune fille de ce conte et du conte suivant, tantôt une princesse enchantée. Nous nous contentons de traduire ici ces deux légendes. La première est aussi touchante que courte, et la seconde contient une description charmante au début.

« Pourquoi es-tu si triste? lui demanda-t-elle?

— Ah! répondit le charbonnier, c'est qu'aujourd'hui ma petite maison va être vendue, et je serai jeté sur le pavé avec ma femme et mes enfants!

— Et pourquoi va-t-on la vendre?

— Parce que j'ai des dettes que je ne puis payer, dit le charbonnier en soupirant. L'année dernière fut une mauvaise année pour moi. Le bon Dieu m'a envoyé bien des peines. D'abord, j'ai été malade pendant des semaines et hors d'état de travailler; alors, plus de gain : il fallut faire des dettes pour payer le médecin et les remèdes. Puis, lorsque j'ai voulu me rattraper en faisant double besogne, ma femme est tombée malade, et si dangereusement que je ne pouvais quitter son chevet un instant. Avec l'aide de Dieu, elle est maintenant rétablie; mais nous voilà tellement endettés que nous n'entrevoyons pas la fin de notre misère.

Mais à quoi bon se lamenter? Dieu qui s'occupe de vêtir les lis des champs et de fournir la pâture aux corbeaux affamés ne m'abandonnera pas.

— Non! Il ne t'abandonnera pas, dit la vierge. Suis-moi, je vais t'aider! »

Elle glissa le long du chemin de l'Ilsenstein et frappa trois fois contre le roc, qui s'ouvrit immédiatement, à la grande surprise du charbonnier.

« Passe-moi ta besace, et attends-moi ici, » dit la vierge d'une voix douce.

Le charbonnier lui remit sa besace, et attendit le retour de la vierge qui disparut en un instant dans le rocher. Bientôt elle reparut et rendit au charbonnier le sac rempli.

« Prends-le et remporte-le chez toi, dit-elle; mais garde-toi bien de l'ouvrir avant ton arrivée. »

Le charbonnier le lui promit, après l'avoir remerciée bien des fois. En route, le sac lui sembla si lourd qu'il gémissait sous le poids et qu'il aurait donné tout au monde pour savoir ce qu'il y avait là dedans. Longtemps il résista au démon de la curiosité, jusqu'à ce qu'enfin, au moment où il atteignit le pont de l'Ilse, la curiosité prit le dessus : il ouvrit la besace et la vit remplie de glands et de pommes de pin.

« Diable ! Voilà ce que j'appelle être joué ! » s'écria-t-il tout en colère, et dans son premier accès de fureur, il renversa le contenu du sac dans la rivière. Aussitôt il entendit un cliquetis dans les ondes, se pencha et vit dans l'eau limpide que tous les glands et toutes les pommes de pin s'étaient changés en fruits d'or qui résonnèrent contre les pierres et furent emportés par le rapide courant.

Il eut peur alors des suites de sa curiosité, et garda précieusement le peu de glands qui lui restaient ainsi que les pommes de pin. Vite, il vola jusque chez lui ; et dès qu'il eut retiré de la besace les fruits méprisés, ils étincelèrent dans sa main et il vit qu'eux aussi s'étaient changés en morceaux d'or. Il les vendit et en tira assez d'argent, non-seulement pour payer ses dettes, mais encore pour s'acheter une petite propriété.

LE ROSSTRAPPE OU LE PAS DU CHEVAL[1]

Le *Rosstrappe* ou le *Pas du cheval*, est le nom d'un rocher où se trouve un creux offrant une ressemblance vague avec l'empreinte d'un fer de cheval gigantesque. Ce

1. Conte du Harz.

rocher est situé derrière le village de Thale, au nord du Harz, et fait partie de cette magnifique et étroite vallée encaissée dans le roc et arrosée par la Bode, qu'on appelle en général, d'après l'empreinte dont il s'agit, la vallée de Rosstrappe. D'où vient cet aspect du rocher? C'est ce que raconte la légende suivante.

Dans ces âges sombres où vivaient encore sur la terre des géants, des nains et des sorciers, il y avait en Bohême un géant, le plus fort et le plus puissant qui fût au monde. Il s'appelait Bodo. Les peuples de Franconie et de Bohême se courbaient sous sa loi, et obéissaient à ses ordres. Personne n'osait enfreindre sa volonté.

Un jour, il vit la belle Emma, fille du roi des Montagnes des Géants, et fut tellement séduit par sa grâce et son élégance, qu'il résolut de faire d'elle sa femme. Mais Emma se moqua du géant brutal, qui ne put la décider à lui donner volontairement sa main. Alors il songea à employer la ruse et la force, et résolut d'enlever la princesse à la première occasion.

Une fois qu'Emma chassait à cheval dans les vallées et les ravins des montagnes, Bodo l'aperçut, et immédiatement il sella son cheval, s'élança au galop avec lui et jura, par tous les mauvais esprits, de faire la princesse prisonnière, dût-il y perdre la vie. Prompt comme l'ouragan, il approcha bientôt. Emma, toute au plaisir de la chasse, ne prit pas garde à la poursuite du redoutable géant, jusqu'à ce qu'elle entendit le hennissement de son cheval, et vit en se retournant, avec un frisson d'horreur, qu'il était à deux lieues d'elle seulement. Elle reconnut sur-le-champ son ennemi à une porte de ville qui lui servait de bouclier : si elle ne voulait pas se rendre de plein gré, il fallait fuir!

Le géant, qui se croyait déjà sûr de sa proie, poussa des cris de triomphe; mais Emma, se fiant à la vitesse de son cheval, garda encore l'espoir d'échapper au géant grossier.

« Vole, mon bon cheval ! dit-elle en caressant avec douceur le cou de la bête, vole et ne tarde pas ! il y va de la mort ou de la vie de ta maîtresse. »

Et, enfonçant les éperons dans le ventre du noble animal, elle se tint solidement en selle, et s'envola comme sur les ailes d'un aigle. Le coursier volait de montagne en montagne, de vallée en vallée. Les boucles de la princesse voltigeaient, comme échevelées par l'ouragan ; les rocs et les monts tremblaient et lançaient des étincelles sous les pieds du cheval. Déjà les dernières hauteurs des Montagnes des Géants étaient franchies, et toujours, toujours le cheval volait par de vastes plaines, de larges ruisseaux et de rapides torrents. A droite et à gauche, les contrées fuyaient sous le regard. Déjà les montagnes de la forêt de Thuringe se montraient. Ils y sont en un instant. Le cheval vole en gravissant et en descendant les pentes ; sans se fatiguer, il court par les prairies fertiles du Harz. Enfin, il s'arrête. Devant lui s'ouvre un abîme de plus de mille pieds ; des deux côtés, des rochers descendent à pic dans ce gouffre terrible. Un bruit sourd monte d'en bas ; les flots de la Bode battent les rochers de granit, et bondissent en écumant de roc en roc.

Emma regarda l'abîme en frissonnant ; le cheval le mesura en tremblant. La délivrance paraissait impossible, car le rocher opposé était éloigné de plus de mille pieds, et semblait offrir à peine la place nécessaire pour le sabot du cheval.

Mais tandis que la princesse restait là, muette et anxieuse, sur un pan de rocher, elle entendit tout à coup le hennissement du cheval de Bodo et le rire satanique du géant.

« Plutôt la mort que la honte! » s'écria-t-elle; et, fermant les yeux, par une résolution désespérée, elle donna de l'éperon à son cheval. Le noble animal hésita un instant, puis alla jusqu'au bord, sauta par-dessus le gouffre profond d'un bond superbe, et enfonça son fer dans le roc. Les étincelles en jaillirent comme des éclairs, et illuminèrent le pays; la lourde couronne d'or tomba de la tête de la princesse dans l'abîme; mais elle-même fut sauvée et caressa le cou de son vaillant cheval avec ravissement.

Le géant Bodo vit ce saut immense, et fut saisi de fureur à l'idée que sa proie lui échappait. Dans sa colère, il ne fit pas attention à la fatigue de sa bête, et suivit le même chemin que la princesse. Le cheval rassembla toutes ses forces, et sauta superbement; mais ses forces n'y suffirent pas, il trébucha, tomba dans l'abîme, et cheval et cavalier furent engloutis par les flots de la Bode.

Là-bas se trouve Bodo, changé en chien et devenu le gardien de la couronne tombée de la tête de la princesse. Ce joyau a stimulé l'avidité des hommes, et une fois un plongeur a osé descendre dans le gouffre pour s'emparer de la couronne. Deux fois il la porta jusqu'à la surface, et les pointes étincelantes sortirent de l'eau; mais deux fois elle glissa de ses mains. Lorsqu'il osa tenter l'épreuve pour la dernière fois, un jet de sang jaillit des flots, et depuis lors, jamais plus œil humain ne revit le hardi plongeur.

Le voyageur n'approche pas sans frisson de la place où est englouti le géant. Des rochers roides et hauts l'entourent, si hauts que les rayons du soleil ne peuvent éclairer cette obscurité si ce n'est pendant une faible partie du jour. Pas un oiseau ne vole par-dessus le gouffre, et dans le calme de la nuit, on entend souvent le gémissement sourd et terrible du géant enchanté.

L'endroit où la princesse Emma risqua ce saut hardi s'appelle *Teufels Tanzplatz*[1]; et le tourbillon où mourut le géant, le *Kreetpfuhl*.

LE MOULIN DU DIABLE AU RAMMBERG

Le plateau du *Rammberg*, dans le Harz, où se trouve maintenant une grande tour qui procure au voyageur le plaisir d'une vue magnifique sur les montagnes d'alentour, est parsemé de gros blocs de granit, ici entassés les uns sur les autres, là jetés pêle-mêle de toutes parts. Un groupe de pierres sur le pic du rocher se détache surtout au milieu de tous les autres. Là se trouvent plusieurs couches de blocs de granit, d'énormes dimensions, dont quelques-uns semblent taillés avec art. Cela forme une sorte de pyramide tout isolée du reste et surplombant de trente pieds au moins la hauteur du plateau. Tout autour sont éparpillés des milliers de grands et de petits blocs de granit. La pyramide se nomme *le Moulin du Diable*, et voici ce que conte la légende :

Le Rammberg tire son nom du vieux dieu Ramm, que vénéraient les anciens Saxons. Sur ce pic, maintenant dominé par le *Moulin du Diable*, s'élevait jadis la statue du dieu, et les habitants de la Saxe pouvaient voir de tous côtés les feux des sacrifices que les prêtres y allumaient. Des colonnes de vapeurs avertissaient les habi-

---

1. Littéralement : la *place de danse du Diable.*

tants éloignés du Harz, dans l'attente de nouveaux sacrifices. Alors, les adorateurs de Ramm arrivaient par caravanes et se réjouissaient à la vue des flammes nouvellement allumées.

Lorsque Charlemagne et saint Boniface renversèrent les autels des païens, les feux du Rammberg s'éteignirent peu à peu. Mais, au lieu de l'idole, le Diable s'établit pour quelque temps dans ces montagnes inhabitables.

Au pied des montagnes, un meunier avait bâti un moulin à vent; mais il n'en était pas content, parce que de temps à autre le vent lui manquait. Bientôt il eut le désir d'avoir un moulin sans abri sur le pic de la montagne, un moulin qui irait toujours, que le vent soufflât du sud ou du nord, de l'ouest ou de l'est. Mais il lui paraissait fort difficile pour un homme de bâtir un grand moulin sur cette hauteur, et ce qui lui paraissait plus difficile encore, c'était de l'assurer contre les ouragans qui enlevaient des bâtiments comme des brins de paille.

Ce désir, qui le poursuivait partout, ne laissa plus de repos au meunier, et comme il ne pouvait plus bannir de son esprit ce moulin fantastique sur le pic de la montagne, le Diable arriva un jour et lui offrit ses services. Pendant longtemps le meunier résista aux promesses du Malin; enfin il souscrivit au Diable un engagement avec son propre sang, et lui promit de lui appartenir dans trente ans s'il recevait un moulin sans défaut, avec six tournants, sur la hauteur du Rammberg. Le Diable devait le bâtir la nuit prochaine et l'avoir fini avant le premier chant du coq.

Ce pacte conclu, le maçon diabolique entassa rocher sur rocher et bâtit un moulin, tel qu'on n'avait jamais vu le pareil. Bientôt après minuit, il alla chercher le meunier dans sa maison au pied des montagnes, pour qu'il vînt voir le moulin et en prendre possession comme de son bien.

Cependant, le meunier se repentait déjà de son contrat avec le Diable, et il ne le suivit qu'en tremblant. Il aurait donné volontiers la moitié de sa vie pour découvrir un défaut au moulin, afin de pouvoir se rétracter. Mais il eut beau chercher partout, avec des battements de cœur, il ne put prendre le Diable en faute et fut forcé d'avouer que le moulin était excellent.

Songeant donc que rien ne pouvait le sauver de la puissance du Diable, il allait accepter le moulin à ces terribles conditions, lorsqu'il vit, encore à temps, qu'il manquait une des six meules.

Il reprocha cette lacune au Diable, qui s'en défendit et fut d'avis que la sixième meule n'était pas nécessaire. Mais lorsque, après une longue discussion, le meunier lui déclara qu'il n'accomplirait point le pacte si cette meule n'était immédiatement fournie, le Diable s'envola en jurant pour réparer vite le défaut qu'on lui reprochait. Il disparut avec la vitesse de l'éclair. Mais lorsqu'il revint, tenant la meule entre ses griffes, voilà que le coq chanta pour la première fois dans le moulin d'en bas; et le meunier s'écria, fou de joie, qu'il n'était plus lié par le contrat.

Pendant qu'il était à genoux, remerciant Dieu de l'avoir délivré des griffes de Satan, celui-ci fut saisi d'une fureur épouvantable en voyant qu'il perdait cette âme, et dans sa rage il cassa le moulin en mille morceaux qu'il jeta partout sur le plateau. Partout volèrent dans l'air les ailes, les roues et les meules, et les rochers qui avaient servi à bâtir les murs suivirent le même chemin. En un instant l'ouvrage fut détruit, et le Rammberg fut jonché des ruines que le voyageur regarde encore avec admiration. Sur l'emplacement où le moulin avait trôné, il ne resta qu'une petite partie des fondations; et c'est elle qui forme la partie du pic qu'on appelle *le Moulin du Diable*.

LE COR DE CHASSE D'OLDENBOURG

Il était une fois un comte du nom d'Othon, qui avait pour fief le comté d'Oldenbourg. Son plus grand plaisir était la chasse, et ce qui lui agréait le plus était de poursuivre sur son cheval rapide les cerfs et les chevreuils, le javelot à la main.

Il arriva qu'un jour il se trouva en chasse avec beaucoup de ses gentilshommes et de ses serviteurs, et voulut courir le gibier dans la forêt de Bernefeuer. Comme le comte, en relançant un chevreuil, s'était, dans l'ardeur de la poursuite, éloigné de son escorte, on le perdit bientôt de vue, faute de pouvoir aller du même train, parce qu'il montait un cheval d'une vitesse sans égale. Mais si agile qu'il fût, le chevreuil était plus agile encore, et le comte pourchassa la bête fugitive jusqu'au sommet de l'Osenberg. Là, il disparut sans laisser de traces, et le comte se trouva tout seul avec son cheval blanc sur le haut de la montagne, et regarda tout autour de lui pour voir où étaient ses chiens, qu'il avait aussi laissés en arrière. Il n'entendit même pas leurs aboiements : d'où il put conclure qu'il devait être bien loin de sa suite.

La journée était chaude, et le soleil dardait ses rayons brûlants sur la montagne. Le comte avait une telle soif,

après cette chevauchée frénétique, qu'il soupira et dit :
« Ah ! Dieu ! si j'avais seulement une goutte d'eau ! »

À peine avait-il prononcé ces mots que l'Osenberg s'ouvrit et qu'une vierge admirablement belle en sortit. Ses formes gracieuses étaient parées de vêtements magnifiques tout brillants de broderies d'or et d'argent et de diamants ; ses cheveux d'un blond cendré tombaient en boucles sur ses blanches épaules, et une couronne de fleurs au suave parfum ornait sa tête. Dans sa main elle tenait un superbe vase de vermeil, en forme de cor de chasse. Ce vase était travaillé avec infiniment d'art et de finesse, et rehaussé de nombreuses incrustations, surtout de figures d'armes antiques, de caractères étranges et d'autres images en relief, composant un ouvrage merveilleux. Il était rempli jusqu'au bord, et la vierge le tendit au comte en le priant d'y boire pour se rafraîchir.

Le comte restait tout étonné de l'apparition fantastique de la vierge au milieu de la forêt, et il hésitait à ôter le couvercle du cor. La soif lui était presque passée. Lorsqu'il eut enfin ôté le couvercle et agité la boisson avant d'y goûter, la couleur et l'apparence du breuvage lui déplurent et il refusa de se rendre à la prière de la vierge. Un éclair de fureur jaillit des yeux de celle-ci, lorsqu'elle entendit le refus du comte ; mais elle se contint aussitôt, et, d'une voix douce et caressante :

« Buvez toujours, seigneur ! Je vous donne ma parole que ce sera pour votre bien, non pour votre mal. Dès que vous vous serez servi de ce cor pour apaiser votre soif, vous serez sûr de prospérer, vous et vos enfants, ainsi que tout le pays d'Oldenbourg, et votre puissance et vos richesses ne feront que s'accroître. Buvez, seigneur ! Je ne veux que votre bien ! »

Le comte refusa de nouveau, car il avait remarqué le regard courroucé de la vierge, et, malgré sa beauté et sa grâce, il ressentait un trouble étrange vis-à-vis d'elle.

« Laissez-moi, dit-il, je n'ai plus soif, et je ne veux pas boire. »

De nouveau la vierge lui lança un regard furieux, et les beaux traits de son visage se contractèrent d'une étrange façon. Mais elle se contint comme la première fois, et lui dit, avec la même voix caressante :

« Je vous avertis, sire comte, que si vous refusez mon breuvage, l'unité s'en ira bien vite de votre maison, et que mal en adviendra à vos descendants ! buvez donc, je vous en supplie ! »

Le comte tenait le cor de vermeil à la main et scrutait du regard tantôt le breuvage, tantôt la vierge, d'un air indécis. Enfin, il prit une résolution, secoua le cor, le porta à sa bouche, comme s'il voulait y boire, et en versa tout d'un coup le contenu par-dessus son épaule. Quelques gouttes de la liqueur mouillèrent le dos de son cheval, et immédiatement tous les poils tombèrent de la place où avait eu lieu le contact.

La vierge, voyant que ses douces paroles n'avaient abouti à rien, entra en fureur, et ses beaux yeux jetèrent des éclairs :

« Rends-moi le cor, ingrat ! » s'écria-t-elle.

Mais le comte, au lieu de lui obéir, garda le cor dans sa main, donna de l'éperon à son cheval et redescendit au galop la montagne. Arrivé au bas, il se retourna encore une fois et vit la vierge qui le menaçait du doigt. Tout de suite après, elle lui tourna le dos et rentra dans la montagne; le comte ressentit une peur étrange, et rejoignit au galop les gens de son escorte, qu'il rencontra, à sa grande joie. Il leur montra le cor de vermeil, leur raconta ce qui venait de lui arriver, et leur demanda si quelqu'un d'eux savait qui était la vierge et ce que cette apparition signifiait. Les serviteurs du comte demeurèrent tous muets. Enfin, un vieux chasseur s'avança et dit :

« Sire comte, la vierge aux manières gracieuses doit être la nymphe de l'Osenberg. Mon père m'a parlé d'elle comme d'un esprit malveillant qui ne songe qu'à mal faire. Remerciez Dieu, noble sire, de ce qu'il vous a sauvé des piéges de la nymphe ! »

Le comte remercia Dieu et emporta le cor à Oldenbourg. Il fut gardé par ses fils et ses petits-fils comme un joyau rare et magnifique, et aujourd'hui encore on peut voir le cor d'Oldenbourg et en admirer la belle forme antique, artistement travaillée.

L'EMPEREUR FRÉDÉRIC BARBEROUSSE DANS LE KYFFHÆUSER

I. HISTOIRE DU BERGER

Dans la montagne du Kyffhæuser, en Thuringe[1], demeure l'empereur Barberousse, à ce que dit la légende, et avec lui la belle et jeune princesse, sa fille. Aussi l'a-t-on souvent aperçu ; entre autres, un berger qui avait l'habitude de garder ses troupeaux sur la montagne. Il avait entendu dire que l'empereur Frédéric se trouvait dans l'intérieur du mont, et il joua un joli morceau sur sa musette. Et comme il croyait avoir joué assez

1. Voir la note mise à la suite de l'*Histoire des musiciens*, ci-après.

bien pour contenter tout un auditoire, il s'écria d'une voix claire :

« Empereur Frédéric, je t'en fais cadeau ! »

Aussitôt le berger vit à côté de lui un homme avec une belle figure aimable, mais sérieuse, qui lui fit un signe de tête amical, et lui dit :

« Sois le bienvenu, berger ! — En l'honneur de qui as-tu joué ton beau morceau ?

— Oh ! dit le berger, en l'honneur de qui, sinon du grand empereur Frédéric, qui est là-bas dans la montagne ?

— Eh bien, reprit l'inconnu, si tu l'as fait dans cette intention, viens avec moi pour que l'empereur puisse te récompenser ! »

Le berger avait grande envie de le suivre sur-le-champ ; mais il songea qu'il ne pouvait laisser son troupeau tout seul.

« Comment faire pour aller avec vous ? dit-il. — Si je perds une bête de mon troupeau, il faut que je la paye de ma bourse, et alors j'y perdrais bien tout mon argent !

— Suis-moi toujours, reprit l'étranger, il n'arrivera pas de mal à tes brebis. »

Et comme il avait l'air si puissant, le berger n'osa résister davantage, et suivit de bonne volonté l'étranger.

Celui-ci le prit par la main et le mena dans une grotte qui conduisait directement à l'intérieur de la montagne. Ils ne furent pas longtemps avant d'arriver en face d'une porte de fer qui s'ouvrit toute seule devant eux sans que personne y eût touché. Et, en entrant par là, ils se trouvèrent dans une grande et belle salle richement décorée. Là se tenaient beaucoup de seigneurs et de chevaliers qui firent de grands honneurs au berger, et s'inclinèrent devant son compagnon. Celui-ci se fit connaître alors au joueur de musette et lui dit qu'il était l'empereur lui-même.

« Ne crains rien, ajouta-t-il, lorsqu'il vit le berger pris d'effroi. Il ne t'arrivera aucun mal ici, puisque tu aimes et honores l'empereur. Dis-moi plutôt ce que tu demandes en retour du morceau que tu as joué à mon intention.

— Je ne demande rien, dit le berger. Volontiers je l'ai fait et veux l'avoir fait pour rien, et je suis prêt à vous jouer encore bien d'autres morceaux, sire empereur !

— Eh bien, si tu ne demandes rien, il faut bien que nous te fassions de nous-même un cadeau, repartit l'empereur en souriant. Va, prends le pied d'or de mon fauteuil pour ta récompense, et qu'il te porte bonheur ! »

Le berger l'accepta avec joie et sans cérémonie, remercia fort l'empereur de ce cadeau magnifique et fut conduit par lui dans toutes les retraites de la montagne. Il y vit beaucoup de vieilles armes étranges, d'armures, de glaives, de boucliers et de lances; et, en lui donnant congé, l'empereur le chargea de dire aux gens « que lui, l'empereur, irait reconquérir le Saint-Sépulcre avec ces armes ! »

Puis il fit reconduire le berger sur terre. Le lendemain, le bonhomme alla à Frankenhausen, chez un bijoutier, vendre le pied d'or qu'il tenait de la libéralité de l'empereur, et reçut en échange tant d'argent, que, de sa vie, il n'eut besoin désormais de garder les moutons. Il s'acheta une jolie propriété, où il vécut en joie et en repos durant bien des années. Mais, tous les dimanches, il se rendait au Kyffhæuser, et jouait sur sa musette les plus beaux morceaux de son répertoire, par reconnaissance pour l'empereur Barberousse.

II. — HISTOIRE DES MUSICIENS

Il était une fois une bande de joyeux musiciens qui avaient ouï dire que l'empereur Frédéric Barberousse, dans la montagne du Kyffhæuser, aimait surtout la musique.

« Qu'en pensez-vous, dit un jour le trompette, si nous nous donnions une fois le plaisir d'aller, la nuit, sur le Kyffhæuser, et d'y jouer quelques morceaux pour l'empereur, si bien que le cœur lui bondisse de joie ? Certes, nous aurions un bon salaire.

— Eh bien, dit un autre jeune musicien d'humeur modeste, il me semble que nous pourrions faire ce plaisir à Sa Majesté sans songer à une récompense. Pour moi, je suis de la partie.

— Moi aussi ! — Moi aussi ! — Moi aussi ! » s'écrièrent les autres, et nos amis décidèrent qu'ils graviraient la montagne au premier clair de lune pour jouer à l'empereur les plus beaux morceaux qu'ils pourraient trouver dans leur répertoire.

La semaine suivante, la lune se montra tout entière et les joyeux compagnons se mirent en route. Lorsque l'antique cadran de Tilleda sonna minuit, les musiciens commencèrent à jouer si bien que l'écho en fut éveillé dans toutes les vallées d'alentour. Les sons retentirent gaiement dans l'air et firent partir d'entre les branches des vols d'oiseaux et sortir les chats-huants des fentes des vieilles ruines.

Dès que le premier morceau fut joué, comme on allait commencer le second, la montagne s'ouvrit tout d'un coup et la fille de l'empereur arriva, sa couronne d'or

étincelante sur la tête et une torche à la main. Elle se glissa tout près des musiciens, leur fit signe du doigt en souriant et les invita à entrer dans la montagne. Les musiciens ne se le firent pas dire deux fois. « Ah ! ah ! pensaient-ils, maintenant nous allons être conduits chez l'empereur et nous allons lui jouer nos morceaux. Pour sûr, il nous fera un beau cadeau. »

Les musiciens suivirent la princesse d'un cœur insoucieux et furent conduits par elle dans une grande et magnifique salle où se trouvait l'empereur assis sur son trône devant sa table de marbre, avec beaucoup de seigneurs superbement vêtus autour de lui. Là, les musiciens virent de leurs propres yeux la merveille dont on avait tant parlé de longue date : à savoir que la barbe rousse de l'empereur avait traversé le marbre et qu'elle tombait de là jusqu'à ses pieds. Ils aperçurent aussi partout des trésors d'or et des pierreries dans de grands coffres et les armes avec lesquelles l'empereur veut conquérir le Saint-Sépulcre. Mais on ne leur laissa pas le temps de beaucoup regarder, car la princesse leur fit signe de jouer. Alors ils prirent vite leurs trompettes, leurs flûtes, leurs clairons et autres instruments et jouèrent de telle sorte que les murs en résonnèrent et que le vieil empereur et ses chevaliers se mirent à battre la mesure de la tête et des pieds. Ils jouèrent si longtemps, que l'haleine commença à leur manquer. Enfin, l'empereur leur fit signe des yeux qu'ils devaient cesser. Ils en furent bien contents, et lorsqu'ils virent qu'on leur présentait des plats contenant des mets exquis et de vastes hanaps d'or remplis d'un vin délicieux, le cœur leur sourit de joie, ils mangèrent à leur aise et burent plus d'un bon coup.

Après qu'ils eurent satisfait leur faim et leur soif, ils saisirent de nouveau leurs instruments pour jouer un morceau d'adieu. Mais ensuite, au lieu de s'en aller, ils considéraient les coffres remplis jusqu'au bord, et l'on pouvait lire sur leurs figures que pour tout au monde ils auraient bien voulu prendre une poignée de ces trésors. Ils pensaient aussi que l'empereur allait leur donner quelque chose comme marque de souvenir, car il s'était si fort réjoui de leur belle musique, et il avait là tant de joyaux éparpillés comme des cailloux ! Mais, bien qu'ils parussent hésiter et attendre toujours, la permission de puiser à volonté dans les coffres n'arriva pas, et force leur fut enfin d'empaqueter leurs instruments et de se retirer.

« Eh bien, nous obtiendrons toujours un bon pourboire, » se dirent-ils.

Mais ils ne reçurent pas de pourboire non plus. Seulement, lorsqu'ils s'inclinèrent devant Sa Majesté et firent mine de s'en aller, la princesse s'approcha d'eux et donna à chacun une branche verte d'un arbre inconnu. Les musiciens furent contraints de l'accepter, quoique dans leur colère ils l'eussent plus volontiers jetée aux pieds de la princesse ; puis, après que l'empereur leur eut fait un signe d'adieu amical, ils furent reconduits par la princesse et se trouvèrent bientôt dehors, sur la hauteur du Kyffhæuser.

Ils redescendirent la montagne en colère, sans que personne toutefois soufflât mot ; mais, dès qu'ils eurent passé la montagne, et purent croire que l'empereur était trop loin pour les voir et la princesse pour les entendre, leur colère éclata, ils jetèrent les branches à terre et traitèrent l'empereur Frédéric d'*empereur des gueux !*

« Le vil gredin ! s'écrièrent-ils, il possède de l'or et des pierreries dans tous ses coffres, et il ne nous donne pas même un pourboire pour notre peine ! Fi de l'avare ! Et la princesse ! Voilà une jolie fille d'empereur ! Elle entend son affaire : d'abord elle nous attire dans la montagne, nous fait jouer à tel point que nos poumons semblent en craquer, et puis elle nous renvoie avec un pied-de-nez ! Le diable les emporte ! »

C'est ainsi qu'ils allaient criant et récriminant, et jurant, une fois pour toutes, de ne plus retourner au Kyffhæuser. Mais l'un deux, le jeune musicien aux allures modestes, resta muet, s'abstint de jurer et aussi de jeter la branche que lui avait donnée la princesse.

« L'empereur nous a fêtés, dit-il, tandis que les récriminations de ses compagnons allaient croissant. Les mets n'étaient-ils pas excellents ? le vin n'avait-il pas un bouquet exquis et beaucoup de feu ? Non, non, ne dites pas de mal de l'empereur ni de la princesse qui nous voulait du bien et nous a donné cette branche en signe de souvenir. Pour moi je veux la garder ainsi pour mes enfants et mes petits-enfants. »

Le jeune homme parlait avec tant de raison que ses compagnons eurent honte de leur fureur. Ils se turent dès lors et cheminèrent jusqu'à la ville où ils demeuraient, sans mot dire.

Le lendemain matin, le jeune homme conta l'aventure à sa femme et alla chercher la branche verte qu'il avait posée sur le bord de la fenêtre avant de se coucher. Mais il ouvrit de grands yeux en la regardant. Le bois s'était changé en argent fin et toutes les feuilles en grandes pièces d'or. A cette vue, il poussa une exclamation de joie, et s'écria :

« Vive l'empereur et vive la princesse ! Ils nous le font bien voir, maintenant, qu'ils ne sont pas des gueux et des avares, comme disaient mes compagnons. Ah ! que ceux-ci vont être fâchés d'avoir jeté leurs branches ! »

Et ils en furent bien fâchés, en effet. A peine eurent-ils entendu le récit de ce prodige, qu'ils retournèrent au

Kyffhæuser chercher les branches jetées et méprisées par eux la veille. Mais toutes leurs recherches furent vaines ! Ils avaient beau ouvrir les yeux et fureter dans tous les coins, les branches ne se retrouvèrent plus ; et autant ils avaient eu de dépit contre l'empereur et la princesse, autant ils en avaient à présent contre eux-mêmes. Mais tout cela ne leur servit à rien ! Ils restèrent pauvres, jouant aux fêtes de village et aux foires, comme autrefois.

Quant au modeste musicien, il se fit bâtir une belle maison, grâce aux pièces d'or, et y mena une vie heureuse et paisible avec sa femme et ses enfants.

Ainsi l'homme au cœur simple fut récompensé par l'empereur Frédéric, et les autres, d'humeur avare et hargneuse, furent punis.

1. Comme nous l'avons déjà dit en note plus haut (voir le *Forgeron de Jüterbogk*) les légendes allemandes qui concernent l'empereur Frédéric Barberousse forment un véritable cycle populaire. Il règne sur l'imagination du peuple comme un second Charlemagne.

Est-ce parce que ce puissant souverain, de la maison de Souabe, qui remplit le douzième siècle du bruit de sa gloire, porta au loin la terreur de son nom et créa pour un moment, comme Charlemagne, une vaste et imposante domination ? Est-ce le caractère aventureux de ses entreprises et de ses luttes incessantes en Allemagne, en Italie, en Terre-Sainte, du cœur de la Souabe au fond de la Sicile, entre la papauté et les ligues des cités italiennes, entre les Guelfes et les Gibelins ; caractère aventureux qui le mena batailler et mourir en Palestine... est-ce là ce qui a gravé le souvenir du vieux Barberousse en traits ineffaçables dans la mémoire des simples ? Toujours est-il qu'on ne tarit pas sur ce sujet, et notamment sur les aventures de ceux qui ont vu l'empereur à la longue barbe dans sa retraite souterraine du Kyffhæuser, montagne du pays de Salzbourg, en Autriche, dans la région qui faisait partie de l'ancienne Thuringe.

Barberousse est toujours là, *enchanté*, mais attendant sa délivrance ; il interroge ceux qui l'approchent ou le visitent, se montrant bienveillant pour tous ceux qui le respectent.

On peut lire dans l'*Introduction au Livre des Légendes* de M. Le Roux de Lincy l'analyse de plusieurs légendes curieuses, parmi lesquelles se trouve celle des *Musiciens*, que nous donnons. Il y est aussi question de Charlemagne, qui veille de la même façon dans le Wunderberg, sa couronne d'or sur la tête, avec sa longue barbe qui lui couvre la poitrine et sa cour de seigneurs rangée autour de lui : « Ce qu'il attend là, on ne sait ; la tradition dit que c'est le secret de Dieu. »

Les poëtes, après les conteurs, ont exploité la légende de Barberousse. Nous citerons seulement ici deux strophes du poëme de *Germania*, de Henri Heine, où il met en scène Frédéric dans le Kyffhœuser. Il décrit les quatre salles fantastiquement éclairées, qui forment ce palais souterrain de l'empereur, et il ajoute :

« L'empereur habite la quatrième salle depuis bien des siècles, et il est assis sur la chaise de pierre devant sa table de pierre, la tête entre ses mains.

« Sa barbe, qui descend jusqu'à terre, est rouge comme le feu. Par moment, il remue la paupière, d'autres fois il fronce les sourcils. »

Il rêve, il attend, il soupire. — « Quand Frédéric reparaîtra, dit une des traditions que nous venons de citer, il suspendra son bouclier à un arbre desséché. On verra l'arbre reverdir, et ce sera le signe d'une nouvelle ère de vertus et de félicité. »

C'est ainsi que les Bretons du pays de Galles et de l'Armorique semblent toujours attendre et prédisent, dans leurs chants, le retour d'Arthur, le roi des preux de la Table ronde, transporté, après son dernier combat, dans l'île d'*Avalon*, l'île des fées, bien loin vers le Nord, au delà de la Grande-Bretagne.

Rien ne peut mieux donner une idée de cette profonde et tenace mémoire des imaginations allemandes, plongeant encore si avant dans le passé, que ce passage de Henri Heine :

« Il existe en Westphalie des vieillards qui savent encore où sont enfouies les vieilles idoles. A leur lit de mort, ils le disent à leur dernier petit-fils, et celui-ci porte ce secret sacré dans son cœur, comme un trésor. En Westphalie, la Saxonie des anciens, n'est pas mort tout ce qui est enterré. Quand on y parcourt les vieux bois de chênes, on entend encore des voix des anciens siècles... Un sentiment indéfinissable me fit tressaillir alors que j'errai sous les ombrages de la vieille forêt. Quand je passai devant le Siegbourg, mon guide me dit : C'est ici qu'habitait le roi Wittekind ! et il soupira profondément. C'était un simple bûcheron, et il portait une grande hache. Je suis convaincu que cet homme se bat encore aujourd'hui, s'il le faut, pour le roi Wittekind !... »

Heine touche ici du doigt, en passant, au côté excessif et parfois dangereux de cette ténacité de souvenir qui peut servir beaucoup la poésie et susciter de grandes choses, mais qui peut d'autre part entraver le progrès des idées et des mœurs chez des natures aussi simples que fortes.

NOTICE

SUR CHARLES WINTER

Charles Winter était un avocat, grand amateur des contes populaires pour lesquels il fit des recherches consciencieuses, comme les frères Grimm et d'autres écrivains allemands. Il semble avoir eu surtout une prédilection pour la Lusace et la Saxe, qui sont très-riches en légendes et en contes.

Les éditeurs qui ont publié à Dresde après sa mort un choix de ses contes, et qui le louent d'avoir su mettre en lumière aussi bien le trésor des légendes que les sites et paysages les plus beaux de son pays, ne disent rien ni de sa vie ni de la date de sa naissance, et ne donnent même pas celle de sa mort : il est certain toutefois que l'une et l'autre ne remontent pas bien haut.

Ce choix de « Légendes et contes nationaux » (*Vaterlœndische Sagen und Mœhrchen*) est aussi curieux qu'attrayant, et nous avons cru devoir y prendre deux contes fantastiques d'un caractère tout spécial, qui peuvent figurer dignement auprès de ceux des autres écrivains plus connus dont les œuvres se sont d'abord offertes à nous.

Parmi les autres contes du recueil de Winter, il en est un dont la donnée est fort singulière et que nous ne traduisons pas ici, mais que nous analyserons en quelques lignes : *Der thœrichte See*, littéralement : *le Lac fou*. On voit dans ce conte un génie des eaux d'espèce masculine : ce n'est pas une *Nixe*, mais un *Nix*.

Dans la partie saxonne de l'Erzgebirge[1], sur la frontière de Bohême, près de Bockau, se trouve un petit village du nom de Satzung et à une demi-lieue de là un lac, ou plutôt une grande mare d'eau boueuse. Au temps des croisades, là vivait un pauvre homme du nom de Kastner avec sa nombreuse famille; il aidait les forestiers pour gagner sa vie. Son fils aîné était à l'armée de l'Empereur; sa femme et ses autres enfants étaient tous bons travailleurs, comme lui, et toute la famille prospérait, encore que le gain fût des plus minces. Dans le voisinage, on ne pouvait comprendre que ce fût le résultat de leur travail commun, et l'on était persuadé que Kastner était aidé par le *Nix* du lac. Il n'eût pas mieux demandé que d'avoir cette aide-là, malgré la croyance répandue que toute personne aidée par le *Nix* pendant sa vie est trouvée morte un jour dans l'eau.

Une fois qu'il coupait du bois au bord du lac, Kastner s'était mis en retard, et il faisait nuit noire lorsqu'il entendit le pas d'un cheval tout près de lui. Il voit un cavalier arriver, descendre de cheval avec une femme dans ses bras et se précipiter dans l'eau : au même moment, le cheval disparaît. Souvent, depuis ce jour, Kastner retourne au bord du lac, et quelquefois il en voit sortir ou il y voit rentrer le *Nix* sur son cheval chargé de pierreries et de trésors destinés sans doute à la belle prisonnière. Car le bonhomme savait que le *Nix* avait enlevé la jeune femme, par les chants plaintifs qu'il entendait pendant que le génie du lac était absent. Parfois même, en se penchant sur l'eau, il disait qu'il irait la délivrer; et alors les plaintes cessaient tout de suite. Cependant avec le temps l'intérêt qu'il portait à l'inconnue s'affaiblit, et il avait fini par n'y presque plus songer, lorsqu'une fois il aperçut de nouveau le *Nix*, près du lac, et le vit descendre encore chargé de pierreries : il pensa que ce serait un bien grand bonheur

---

1. L'*Erzgebirge* (montagnes des mines), est une chaîne de montagnes qui sépare la Saxe de la Bohême, et qui est couverte de forêts et riche en mines de fer, de plomb, d'étain, d'argent, etc.

pour lui d'en posséder une petite partie ; et son esprit se reporta vers son fils absent et vers l'avenir de ses enfants. Tout à coup il entend le pas d'un cheval et voit devant lui un officier de l'armée impériale : c'est son fils qui l'embrasse et le prie d'attendre son compagnon, *le Chevalier bleu*, comme l'appellent ses soldats, à cause de son armure bleue et de son cheval d'un blanc bleuâtre. Ce chevalier cherche partout sa femme qu'il dit lui avoir été enlevée par un *Nix*. Tout le monde le regarde comme fou.

« Mais *elle* est retrouvée ! » s'écrie le père. Et il raconte à son fils stupéfait l'apparition du *Nix* avec la jeune femme et leur disparition au sein du lac. Dès que le *Chevalier bleu* est arrivé, on lui raconte tout, il court au lac, se penche sur l'eau, appelle dans une langue étrangère ; une voix de femme lui répond avec un cri de joie, suivi d'un cri de rage du *Nix*. Le *Chevalier bleu* tire son épée et se jette dans l'eau ; pendant quelque temps tout demeure tranquille ; puis un jet de sang jaillit au milieu de l'eau, et bientôt après le *Chevalier bleu* en sort portant dans ses bras sa femme délivrée. Il saute en selle, et déclare au père et au fils étonnés que les trésors du *Nix* sont pour eux ; puis il disparaît comme l'éclair. Le lendemain Kastner et Aloïs retournent près du lac et voient le corps du *Nix* flotter sur les eaux, une large blessure à la poitrine. Ils l'enterrent tout près de là, dans un endroit qu'on appelle le *Nixengrab* (tombe du Nix). Plus tard, ils recueillent ses trésors et s'en vont aux Pays-Bas. Et le lac porte depuis ce temps le nom de *Lac fou*, en souvenir de la folle action du *Nix*, qui a été cause de sa mort.

Les génies de l'eau sont ou féminins ou masculins ; mais les premiers sont les plus populaires. Le *Nix* et la *Nixe* sont espiègles et taquins : leur rencontre, leur poursuite est fatale pour l'être humain qu'ils tâchent d'attirer sous les eaux avec eux. Ils peuvent vivre quelque temps parmi les hommes ; mais, si épris qu'ils soient d'une créature humaine, ils conservent toujours l'idée de retourner dans leur propre domaine avec leur conquête : en un mot, le *Nix* et la *Nixe* sont des êtres essentiellement égoïstes et ne s'élevant pas au delà de l'instinct.

Il faut distinguer la *Nix* de l'*Ondine*, toujours belle et gracieuse, ayant toujours la forme humaine, véritable nymphe de l'eau, tandis que le corps de la *Nixe* se termine souvent en queue de poisson : elle prend alors de préférence le nom de *Wasserweib* (femme aquatique) et paraît avoir plus de douceur dans le caractère que la *Nixe* proprement dite. Il en est de même du *Wassermann* (homme aquatique), avec cette différence qu'il conserve toujours la forme d'un homme.

Pour l'*Ondine*, elle aspire à s'élever au niveau de la nature humaine. N'ayant point d'âme, elle en cherche une et l'obtient par son union avec un mortel ; s'il est infidèle, la mort le punit de son parjure, et l'*Ondine* rentre dans l'eau, mais avec l'âme qu'elle a gagnée. Tel est le sujet du ravissant poëme de Lamotte-Fouqué, un des plus célèbres écrivains romantiques de l'Allemagne : *Ondine*, ce chef-d'œuvre de grâce dans lequel Heine trouvait « le parfum des roses et le gazouillement des rossignols. »

PIERRE LE GRIS[1]

Il y a environ huit cents ans que vivait à Oppach un riche voiturier, du nom de Pierre Glausch; seulement comme il avait coutume de porter des habits gris, il était connu sous le nom de *Pierre le Gris.*

Pierre le Gris envoyait des marchandises dans toutes les contrées et en rapportait, et sa richesse allait toujours croissant. Dans son écurie, il avait des chevaux comme n'en possédait aucun prince de la Bohême, et avec cela, il était le plus gros propriétaire d'Oppach, et tous les ans

1. Légende de la Lusace.

il achetait de nouveaux domaines : tout y était d'une propreté et d'une netteté extraordinaires, et pas un dans le pays n'avait des chevaux gras et lisses comme les siens.

A voir sa richesse augmenter chaque jour et sa cour et son écurie demeurer constamment si propres, c'était un étonnement général. Pierre avait perdu sa femme, il n'avait pas de fille et ses fils étaient sans cesse absents, tantôt en Pologne, tantôt en France ou dans les Pays-Bas, et pourtant, tout allait comme sur des roulettes. Cela ne pouvait pas être naturel!

Et tout cela ne l'était pas en effet; seulement Pierre n'en avait pas le moindre soupçon : cette prospérité des chevaux lui venait des *Stallmænnchen*[1] qui habitaient ses écuries.

Ces petits êtres appartiennent au *bon peuple*, aux *bonnes gens* ou *génies souterrains* qui demeurent sous les montagnes et viennent, communément, à certains jours de fête, sur la terre où ils ont vécu autrefois avec les hommes. Ils ne sont pas descendus en compagnie des autres nains, mais ils sont restés dans le voisinage des hommes, et ce sont les plus petits de tous les *Elfes*. Ils vivent dans les écuries des gens qu'ils aiment et qui leur font du bien. L'hiver, quand le froid sévit et quand la neige couvre le sol, ils se blottissent sous la paille et le foin chaud des écuries. Lorsqu'ils veulent se coucher, ils grimpent dans l'oreille d'un cheval et s'y reposent aussi bien que les hommes dans leurs lits et leurs édredons. Mais dès que le printemps est de retour et que les bêtes sont menées dans les prairies, ils vont avec elles, se bercent sur les tiges des fleurs, et, la nuit, ils se couchent dans le calice d'une campanule ou d'une autre fleur qui

---

1. Petits nains des écuries et des étables.

se referme sur eux et les préserve ainsi de la rosée et du vent, comme un ciel de lit.

Dans la journée, les *Stallmœnnchen* sont plus appliqués et plus actifs que les hommes, malgré leur petite taille, et tout va sous leurs mains comme sur des roulettes : de là venait l'ordre qui régnait dans la maison de Pierre le Gris, dans sa cour et dans ses écuries. De bonne heure, le matin, servantes et garçons allaient et disaient :

« Un est un, et deux ne sont pas trois !
Voici du pain et de la bouillie ;
Tâchez que l'ouvrage soit bientôt fait !
Arrivez, *Stallmœnnchen*, arrivez ! »

Puis ils mettaient à manger à côté des nains ; et quand ceux-ci avaient mangé, ils leur disaient ce qu'il y avait à faire. Et partout le travail commençait. Les nains frottaient les baquets, les écuelles à lait, les tables, les bancs et les chaises, et ils chantaient :

« Que tout soit luisant,
Chaises, tables, bancs,
Baquets, écuelles,
Pour qu'on ne gronde pas ! »

D'autres étrillaient les chevaux et chantaient aussi :

« L'étrille par-ci, l'étrille par là !
Le petit cheval est luisant comme l'or,
La queue et la crinière sont bien belles.
Si le cheval reste bien tranquille,
Il recevra ce qu'il voudra ! »

Et alors les chevaux restaient bien tranquilles, et devenaient plus lisses que s'ils eussent été frottés de main d'écuyer.

Ainsi les *Stallmœnnchen* faisaient à peu près tout l'ouvrage de chaque jour; ils s'occupaient encore de balayer la cour lorsqu'il faisait nuit, de traire les vaches, de soigner les autres bestiaux, et les domestiques se trouvaient toujours prêts, de sorte que les servantes et les valets des autres propriétaires les regardaient d'un œil d'envie, et qu'on était persuadé partout que Pierre le Gris devait avoir commerce avec le lutin ou le dragon [1]. Mais il fallait qu'il ne sût rien de la présence des *Stallmœnnchen*; autrement, il aurait poussé de beaux cris, car il ne pouvait souffrir tous ces mystères, et croyait que c'étaient là des choses contre le christianisme.

Les domestiques étaient pleins de reconnaissance pour les *Stallmœnnchen*. L'hiver, ils achetaient des étoffes chaudes avec lesquelles, durant les longues veillées, les servantes fabriquaient des vêtements, des casquettes et des souliers pour ces petits êtres. L'été, ils leur donnaient d'autres vêtements moins chauds, pour qu'ils ne souffrissent pas autant de la chaleur.

Le plus actif de tous les *Stallmœnnchen* avait reçu pour récompense une petite capote rouge de drap fin; ce qui lui avait valu, de la part des valets et des servantes, le surnom de *Chaperon-Rouge*.

Les *Stallmœnnchen* ne pouvaient désirer une vie meilleure; aussi n'y songeaient-ils pas. Quand Glausch et ses fils n'étaient pas au logis, les nains sautaient le soir dans la chambre des domestiques, et écoutaient ceux-ci se raconter des histoires et faire toute sorte de plaisanteries; et ce qu'ils avaient observé, ils l'imitaient ensuite entre eux. Ils écoutaient encore pour savoir si une servante ou

---

1. Ce mot désigne ici, non pas un être malfaisant, mais une sorte de génie domestique.

un garçon ne formait pas un souhait quelconque; dès qu'ils l'avaient surpris, ils l'accomplissaient tout de suite, et chaque désir était immédiatement satisfait.

Jamais il n'arrivait à une servante ou à un valet de quitter Pierre le Gris, si ce n'est pour se mettre en ménage. Alors, chaque fois que la chose avait lieu, quelques *Stallmœnnchen* s'en allaient avec les jeunes gens, et l'on voyait s'établir chez eux le même bien-être que chez Pierre.

Ce dernier arrangeait ses voyages de façon à être de retour pour la moisson, afin d'inspecter lui-même les travaux. Ses fils revenaient plus tard, au commencement de l'hiver, quand les lourds chariots ne pouvaient plus passer sur les chaussées du vieux temps.

Ce n'était pourtant pas l'inspection du maître qui faisait que la moisson était, tous les ans, achevée si vite et si bien, mais l'aide des *Stallmœnnchen* qui s'y appliquaient, en grand secret, pour que Pierre ne se doutât pas de leur besogne. De la sorte, notre homme avait toujours fini quelques jours plus tôt que les autres propriétaires, moins pourvus de blé que lui cependant; ses gerbes étaient plus fortes que les leurs, et fournissaient plus de grains; en un mot, son blé était celui qui rendait toujours le plus, à la surprise générale.

Une fois, il avait eu une moisson qui surpassait même ses espérances. Lorsque la fête de la moisson fut célébrée, il fit venir dans sa chambre le maître valet, et lui dit :

« Çà, Baltzer, vous êtes vraiment les domestiques les plus actifs du monde ! Je veux me montrer reconnaissant. Voici de l'argent pour chacun de vous, pour vous amuser. »

Baltzer pensa qu'ils n'avaient pas mérité cette récompense, et dit en balbutiant :

« Eh oui, on fait ce qu'on peut. Les choses n'iraient pas ainsi, si...

— Si tous ne travaillaient pas comme il faut! ajouta Pierre.

— Non, ce n'est pas cela, dit Baltzer, si... si... s'*ils* n'y étaient pas!

— *Ils? Ils?* Qu'est-ce, *ils?* » demanda le voiturier.

Le maître valet vit qu'il avait dit un mot de trop; mais il ne pouvait plus reculer :

« Les bonnes petites gens, reprit-il, les *Stallmœnnchen*.

— Quoi? s'écria Pierre en furie, il y a chez moi pareille vermine! Vous voulez me faire accroire que je suis devenu riche grâce à cette canaille! Je ferai par là un remue-ménage! Je ferai renverser, inspecter et nettoyer tout, pour qu'il ne reste rien de ces lutins! » Et il fit le signe de la croix.

Lorsque les autres domestiques apprirent que Baltzer avait jasé, ils le tancèrent en l'appelant flatteur, complaisant et bavard, et Rose, la maîtresse servante, dit en pleurant :

« Qui guérira maintenant mes vaches quand elles donneront du sang au lieu de lait? Tout est fini à présent! »

Baltzer était fâché lui-même d'avoir bavardé; mais il dit aux autres :

« Ce qui est fait est fait, je n'y puis rien changer. Il s'agit d'avertir les *Stallmœnnchen* pour qu'ils décampent avant qu'on ait le temps de les tuer. »

Le maître valet s'en fut à l'écurie, et appela :

« *Stallmœnnchen*, arrivez, arrivez! »

Les nains s'étaient déjà serrés les uns contre les autres, et pleuraient à chaudes larmes. Puis ils chantèrent :

« Les *Stallmœnnchen* s'en vont!
La terre est un endroit sûr.

Merci à vous! Bonne santé!
Pensez à nous sous la terre! »

Et le maître valet fondit en larmes, et tous, jusqu'au garçon palefrenier, tous et toutes, depuis la maîtresse servante jusqu'à la gardeuse d'oies, s'écrièrent en pleurant :

« Adieu, *Stallmœnnchen*, adieu ! »

Quand les domestiques furent rentrés au logis, les *Stallmœnnchen* se couchèrent pour la dernière fois dans leur ancienne demeure, afin de s'en aller au point du jour; et lorsque le premier domestique arriva, le lendemain, ils avaient tous disparu.

Seul, *Chaperon-Rouge* avait dormi trop longtemps. Il avait eu trop chaud dans l'écurie, parmi la foule; il était sorti, s'était mis sur le seuil de la porte, et sommeillait tout doucement sur sa petite capote, qui lui servait d'oreiller, lorsque les autres s'en allèrent, oubliant *Chaperon-Rouge*.

Quand Pierre s'approcha avec les ouvriers sans cœur pour débarrasser les écuries du bon petit peuple, *Chaperon-Rouge* dormait toujours sur le seuil. Les domestiques virent que Pierre et les ouvriers, en y mettant le pied, allaient écraser ce pauvre être endormi. Ils s'écrièrent, dans leur angoisse :

« Pour l'amour de Dieu, ne faites pas de mal à *Chaperon-Rouge !* »

Pierre regarda par terre et dit :

« Quel lutin se tient encore là ? »

Puis il le retourna d'un pied et le tua de l'autre. Après quoi, l'on fouilla partout dans les écuries, mais on n'y trouva plus les nains.

Baltzer, le maître-valet, sculpta un cercueil pour le pauvre *Chaperon-Rouge*, les domestiques y mirent le cher petit être et l'enterrèrent dans le jardin, derrière l'écurie où il avait si longtemps vécu en paix.

Depuis que les *Stallmœnnchen* avaient disparu de la propriété de Pierre, son bonheur aussi était parti. Le bétail était maigre, les moissons devenaient de plus en plus grêles, les animaux ne voulaient plus manger le foin, et le voiturage n'allait plus. Pierre eut souvent la conscience troublée, à l'idée qu'il avait repoussé lui-même son bonheur, et que tous ses domestiques fidèles l'avaient quitté avec les *Stallmœnnchen*, car ils n'avaient pas voulu rester un jour de plus dans la maison où il avait tué leur cher petit *Chaperon-Rouge*.

Afin d'oublier son malheur croissant, le voiturier se livra à la boisson et au jeu. Il ne sortait plus de l'auberge. Ses fils abandonnèrent leur père buveur, dont le métier tomba de plus en plus, jusqu'à ce qu'enfin il ne lui resta plus que deux chevaux noirs.

Le jeudi saint, comme il s'en revenait de Bautzen avec ses deux chevaux, deux orages terribles, arrivant de gauche et de droite, se rencontrèrent au-dessus de lui. Le tonnerre grondait. Les éclairs ne cessaient de jaillir des nuages épais et noirs. Les animaux se cabrèrent et refusèrent d'avancer. Pierre les battit sans pitié; et comme rien n'y faisait, il s'écria :

« Je voudrais que le tonnerre nous écrasât, vous et moi ! »

Tout à coup, le ciel sembla s'ouvrir. Les éclairs et la foudre tombèrent en même temps. — Pierre et ses chevaux étaient étendus morts par terre; la tête manquait au corps du voiturier, et sa voiture était en flammes.

Depuis ce jour, le jeudi saint, à minuit, le voiturier sans tête revient avec deux chevaux noirs faire le tour du Worbisberg : il tire les rênes, la voiture se renverse d'un côté à l'autre, et à une heure sonnante, tout disparaît dans le gouffre.

HANS LE MINEUR [1]

De cette légende populaire on ne trouve pas trace dans les écrits du temps passé.

Dans un vieux puits des mines de Sainte-Élisabeth, à Friberg, on voit gravé dans le roc le nom de *Hans*.

Avant que les chemins de fer et les bateaux à vapeur eussent enlevé les voyageurs comme le manteau diabolique de Faust, on se contentait d'excursions modestes dans les limites de la patrie même, et les alentours de Friberg étaient visités souvent, surtout à cause des mineurs, qui ont beaucoup d'attrait pour plus d'un curieux. C'est que dans la vie des mines il y a encore une poésie qui menace de s'échapper de plus en plus de la vie ordinaire. L'atelier souterrain du mineur, les richesses qu'il tâche d'enlever au gnome, son teint pâle, lui donnent, ainsi qu'à son travail, une couleur de mélancolie et de mystère, qui a son charme sur la terre aussi bien que dessous. Qui a jamais vu une procession de mineurs dans la nuit, sans en avoir été profondément touché? Les vêtements de ces hommes, leurs lampes de travail, la clarté des torches, le son monotone du cor russe,

---

1. Légende saxonne.

l'exclamation : *Gluckauf!* vous transportent dans un monde de fées[1].

Il y a bien des années, à Pâques, je me trouvais dans ce pays; surpris en route par un orage, je me réfugiai dans une maison au bord de la chaussée. La petite chambre où j'entrai était presque pleine, car plusieurs autres personnes y avaient cherché un abri. Je pris place à une table, à côté de la fenêtre, où se tenaient déjà un mineur avec ses deux fils, en costume d'aides mineurs, et son père, un vétéran des mines, qui, à ce qu'on voyait, avait l'esprit encore vif. Tout en m'asseyant, j'entamai la conversation en montrant la fenêtre contre laquelle la grêle claquait, et en disant :

« Dieu ! quel temps ! »

Le vieux mineur se mit à rire :

« Ici, en haut, de tels temps peuvent se supporter, et on peut s'y soustraire; mais c'est là-bas, sous terre, que le temps fait rage quand le gnome envoie toute espèce de mal au pauvre mineur sans défense ! Enfants, j'ai vu des temps...

— Grand-père, demanda l'un des garçons, est-ce qu'il y a vraiment un Esprit des montagnes ? L'avez-vous vu, grand-père ? »

Le vieux se fâcha presque en entendant la question de son petit-fils.

« S'il y a un *Esprit?* s'écria-t-il, quelle question absurde ! Es-tu chrétien ? Malheur au mineur qui descend dans le puits sans croire au gnome ! Le diable lui renverse la mine sur la tête.

— Eh bien, doucement, père ! dit avec calme le fils, ne vous fâchez pas. Où voulez-vous que ces garçons aient puisé la vraie croyance chrétienne ? Elle ne s'apprend

---

1. Le cri des mineurs allemands équivaut à : *Bonne chance !*

que dans les mines. Instruisez ces garçons au lieu de vous fâcher. — Oui, certes, moi-même, ajouta-t-il en hésitant, comme s'il avait eu peur de mécontenter le vieux, moi-même j'ai vieilli, et jamais je n'ai aperçu l'Esprit.

— Mon fils! » dit le vieillard en soupirant douloureusement.

Un autre jeune mineur s'approcha, et dit :

« Eh bien, oui, cousin! Vous pouvez penser de moi ce qu'il vous plaira : moi non plus, jamais je n'ai vu trace du gnome. Mais racontez-nous-en toujours quelques traits, pour qu'on sache que faire à l'occasion.

— J'y consens, pour votre gouverne! » répliqua sérieusement le vieux mineur, et il commença son récit :

« Ne vous a-t-il jamais semblé sentir, dans les mines, quelque chose, vous glisser entre les jambes ou remuer à côté de vous, et quelqu'un vous tirer par vos vêtements? »

Tous les spectateurs durent avouer que « oui. »

« C'était le nain des montagnes ou l'Esprit. Je l'ai vu une fois moi-même : c'est un petit nain d'une vieillesse très, très-grande; son esprit est plein de caprices et de méchancetés. S'il le pouvait, pas un grain d'argent ne sortirait de terre. Il regarde le mineur comme son ennemi acharné, et tâche de lui faire autant de mal que possible. Celui à qui il souffle sa lumière en est quitte pour la peur. Mais malheur à celui qu'il tue par le feu grisou et par des pierres croulantes! »

Il garda quelque temps le silence, comme s'il lui ressouvenait des malheurs de son passé; puis il continua en ces termes :

« Mais le gnome se montre bon aussi, et il se choisit des favoris parmi les hommes; il les aide dans leur travail, et leur indique des veines d'or et d'argent. Seulement, il faut qu'ils se taisent et qu'ils ne racontent leur bonne fortune à personne; autrement, ils meurent d'une mort affreuse, de la main du gnome.

« Chaque mine a son gnome spécial. Peu de gens savent son nom; mais tous doivent l'honorer et agir d'après sa volonté et ses ordres. Songez à Hans, l'infortuné mineur! »

Ce nom éveilla la curiosité de plusieurs des assistants, qui demandèrent au vieillard de leur conter l'histoire de Hans. Le vieux mineur répondit, comme il avait fait auparavant à son fils et à ses petits-fils :

« J'y consens, pour votre gouverne! »

Et il continua ainsi :

« Jadis, voilà bien longtemps de cela, il y avait à Donat-Spath, dans les mines de Sainte-Élisabeth, une *bure*[1] où travaillait un mineur, qui s'appelait Hans de son nom de baptême; quant à son nom de famille, on ne l'a jamais su. C'était encore un homme dans la fleur de l'âge; mais le chagrin et les soucis lui donnaient l'air d'être plus chargé d'années qu'il n'était. Hélas! sa femme était toujours malade; il avait en outre à pourvoir aux besoins de ses vieux parents, et Dieu lui avait déjà donné six enfants, qu'il ne savait plus comment nourrir avec sa femme et ses parents, malgré son travail acharné.

« Hans pleurait souvent avec amertume, et souhaitait de mourir plutôt que de voir plus longtemps la misère de son logis, quand il y rentrait sans rapporter rien pour subvenir aux premières nécessités de la vie.

« Un jour, en sortant des mines, il se sentit plus triste encore. Sa femme allait lui donner bientôt un septième enfant; tout ce qu'ils avaient possédé en des temps meilleurs était engagé, le boulanger ne voulait plus fournir de pain à crédit, et tous ceux à qui il devait quelque

---

1. Puits profond d'une mine.

chose réclamaient leur argent. Ces misères, Hans les raconta, les yeux rouges de larmes, à un autre mineur plus âgé et plus expérimenté, qui lui dit :

« Implore l'aide du gnome des mines ! »

« Hans l'écoutait d'un air de doute ; le mineur lui dit encore :

« Lorsque tu seras une fois seul dans la bure, frappe trois fois le roc de ton marteau et prononce en même temps ces paroles :

« Esprit des mines, gnome, apparais !
Écoute ! Je frappe : une, deux, trois !
Viens-moi en aide, donne-moi du pain :
Je ferai tout ce qu'il faudra faire ! »

Si le petit gnome arrive, raconte-lui sans peur tes misères et dis-lui ce dont tu as besoin. Moi aussi... Mais non ! s'écria le mineur en s'interrompant. —Accomplis ce qu'il t'ordonnera, et tu verras luire de beaux jours. »

« Hans, sachant qu'il ne mettait pas son âme en danger en s'adressant au gnome, parce que ce n'était point une alliance diabolique, prit bien note de tout cela et se décida à suivre le conseil de son camarade : il ne lui restait plus que cet espoir et cette ressource dans son extrême détresse ! En rentrant, il trouva son septième enfant, un petit garçon, dans son berceau ; mais pas un morceau de pain au logis ! Il consola les siens en leur disant que tout irait mieux, très-bien, dans peu de temps ; et il résolut de tenter l'aventure à sa prochaine descente.

« Dès que Hans fut seul dans sa mine, le lendemain matin, il frappa le roc de son marteau et appela le gnome, comme on le lui avait enseigné. Le roc s'ouvrit, et un vieux petit homme avec une longue barbe et une figure ridée, mais aimable, se présenta et dit :

« Pourquoi m'appelles-tu ?
Mineur, que me veux-tu ? »

« Hans lui conta alors son état de misère depuis des années : comment cette misère était maintenant à son comble, et comment, ne sachant plus que faire pour se tirer de là, il implorait le secours de l'*Esprit*. Le gnome vit bien que le récit des misères du mineur était conforme à la vérité, et il répondit :

« Pour prix de mon aide dans chaque bure,
Donne-moi un pain et une chandelle d'un liard ;
Tu auras assez d'argent pour toi :
Mais jure-moi un silence éternel ! »

« Hans répéta la formule du serment qui lui fut dicté par le gnome et qui résonna sans doute à ses oreilles d'une façon terrible, car il en eut la chair de poule. Puis le gnome disparut, le roc se referma, et le mineur aperçut à ses pieds un petit amas d'argent qu'il vendit le jour même à un juif, avec promesse de lui en apporter autant tous les jours. Et du prix de ce riche marché, dans lequel il fut encore volé, il se racheta, lui et les siens, de toutes leurs misères.

« Chaque jour, le gnome apportait à Hans l'argent promis en échange du pain et de la chandelle ; il se montrait aimable pour le mineur et lui racontait que le pain faisait les délices de sa femme, et les chandelles la joie de ses petits enfants. Il demandait au mineur comment tout allait chez lui à présent, et se réjouissait du bien-être croissant de la famille. Mais chaque fois, en s'en allant, il l'avertissait ainsi :

« Tais-toi, être né de la poussière :
Si tu parles, tu es perdu ! »

« Le gnome n'a nul besoin de me faire cette recommandation, » pensait Hans, que l'on commençait déjà à regarder comme un homme à son aise. Il avait une belle propriété avec des prairies et des champs, et pouvait y nourrir trois vaches et quelque menu bétail.

« Le bien-être croissant de Hans était une énigme insoluble pour tout le corps des mineurs comme pour tous les amis et parents de l'ouvrier. On racontait qu'un cousin de sa femme était mort dans l'Empire et qu'ils avaient hérité de lui; mais, auparavant, jamais on n'avait entendu parler de ce cousin; puis nul ne savait quand ni comment arrivait cet argent, qui devait former une somme assez considérable, car Hans ne cessait d'arrondir sa propriété et se trouva bientôt le plus riche habitant du village.

« On chuchotait et l'on parlait du dragon [1] que Hans devait avoir chez lui; mais nul ne l'avait vu entrer par la cheminée, et la famille de Hans se composait de personnes pieuses et chrétiennes. Enfin, on n'en causa plus du tout et l'on n'assiégea plus de questions la femme de Hans, qui sans doute n'en savait pas plus que les autres, car son mari avait gardé le silence promis sous la foi du serment. Quand ses parents ou sa femme l'interrogeaient sur la cause de sa fortune, il se contentait de rire en disant : « L'imprévu arrive souvent ! » et autres paroles insignifiantes. On finit par croire qu'il avait découvert un trésor; pourtant, jamais il ne donnait de vieil argent verdâtre, mais il payait en monnaie du pays, et celle-là ne pouvait provenir du trésor trouvé.

« Hans et sa famille vivaient heureux, et il n'y avait pas à craindre pour eux un changement de sort, puis-

---

[1]. Comme dans *Pierre le Gris*, ce nom désigne une sorte de génie du foyer.

que Hans paraissait capable de se taire et évitait toute espèce d'éclat en restant volontairement simple mineur, au lieu d'accepter de monter en grade comme chef d'équipe, ce qu'on lui offrit plus d'une fois. Cela continua d'aller ainsi jusqu'à ce qu'un jour tout respira la joie dans les mines, au retour de la *fête des galeries*[1]. Hans, qui était devenu, grâce à une nourriture saine et abondante, un homme fort et bien portant, de pauvre hère et d'être malingre qu'il était, y avait déjà bu plus d'un verre de bière et se sentait le cœur joyeux. Alors les autres mineurs l'assaillirent de nouveau de questions :

« Eh bien, Hans, aujourd'hui tu vas nous dire comment tu es devenu riche ? »

« Mais Hans resta inébranlable ; et ce fut seulement en entendant les autres l'injurier et lui dire :

« Ah ! tu es un fameux camarade ! Te voilà devenu riche, mais tu ne veux pas que nous le devenions ! »

« Ce fut seulement alors qu'il se crut forcé, dans son ivresse, de repousser ce reproche en racontant franchement comment tout s'était passé.

« Lorsqu'il leur eut fait part de son secret, les mineurs furent bien étonnés et chacun, en imagination, se voyait déjà aussi riche que lui. Mais dès qu'il fut revenu à la raison, Hans s'arracha les cheveux de désespoir, à l'idée de son indiscrétion, et il eut peur de la colère du gnome en songeant au serment terrible qui le liait à lui. Il opéra sa première descente en tremblant et avec une angoisse affreuse, après avoir pris un éternel congé de tous les siens qui ne savaient ce qui se passait en lui, car il n'avait jamais fait pareille chose.

---

1. Le nom exact de la fête est en allemand *Stollnbier*, mot à mot : *bière de la galerie*, parce que dans la fête des mineurs on se verse des rasades de bière.

« Hans n'était pas chargé d'une besogne bien difficile dans la mine ; il n'avait qu'à surveiller le moulinet, inusité maintenant, et à donner le signal aux mineurs qui devaient tourner l'engin pour remonter la tonne à minerai. Ce jour-là, ils restèrent surpris fort longtemps de ne pas recevoir d'en bas le signal convenu pour hisser la tonne. Enfin, le signal fut donné, et ils tournèrent l'engin ; mais le moulinet allait si facilement qu'ils ne pouvaient croire que ce fût une tonne de minerai qui montait. Ils interrogèrent la bure du regard, comme s'il était possible de voir clair dans ce mystère. Chose étrange ! une lueur sortit de la mine et devint de plus en plus intense, à mesure que la tonne montait. Maintenant elle arrivait au jour : mais dans la tonne, au lieu de minerai, gisait le pauvre Hans avec l'air d'un homme étranglé. Tout autour de lui brûlaient les chandelles qu'il avait apportées au gnome, et sur le corps du malheureux se trouvait encore le dernier pain qu'il avait donné le jour même.

« Les mineurs déshabillèrent leur camarade et essayèrent de le rappeler à la vie : mais ce fut en vain ! Dans son habit de mineur il y avait un papier moisi, portant ces mots dont l'écriture était presque illisible :

« Heureux qui sait se taire !
Le bavard est un homme perdu.
S'il s'était tu, il vivrait aujourd'hui :
La punition du gnome est une mort terrible ! »

« Trois jours après, les mineurs enterrèrent leur camarade Hans. Pour expliquer sa mort inattendüe, on dit plus tard qu'il était descendu dans la mine ayant trop chaud, et qu'il y était mort d'apoplexie. La découverte du papier et de l'inscription ne fut pas divulguée ; et lorsque plus tard on en fit la recherche, le papier manquait, et personne ne sut ce qu'il était devenu.

« Il paraît que le gnome était fâché lui-même d'être obligé d'agir ainsi contre Hans, et qu'il voulut reporter sur les fils de ce dernier le bon vouloir dont il avait été animé pour lui. Quand l'aîné descendit pour la première fois dans la mine, le gnome l'accosta spontanément et lui fit la même offre qu'à son père. Mais celui-ci, songeant au sort de son pauvre père, ne voulut pas avoir affaire au gnome capricieux, qui lui renouvela bien souvent encore ses offres de service.

« Le lendemain de l'enterrement de Hans, lorsque les mineurs redescendirent dans les mines, ils gravèrent son nom dans le roc en souvenir de leur camarade et pour que chacun eût devant les yeux sa terrible aventure.

« — Voyez, enfants! dit le vieux mineur en terminant sa légende, c'est ainsi que récompense et que punit l'Esprit des mines! »

NOTICE

SUR J. SCHANZ ET SUR L'*ALBUM*
DE MADAME DE GUMPERT

Nous ne savons rien de particulier sur le compte de cet écrivain, l'un des collaborateurs de Mme Thècle de Gumpert, pour son « Album des filles » (*Tœchter Album*), très-populaire dans les familles allemandes, et dont il paraît chaque année un volume.

Mme de Gumpert est une femme de l'esprit le plus distingué, et ses nombreux ouvrages pour la jeunesse sont fort goûtés en Allemagne, voire en France par ceux qui ont pu les connaître soit dans le texte même, soit dans la partie traduite en français. Le recueil que nous citons ici est parfaitement conçu et plein d'intérêt. Il ne contient pas seulement des légendes ou des contes amusants; il met à la portée de la jeunesse des notions de toute sorte et des plus utiles sous une forme simple et attrayante. Quant aux récits qu'il renferme, ils ont souvent, sans rien perdre de leur charme, un caractère moral très-sérieux au fond; mais il ne s'agit point là de moralités banales et quelque peu niaises, comme on n'en rencontre que trop dans les livres qui prétendent s'adresser aux jeunes esprits: il s'agit de leçons pleines de force, données par l'expérience même, et mises en relief parfois avec toutes les ressources d'une imagination ingénieuse, comme dans un véritable roman de mœurs. Ainsi convient-il de désigner sous ce nom l'histoire de *Quatre Sœurs*, par Mme de Gumpert, dans laquelle nous assistons à l'éducation, au développement intellectuel et moral, à la vie enfin de quatre petites orphelines adoptées par des personnes très-diverses d'humeur, d'habitudes et de fortune, et où nous pouvons saisir sur le fait, à travers mille détails piquants ou agréables, la double influence du milieu ou du caractère d'autrui sur une jeune nature, et de chaque personnalité sur elle-même par l'exercice de la volonté, ce précieux outil auquel l'homme doit, plus encore qu'à l'intelligence peut-être, et son perfectionnement individuel et les conquêtes de la civilisation générale.

C'est de cet *Album* que nous avons tiré les quatre petites légendes qu'on va lire après celles de Franz Hoffmann et de Winter; elles sont nées, comme celles-là, de circonstances et de croyances locales qui nous ont paru avoir de quoi intéresser le lecteur. On les trouvera dans le sixième volume de l'*Album*.

LE CADEAU D'ARGENT[1]

Il y a bien longtemps, par un hiver d'une rigueur excessive, les pauvres gens souffraient de la faim et du froid; dans chaque logis régnaient le souci et la misère.

Une petite fille sage et pieuse, du nom de Marie, dont le père était journalier, gardait sa mère malade à la maison.

Un jour, comme les flocons de neige dansaient dans l'air, que les rivières et les étangs étaient couverts de glace, et que Marie n'avait plus un morceau de bois pour

1. Conte du village de Brauna dans la Haute-Lusace.

faire la soupe du soir destinée à sa mère, la bonne enfant prit une grande hotte sur son dos et s'en fut dans la forêt, malgré le froid glacial, ramasser les branches sèches que le vent avait jetées à terre.

Elle eut à chercher longtemps avant d'avoir rempli la hotte; et la nuit était presque venue, quand elle s'en retourna avec sa lourde charge. Tout d'un coup, un ouragan s'éleva, qui empêcha la pauvre enfant d'avancer. Entourée par la neige épaisse et voltigeante qui l'aveuglait, elle ne pouvait plus voir à un pas devant elle; et comme tout avait disparu sous la neige, elle perdit son chemin.

Elle errait donc seule dans la forêt, par ce froid terrible, au milieu d'une nuit d'hiver. Joignant les mains, elle pria Dieu de lui envoyer un ange sauveur pour la conduire auprès de sa mère malade, qui l'attendait avec angoisse. Soudain, elle aperçut de loin une lumière étincelante.

Le cœur plein de joie, Marie se fraya un chemin parmi les buissons et les ronces, suivant la lumière qui devait venir d'une chaumière, pensait-elle, où elle trouverait aide et conseil. Mais quand l'enfant eut marché quelque temps, elle vit que la lumière venait du haut d'une montagne; et déjà elle voulait y grimper, lorsqu'elle aperçut à côté d'elle un petit être d'un aspect bizarre.

« Qu'est-ce que tu portes là dans ta hotte? » lui demanda-t-on d'une voix douce.

Marie tremblait de peur: mais elle prit courage, parce que c'était une fille pieuse et qu'elle avait la conscience en repos.

« Je suis une pauvre fille égarée, répondit-elle, et je porte dans ma hotte du bois que j'ai ramassé pour cuire une soupe à ma mère malade. Par ce temps de neige, je me suis égarée et je ne puis retrouver le chemin de mon village.

— Renverse ta hotte, répliqua le petit homme, et suis-moi. »

Cet ordre sembla étrange à Marie, car elle avait eu tant de peine à ramasser ce bois sec !

« Suis-moi ! » reprit le petit homme, et il commença à gravir la montagne. Marie le suivit péniblement avec son fardeau.

Plus ils montaient, plus la lumière devenait intense et lorsqu'ils furent au sommet de la montagne, — ô merveille ! — Marie vit sortir d'un amas de pierres ne source, non pas d'eau, mais de pièces d'argent neuves et sonnantes !

Avant qu'elle fût revenue de son étonnement, le petit homme l'avait débarrassée de sa hotte ; et l'ayant renversée, il la remplit à deux mains de cette monnaie luisante.

Marie regardait, les mains jointes, effrayée à l'idée que ce pouvait être un mauvais esprit qui voulait la perdre.

Quand la hotte fut pleine, l'être mystérieux la replaça lui-même sur le dos de l'enfant, et lui ordonna de redescendre la montagne, en l'aidant de telle sorte que cette lourde charge semblait à la jeune fille légère comme une plume.

Le bon petit homme la reconduisit jusqu'à sa maison par un chemin très-court qu'elle n'avait jamais remarqué.

Le père de Marie, de retour de son travail, l'attendait sur le seuil de la porte, et la malheureuse mère avait eu l'esprit bien tourmenté à cause de son enfant qu'elle croyait déjà perdue dans la neige.

Devant la maison, le nain disparut.

Quelle surprise pour ces pauvres gens, lorsque Marie, arrivant à eux, se déchargea de sa hotte, remplie jusqu'au bord de pièces d'argent tout battant neuf ! Ils remercièrent Dieu de sa bonté qui les avait aidés si merveilleusement dans leur misère ; mais ils restèrent pieux et simples, malgré leur richesse, firent du bien aux pauvres et ne devinrent jamais durs et hautains.

Quand le bonheur de Marie fut connu dans le village, les paysans en masse allèrent vers la montagne, avec force haches et pelles ; et de chercher, et de retourner les pierres ! Mais ils n'y trouvèrent rien, et rentrèrent penauds et fâchés.

A Marie seule, dont le cœur était pur, le trésor avait été destiné.

LES TROIS PETITS PAINS D'OR [1]

Le vieux château de Pomsen, situé à deux heures de Grimma, sur la route de Leipzig, appartenait jadis, comme les villages d'alentour, à la noble famille de Ponikau. Lorsque le landgrave de Meissen alla faire la guerre aux Turcs, le sire de Ponikau voulut suivre son suzerain, comme un fidèle vassal, afin de combattre avec lui pour la sainte cause du Christ ; rien ne put le retenir. La femme du fier seigneur, Sarah, ne garda qu'un petit nombre de domestiques pour elle et son jeune fils, parce qu'elle n'avait pas de grandes richesses ; et, depuis ce moment, le château de Ponikau devint bien calme et bien silencieux, bien triste même.

Un jour, après le lever du soleil, tandis que la châte-

---

1. Conte du château de Pomsen près de Grimma.

laine était encore couchée avec l'enfant dans le vaste lit à baldaquin, sans une âme autour d'elle, la lourde porte de l'appartement s'ouvrit tout d'un coup, comme d'elle-même, et un petit peuple de nains bizarres entra sur deux files.

Ces êtres mignons et gracieux portaient de riches vêtements, des chapeaux pointus ornés de plumes et l'épée au côté. Ils marchaient deux par deux, à la façon d'un cortége de noce. Les couples étaient précédés par des musiciens qui avaient, comme les autres personnages du cortége, une taille de deux pouces à peine; puis venaient le fiancé et la fiancée, leurs parents et amis, puis les invités. La procession se dirigea vers le poêle qui était très-grand, à la mode du temps, et occupait presque un tiers de l'appartement. Il reposait sur six pieds, et formait ainsi par sa base une sorte de salle en miniature où la procession s'arrêta et se rangea par couples. Quand tout fut convenablement disposé, le corps des musiciens commença à jouer ses mélodies, d'une douceur et d'un charme infinis, et le peuple nain à danser et à faire des tours si étranges, que la dame de Ponikau se crut tout de bon dans un monde enchanté. Elle retenait son haleine, pour ne pas rappeler sa présence aux petits danseurs, car elle craignait d'interrompre leur fête.

Après que la danse eut duré quelque temps, l'assemblée s'arrangea pour partir, et quitta la salle de danse d'un nouveau genre où elle s'était divertie, dans le même ordre qu'elle était venue. Lorsqu'ils passèrent devant le grand lit où se tenait la dame de Ponikau avec son enfant, le bienheureux petit fiancé s'arrêta devant la maîtresse du château stupéfaite, lui fit un salut plein de grâce, et la remercia en son nom et au nom de ses frères de l'hospitalité et du séjour sans trouble dont ils avaient joui dans ce logis. Il dit qu'ils avaient désiré célébrer une fois leur noce aux rayons du soleil, parce qu'ils avaient trouvé qu'il faisait trop sombre dans la terre, et que c'était pour cela qu'ils étaient venus. En signe de reconnaissance, le nain la pria d'accepter les trois petits pains d'or qu'il lui présentait : il faudrait avoir bien soin de les garder, car la famille de Ponikau fleurirait aussi longtemps qu'elle serait en possession de ces pains, et ne cesserait de croître en honneurs, en richesse et en puissance.

Après quoi la procession sortit par la porte.

La châtelaine, tout étourdie des merveilles qu'elle avait vues, tomba dans un long et profond sommeil; et lorsqu'elle s'éveilla enfin et voulut rassembler ses souvenirs sur ce qui s'était passé, elle trouva les pains d'or sur la couverture de son lit.

Peu de temps après, le sire de Ponikau revint de la guerre chargé de richesses. Instruit de ce qui était arrivé, il voulut que les trois petits pains fussent portés dans une forte tour du château et scellés dans l'épaisseur du mur, pour les mettre hors de toute atteinte. Ils y restèrent jusqu'à la guerre de Trente ans.

Dans ces jours de misère et d'angoisse, les ennemis arrivèrent à Pomsen, brûlèrent le château et ravagèrent tout; et quand la tour dans laquelle s'étaient conservés les trois pains d'or s'écroula, elle les enterra tous sous ses cendres.

Dès lors, le bonheur quitta la famille des Ponikau; elle perdit ses domaines les uns après les autres, et finalement aussi sa bien-aimée demeure de Pomsen.

LA VIERGE DE PIERRE [1]

En face de la forteresse de Kœnigstein, à peu près à une demi-heure de là, se trouve un haut rocher couvert de verdure et de forêts, qu'on appelle le *Pfaffenstein* (Pierre des prêtres) ou *Iungfernstein* (Pierre de la Vierge). Sur le flanc sud-ouest du Pfaffenstein on voit la *Vierge de pierre*, c'est-à-dire une roche en forme de femme géante, mais sans pieds ni bras, dont on conte ainsi l'origine.

Dans le village voisin, du nom de Pfaffendorf, vivait jadis une femme pieuse qui avait une fille très-légère, ce qui la faisait beaucoup souffrir.

Quand elle l'envoyait à l'église, le dimanche, celle-ci avait toujours autre chose en tête; et tantôt elle s'excusait sur la longueur de la route, tantôt sur un mal au pied; ou bien elle avait quelque ouvrage pressé et en retard. Si la mère ne voulait rien écouter, grondait et la forçait à prendre son livre de prières et à se rendre à l'église, elle allait voir une amie dans le village ou se promener dans la forêt, et ne se montrait guère à l'église que dans les cas exceptionnels.

En automne, quand les fruits étaient mûrs dans la forêt, ceux-ci l'attiraient toujours, et elle n'allait jamais à l'office; mais elle partait régulièrement pour cueillir les airelles dans le bois.

Une fois, la mère la suivit; et, à peine était-elle entrée

---

1. Conte du Pfaffenstein dans la Suisse saxonne.

dans la forêt, à peine avait-elle commencé à cueillir des airelles, que sa mère se trouvait derrière elle et éclatait de colère, maudissant l'enfant indocile et souhaitant de la voir changée en pierre.

Aussitôt la terrible malédiction s'accomplit. La vierge, changée en pierre, resta éternellement sur le Pfaffenstein. Et le peuple désigne encore aujourd'hui la roche sous le nom de Barberine, comme s'appelait, dit-on, la jeune fille.

LA SOURCE D'OR[1]

Dans les ruines de l'église de Saint-Nicolas, à Bautzen, se trouve un cimetière aux tombes abandonnées, dont on fait mille contes merveilleux.

Ainsi, il arriva, au siècle dernier, qu'un pieux bourgeois s'en revenait d'une longue course nocturne. C'était la veille de la Pentecôte; et, comme cet homme passait devant ces ruines, il se sentit attiré par une puissance magique.

Il traversa les rangées de pierres brisées avec des sentiments étranges; et, arrivé à l'endroit où s'élevait jadis le maître-autel, il tomba, épuisé de fatigue, et s'endormit bientôt d'un profond sommeil.

Lorsqu'il s'éveilla, il crut que le jour était déjà bien avancé et que le soleil le regardait en face, car une lu-

---

1. Conte de Bautzen.

mière éclatante l'éblouissait. Mais bientôt il découvrit que l'éclat venait d'un magnifique tableau d'autel représentant l'ascension de Jésus-Christ. Au milieu des ruines grises et revêtues de mousse, il était comme étendu dans l'air.

L'homme se leva, saisi de terreur, et, après avoir pris courage, il s'approcha lentement du tableau miraculeux, pour le contempler de plus près. Alors, seulement, il s'aperçut qu'à ses pieds coulait une source resplendissante de pièces d'or.

L'aspect de ce riche trésor lui causa une sorte d'étourdissement; mais un frisson indéfinissable parcourut ses veines, lorsqu'il se vit ainsi tout seul dans cette demeure de la mort, en face du tableau et de la source d'or mystérieuse.

Irrésolu, incertain de ce qu'il devait faire, il marchait à pas lents dans ces lieux déserts et tristes; tout à coup, son pied vint à heurter contre un objet dur vers lequel il se baissa. C'était une coupe de forme singulière; il la prit, retourna à la source d'or et l'y remplit jusqu'au bord de ces belles pièces luisantes.

Au même instant, une heure sonna; la vie recommençait dans le lointain, et l'heureux homme quitta les ruines, avec des battements de cœur, en cachant sous son manteau son précieux trésor.

Bien d'autres, par la suite, ont essayé de s'endormir parmi les ruines, dans la nuit de la Pentecôte; mais à personne le tableau d'autel et la source d'or ne sont apparus depuis lors.

TROISIÈME SÉRIE

CONTES DE MUSÆUS
DE TIECK ET DE G. SCHWAB

LA LÉGENDE DE LORELEY

NOTICE

SUR MUSÆUS

Jean-Charles-Auguste Musæus, né à Iéna en 1735, avait étudié pour être pasteur. Mais les habitants d'un bourg près d'Eisenach n'ayant pas voulu de lui, parce qu'il avait dansé une fois, il changea de visées. En 1763 il devint gouverneur des pages à la cour de Weimar, en 1770 professeur au Gymnase, et mourut en 1787.

Musæus, qui avait de la verve et de l'esprit, se fit un nom dans la littérature de son temps par des œuvres ingénieuses dont la plupart sont oubliées aujourd'hui. La faute en est surtout au caractère de satire spéciale et d'actualité dont elles sont empreintes. C'est ainsi que dans son *Grandisson II* il entreprit de ridiculiser certains personnages du grand romancier anglais Richardson, et que dans son second roman : *Voyages physiognomoniques*, il se moqua du système d'interprétation des lignes du visage et des physionomies du célèbre Lavater. Avec les idées les plus justes, ces sortes d'écrits ne sauraient prendre une place définitive dans une littérature; ils sont trop de leur époque, trop attachés aux particularités des théories, des opinions et des faits contemporains.

Citons encore, parmi les écrits de Musæus ses *Images de la mort, à la manière de Holbein*.

Jusque dans ses *Contes populaires des Allemands*[1], publiés

---

1. *Volksmæhrchen der Deutschen.*

d'abord en cinq volumes à Gotha (1782-1787) et si souvent réimprimés depuis, Musæus introduit les plaisanteries d'un bel esprit un peu affecté par moment et des préoccupations de systèmes ou de personnes, des expressions de critique et de philosophie dont le lecteur se passerait volontiers aujourd'hui ; car tout cela n'est pas très-clair pour lui et ne laisse pas de nuire au charme du récit.

Quoi qu'il en soit, l'intention de Musæus étant d'opposer aux mauvaises lectures sentimentales de son temps une lecture agréable, pleine d'esprit et de fantaisie, on peut dire qu'il y réussit pleinement. Cet arrangement des contes populaires, auxquels on préfère maintenant, en général, les simples récits recueillis de la bouche du peuple, la tradition *vraie* et *naïve*, eut alors le double mérite de faire connaître des légendes intéressantes qu'on n'eût pas lues sans cela, et de remettre le bon sens à la mode, en le produisant sous une forme piquante, souvent originale et toujours enjouée.

Les plus intéressants, selon nous, de tous les récits de Musæus, étant ceux où il rapporte les nombreuses aventures de *Rübezahl*, le prince des gnomes du *Riesengebirge* (Montagnes des Géants), c'est là que nous avons choisi les extraits dont nous donnons la traduction dans ce volume.

LES LÉGENDES DE RUBEZAHL

I

Dans les Sudètes, Parnasse des Silésiens, chantés si souvent tant bien que mal, demeure, auprès d'Apollon et des neuf Muses, l'Esprit des montagnes appelé *Rübezahl*, qui a plus fait pour la renommée des *Montagnes des Géants*[1] que tous les poëtes.

Ce prince des gnomes ne possède qu'un territoire d'une faible étendue sur la terre dans l'enceinte d'un massif de

---

1. Riesengebirge.

montagnes, et même il en partage la souveraineté avec deux puissants monarques qui n'ont jamais reconnu ses droits; mais à quelques pieds sous le sol cultivé commence son empire, que ne peut amoindrir aucun traité de partage, et qui s'étend jusqu'au centre du globe, à huit cent soixante lieues. Quelquefois il plaît au prince souterrain de visiter ces vastes et profondes provinces, de contempler les trésors inépuisables de ses mines, de surveiller le peuple de ses gnomes, et de leur donner de la besogne, soit pour contenir par de fortes digues la puissance des torrents de flammes dans les entrailles de la terre, soit pour imprégner des riches vapeurs minérales qu'il arrête les roches encore brutes, et pour les métamorphoser en métaux précieux. D'autres fois, il se défait de tous les soucis du gouvernement, s'élève sur les frontières de son royaume pour son amusement, et joue mille tours aux hommes comme un joyeux drôle qui, pour rire une bonne fois, chatouille son voisin jusqu'à la mort. Car notre ami Rübezahl est, il faut que vous le sachiez, en sa qualité de puissant génie, capricieux, fougueux, bizarre, grossier, rude, sans gêne, altier, plein de vanité et d'inconstance; aujourd'hui le plus chaud des amis, demain étranger et froid; parfois bon enfant, noble, sensible, mais toujours en désaccord avec lui-même, — bête et sage, tendre et dur en un clin d'œil comme l'œuf qui tombe dans l'eau bouillante, — fripon et honnête, têtu et accommodant, selon que son humeur et ses convenances intimes lui font voir les choses de prime abord.

Au temps jadis, avant que les descendants de Japhet eussent porté leurs pas si loin vers le Nord, pour cultiver ces régions, Rübezahl se démenait déjà dans les montagnes sauvages et chassait l'ours et l'auroch, en les poussant au combat l'un contre l'autre, ou poursuivait à outrance les bêtes effarouchées avec un vacarme infernal, et les précipitait du haut des rochers à pic dans la profondeur des vallées. Fatigué de ces chasses, il rentrait dans les régions souterraines de son empire et y restait des siècles, jusqu'à ce qu'il lui reprît envie de se montrer à la clarté du soleil et de se réjouir la vue du spectacle de la création extérieure.

Quel ne fut pas son étonnement lorsqu'une fois, à son retour, abaissant ses regards du haut des pics couverts de neige des Montagnes des Géants, il découvrit que la contrée avait entièrement changé de face ! Les forêts sombres et impénétrables étaient abattues et transformées en champs fertiles où mûrissaient de riches moissons. Parmi les plantations d'arbres fruitiers en fleur, de riants villages avançaient leurs toits de chaume dont les cheminées envoyaient dans les airs des tourbillons de paisible fumée. Çà et là, sur le penchant d'une montagne, se dressait une tour isolée pour la défense du pays ; dans les prairies émaillées de fleurs paissaient des brebis et des bœufs, et de la claire feuillée des bocages s'élevait le doux son des chalumeaux.

La nouveauté de la chose et l'agrément du premier aspect réjouirent tellement l'étrange seigneur du territoire, qu'il ne se fâcha point contre les téméraires colons qui étaient venus s'y établir sans sa permission, et n'eut garde non plus de les déranger dans leur existence, leur laissant au contraire la tranquille possession des domaines conquis, tel qu'un bon maître de maison qui donne asile sous son toit à l'hirondelle familière ou même au moineau effronté. Bien mieux, il conçut le désir de faire connaissance avec l'homme, cette créature bâtarde entre l'esprit et la bête, de scruter sa nature et sa manière d'être, et de lier commerce avec lui.

Musæus raconte ensuite les premières aventures et les premières désillusions de Rübezahl au contact de l'humanité, avec ce ton de satire enjouée qu'il affectionne.

Rübezahl prend d'abord la forme d'un valet de charrue, et, sous le nom de *Rips*, entre au service d'un cultivateur du pays qu'il sert avec un dévouement et une intelligence hors ligne, employant pour lui être utile toutes les ressources que possède un génie de cette importance. Mais son maître est un affreux ladre qui, non content de le mal payer, le vole et lui retient ses gages. Rips le quitte et devient le serviteur du juge et le fléau des fripons; par malheur, ce nouveau maître est le plus injuste des juges : il se moque du droit naturel et des lois, et Rips, indigné, veut le quitter aussi. Il est jeté en prison par les ordres de ce méchant homme et se trouverait fort mal en point, s'il ne lui restait pour s'évader la route ordinaire des *esprits* qu'on met sous clef : le trou de la serrure!

Dégoûté pendant quelque temps de la société des hommes par ces premiers essais, il se retire dans ses domaines invisibles. Mais, un jour, s'étant avisé de reprendre son métier d'observateur, il se laisse séduire par la grâce et la beauté d'une jeune fille dont le père n'est autre que le souverain de de la Silésie, qui régnait dans ce temps-là sur les Montagnes des Géants. Amoureux de la belle Emma, le prince des gnomes transforme la fontaine, où elle venait dans l'été avec ses compagnes, en un vaste bassin de marbre et d'albâtre sur les bords duquel fleurissent des corbeilles de jasmin, de marguerites, de roses et de myosotis, la fleur préférée des Allemands, qui l'ont nommée *vergiss-mein-nicht* (ne m'oubliez pas). Enfin la princesse, stupéfaite et charmée, trouve là tous les enchantements réunis. Cependant, aussitôt qu'elle s'est plongée dans le bassin merveilleux, elle disparaît sous les eaux, emportée par une force inconnue, et ses compagnes la croient engloutie et perdue à jamais. On va conter au roi la triste aventure dont la princesse Emma vient d'être victime; et tandis qu'il se désole et cherche en vain les traces de l'enlèvement de sa fille dans cette gorge des montagnes où il ne reste plus trace de la fontaine enchantée, Rübezahl, dans un palais splendide et au milieu de jardins magnifiques, fait sa cour à la jeune princesse. Malgré ses paroles tendres et soumises, le prince des gnomes ne peut l'empêcher de soupirer dans la solitude de ces domaines fantastiques où ne vit aucune créature humaine. Vite, Rübezahl court au dehors et lui rapporte une douzaine de carottes, en l'avertissant qu'il suffira d'un coup de baguette appliqué par elle pour leur donner à son gré toutes les formes possibles.

Emma se hâta de frapper une des carottes en appelant la plus chère de ses compagnes : l'illusion est parfaite, et la princesse ne se sent pas de joie. Elle prend les autres carottes et leur donne la forme des jeunes filles qu'elle aimait le plus ; et, comme il lui en reste encore deux, elle les transforme en chien et en chat. Seulement, elle remarque, au bout de quelque temps, que les fraîches couleurs de ses compagnes s'altèrent peu à peu, et que celles-ci maigrissent de plus en plus ; et, un beau matin, elle se voit au milieu d'une bande de femmes ridées et portant béquilles ; le chat et le chien ne peuvent plus se traîner. Le gnome déclare alors que les forces de la nature lui obéissent, mais qu'il ne peut rien contre ses lois irrévocables : tant que les carottes ont gardé leur force végétative, la baguette magique pouvait les transformer de mille façons ; maintenant que toute séve vivifiante est partie, c'en est fait d'elles et de leurs métamorphoses. Rübezahl console de son mieux la princesse désespérée, et lui promet d'autres carottes, plus dignes de sa compagnie. Après quoi, d'un coup de baguette les fantômes redeviennent carottes et le tout est jeté dans un coin.

Mais le gnome s'est engagé trop légèrement ; les champs, glacés par l'hiver, ne peuvent lui fournir ce qu'il cherche. Comme la belle princesse ne veut pas entendre raison, Rübezahl se procure de la graine de carottes, et ensemence tout un champ ; puis il fait faire un feu souterrain qui doit hâter la croissance de la graine par une douce chaleur venue d'en bas.

En effet, carottes de pousser, et Rübezahl de s'applaudir du succès de cette invention ! Mais Emma, tout en allant visiter le champ et en suivant le progrès de la végétation, songeait au passé, et jetait mélancoliquement des fleurs dans une jolie rivière qui coulait près d'un bois de sapins où elle s'isolait volontiers. Elle songeait au prince Ratibor, un jeune voisin des rives de l'Oder, qui l'aimait et qu'elle aimait, et la demeure du gnome ne lui en paraissait que plus odieuse. Au retour du printemps, quand les carottes, activées par le feu souterrain, furent en état d'être tirées du sol, Emma en transforma une en abeille, et la chargea de voler jusqu'au pays de Ratibor pour lui rapporter des nouvelles du prince. Hélas! une hirondelle friande se jeta sur l'abeille et l'engloutit. De nouveau, Emma use de la baguette et envoie un grillon en campagne; mais une cigogne, qui se promenait juste sur le chemin du grillon, le saisit avec son long bec et l'avale. Un troisième essai produit une pie, qui reçoit les mêmes instructions et qui peut arriver jusqu'au prince pour lui donner rendez-vous dans trois jours au *Val de Mai* (Maienthal); car la princesse comptait bien s'échapper.

Afin d'y parvenir, elle fait mine de se radoucir vis-à-vis du gnome, et lui promet sa main s'il lui accorde le gage d'obéissance et de constance qu'elle va lui demander. Il ne s'agit que d'aller compter toutes les carottes du champ, mais sans qu'il en manque une au compte : une seule erreur, le pacte est rompu.

Voilà donc le pauvre Rübezahl comptant et recomptant, l'esprit et les yeux troublés par l'émotion, trouvant chaque fois quelque différence nouvelle, et recommençant, pour corriger son erreur, l'interminable calcul. Pendant ce temps, la rusée princesse avait changé en un vaillant coursier, tout sellé et bridé, une superbe carotte pleine de sève; et vite elle s'était enfuie sur son dos jusqu'au *Val de Mai*, où Ratibor l'attendait avec impatience.

Le gnome avait pourtant fini, après beaucoup de peine et de fatigue, par trouver le compte exact des carottes, et il revenait, le cœur joyeux, vers la pelouse où il avait laissé la belle Emma, prêt à la satisfaire; car il ne s'était point aperçu de ce qui se passait autour de lui, tant il était absorbé par sa besogne. En vain, il interrogea du regard et de la voix tous les coins et toutes les retraites charmantes du palais; il ne put douter de son malheur, et, rapide comme l'éclair, il s'élança dans les airs, rejetant la forme humaine pour suivre les traces de la fugitive. Il l'aperçut juste au moment où son cheval passait la frontière de l'empire du gnome; et les nuages qu'il s'était hâté de rassembler sur la tête de la jeune fille pour en faire tomber la foudre ne lui servirent de rien. Seul, un chêne de mille ans se trouva fendu par la foudre sur la frontière même; et au delà, au-dessus du pays où expirait la puissance de Rübezahl, des nuages roses et dorés remplacèrent les nuages sombres qui menaçaient la fiancée du prince.

Décrire la rage et la douleur du gnome serait chose impossible. Après avoir conté sa plainte aux quatre vents, et soulagé un peu son cœur navré de tristesse, il voulut visiter encore une fois le palais et le parc où il avait tant de fois contemplé avec admiration l'ingrate princesse, et où il lui avait donné tant de preuves du dévouement le plus tendre. Mais il se sentit alors l'âme tellement oppressée de chagrin au souvenir des beaux jours qu'il avait passés dans ces lieux, avec l'espoir de garder pour compagne celle qu'il y avait amenée, que toute cette création merveilleuse n'eut plus de charme pour lui. Il proféra d'affreuses malédictions, jura de s'abstenir désormais de l'étude du genre humain et de ne plus s'inquiéter de ces êtres malicieux et trompeurs. Ayant pris cette résolution, par trois fois il frappa le sol du pied, et le château enchanté rentra dans le néant avec toutes ses magnificences. Le gouffre ouvrit sa gueule béante, et le gnome plongea tout au fond de son royaume, au centre de la terre, où il emporta la haine de l'humanité et le spleen.

Quant aux deux fiancés, le prince Ratibor et la princesse Emma, ils avaient regagné la cour du roi de Silésie. Leur mariage y fut célébré avec beaucoup de pompe, et le prince bâtit une ville qui porte encore son nom aujourd'hui.

L'étrange aventure de la princesse dans les Montagnes des Géants, sa fuite hardie et son heureuse délivrance, devinrent la légende du pays, qui se transmit de génération en génération. Et les habitants des contrées d'alentour, qui ne savaient pas le vrai nom du prince des gnomes, lui donnèrent le sobriquet de *Rübenzahler* ou *Compteur de carottes*, et, par abréviation, *Rübezahl*[1].

II

Rübezahl n'était pas toujours d'humeur à dédommager ceux qu'il avait malmenés par ses taquineries. Souvent il fit le diablotin par besoin de méchanceté, sans prendre garde si c'était un filou ou un brave homme dont il se moquait. Souvent il arriva près d'un voyageur seul, pour marcher de compagnie avec lui, conduisit doucement l'étranger de façon à l'égarer, l'arrêta juste au bord d'un précipice ou d'un marais, et disparut avec un rire sardonique. Souvent il effraya les paysans qui allaient au marché, par des apparitions étranges de bêtes chimériques. Souvent il rendit boiteux le cheval du voyageur, de sorte qu'il ne pouvait plus bouger, cassa la roue ou l'essieu d'une voiture pour lutiner les voituriers, et fit rouler devant eux, dans le chemin, un gros quartier de rocher qu'ils avaient toutes les peines du monde à pousser de côté. Souvent une puissance invisible retint avec tant de force une voiture vide, que six chevaux des plus vigoureux ne pouvaient l'ébranler ; et si le cocher laissait voir qu'il soupçonnait une diablerie de Rübezahl, ou jetait des cris de fureur et lançait des injures, il était sûr d'avoir bientôt une armée de frelons autour de ses chevaux, qui en devenaient fous, ou il recevait une grêle de pierres, ou bien encore une baston-

---

[1]. De *Rübe*, carotte, et *Zahler*, compteur. — Ce sobriquet fâche, disent les légendes, le génie de la montagne qui se regarde comme insulté ; mais quelquefois pourtant il s'apaise et pardonne aux téméraires qui l'ont ainsi évoqué, lorsqu'ils n'ont pas eu de méchantes intentions.

nade assez cuisante administrée par une main invisible.

Le gnome avait lié connaissance avec un vieux et honnête berger, pour qui même il s'était pris d'amitié. Il lui permettait d'amener son troupeau jusqu'aux haies de ses jardins, ce que nul autre n'aurait dû oser, et il écoutait souvent le vieillard avec plaisir, quand celui-ci lui racontait l'histoire simple de sa vie. Une fois, cependant, le vieux berger se trouva en faute. Comme il menait paître son troupeau, selon son habitude, dans les prairies du gnome, quelques brebis allèrent par les haies et broutèrent le gazon des pelouses du jardin. Là-dessus, notre ami Rübezahl entra dans une telle rage qu'il mit dans le troupeau une terreur panique et le chassa avec bruit des montagnes : par suite de quoi plusieurs des bêtes perdirent la vie, et la condition du vieux berger devint si précaire, qu'il en mourut de chagrin.

Un médecin de Schmiedeberg, qui avait l'habitude d'herboriser sur la montagne, avait quelquefois l'honneur d'entretenir le gnome avec sa volubilité fanfaronne, mais sans le connaître, car il apparaissait tantôt sous la forme d'un bûcheron, tantôt sous celle d'un voyageur, et il se faisait raconter les cures merveilleuses de l'Esculape de Schmiedeberg. De temps en temps, il avait l'amabilité de lui porter son paquet d'herbes pendant un bon bout de chemin et de lui révéler quelques forces médicales inconnues. Une fois le médecin, qui se croyait plus versé dans l'étude des herbes qu'un bûcheron, prit mal les instructions de celui-ci et lui dit avec dédain :

« Le bûcheron ne peut pas enseigner le médecin. Mais toi qui connais les herbes et les plantes depuis l'hysope qui croît sur les murs jusqu'au cèdre du Liban, dis-moi donc, sage Salomon, lequel exista le premier, le chêne ou le gland ?

— L'arbre, à ce que je pense, répondit le gnome, car le fruit vient de l'arbre.

— Fou! dit le médecin, et d'où venait l'arbre, sinon de la semence enfermée dans le fruit?

— C'est là une question de maître qui est trop haute pour moi, répliqua le bûcheron. Mais, moi aussi, je veux vous poser une question : à qui appartient ce sol, cette terre où nous nous trouvons, au roi de Bohême ou au *Seigneur de la montagne?* »

C'était le nom que les voisins avaient donné au gnome lorsqu'ils s'étaient aperçus que le nom de Rübezahl n'était pas bien vu dans les montagnes, et qu'il rapportait à quiconque le prononçait des coups de bâton et autres agréments de ce genre.

Le médecin ne réfléchit pas longtemps.

« Je pense, dit-il, que cette terre appartient au roi de Bohême; car Rübezahl n'est qu'une fiction, un non-sens, un épouvantail bon pour les enfants! »

A peine avait-il laissé échapper ces paroles, que le bûcheron se transforma en un géant formidable avec des yeux flamboyants et une mine furieuse, qui s'écria d'une voix terrible :

« Voici Rübezahl, qui va te montrer aux dépens de tes os le *non-sens* dont tu parles! »

Il le saisit alors au collet, le jeta contre des arbres et des rocs, le tira de côté et d'autre, lui creva un œil et le laissa pour mort sur la place; et le médecin jura bien de ne jamais revenir sur la montagne.

Pourtant, si facile qu'il fût de perdre l'amitié de Rübezahl, il était plus facile encore de la gagner.

Dans le bourg de Reichenberg vivait un pauvre paysan dont un méchant voisin avait battu en brèche la propriété; et quand la justice se fut emparée de sa dernière vache, il ne lui resta rien qu'une demi-douzaine d'enfants dont il aurait donné volontiers la moitié en gage pour son bétail. Il avait une paire de bras solides, mais qui ne suffisaient pas à nourrir sa famille; il se sentait le cœur navré lorsque ses pauvres petits enfants criaient pour avoir du pain et qu'il n'en avait pas un morceau pour apaiser leur faim.

« Avec cent écus, dit-il à sa femme éplorée, nous serions sauvés; nous pourrions recommencer notre ménage et acheter un autre lopin de terre loin de tout voisin querelleur. Tu as de riches cousins dans les montagnes; je veux y aller et raconter notre misère: peut-être l'un d'eux aura-t-il la charité de nous faire, moyennant les intérêts, un prêt sur son superflu. »

La pauvre femme, courbée sous le poids du malheur, consentit à cette tentative, bien que sans grand espoir de réussite, parce qu'elle ne voyait pas de meilleur expédient.

Le mari se mit en route le lendemain matin, et en prenant congé de sa femme et de ses enfants, il leur dit:

« Ne pleurez pas! Mon cœur me dit que je trouverai un bienfaiteur qui nous sera plus utile que tous les patrons du monde! »

Puis il prit un morceau de pain sec et partit. Accablé de chaleur, fatigué de la longueur du chemin, il arriva sur le soir dans le village où demeuraient les riches cousins; mais pas un ne fit mine de le connaître et ne voulut le garder pour la nuit. Il leur conta sa misère en pleurant à chaudes larmes; mais les riches avares n'y firent pas même attention et lancèrent à la tête du malheureux paysan des reproches amers et des proverbes agressifs. Ils se moquèrent ainsi de lui, l'appelant paresseux et vaurien, et finalement le jetèrent à la porte. Notre homme n'avait pas prévu une telle réception de la part des riches parents de sa femme. Il s'éloigna d'eux, triste et muet, et comme il n'avait pas de quoi payer à l'auberge, il dormit en plein champ dans une grange. Là il attendit le jour sans dormir, pour reprendre le chemin de son logis.

Lorsqu'il s'en revint par les montagnes, le chagrin le saisit au point qu'il était près de désespérer.

« J'ai perdu le salaire de deux journées de travail, se dit-il; je suis las, brisé par le chagrin et par la faim, sans consolation, sans ressource! Lorsque je vais rentrer et que ces six pauvres êtres lèveront leurs mains vers moi pour me demander du pain, sans que je puisse leur offrir autre chose qu'une pierre, quel supplice pour un cœur de père et comment le supporterai-je? Meurs plutôt, malheureux, afin de ne plus voir ta misère ! »

Et il se jeta par terre sous un prunellier, pour se plonger tout entier dans ses tristes pensées.

Comme l'âme, au bord de l'abîme, rassemble ses dernières forces pour découvrir un moyen de salut, cherche dans chaque recoin du cerveau, court après chaque éclair d'imagination, pour trouver un abri et un soutien contre la ruine prochaine; comme un navigateur, voyant son vaisseau s'engloutir, saisit vite l'échelle de corde pour grimper au mât, ou, s'il est dans le tillac, saute par une lucarne dans l'espoir de rencontrer une planche ou un tonneau vide pour se soutenir sur l'eau : ainsi, *Veit* le paysan, dans sa désolation, pêcha, entre mille idées folles, celle de s'adresser au Seigneur de la montagne pour implorer son aide. Il avait retenu beaucoup d'histoires merveilleuses sur le compte du gnome; il avait ouï dire comment celui-ci s'était moqué maintes fois de voyageurs, et comment d'autres fois il s'était montré bon pour eux. Mais, tout en sachant fort bien qu'il ne se laissait pas appeler impunément par son sobriquet, Veit ignorait de quelle façon s'y prendre pour mieux faire; il risqua donc l'aventure, quitte à recevoir une bonne bastonnade, et s'écria en donnant de la voix tant qu'il put : *Rübezahl! Rübezahl!*

A cet appel, apparut un charbonnier gigantesque avec une barbe rousse qui lui tombait jusqu'à la ceinture, des yeux flamboyants et fixes, et une énorme barre de fer pour arme, qu'il leva d'un geste furieux sur le hardi moqueur, afin de le tuer.

« Avec votre permission, seigneur Rübezahl, dit Veit sans être effrayé, pardonnez-moi si je ne vous donne pas vos titres; écoutez-moi seulement, et puis faites ce qu'il vous plaira. »

Ces paroles assurées et la mine chagrine de l'homme, n'exprimant pas la moindre intention de sarcasme ni d'espièglerie, adoucirent un peu la colère du gnome.

« Ver de terre! dit-il, qui te pousse à m'inquiéter? Sais-tu qu'il te va falloir payer ton forfait de ta tête?

— Seigneur, répondit Veit, c'est la misère qui me pousse vers vous; j'ai à vous adresser une prière que vous pouvez facilement exaucer. Prêtez-moi cent écus, et je vous les rendrai avec les intérêts d'usage dans le pays, sous trois ans, foi d'honnête homme!

— Fou! grommela le gnome, suis-je un usurier qui prête à intérêt? Va chez tes frères les hommes, et emprunte leur tout ce qu'il te faut, mais laisse-moi en paix!

— Hélas! répliqua Veit, la fraternité entre les hommes n'existe plus! »

Puis il raconta son histoire tout au long et peignit sa misère au Génie de la montagne en termes si touchants, que l'autre ne put repousser sa prière. Quand même, d'ailleurs, le pauvre hère eût mérité moins de pitié, l'idée de venir lui emprunter un capital parut au gnome si neuve et si originale, qu'il y eût consenti encore à cause de la confiance qu'on avait mise en lui.

« Viens, dit-il, suis-moi! »

Et il conduisit Veit par la forêt dans une vallée déserte, jusqu'à un rocher escarpé dont le pied était couvert d'épais buissons. Après que Veit eut traversé ces buissons, non sans peine, avec son compagnon, ils se trouvèrent à l'entrée d'une grotte sombre, et Veit se sentit mal à l'aise lorsqu'il lui fallut marcher à tâtons dans cette obscurité : des frissons lui coururent par les veines et ses cheveux se dressèrent sur sa tête. « Rübezahl en a déjà trompé plus d'un, se disait-il ; qui sait s'il n'y a pas devant moi, sous mes pieds, un précipice où je vais rouler à l'instant ? »

Avec cela, il entendait le bruit effrayant de l'eau qui tombait dans une mine profonde. Plus il avançait, plus l'angoisse et la peur lui serraient le cœur. Mais bientôt, à son grand soulagement, il vit sautiller une petite flamme bleue dans le lointain ; la grotte s'élargit en forme de vaste salle, la flamme jeta une clarté vive et se trouva être la lumière d'un candélabre suspendu au milieu de la salle taillée dans le roc. Sur le sol Veit aperçut une poêle en cuivre remplie jusqu'au bord d'écus neufs. Dès qu'il eut remarqué ce trésor, toute sa frayeur s'évanouit, et le cœur lui battit de joie.

« Prends, dit le gnome, prends ce dont tu as besoin, peu ou beaucoup ; mais signe-moi un billet, si toutefois tu sais écrire. »

L'emprunteur lui fit une réponse affirmative et compta cent écus, ni plus ni moins. Le gnome parut ne pas faire attention au compte, se tourna d'un autre côté et chercha de quoi écrire. Veit écrivit le billet aussi court qu'il put, et le remit au gnome, qui l'enferma dans une caisse d'argent et de fer et dit au bonhomme, en prenant congé :

« Va, mon ami, et utilise ton argent d'une main active. N'oublie pas que tu es mon débiteur, et garde bien dans ton souvenir l'entrée de la vallée et de cette grotte de rochers. Dès que la troisième année sera expirée, tu me rendras capital et intérêts; je suis un créancier sévère : si tu ne tiens pas ta parole, je te réclamerai mes écus en me fâchant ! »

L'honnête Veit promit de payer au jour dit; il le promit en levant sa main loyale, mais sans aucun serment, n'engagea ni son âme ni son salut comme font les mauvais payeurs, et partit, plein de reconnaissance pour son créancier, de la grotte dont il trouva facilement la sortie.

Les cent écus agirent si puissamment sur son esprit et sur son corps, qu'il se sentit, en revoyant la clarté du jour, aussi léger que s'il avait bu de l'*eau de la vie !* Joyeux et réconforté, il retourna chez lui et entra dans sa hutte misérable comme la nuit arrivait. Dès que les enfants amaigris l'aperçurent, ils s'écrièrent tous ensemble :

« Du pain, père ! du pain ! Tu nous as fait attendre si longtemps ! »

Sa femme désolée se tenait dans un coin et pleurait, craignant, comme tous les découragés, d'apprendre les pires nouvelles du monde, et présumant que son mari allait commencer une litanie de plaintes. Mais il lui tendit la main d'un air gai et lui dit d'allumer le feu, car il rapportait dans son bissac du millet et du gruau qu'il avait acheté à Reichemberg, et dont sa femme fit une bouillie si épaisse que la cuiller y tenait debout. Ensuite il fit le récit de l'heureux succès de sa tentative.

« Tes cousins, dit-il, sont de braves gens ; ils ne m'ont pas reproché ma pauvreté, ne m'ont pas fait mauvais visage ni montré la porte; mais au contraire ils m'ont gardé avec toute sorte d'amitiés, m'ont ouvert leurs cœurs et leurs mains, et m'ont compté sur table un prêt de cent écus. »

La femme de Veit eut le cœur allégé du poids si lourd qui l'oppressait depuis longtemps.

« Si nous étions allés tout de suite *devant la vraie forge*[1], dit-elle, nous aurions pu nous épargner bien du chagrin. »

Puis elle dit beaucoup de bien de ses parents, de qui elle n'avait rien attendu, et elle se sentit toute fière de ses cousins. Son mari lui laissa volontiers, après tant de misères, cette joie qui flattait si fort sa vanité. Mais comme elle ne cessait de causer de ses riches cousins pendant plusieurs jours de suite, Veiten eut assez des louanges dont ces avares étaient l'objet, et il dit à sa femme :

« Lorsque j'étais *devant la vraie forge*, sais-tu quel sage avis j'ai reçu du maître de forge ?

— Et lequel ? demanda la femme.

— C'est que *chacun est le forgeron de son propre bonheur et qu'il faut battre le fer pendant qu'il est chaud*. Remuons donc les mains et appliquons-nous à nos affaires, pour arriver à quelque chose et pouvoir rendre le capital avec les intérêts dans trois ans, afin d'être quittes de toute dette. »

Alors il acheta un champ et une grange, puis un autre et une autre encore, enfin une métairie entière, et il y avait une vraie bénédiction sur l'argent de Rübezahl. Veit sema et moissonna, et passa dès lors dans le village pour un homme à son aise ; et pourtant son bissac contenait encore un petit capital pour agrandir la propriété.

Dans le cours de la troisième année, il avait pris à bail une ferme qui lui rapportait largement ; en un mot, c'était un homme qui avait de la chance dans tout ce qu'il entreprenait.

---

1. Expression proverbiale en allemand, pour indiquer le *bon endroit*, celui où il faut s'adresser.

Le jour du payement arriva, et Veit avait gardé assez d'argent de côté pour payer hardiment la dette. Il mit cet argent à part, et, au jour dit, il réveilla sa femme et ses enfants de bonne heure, les pressa de se laver et de mettre leurs habits de fête avec les souliers neufs, les corsages de drap rouge et les mouchoirs blancs qui n'avaient pas encore été portés. Il prit lui-même ses vêtements de fête et cria par la fenêtre :

« Hans ! arrange la voiture !

— Que veux-tu faire ? lui demanda sa femme ; ce n'est aujourd'hui ni jour de fête ni jour de foire ; qu'est-ce qui te rend si joyeux, que tu nous as ménagé cette partie de plaisir, et où veux-tu nous mener ?

— Je veux, dit-il, aller visiter avec vous nos riches cousins de l'autre côté des montagnes, et payer à qui m'a aidé de sa bourse capital et intérêts, car c'est aujourd'hui le jour du payement. »

Ce projet plut fort à la femme ; elle fit sa toilette et celle de ses enfants, et pour que les cousins prissent bonne opinion de leur bien-être et n'eussent pas lieu de rougir de la parenté, elle passa un collier de ducats recourbés au cou de chacun d'eux. Veit se munit du lourd sac d'argent ; et lorsque tous furent prêts, on monta en voiture. Hans fit courir les quatre chevaux, et ils trottèrent joyeusement par la plaine jusqu'aux *Montagnes des Géants.*

Veit fit arrêter la voiture devant un ravin, descendit et fit descendre les siens, puis adressa cet ordre au cocher :

« Hans, va doucement jusqu'au sommet, tu nous attendras là-haut près des trois tilleuls ; et si nous tardons un peu, n'aie pas peur : laisse les chevaux se reposer et manger un peu. Je sais un sentier par ici qui est un peu plus long, mais où la marche est agréable. »

Puis il entra dans la forêt avec sa femme et ses enfants, les conduisant à travers des buissons épais et regardant de tous côtés, de sorte que la femme crut que son mari s'était trompé et lui conseilla de regagner la route. Mais Veit s'arrêta tout à coup, rassembla ses enfants autour de lui et parla ainsi :

« Tu penses, chère femme, que nous allons chez tes parents ; mais ce n'est pas là mon intention. Tes riches cousins sont des avares et des ladres, qui, lorsque je cherchais une consolation et une aide dans ma pauvreté, se sont moqués de moi et m'ont repoussé avec arrogance. C'est en ce lieu que demeure le riche cousin à qui nous devons notre bien-être, et qui m'a prêté sur parole l'argent aujourd'hui centuplé entre nos mains. Il m'a fixé ce jour pour lui rendre le capital et les intérêts. Savez-vous maintenant qui est notre créancier ? Le Seigneur de la montagne, qu'on appelle Rübezahl. »

La femme eut peur à ces paroles, fit le signe de la croix, et les enfants tremblèrent de crainte et d'angoisse à l'idée que leur père les voulait conduire chez Rübezahl. Ils avaient entendu répéter mille histoires sur lui par les servantes qui contaient, en filant, quel affreux géant et quel ogre c'était ! Veit leur fit le récit de toute son aventure ; il dit comment, à son appel, le gnome lui était apparu sous la forme d'un bûcheron, et ce dont ils étaient convenus dans la grotte ; il loua sa générosité d'un cœur reconnaissant et avec une si profonde émotion, que des larmes roulaient sur ses joues hâlées.

« Attendez ici, dit-il, je vais à présent dans la grotte pour régler mes affaires. N'ayez pas peur, je ne serai pas long ; et, si je puis obtenir cela du Seigneur de la montagne, je le ramènerai ici. Ne craignez pas de toucher la main de votre bienfaiteur, quoiqu'elle soit noire et pleine de suie ; il ne vous fera pas de mal et se réjouira de sa bonne action et de notre gratitude. Montrez-vous braves, il vous donnera des pommes dorées et du pain d'épice. »

Quoique la femme, toute peureuse, eût encore beaucoup à dire contre le pèlerinage de la grotte, et que les enfants, pleurant et sanglotant, se cramponnassent aux jambes de leur père, et, lorsqu'il les écartait, le retinssent par les plis de ses vêtements, il s'arracha de force de leurs mains, et, à travers bien des buissons, parvint jusqu'au rocher connu. Il retrouva toutes les particularités de l'endroit, qu'il avait bien gardées dans sa mémoire; le vieux chêne à moitié mort, entre les racines duquel s'ouvrait la grotte, s'y dressait toujours, comme trois ans auparavant; mais il n'y avait pas trace de grotte! Veit essaya, par tous les moyens possibles, de s'ouvrir une entrée dans la montagne. Il prit une pierre et frappa le rocher qui devait lui livrer passage, à ce qu'il pensait; il fit sonner l'argent dans le sac et s'écria, aussi fort qu'il put :

« Esprit de la montagne, reprends ce qui t'appartient. »

Mais le gnome ne se fit ni entendre, ni voir. Aussi le fidèle débiteur fut-il forcé de s'en retourner avec son bissac.

Dès que sa femme et ses enfants l'aperçurent de loin, ils accoururent tout joyeux; mais il était contrarié et fâché de n'avoir pu rendre l'argent prêté, et il s'assit sur le bord d'un fossé, avec les siens, pour méditer sur ce qu'il y avait à faire. Alors il lui ressouvint de sa première hardiesse.

« Je veux, dit-il, appeler le gnome par son sobriquet; s'il s'en irrite et me bat, au moins pour sûr il paraîtra! »

Et il se mit à crier de toutes ses forces : « Rübezahl! Rübezahl! »

Pleine d'angoisse, sa femme le pria de se taire et voulut

lui fermer la bouche avec sa main ; mais il ne se laissa pas faire, et cria encore plus fort. Tout à coup le plus jeune des garçons accourut vers sa mère, et dit avec terreur :

« Ah ! l'homme noir ! »

Veit demanda avec confiance :

« Où est-il ?

— Là, derrière cet arbre. »

Et tous les enfants se blottirent dans un coin, tressaillant de peur et poussant des cris lamentables ; le père regarda, mais ne vit rien : c'était une illusion, une ombre ; en un mot, Rübezahl n'arriva pas, et tous les appels furent vains.

La famille se prépara donc au retour, et le père Veit marchait tout abattu, tout mélancolique, le long du grand chemin. Alors s'éleva du sein de la forêt un doux frémissement dans les arbres ; les hêtres élancés courbèrent leur cime, le mobile feuillage des saules trembla ; le bruit se rapprocha de plus en plus et le vent secoua les larges ramures des yeuses, chassa devant lui des feuilles sèches et des herbes, souleva de petits nuages de poussière sur le chemin, et les enfants, qui ne songeaient plus à Rübezahl, s'amusèrent de ce spectacle et coururent après les feuilles avec lesquelles le vent jouait. Parmi les feuilles sèches, il y avait aussi une feuille de papier blanc, et le petit visionnaire lui fit la chasse ; mais quand il étendit la main pour la prendre, le vent l'enleva, et il ne put l'attraper. Il jeta après elle son chapeau, qui la couvrit enfin. Comme c'était une belle feuille blanche et comme le père, en homme économe, utilisait chaque chose dans son ménage, le petit lui apporta sa trouvaille pour mériter un compliment.

Lorsque le père ouvrit la feuille pliée pour voir ce que c'était, il reconnut le billet qu'il avait souscrit au gnome ;

mais au bas du billet, déchiré par en haut, se trouvait écrit ce mot : *payé!*

Veit, à ce mot, fut touché jusqu'au fond de l'âme et s'écria, dans le ravissement :

« Réjouis-toi, chère femme, et vous, enfants, réjouissez-vous : *il* nous a vus, *il* a entendu nos remercîments ! Notre bienfaiteur, qui se tenait près de nous invisible, sait que Veit est un honnête homme. Me voilà quitte de ma parole; maintenant retournons gaiement chez nous ! »

Les parents et les enfants versèrent encore beaucoup de larmes de reconnaissance avant d'arriver à leur voiture; et comme la femme avait envie de voir ses riches cousins pour faire honte à ces ladres avec leur bien-être, car le récit de son mari lui avait remué la bile, on roula vite jusqu'au pied de la montagne et l'on arriva, sur le soir, à la même ferme où, trois ans plus tôt, on avait mis Veit à la porte. Cette fois-ci, il frappa résolûment et demanda le fermier. Alors parut un inconnu, qui n'était nullement de la parenté, et Veit apprit de sa bouche que les riches cousins avaient cessé de tenir maison. L'un était mort, l'autre ruiné, le troisième parti, et leurs places étaient vides dans la commune.

Veit accepta pour lui et toute sa famille l'hospitalité du fermier, qui leur raconta ces histoires tout au long; le lendemain il retourna dans son pays et à ses affaires, vit s'accroître ses richesses et ses biens, et resta toute sa vie un homme honnête et considéré.

III

Un jour, le gnome était étendu au soleil sous les haies de son jardin, lorsque survint une femme qui attira son attention par l'étrangeté de son entourage. Elle avait un enfant au sein, un autre sur le dos et tenait le troisième par la main, et un garçon un peu plus grand traînait une hotte vide et un râteau, car elle voulait emporter une charge de feuillage pour son bétail.

« Une mère, pensa Rübezahl, est vraiment une bonne créature; elle porte ces quatre enfants, fait son ouvrage sans murmurer et va se charger encore de cette hotte ! »

Ces remarques mirent le gnome en veine d'amabilité et en humeur de causer avec la femme.

Elle s'assit sur le gazon avec ses enfants et enleva le feuillage des branches; mais le temps paraissait long aux petits, et ils commencèrent à crier. Aussitôt la mère quitta son ouvrage, joua et babilla avec eux, les prit dans ses bras, sauta et dansa de compagnie et les berça doucement endormis; puis elle reprit sa besogne. Bientôt les cousins piquèrent les petits dormeurs qui recommencèrent leurs cris; la mère ne s'impatienta nullement; elle courut dans le bois, y cueillit des fraises et des framboises et donna le sein au plus petit des enfants.

Ce traitement maternel plut beaucoup au gnome. Mais le marmot criard qui était auparavant sur le dos de la mère refusa toute consolation; c'était un garçon têtu et volontaire, qui rejeta les fraises données par sa mère, et cria de plus belle comme si on l'eût embroché. Alors elle perdit patience :

« Rübezahl ! s'écria-t-elle, viens manger ce criard ! »

Immédiatement le gnome se rendit visible sous la forme d'un charbonnier, aborda la femme et lui dit :

« Me voici ! Que me veux-tu ? »

Elle fut très-effrayée de cette apparition; mais, comme c'était une femme résolue, elle rassembla vite tout son courage.

« Je ne t'ai appelé, dit-elle, que pour faire taire mes enfants; maintenant qu'ils sont contents, je n'ai plus besoin de toi; je te remercie de ta bonne volonté.

— Sais-tu bien, répondit le gnome, qu'on ne m'appelle pas impunément? Je te prends au mot : donne-moi ton criard d'enfant, que je le mange! Il y a longtemps que je n'ai eu un morceau aussi appétissant. »

Et il étendit sa main noire de suie pour recevoir l'enfant.

Comme une poule, quand le faucon est sur le toit ou le roquet espiègle dans la basse-cour, appelle ses poussins par un gloussement plein d'angoisse jusque dans le poulailler où ils seront en sûreté, puis hérisse son plumage et déploie ses ailes pour entamer le combat avec un ennemi plus fort; ainsi la femme saisit avec furie le charbonnier par sa barbe, lui montra le poing et s'écria :

« Monstre! Avant de me prendre mon enfant, arrache-moi le cœur de la poitrine! »

Rübezahl n'avait pas prévu une attaque aussi courageuse; il recula comme intimidé; les expériences de main-forte lui étaient inconnues dans sa pratique de l'humanité. Il sourit amicalement à la femme et dit :

« Ne te fâche pas! Je ne suis pas un ogre comme tu le penses; je ne veux faire de mal ni à toi ni à tes enfants, mais donne-moi ce garçon criard. Il me plaît, et je veux le traiter comme un chevalier, l'habiller de soie et de velours et faire de lui un vaillant homme qui nourrira plus tard son père et ses frères. Demande cent écus, je te les donnerai.

— Ah! dit en riant la femme intrépide, le garçon vous plaît! Oui, c'est un garçon beau comme un dieu que je ne donnerais pas pour tous les trésors du monde.

— Folle! repartit Rübezahl, n'as-tu pas encore trois

enfants qui te causent assez de trouble et de chagrin? Tu ne peux les nourrir qu'à grand'peine, et il te faut travailler jour et nuit.

— C'est vrai, mais je suis mère! Je dois faire ce que veut mon état. Les enfants sont une charge, mais que de joies on leur doit!

— Une belle joie, de se traîner journellement avec ces tapageurs, de les tenir propres et de subir leurs cris et leurs sottises!

— Vraiment, seigneur, vous connaissez peu les joies d'une mère. Toute la besogne, toutes les peines sont oubliées, adoucies par l'effet d'un seul regard, du sourire et du babil de ces petits êtres. Voyez ce gamin-là, comme il se tient à moi, l'enjôleur! Et pourtant c'est lui qui vient de tant crier. Ah! si j'avais cent bras afin de vous porter et de travailler pour vous, mes chers petits! »

Le gnome, touché par ce naïf souhait, interrogea de nouveau la pauvre mère et lui demanda si elle n'avait pas un mari. Oui, elle en avait un, marchand verrier de son état, dont le gain n'était pas facile et qui, bon an mal an, rapportait sa lourde charge du pays de Bohême; mais si un verre se cassait en route, gare à la femme et aux enfants : ils le payaient au retour! Le gnome apprit avec indignation que cet homme brutal maltraitait habituellement sa femme, lui reprochant de s'être mise en ménage sans trousseau ni dot. Rübezahl jura qu'il allait lui rompre le cou sur l'heure; mais la malheureuse femme défendit encore celui qu'elle avait aimé et qu'elle ne pouvait haïr malgré tout, car c'était le père de ses enfants[1]!

---

1. Les lignes qui forment cet alinéa sont le résumé d'un passage peu considérable où Musæus, continuant la forme dialoguée, met

« Ils vont nous rendre bien heureux et nous récompenser de nos peines, dit-elle, quand ils seront une fois, grands. »

Le gnome en revint au marché concernant le jeune garçon; mais la mère ne lui répondit même pas, elle ramassa le feuillage dans sa hotte, attacha son petit bourreau là-dessus, et Rübezahl tourna les talons comme pour s'éloigner. La charge étant trop lourde pour que la femme pût arriver à se la mettre sur le dos, elle rappela le gnome et lui dit :

« Je vous ai appelé; aidez-moi un peu, et si vous voulez faire quelque chose pour ce garçon qui vous plaît, donnez-lui un *gros*[1] pour acheter du pain blanc. Demain le père va nous arriver de Bohême et nous en rapportera.

— Je veux bien t'aider, répliqua Rübezahl; mais si tu ne m'abandonnes pas ce garçon, je ne lui ferai pas de cadeaux.

— Alors, soit ! » dit la femme, et elle partit.

Plus elle marchait, plus sa hotte devenait pesante, au point qu'elle succombait presque sous la charge et était forcée de se reposer toutes les dix minutes. Cela ne pouvait pas être naturel. Elle crut que Rübezahl lui avait joué un tour et mis une charge de pierre sous les feuilles. La voilà donc ôtant sa hotte de ses épaules et la renversant sur le bord d'un fossé : mais il n'en tomba que du feuillage, et point de pierres. Elle la remplit de nouveau à moitié, et ramassa le reste des feuilles dans son tablier. Mais bientôt la charge lui devint trop lourde encore, et elle fut obligée d'en jeter de nouveau une partie, ce qui lui sembla fort étrange, car elle avait porté des charges

---

dans la bouche du gnome quelques plaisanteries d'assez mince valeur sur les querelles de ménage, que nous avons cru pouvoir supprimer.

1. Le *gros* (*groschen*) vaut environ 12 centimes de notre monnaie.

plus lourdes et n'avait jamais senti cette lassitude. Malgré cela, elle fit son ouvrage en rentrant, donna le feuillage à ses chèvres et aux chevreaux, servit aux enfants leur souper, dit sa prière du soir et s'endormit vite.

L'aurore et les cris du petit enfant qui réclamait son déjeuner éveillèrent la femme et l'appelèrent aux travaux de la journée. D'abord, elle se rendit à l'étable avec son baquet à traire. Quel aspect effroyable! La bonne vieille bête, la chèvre, était par terre, roide, les quatre pieds en l'air et morte; les chevreaux tournaient les yeux d'une façon horrible, la langue pendante et le corps agité de convulsions qui annonçaient une mort prochaine. Jamais un tel malheur n'était arrivé à la femme depuis son mariage. Tout étourdie de frayeur, elle se laissa choir sur une botte de paille, se couvrit la figure de son tablier, car elle ne pouvait supporter la vue de ces animaux mourants, et dit en sanglotant :

« Pauvre malheureuse que je suis, que vais-je faire maintenant! Et que va faire mon rude mari quand il reviendra? Hélas! tout mon bonheur sur terre est passé! »

Mais sur-le-champ son cœur la punit de ces paroles :

« Si les animaux font ton bonheur, lui dit-il, que sont donc pour toi Steffen et tes enfants? »

Elle eut honte de ses pensées et se dit :

« Laisse s'en aller les richesses du monde; tu as encore ton mari et tes quatre enfants. La source nourricière n'est pas tarie pour le petit, et pour les autres l'eau ne manque pas. Quand même il y aurait une querelle avec Steffen, quand même j'en pâtirais un peu, qu'est-ce qu'une mauvaise heure de plus dans le ménage? Cet accident n'est pas arrivé par ma faute. La moisson est prête, je puis aller m'offrir pour faucher le blé, et pendant l'hiver je filerai jusqu'à minuit; ce sera bientôt fait de gagner le prix d'une chèvre, et les chevreaux viendront après. »

En songeant ainsi, elle reprit courage, essuya ses larmes, et, lorsqu'elle leva les yeux, elle vit devant elle une feuille brillante qui étincelait comme de l'or : elle la ramassa, la regarda de près et trouva qu'elle était lourde comme de l'or! Vite, elle se leva, courut chez sa voisine la juive, lui montra la trouvaille avec beaucoup de joie, et la juive reconnut que c'était de l'or pur, l'acheta et donna en payement deux écus comptant. En ce moment, tout le malheur passé fut oublié; la pauvre femme n'avait jamais eu un tel trésor entre les mains. Elle courut chez le boulanger, acheta des *Stollen*[1] et des craquelins, et pour Steffen un gigot qu'elle voulut arranger pour le soir où il rentrerait, affamé et fatigué du voyage.

Comme les enfants tendaient les bras à leur chère mère, en la voyant arriver avec un déjeuner si inattendu, elle se livra tout entière à la joie maternelle d'apaiser cette bande d'enfants mal nourris. Ensuite, son premier soin fut de mettre de côté le bétail qui, d'après ses idées, était mort ensorcelé, et de cacher ce malheur domestique à son mari, aussi longtemps que possible. Mais son étonnement n'eut plus de bornes, lorsque par hasard elle regarda dans la crèche et y vit un amas de feuilles d'or. Si elle avait connu la mythologie grecque, elle aurait bien vu que ses animaux étaient morts de l'indigestion du roi Midas. Cependant une idée pareille lui vint; elle aiguisa vite un couteau de cuisine, ouvrit le corps de la chèvre et trouva dans l'estomac un tas d'or de la grosseur d'une pomme, et ainsi de suite dans l'estomac des chevreaux.

---

1. Sorte de gâteau de farine en forme de pain, où l'on met des raisins.

Elle ne savait pas l'étendue de sa richesse; mais avec la possession elle sentit naître les soucis pesants; elle devint inquiète, éprouva des palpitations de cœur, se demanda si elle devait enfermer le trésor dans un bahut ou le cacher dans la cave, eut peur des voleurs ou des chercheurs de trésors et ne voulut pas tout confier à l'avare Steffen, craignant d'avance que, poussé par son esprit d'usurier, il ne s'emparât de l'argent et ne la laissât avec ses enfants souffrir de misère malgré tout. Elle rêva longtemps aux moyens d'agir en cela avec sagesse, et ne trouva personne qui pût lui être de bon conseil.

Le prêtre du village était le patron de toutes les femmes persécutées; il leur prêtait son appui en raison de leur faiblesse, ne permettait pas qu'on les maltraitât et prenait toujours leur parti. Elle eut donc recours au curé et lui raconta franchement son aventure avec Rübezahl : comme quoi il lui avait donné ce trésor et quel conseil elle attendait de son confesseur; et pour montrer la vérité de son récit, elle apporta le tas d'or tout entier. Le prêtre fit le signe de la croix sur cette merveilleuse aventure, se réjouit beaucoup du bonheur de la femme, et tourmenta sa calotte pour chercher un expédient au moyen duquel la femme pût garder en paix sa richesse sans attirer l'attention et sans avoir à craindre que l'avare Steffen mît la main dessus pour lui seul.

Après y avoir profondément réfléchi, il dit :

« Ma chère fille, je suis de bon conseil en tout. Pesez-moi cet or, pour que je vous le garde fidèlement; puis je vais écrire une lettre portant que votre frère, parti pour l'étranger, est allé aux Indes, au service des Vénitiens, et qu'il y est mort en vous léguant tout son bien et en nommant pour tuteur le prêtre de la paroisse chargé d'en user dans votre seul intérêt. »

Le prêtre ajouta qu'il ne demandait ni récompense ni

remercîment, sauf les remercîments dus à la sainte Église pour une telle bénédiction du Ciel, et le don d'une belle chasuble pour la sacristie.

Ce conseil parut excellent à la femme ; elle remit l'or au prêtre, qui le pesa et le serra dans le trésor de l'église ; après quoi, elle rentra au logis, toute joyeuse et le cœur léger.

Rübezahl n'était pas un moins bon patron des femmes que le digne curé du village de Kirsdorf ; mais avec cette différence que ce dernier aidait les femmes en général, parce que la sainte Vierge était de leur sexe, et que l'autre au contraire avait en haine le sexe entier, par dépit contre une seule jeune fille qui l'avait battu par la ruse : toutefois, il lui arrivait de s'adoucir et d'avoir le caprice de secourir une femme et de lui être agréable. Autant la brave paysanne avait gagné son estime pour ses bons sentiments et par sa conduite, autant il avait envie de la venger de Steffen, contre qui il était fâché et qu'il voulait jouer d'un tour pour lui faire peur et le rendre plus traitable. Dans ce dessein, il attela le rapide zéphyr et parcourut les montagnes et les vallées au galop, fit le guet sur toutes les routes de la Bohême ; et, dès qu'il avisait un voyageur porteur d'un fardeau, il courait après lui et inspectait ses paniers pour voir ce qu'il avait acheté. Par bonheur, pas un voyageur ne passa par là avec des verreries ; autrement, le gnome lui eût joué un tour sans aucun dédommagement, n'eût-il pas été l'homme que cherchait Rübezahl.

Mais avec toutes ces recherches, Steffen, lourdement chargé, ne pouvait lui échapper. A la brune survint un homme fort et de bonne mine, avec une grosse charge qu'il portait. Le gnome aux aguets se réjouit, dès qu'il l'aperçut de loin, de voir son butin assuré, et il s'arrangea pour jouer son tour de maître. Steffen, hors d'haleine, avait presque gravi la montagne; il ne lui restait plus qu'à gagner la dernière hauteur, d'où il avait à redescendre ensuite pour arriver dans son pays, et il avait hâte d'atteindre le sommet; mais la pente de la montagne était roide, et la charge bien lourde. Il fut forcé de se reposer plus d'une fois; mit son bâton ferré sous la hotte pour en amoindrir le poids et essuya la sueur qui ruisselait de son front en larges gouttes. Rassemblant ses dernières forces, il atteignit le pic de la montagne; de là partait un chemin spacieux et droit qui allait jusqu'au pied. Au milieu du chemin se trouvait un sapin coupé, et le tronc de l'arbre à côté offrait une tranche droite et lisse comme une table. Tout autour il y avait de l'herbe fraîche parsemée de fleurs des champs. Cet aspect sembla si attrayant au porteur accablé, et si commode pour lieu de repos, que notre homme posa aussitôt sa hotte sur ce tronc et s'étendit en face dans l'herbe, à l'ombre des autres arbres. Là, il calcula quel gain net sa marchandise lui rapporterait cette fois, et il trouva, d'après un calcul exact, que s'il ne donnait pas un *gros* au ménage et laissait à sa femme le soin de pourvoir à la nourriture et aux vêtements, il aurait juste assez pour s'acheter un âne au marché de Fridberg et se procurer de quoi lui faire porter une nouvelle charge. L'idée de mettre désormais la charge sur le dos d'un âne et de trotter paisiblement à côté lui parut si douce, au moment où il se sentait les épaules si meurtries, qu'il ne s'arrêta plus dans ses rêves joyeux. « Si j'ai une fois l'âne, se dit-il, j'aurai bientôt fait de le remplacer par un cheval, et si j'ai le cheval dans mon écurie, je m'arrondirai bien d'un champ où viendra son avoine. D'un champ nous en tirerons deux, puis de deux quatre, enfin tout un domaine, et alors Ilse recevra une robe neuve. »

Il en était justement avec ses projets au point où se

trouvait la laitière de la fable, lorsque Rübezahl souleva autour du tronc d'arbre un tourbillon qui renversa tout d'un coup la hotte, de sorte que les verreries se brisèrent en mille morceaux. C'était un coup de foudre pour le cœur de Steffen! En même temps, il entendit dans le lointain un rire sardonique, si ce n'était pas une illusion, ou l'écho du bruit de verres cassés. Il le prit pour un rire d'ironie, et comme ce tourbillon inattendu ne lui paraissait pas naturel, au moment où il voulait regarder de près, il vit que l'arbre et le tronc avaient disparu et se douta bien qui était l'auteur de son infortune.

« Hélas! s'écria-t-il en poussant des plaintes, Rübezahl, malin génie, que t'ai-je fait pour que tu me prennes le morceau de pain gagné par moi à la sueur de mon front? Hélas! je suis un homme perdu pour la vie! »

Puis il entra dans une colère folle et proféra contre le gnome toutes les malédictions imaginables, pour exciter sa furie.

« Filou! dit-il, arrive et tue-moi après m'avoir pris tout mon bien en ce monde! »

En ce moment, la vie ne lui semblait pas avoir plus de valeur qu'un verre cassé; mais Rübezahl n'entendit pas et resta invisible.

Le pauvre Steffen fut forcé de ramasser les débris de ses verres, s'il ne voulait pas rapporter une hotte vide, et afin de les échanger contre quelques menues verreries avec lesquelles il comptait recommencer son état. Triste comme un navigateur dont le vaisseau a été englouti par l'Océan furieux, il descendit les monts en proie à mille idées lugubres, et roulant dans sa tête mille combinaisons pour se dédommager de ce dégât et arranger au plus vite ses affaires. Alors il songea aux chèvres que sa femme avait dans l'étable; mais elle les aimait presque comme ses enfants, et ne les donnerait certes pas de bon gré. Il imagina donc cette ruse de ne rien dire chez lui de la perte qu'il avait faite, de ne pas rentrer dans la journée, mais vers minuit, de dérober les chèvres et de les mener au marché de Schmiedeberg : l'argent gagné de cette façon lui servirait à racheter d'autres verreries. Après quoi, en s'en revenant, il gronderait sa femme comme si elle eût laissé voler les chèvres, faute d'attention.

Avec cette belle invention en tête, le malheureux demeura dans les buissons près du village et attendit la nuit avec impatience pour se voler lui-même. A minuit sonnant, il prit la route des voleurs, grimpa vite par-dessus la porte d'entrée, l'ouvrit en dedans, et se glissa jusqu'à l'étable tremblant de peur et de honte à l'idée que sa femme pouvait l'attraper en train de commettre une mauvaise action. Contre l'habitude, l'étable n'était pas fermée, ce qui lui parut singulier et lui plut en même temps, car dans ce manque de soin il trouva une lueur de raison pour jouer son tour. Mais dans l'étable tout était vide; il n'y avait rien de vivant, ni chèvre ni chevreaux. Dans sa première frayeur, il crut qu'un autre voleur, plus rompu que lui aux coups de ce genre, l'avait devancé; car un malheur n'arrive jamais seul. Il tomba sur la paille tout étourdi et, comme le dernier essai dont il espérât le retour de sa prospérité avait manqué, il resta plongé dans une tristesse navrante.

Depuis que l'active Ilse était revenue de chez le prêtre, elle avait tout disposé gaiement pour recevoir son mari avec un bon repas, où elle avait aussi invité le défenseur des dames, qui promit d'apporter une canette de vin pour arroser l'histoire du riche héritage dont il ferait part au verrier, à table, en lui disant sous quelles conditions il lui serait permis d'en profiter.

Sur le soir, elle regarda mainte et mainte fois par la fenêtre si Steffen n'arrivait pas encore, sortit du village pleine d'impatience, explora la chaussée de ses yeux noirs; puis ce retard la rendit inquiète, et lorsqu'il fit nuit, elle chercha le repos, la tête remplie de soucis. Pendant longtemps le sommeil ne vint pas clore ses yeux rougis par les pleurs; ce ne fut que vers le matin qu'elle put s'endormir.

Le pauvre Steffen n'était pas moins tourmenté par le souci et la déception; il était si désespéré et si abattu, qu'il n'osa frapper à la porte. Enfin, il s'enhardit, heurta modestement et appela d'une voix plaintive :

« Chère femme, réveille-toi et ouvre à ton mari. »

Dès qu'Ilse entendit le son de sa voix, elle sauta du lit comme un chevreuil, courut à la porte et embrassa joyeusement son mari. Il ne répondit qu'avec froideur à ces caresses, posa sa hotte par terre et se jeta sur le banc du poêle [1] avec découragement. Lorsque sa femme, qui se réjouissait, vit cette figure misérable, elle en fut touchée :

« Qu'as-tu, Steffen? » demanda-t-elle inquiète.

Il ne répondit que par des gémissements et des soupirs; elle insista cependant pour savoir la cause de son chagrin, et comme le cœur du pauvre homme débordait, il ne sut pas lui cacher plus longtemps le malheur qui l'avait frappé. Lorsqu'elle apprit que Rübezahl lui avait joué ce tour, elle se douta facilement de la bonne intention du gnome et ne put retenir un rire que Steffen eût mal pris s'il se fût trouvé d'humeur plus vaillante. En ce moment, il ne punit pas cette légèreté et s'informa avec sollicitude du bétail. Cela fit rire encore plus sa femme, qui vit par là que le tyran avait fait le tour de la maison.

1. Banc qui fait le tour du poêle. On sait qu'en Allemagne et dans les pays du Nord les cheminées ne sont guère en usage; les pièces sont chauffées généralement par de grands poêles en faïence; et la pièce où se trouve le poêle est désignée elle-même sous ce nom.

« Que t'importe le sort des chèvres? dit-elle. — Tu n'as pas même demandé ce que devenaient les enfants; le bétail se trouve bien dans le pré. Ne te chagrine pas du tour de Rübezahl; qui sait si lui ou un autre ne nous en dédommagera pas amplement?

— Alors tu risques d'attendre longtemps, dit le mari sans une lueur d'espoir.

— Eh bien, répondit la femme, l'inattendu arrive souvent. Reprends courage, Steffen! Quoique tu n'aies plus de verres, et que moi je n'aie plus de chèvres, nous avons quatre bras qui se portent bien et quatre enfants qu'il s'agit de nourrir ainsi que nous : voilà toute notre fortune.

— Ah! Dieu nous garde! s'écria le malheureux verrier : si les chèvres sont perdues, je vais sans tarder jeter ces quatre gamins à l'eau, car je ne puis les nourrir!

— Eh bien, *moi*, je le puis, » dit Ilse.

A ces mots, l'aimable curé, qui avait entendu toute la conversation par la porte, entra, et, prenant la parole, sermonna Steffen en lui remontrant que l'avarice est la source de tous les maux. Et, lorsqu'il l'eut châtié ainsi, il lui annonça le riche héritage de sa femme, tira la lettre préparée et lui fit voir qu'il y était désigné pour être l'exécuteur du testament, ajoutant qu'il avait déjà reçu l'argent du défunt.

Steffen écoutait, les yeux fixes et la bouche béante, et ne savait que faire sa révérence de temps en temps, lorsqu'en parlant de la République de Venise le prêtre touchait sa calotte. Après avoir repris possession de lui-même, il embrassa sa femme et lui fit une seconde déclaration d'amour non moins chaleureuse que la première, bien qu'elle provînt de tout autres motifs. Celle-ci l'accepta pour bonne, et Steffen devint le mari le plus gracieux et le plus attentionné, un excellent père pour ses enfants, et avec cela un honnête maître de maison et un travailleur; car la paresse n'avait jamais été son défaut.

Le prêtre changea peu à peu l'or en argent et en acheta une grande propriété où Steffen et Ilse vécurent toute leur vie. Le surplus fut prêté avec intérêt, et le digne curé gouverna l'argent de sa pénitente aussi soigneusement que le trésor de l'Église, n'acceptant pour tout cadeau qu'une chasuble. Mais Ilse la voulut si magnifique et si belle, qu'un évêque eût pu la porter sans honte.

La fidèle et tendre mère eut encore bien de la joie lorsqu'elle avança en âge, et le favori de Rübezahl devint un brave soldat qui servit longtemps sous Wallenstein, dans l'armée de l'Empereur, pendant la guerre de Trente ans.

NOTICE

SUR LOUIS TIECK

Louis Tieck, né à Berlin le 31 mai 1773, mort dans la même ville le 28 avril 1853, était à la tête de l'école romantique en Allemagne avec les frères Schlegel.

Après avoir fait ses études au collége de Berlin, puis à l'Académie de Gœttingue, où il ne s'occupa guère que de littérature et spécialement de langues modernes, surtout de la langue et de la littérature anglaises, il vécut quelque temps à Hambourg et s'y maria en 1798. Poëte, conteur, romancier, de l'esprit le plus vif et le plus souple avec l'imagination la plus brillante, Tieck fut, vers la fin du siècle dernier, un des fondateurs de l'école romantique allemande aux travaux de laquelle il prit une part active dans sa période d'éclat, à Iéna, avec Auguste-Guillaume et Frédéric Schlegel, Clément Brentano et autres.

Le romantisme allemand était un retour sous toutes les formes vers la littérature et l'art du moyen âge; les Schlegel mettaient au-dessus de tout la vieille naïveté gothique et en prêchaient l'imitation. Ce qu'il y avait là de systématique et de forcé disparut comme tout ce qui est excessif; mais il est resté de ce mouvement passionné de retour vers le passé des œuvres originales ainsi que de remarquables études de ces temps jusqu'alors négligés et de bien des créations de premier ordre. Il faut citer parmi les titres d'Auguste-Guillaume Schlegel, la publication de l'épopée nationale des *Nibelungen* et la double traduction des théâtres de Shakspeare et de Calderon. Avec les deux frères Auguste-Guillaume et Frédéric, Tieck fut le plus ferme soutien de l'école au service de laquelle il mit les ressources multiples de sa nature si richement douée. Critique et satirique du plus rare talent, il s'est montré de plus vrai poëte et grand poëte. Aussi peut-on dire qu'il fit plus encore en Allemagne pour le succès de l'École que les Schlegel, et qu'il exerça une influence très-marquée sur le goût du public en général.

Il n'avait que vingt-deux ans lorsqu'il publia son premier roman *Abdallah*. Tant qu'il écrivit pour le libraire Nicolaï, en contraignant sa propre nature, il ne montra guère d'originalité. Mais on le voit bientôt lever le drapeau du romantisme et inaugurer une nouvelle manière qui devait lui donner la gloire. Les *Pèlerinages de Sternbald* (1798) exposent les commencements rudes et naïfs de l'art. En même temps, il avait créé avec les Schlegel l'*Athenæum*, un recueil de critique européenne qui fut accueilli avec une très-grande faveur. Dès 1797, il avait donné les *Contes populaires de Peter Lebrecht*; en 1797-1803, les *Poésies romantiques*, comprenant les légendes d'*Eckart*, de *Mélusine*, de *Geneviève*, du *Petit Chaperon rouge*; puis *Phantasus* (1812-1817), recueil de contes reliés entre eux par des conversations pleines d'*humour* entre les narrateurs, et où se retrouve le *Fidèle Eckart*, avec *Barbe Bleue*, le *Chat botté*, le *Petit Poucet* et *Fortunatus*. On voit que Tieck prend de toutes mains, chez lui et hors de chez lui.

Non content de reprendre en vers et en prose, de la façon la plus expressive et la plus vive, ces légendes primitives, il osa les produire sur la scène et mettre en drames *Barbe Bleue*, les *Quatre fils Aymon*, ainsi que l'*Empereur Octavien*, *Fortunatus* et *Geneviève de Brabant* : cette dernière pièce est regardée comme son chef-d'œuvre dans ce genre. Il fit aussi, comme Aristophane dans l'antiquité grecque, comme le Vénitien Gozzi dans l'Italie moderne, des comédies satiriques et fantastiques à la fois. Dans le *Chat botté* et dans le *Prince Zerbino*, il se moque des cuistres et des mauvais poëtes. « Les satires dramatiques de Tieck, dit Henri Heine, sont coupées d'une façon aussi aventureuse et elles sont aussi irrégulières, conçues dans un langage aussi capricieux que les tragédies de Shakspeare. » Il ajoute que l'on peut se faire une juste idée de ces pièces « en ajoutant quelques rêveries de clair de lune allemandes aux comédies fantastiques, merveilleuses et bariolées » de Gozzi. — « A son exemple, dit-il encore, beaucoup de poëtes allemands s'emparèrent de cette forme, et nous eûmes des comédies dont l'effet n'était pas produit par un caractère plaisant ou par une bouffonne intrigue, mais où l'on nous introduisait immédiatement dans un monde fabuleux où les animaux parlent et agissent comme des hommes, et où le hasard et le caprice prennent la place de l'ordre naturel des choses. »

C'est le cas de remarquer ici que Tieck fut amené à ce genre de conception tout naturellement par l'habitude de lire et d'arranger les vieux contes populaires, où ce caractère est si fortement marqué, où nous voyons les animaux agir et parler comme des êtres raisonnables, par exemple : les ramiers de *Cendrillon*, les animaux qui font des dons au bûcheron Wido ou au jeune prince en voyage dans un des contes de Simrock, le cheval blanc dans les *Sept Compagnons*; où des êtres humains vivent plus ou moins longtemps sous la forme de telle ou telle bête, comme dans *Petit Frère et Petite Sœur*, dans *Zitterinchen*, dans les *Sept Corbeaux*, et où l'on voit des apparitions fantastiques d'animaux créés pour un instant, par la volonté d'un être surnaturel, comme l'*Ane parlant*.

Tieck cependant s'occupait, avec un zèle égal, de traduire les chefs-d'œuvre étrangers. Sa traduction de *Don Quichotte* (1799) est la meilleure qu'on possède en Allemagne du roman satirique de Cervantes, et elle n'a pas peu contribué à l'y populariser. Ce commerce avec le génie de Cervantes a laissé des traces dans les œuvres de l'écrivain allemand, qui s'est inspiré plus d'une fois de cette ironie enjouée, comme il s'inspira aussi, plus tard, de l'esprit de Gœthe, en s'éloignant de la manière romantique. Dans sa longue carrière, qui dura près de soixante ans comme celle de Gœthe, dont il célébrait le jubilé en 1849, dans la dernière pièce qui ait paru de lui, Tieck se révèle comme une nature aimable, enthousiaste, riche de son propre fonds, mais capable de subir des influences très-diverses, bien que fort exclusive par certains côtés.

Il se sentait pour Schiller une sorte d'antipathie, comme Schiller en avait une pour lui. Gœthe aimait plus sa personne que son talent de poëte ; il prisait peu, entre autres choses, sa manière d'*arranger* les contes populaires ; car Tieck fut, comme Musæus, quoique dans un tout autre esprit, un conteur préoccupé toujours de l'effet littéraire.

Henri Heine aussi déclare préférer aux riches broderies dont Tieck recouvre les anciennes légendes, leur vieille forme toute simple. « Quelque belle que soit, dit-il, la *Geneviève* de Tieck, j'aime mieux le livre populaire, mal imprimé à Cologne sur le Rhin, avec de mauvaises gravures en bois. »

Mais reprenons le fil de la biographie.

D'Iéna, Tieck se rendit à Dresde, et de là, avec sa sœur et son frère cadet le sculpteur, en Italie où il resta jusqu'en 1806. Frédéric-Christian Tieck, élève de Schadow, était allé compléter ses études en France sous David (1798-1801). Il fut plus tard professeur à l'Académie des Beaux-Arts de Berlin. On lui doit les bustes de nombre d'hommes illustres : Voss, Gœthe, Lessing, Herder, Bürger, etc.

De retour dans son pays, Louis Tieck reprit ses études de prédilection. Il publia en 1811 le *Vieux théâtre anglais*, et en 1817, le *Théâtre allemand*, dans lequel se trouve reproduite une série de pièces de Hans Sachs, Gryphius, et autres vieux auteurs nationaux.

Pour compléter ses études sur Shakspeare et la littérature anglaise, il entreprit un voyage en Angleterre d'où il revint en 1818 ; après quoi il s'établit à Dresde où il rédigea d'excellents articles de critique dramatique, réunis plus tard sous le titre de *Feuilles dramaturgiques*, et où il devint l'auteur dramatique en pied du théâtre. Avec ce séjour commença la période de ses meilleures nouvelles, et en même temps celle de ses célèbres lectures. On sait qu'il avait l'habitude de lire dans la soirée, plusieurs fois par semaine, des poésies dramatiques, avec une expression parfaite et inimitable.

En 1841, il fut appelé à Berlin par le roi Frédéric-Guillaume IV, qui lui conféra le titre de conseiller aulique dont il était déjà en possession auprès du roi de Saxe, et qui remplit le désir du vieillard en lui donnant toute liberté de produire sur la scène royale le théâtre shakspearien. Cette prédilection ne l'empêchait pas de faire représenter sur le théâtre de Postdam l'*Antigone* de Sophocle et autres chefs-d'œuvre antiques.

En sa qualité de fondateur, pour une bonne part, du romantisme allemand, Tieck, le premier, tira des limbes de la littérature nationale les chansons des *Minnesænger*, et si les vieille traductions de Simrock, publiées vingt-cinq ans après, l'ont emporté sur les siennes, elles ne sauraient lui enlever le mérite de l'initiative et des plus rudes travaux.

Un des plus grands mérites de cet infatigable travailleur est d'avoir donné au public, déjà familiarisé par Auguste-Guillaume Schlegel, avec les beautés du théâtre de Shakspeare, une connaissance approfondie des œuvres de ce grand génie, soit par d'habiles arrangements pour la scène, comme celui de la *Tempête* en 1796, soit par des traductions des chefs-d'œuvre du poëte anglais. Il s'occupa également beaucoup du théâtre espagnol.

De toutes les œuvres de Tieck, les plus connues et les plus populaires sont ses *Nouvelles*, composées en grande partie de 1822 à 1840, et où il abandonna de plus en plus le genre fantastique pour la réalité, pour l'histoire et la peinture des mœurs.

Sa première manière dans le genre du roman et de la nouvelle avait été médiocre; dans sa seconde manière, il composa avec ses drames romantiques des nouvelles imitées aussi des vieilles légendes, dont les meilleures sont le *Blond Eckbert* et le *Runenberg*. Puis, se modelant sur le patron de Gœthe, « il montra, dit Heine, la même sérénité, le même calme et la même ironie. » Ce fut alors qu'il donna : la *Révolte des Cévennes* (1826), la *Mort du poëte* (Camoëns), le *Sabbat des sorcières*, le *Jeune Menuisier*, etc. Citons encore un roman des plus remarquables, *Vittoria Accorombona* (1840).

Quant à ses œuvres de doctrine ou d'appréciations littéraires, elles sont trop nombreuses pour être citées ici en détail. Disons seulement qu'en 1848 il en publia un recueil sous le titre d'*Écrits critiques*.

Enfin, un dernier genre de service rendu par lui aux lettres, c'est la publication des travaux de plusieurs écrivains de talent, entre autres celle des œuvres du jeune et charmant poëte Novalis, mort prématurément.

Outre la collection des ouvrages de Tieck publiée de son vivant et formant vingt volumes, il existe des *Œuvres posthumes* imprimées en 1855, et qu'il faut ajouter au riche bagage dont nous donnons ici l'indication très-succincte.

Tieck avait fait paraître une édition spéciale de ses *Nouvelles* en 12 volumes (1852-1853).

Ses *Poésies lyriques*, publiées en 1821, et en général toutes ses productions, même en prose, révèlent un grand poëte auquel, par grâce singulière, l'esprit de critique et l'esprit de satire furent également départis. Qu'on nous pardonne de citer une dernière fois Henri Heine dans cette notice que nous avons cru pouvoir étendre exceptionnellement, parce que, dans cette vie littéraire de Tieck se trouve pour ainsi dire résumée la vie littéraire de l'Allemagne moderne dans une de ses périodes les plus fécondes et les plus curieuses.

Voici comment la muse de l'auteur de *Phantasus* et des *Poésies romantiques* est caractérisée par l'auteur du *Livre des chants*, qui pourtant le persifle à l'occasion de si leste façon avec les Schelgel et tout le *clan* romantique :

« Dans ses poésies, on sent une intimité mystérieuse, un accord singulier avec la nature, mais surtout avec l'empire des plantes et des pierres. Le lecteur se sent comme transporté dans une forêt enchantée; il entend les sources souterraines ruisseler mélodieusement. Il croit entendre quelquefois son propre nom prononcé dans les murmures du feuillage. Des plantes aux larges feuilles, qui semblent animées, enlacent ses pieds et entravent sa marche; des fleurs merveilleuses et inconnues ouvrent, pour le contempler, de grands yeux diaprés de mille couleurs; des lèvres invisibles pressent son front; de hauts champignons dorés s'agitent au pied des arbres, et résonnent doucement comme des clochettes; de grands oiseaux silencieux se balancent sur les branches et baissent vers lui leurs longs becs pensifs...Tout respire; tout est frémissant et plein d'attente... Tout à coup le cor résonne; une image de femme aux plumes flottantes, le faucon au poing, passe sur une blanche haquenée, et elle est si belle, si blonde; ses yeux sont si bleus, si riants et à la fois si sérieux, si sincères et en même temps si ironiques... que l'on croit voir l'imagination de notre excellent Louis Tieck en personne. Oui, son imagination est une courtoise damoiselle qui poursuit dans une forêt enchantée des animaux fabuleux. »

N'est-ce pas une admirable peinture que celle-là? Et ce que ne dit pas Henri Heine, cette muse merveilleuse du passé, n'est-ce point la muse même de l'Allemagne suspendue entre la réalité et la fable?

LES ELFES[1]

« Où donc est notre fille Marie ? demanda le père.

— Elle joue là-bas sur la pelouse avec le fils du voisin, répondit la mère.

— Pourvu qu'ils ne s'égarent pas, répondit le père : ils sont si étourdis ! »

---

1. Nous donnons tout entier, moins quelques phrases alambiquées page 416, dans la conversation d'Elfriede et de Zérina, ce long conte de Tieck tiré de son *Phantasus*, parce que c'est un exemple curieux de sa manière d'*arranger* en style fleuri les traditions populaires ; c'est d'ailleurs un de ses plus gracieux récits, et les *Elfes*, qui jouent un si grand rôle dans la littérature allemande, comme dans toutes les traditions du Nord, méritaient une place à part dans ce recueil.

La mère regarda où étaient les enfants et leur apporta le goûter.

« Il fait chaud ! » dit le garçon, et la petite fille prit vite les cerises rouges.

— Soyez prudents, enfants, dit la mère ; ne vous éloignez pas trop de la maison et n'allez pas dans la forêt. Le père et moi, nous allons aux champs.

— Oh ! sois sans inquiétude, répliqua le jeune André, car nous avons peur de la forêt ; nous resterons près de la maison, où il y a du monde. »

La mère rentra et sortit bientôt après avec le père. Ils fermèrent leur demeure et s'en furent aux champs pour surveiller les serviteurs et voir en même temps la récolte de foin sur la prairie. Leur maison se trouvait sur un petit monticule vert avec une jolie haie à l'entour par laquelle étaient enclos à la fois leur jardin et leur verger. Le village suivait la pente du coteau, et sur la hauteur opposée s'élevait le château du comte. Maître Martin avait pris à bail de ce dernier cette grande propriété et y vivait joyeusement avec sa femme et son unique enfant ; car il faisait des épargnes et il avait l'espoir de devenir un homme à son aise à force d'activité, parce que le terrain était fertile et que le comte ne le pressait pas.

En allant aux champs avec sa femme, il regarda gaiement autour de lui et dit :

« Quelle différence entre cette contrée et celle où nous demeurions autrefois, Brigitte ! Ici tout est vert, tout le village a des allées d'arbres fruitiers, le sol est couvert de plantes et de fleurs, toutes les maisons sont gentilles et propres et les habitants à leur aise. Oui, en vérité, il me semble qu'ici les forêts sont plus belles, le ciel est plus pur ; et, aussi loin que l'œil peut regarder, toute la nature est en joie.

— Dès qu'on se trouve de l'autre côté de la rivière, dit

Brigitte, on est comme dans un autre pays, tout y est triste et stérile. Aussi les étrangers disent-ils que notre village est le plus joli de tout le pays.

— A part ce bois de sapins, répondit son mari. Vois comme cet endroit semble sombre et désolé dans tout cet entourage si gai : derrière les sapins la cabane noircie, les étables en ruine, la rivière triste !

— C'est vrai, dit la femme, lorsqu'ils s'arrêtèrent tous les deux ; dès qu'on approche de ce lieu, on devient mélancolique et anxieux, sans savoir pourquoi. Mais qui donc peuvent bien être les gens qui demeurent là, et d'où vient qu'ils se tiennent si éloignés du reste de la commune, comme s'ils n'avaient pas la conscience tranquille ?

— Ce sont de pauvres gens, repartit le jeune fermier, sans doute des bohémiens qui volent au loin et qui ont peut-être ici leur cachette. Je m'étonne seulement que le comte leur permette cela.

— Mais ce sont peut-être aussi de pauvres gens honteux de leur pauvreté, dit la femme avec douceur; on n'est pas en droit de tenir sur eux de méchants propos; ce qui donne seulement à penser, c'est qu'ils ne vont jamais à l'église et qu'on ne sait pas au fond de quoi ils vivent, car ce petit jardin qui semble être en friche ne peut les nourrir, et ils n'ont pas de champs.

— Dieu sait, dit Martin, en continuant sa route, ce qu'ils peuvent faire; personne ne va chez eux; l'endroit où ils demeurent est comme ensorcelé, et le gamin le plus courageux ne s'y risquerait pas. »

Ils continuèrent la conversation en cheminant vers leurs champs. Ce lieu sombre dont ils parlaient se trouvait un peu à l'écart du village. Dans un creux entouré de sapins se montrait une cabane avec quelques bâtiments de ménage; rarement on en voyait sortir de la fumée et plus rarement encore on y voyait des hommes. Des curieux avaient aperçu quelquefois sur un banc, devant la cabane, des femmes en haillons avec des enfants non moins laids et également en haillons sur les genoux; des chiens noirs couraient par la forêt; dans la soirée un homme de grande taille, que nul ne connaissait, passait parfois le pont de la rivière et disparaissait dans la cabane : alors on voyait se mouvoir plusieurs personnes autour d'un feu. Ce creux de terrain, la cabane en ruines et les sapins offraient le contraste le plus singulier avec les maisons blanches du village et avec le superbe château neuf.

Cependant, les deux enfants avaient mangé leurs fruits et couraient ensemble; mais la petite Marie, pleine d'agilité, gagnait toujours de l'avance sur André qui était plus lent.

« Ce n'est pas difficile ! dit-il enfin ; mais essayons d'une longue course, et alors nous verrons qui gagnera.

— Comme tu voudras, répondit la petite; mais nous ne devons pas courir vers le fleuve.

— Non, reprit André, mais là, sur la colline il y a le grand poirier, à un quart d'heure d'ici; je cours à gauche autour du bois de sapins, tu peux courir par les champs, de façon à ne nous rencontrer que là-bas, et nous verrons qui ira le plus vite.

— Bien ! dit Marie, en commençant à courir; alors nous ne nous gênerons pas sur le même chemin, et le père dit que c'est aussi loin d'aller à droite ou à gauche de la demeure des Bohémiens. »

André avait déjà devancé Marie, et celle-ci qui tournait vers la droite ne le vit plus.

« Il est bien niais pourtant ! se dit-elle, car je n'aurais qu'à avoir la hardiesse de prendre ma course par le pont qui est près de la cabane, pour sortir de l'autre côté de la cour, j'arriverais sans doute plus vite que lui. »

Déjà elle se trouvait devant la rivière et la colline plantée de sapins.

« Dois-je ?... Non ! c'est trop horrible ! » dit-elle.

Un petit chien blanc, sur l'autre rive, aboyait de toutes ses forces. Dans sa terreur, l'enfant crut voir un monstre et recula vite.

« Hélas ! dit-elle, maintenant ce gamin va m'avoir devancée de beaucoup pendant que je reste ici à réfléchir ! »

Le petit chien continuait toujours à aboyer ; et maintenant qu'elle le regardait de plus près, il ne lui semblait plus terrible, mais au contraire fort gentil : il avait un collier rouge avec une sonnette brillante, et dès qu'il dressait la tête et la secouait en aboyant, elle tintait d'une charmante façon.

« Bon ! il ne s'agit que d'oser ! s'écria la petite Marie ; je cours de toutes mes forces et je passe vite, vite, de l'autre côté : ils ne peuvent pas me dévorer tout de suite ! »

Là-dessus l'espiègle et courageuse enfant sauta sur le pont, se hâta de passer devant le petit chien qui se tut et la caressa, et elle se trouva, alors, dans le creux abrité par le rideau de sapins qui lui cacha la vue de la maison paternelle et de tout le paysage environnant.

Mais quel ne fut pas son étonnement en se voyant au milieu du parterre le plus joli et le plus riant, où brillaient des tulipes, des roses et des lis parés des couleurs les plus belles, et où des papillons bleus ou pourpres se berçaient sur les boutons de fleurs ! Dans des cages élégantes et riches se balançaient des oiseaux au plumage étincelant, qui chantaient des chansons magnifiques ; des enfants en robes blanches, aux cheveux d'or bouclés, aux yeux clairs, sautaient partout ; quelques-uns jouaient avec de petites brebis, d'autres donnaient à manger aux oiseaux ou cueillaient des fleurs qu'ils s'offraient entre eux; d'autres encore mangeaient des cerises, des grappes de raisin ou des abricots roses. Il n'y avait pas de cabane dans ce jardin, mais une grande et belle maison avec une porte d'airain et des sculptures superbes au milieu. Marie était étourdie de surprise et ne put se retrouver; mais comme elle n'était pas timide, elle s'en fut droit à l'un des enfants, lui tendit la main et lui souhaita le bonjour.

« Viens-tu pour nous voir une fois? demanda l'enfant resplendissant. Je t'ai vue sauter et courir là dehors, mais tu as eu peur de notre petit chien...

— Ainsi, vous n'êtes pas des Bohémiens ni des voleurs, comme le répète toujours André? Mais il est sot et bavarde beaucoup.

— Reste chez nous, dit la petite créature merveilleuse, tu t'y plairas.

— Mais nous courons, André et moi!

— Tu le rejoindras toujours assez tôt; viens manger! »

Marie mangea des fruits et les trouva plus doux qu'aucun de ceux dont elle avait jamais goûté: André, la course, la défense des parents, tout fut oublié.

Une jeune femme en robe magnifique s'approcha et demanda qui était cette enfant étrangère.

« Belle dame, dit Marie, je suis entrée par hasard, et maintenant on veut me garder.

— Tu sais, Zérina, dit la belle inconnue, que cela ne lui est permis que pour peu de temps; tu aurais dû me consulter d'abord.

— J'ai pensé, dit l'enfant aux cheveux d'or, que je pouvais agir ainsi, puisqu'elle avait déjà passé le pont. Nous l'avons vue courir souvent dans les champs, et tu t'es réjouie toi-même de son caractère gai : il lui faudra nous quitter assez tôt.

— Non, je veux rester, dit la petite fille ; car c'est bien beau ici ; et puis j'y ai les meilleurs joujoux du monde, avec des fraises et des cerises ; ce n'est pas aussi beau dehors. »

La dame vêtue d'une robe dorée s'éloigna en souriant, et plusieurs des enfants qui étaient là sautèrent alors autour de Marie avec des rires espiègles, la taquinèrent et l'encouragèrent à prendre part à leurs danses. D'autres lui amenèrent leurs agneaux ou des jouets merveilleux, d'autres encore firent de la musique et chantèrent. Elle se tenait plus volontiers auprès de la compagne qui l'avait saluée la première, car c'était la plus belle et la plus aimable de toutes. La petite Marie s'écria plus d'une fois :

« Je veux rester avec vous, et vous serez mes sœurs. »
Et les enfants riaient et l'embrassaient.

« Maintenant nous allons faire un beau jeu, » dit Zérina.

Elle courut vite au palais et revint avec une petite boîte en or dans laquelle se trouvait une sorte de semence luisante. Elle en prit avec ses petits doigts et en jeta quelques graines sur le gazon. Bientôt on le vit remuer comme une onde agitée, et quelques instants après des bosquets de rosiers sortaient de terre ; ils grandirent vite et les roses fleurirent tout d'un coup en remplissant l'air d'une suave odeur. Marie prit aussi de cette semence, et lorsqu'elle l'eut semée, des lis blancs et des œillets de pourpre apparurent instantanément. Sur un signe de Zérina, les fleurs s'évanouirent et d'autres prirent leur place.

« A présent, dit Zérina, tu vas voir quelque chose de plus extraordinaire. »

Elle mit en terre deux graines de pin, et les y enfonça entièrement en piétinant dessus. Deux arbustes verts s'élevèrent devant elles.

« Tiens-toi bien à moi, » dit Zérina, et Marie entoura de ses bras le corps souple de sa compagne.

Alors elle se sentit enlevée dans l'air, car les arbres grandissaient au-dessous d'elles avec la plus grande rapidité ; les hautes cimes des pins se balançaient et les deux fillettes se tenaient embrassées, suspendues ainsi dans les nuages pourprés du soir. Les autres petites grimpèrent avec une agilité sans pareille sur tous les arbres environnants, se taquinant et se donnant des coups pour rire quand elles se rencontraient. Si l'un des enfants tombait, dans cette foule, il volait dans l'air et descendait tout doucement et sûrement jusqu'à terre. A la fin Marie eut peur ; l'autre petite chanta quelques paroles sonores, et les arbres disparurent dans le sol insensiblement, comme ils s'étaient élevés auparavant dans les nuages.

Les enfants entrèrent au palais par la porte d'airain ; il y avait beaucoup de belles dames, de vieilles et de toutes jeunes, dans la salle ronde ; elles y goûtaient des fruits exquis, au son d'une musique délicieuse. Au plafond de la coupole, on avait peint des palmiers, des fleurs et des feuillages parmi lesquels des enfants se balançaient dans les poses les plus charmantes. Au son de la musique, ces peintures changeaient de couleur et brillaient d'un éclat superbe ; tantôt le vert et le bleu étincelaient comme une tendre lumière, puis on voyait la couleur pâlir, les tons de pourpre s'allumer et flamboyer les ors. Et les enfants nus au milieu des arbres semblaient vivre et respirer avec leurs lèvres de corail, au point qu'on pouvait remarquer l'émail blanc de leurs dents et l'éclat de leurs yeux bleus.

De cette salle, des marches d'airain conduisaient dans une salle souterraine. Ici, il y avait beaucoup d'or et d'argent, et partout étincelaient des pierres fines de toutes les couleurs. Des vases merveilleux étaient posés contre les murs et paraissaient tout remplis de ces richesses. L'or était travaillé sous mille formes différentes et brillait d'un beau rouge. Beaucoup de petits nains étaient occupés à ranger les morceaux et à les mettre dans les vases; d'autres, bossus et les pieds tortus, avec des nez rouges et longs, apportaient tout courbés des sacs pesants, comme font les garçons meuniers, et vidaient par terre les grains d'or. Puis ils sautillaient à droite et à gauche et saisissaient les boules roulantes qui voulaient s'échapper; et il arrivait souvent que, dans leur zèle, ils se rencontraient en se renversant lourdement et d'une façon peu gracieuse. Ils firent des mines fâchées quand Marie se moqua de leur laideur et de leurs mouvements gauches. Tout au fond du souterrain se trouvait un vieux petit homme, ramassé sur lui-même, que Zérina salua d'un air respectueux et qui la remercia seulement d'un signe de tête. Il avait un sceptre à la main et portait une couronne; tous les autres nains paraissaient le reconnaître pour maître et obéir à ses ordres.

« Qu'y a-t-il de nouveau?... » demanda-t-il d'un ton de mauvaise humeur, lorsque les fillettes s'approchèrent.

Marie se tut, prise de peur; mais sa compagne répondit qu'elles étaient venues pour regarder le trésor.

« Toujours les mêmes enfantillages! dit le vieux; cette oisiveté ne va donc jamais cesser? »

Puis il se renfonça dans sa besogne, et fit peser et arranger les pièces d'or; il renvoya d'autres nains, et plus d'un fut grondé par lui.

« Qui est ce seigneur? demanda Marie.

— Notre prince des Métaux » répondit Zérina, en continuant d'aller plus avant.

Il sembla qu'elles se trouvaient de nouveau à l'air libre, car elles étaient devant un grand lac; mais il n'y avait pas de soleil et on n'apercevait pas le ciel. Un petit bateau les attendait, et Zérina se mit à ramer avec ardeur. La promenade ne fut pas longue. Lorsqu'elles furent parvenues au milieu du lac, Marie vit que des milliers de canaux et de rivières partaient de ce petit lac dans toutes les directions.

« Ces eaux à droite, dit Zérina, coulent sous vos jardins, et c'est pour cela que tout y fleurit si bien; d'ici l'on arrive au grand fleuve. »

Tout d'un coup des canaux et des rivières, et du lac même, sortirent des centaines d'enfants, dont beaucoup avaient la tête couronnée de roseaux et de nénuphars; d'autres tiraient de rouges branches de corail, et d'autres encore soufflaient dans des conques recourbées. Un bruit confus mais gai s'élevait des rives obscures; parmi les petits êtres nageaient des femmes de la plus rare beauté, et souvent ils accouraient auprès de l'une ou de l'autre et se suspendaient à leur cou avec des baisers. Tous saluèrent l'étrangère, et au milieu de ce tumulte les deux compagnes glissèrent avec leur bateau loin du lac dans une petite rivière qui devint de plus en plus étroite. Enfin le bateau s'arrêta. On prit congé, et Zérina frappa contre le roc. Il s'ouvrit entièrement comme une porte, et une femme toute rouge les aida à descendre.

« Est-ce qu'on s'amuse?... demanda Zérina.

— Ils sont en pleine activité, répondit l'autre, et aussi joyeux qu'on puisse le désirer; mais aussi la chaleur est-elle fort agréable. »

Elles montèrent un escalier tournant, et tout à coup Marie se vit dans la salle la plus resplendissante, de sorte qu'en entrant, ses yeux furent éblouis par l'éclat de la lumière. Des tapis d'un rouge de feu couvraient les murs avec leurs reflets de pourpre; et lorsque l'œil de Marie se fut habitué au feu elle vit avec stupéfaction que les figures des tapis se promenaient en dansant dans la plus grande allégresse. Elles étaient si bien faites et de si gracieuses proportions, qu'on ne peut imaginer quelque chose de plus charmant; leur corps était comme de cristal rose, de façon qu'il semblait voir au travers le sang fluide courir et jouer en elles. Toutes ces figures sourirent à l'enfant étrangère et la saluèrent de plusieurs révérences; mais lorsque Marie voulut s'approcher d'elles, Zérina la retint de force et s'écria :

« Tu vas te brûler, chère petite Marie, tout cela est du feu ! »

Marie sentit la chaleur.

« Pourquoi, demanda-t-elle, pourquoi ces charmantes créatures ne sortent-elles pas pour jouer avec nous ?

— Comme tu vis dans l'air, répondit l'autre, de même celles-ci doivent rester dans le feu; elles mourraient dehors. Vois seulement comme elles se plaisent ici, comme elles rient et jouent ! Celles qui sont là-bas dirigent les fleuves de feu partout sous la terre : c'est là ce qui fait croître les fleurs, les fruits et la vigne; les fleuves rouges sont toujours à côté des cours d'eau, et ces êtres de feu sont toujours actifs et bienfaisants. Mais il fait trop chaud ici, rentrons dans le jardin. »

L'aspect en était bien changé. La lumière de la lune éclairait toutes les fleurs; les oiseaux étaient muets et les enfants dormaient dans les berceaux de verdure. Marie et son amie ne se sentaient pas fatiguées et se promenèrent, pendant cette tiède nuit d'été, en causant de mille choses jusqu'au matin.

Lorsque le jour arriva, elles se rafraîchirent avec des fruits et du lait, et Marie dit :

« Pour changer, allons une fois au bois de sapins, afin de voir ce qu'il y a là.

— Volontiers, dit Zérina; alors tu pourras voir en même temps nos sentinelles qui vont te plaire certainement; elles se trouvent là-haut sur le rempart au milieu des arbres. »

Elles traversèrent des jardins en fleur, des bois pleins de rossignols; elles gravirent des collines couvertes d'une vigne, et arrivèrent enfin, en suivant les sinuosités d'une rivière limpide, près des sapins sur la hauteur qui terminait le domaine.

« Comment se fait-il, demanda Marie, que nous ayons à marcher si longtemps ici, à l'intérieur, tandis qu'au dehors le tour est si petit?

— Je l'ignore, répondit son amie, mais c'est ainsi. »

Elles montèrent jusqu'aux sombres sapins; un vent froid soufflait du dehors, et un brouillard semblait couvrir toute la contrée. Là-haut se trouvaient des êtres bizarres avec des figures barbouillées de farine, pareilles aux têtes repoussantes des grands hiboux blancs; ils étaient enveloppés dans de larges manteaux de laine floconneuse et ils tenaient ouverts des parapluies de peaux singulières; ils agitaient sans s'arrêter des ailes de chauve-souris comme des éventails.

« J'ai envie de rire et j'ai peur tout ensemble, dit Marie.

— Ce sont nos bons gardiens, reprit sa petite compagne; ils restent là et font ce mouvement d'ailes pour qu'une angoisse et une peur étranges glacent quiconque veut s'approcher de nous. Ils sont ainsi couverts, parce qu'au dehors, en ce moment-ci, il pleut et neige, ce qu'ils ne peuvent supporter. Ici, au-dessous, il ne vient jamais ni neige, ni pluie, ni air froid; il y règne un printemps et un été éternels. Mais là-haut, si l'on ne changeait pas souvent les gardiens, ils en mourraient.

— Mais qui êtes-vous donc, s'écria Marie en redescendant parmi les fleurs? Ou n'avez-vous pas de nom auquel on vous reconnaisse?

— Nous nous appelons les *Elfes*, dit l'aimable enfant;

on parle beaucoup de nous dans le monde, à ce que j'ai ouï dire. »

Elles entendirent un grand bruit dans la prairie.

« Le bel oiseau est arrivé ! » leur crièrent les autres enfants, et toutes se précipitèrent dans la salle. Les deux compagnes virent tout le monde, jeunes et vieux, franchir le seuil ; la joie était générale, une musique triomphale venait de l'intérieur. Lorsqu'elles furent entrées, elles virent la vaste rotonde remplie d'une foule de personnes différentes dont les regards étaient fixés sur un grand oiseau qui voltigeait au-dessous de la coupole. La musique était plus gaie que d'habitude, les couleurs et les lumières changeaient plus vite. Enfin la musique se tut et l'oiseau descendit avec un bruissement d'ailes sur une couronne brillante suspendue au-dessus de la fenêtre, qui éclairait d'en haut la coupole. Son plumage vert et pourpre était parsemé de rayons d'or étincelants ; sur la tête, il avait un diadème de petites plumes tellement éclatantes qu'on les eût prises pour des pierres fines ; il avait le bec rouge, et les pieds d'un bleu d'azur. Dès qu'il se secouait, toutes les couleurs de son plumage scintillaient, et l'œil en était ravi ; sa grandeur était celle d'un aigle. Soudain il ouvrit son bec magnifique, et une mélodie si douce, si belle sortit de son gosier frémissant, — plus belle que le chant du tendre rossignol ; elle devint si puissante et se répandit en notes si radieuses, comme un faisceau de rayons lumineux, que tous jusqu'aux petits enfants pleuraient de joie et de ravissement. Lorsqu'il eut fini, tous s'inclinèrent devant lui, il fit de nouveau le tour de la coupole en volant, puis sortit par la porte et s'élança dans le ciel clair où il ne parut plus au bout d'un instant qu'un petit point rouge, bientôt perdu de vue.

« Pourquoi êtes-vous tellement en joie? demanda

Marie en se penchant vers la belle enfant qui lui sembla plus petite que la veille.

— Le roi arrive! répondit celle-ci; beaucoup d'entre nous ne l'ont jamais vu, et partout où il va, règnent le bonheur et la joie. Nous l'attendons depuis longtemps, avec plus d'impatience que vous n'attendez le printemps après un long hiver; et voilà qu'il vient de nous faire prévenir de son arrivée par son bel ambassadeur. Cet oiseau superbe qui est au service du roi est l'oiseau Phénix; loin d'ici, en Arabie, il demeure sur un arbre unique au monde, comme il n'existe aussi qu'un seul Phénix à la fois. Quand il se sent vieux, il se fait un nid de myrrhe et d'encens, y met le feu et se brûle lui-même; il meurt en chantant, et des cendres embaumées s'élève le Phénix rajeuni et paré d'une beauté nouvelle. Rarement il prend son vol de manière à être aperçu par les hommes, et si ce prodige arrive une fois en des centaines d'années, ils le notent dans leurs livres et pensent qu'il leur présage des événements extraordinaires. Mais maintenant, mon amie, il va falloir que tu nous quittes, car il ne t'est pas permis de voir le roi. »

En ce moment, la belle dame aux vêtements dorés sortit de la foule, fit un signe à Marie et gagna avec elle une allée isolée.

« Il faut nous quitter, ma chère enfant, dit-elle, le roi veut tenir ici sa cour pendant vingt ans, et plus encore peut-être; une fertilité sans pareille va se produire dans ce pays, surtout en cet endroit. Toutes les sources, toutes les rivières vont devenir plus abondantes, tous les champs et tous les jardins plus riches, le vin meilleur, la prairie plus grasse, la forêt plus fraîche et plus verte; l'air sera plus doux, la grêle ne fera pas de dégâts, il n'y aura pas d'inondations. Prends cette bague et souviens-toi de nous, mais garde-toi bien de parler de nos secrets à qui que ce soit, car alors il nous faudrait fuir cette contrée et priver tout le monde et toi-même du bonheur et de la bénédiction de notre présence. Embrasse encore une fois ta compagne, et puis adieu! »

Elles sortirent, Zérina pleura, Marie se pencha pour l'embrasser et elles se séparèrent. Déjà elle se trouvait sur le pont étroit, l'air froid du bois de sapins lui soufflait à la figure, le petit chien aboyait de toutes ses forces et faisait sonner sa clochette. Marie détourna les yeux et prit sa course dans la plaine, car la noirceur des sapins et des huttes en débris et les ombres du crépuscule la remplissaient d'angoisse et de frayeur.

« Comme mes parents vont avoir eu peur pour moi cette nuit! se dit-elle, lorsqu'elle se trouva en plein champ. — Et pourtant, je ne dois pas leur dire où j'ai été, ni ce que j'ai vu: aussi bien ne me croiraient-ils jamais. »

Deux hommes passèrent près d'elle; ils la saluèrent et elle les entendit dire:

« Voilà une belle jeune fille! d'où peut-elle être? »

Elle s'approcha de la maison paternelle; mais les arbres chargés de fruits la veille étaient sans feuillage, la maison avait une autre teinte et on avait bâti une grange neuve à côté. Marie était pleine d'étonnement et se croyait le jouet d'un rêve; sous l'empire de cette préoccupation, elle ouvrit la porte et derrière la table elle vit son père assis entre une femme inconnue et un jeune homme étranger.

« Mon Dieu, père, s'écria-t-elle, où donc est la mère? »

— La mère? dit la femme, prise d'un pressentiment et se précipitant vers elle... Mais tu n'es pas — mais si, sûrement, tu es Marie, ma fille perdue que nous croyions morte, ma fille bien-aimée! »

Elle l'avait reconnue tout de suite à un petit signe au menton, à ses yeux, à l'aspect de toute sa personne. Tous l'embrassèrent, tous étaient remplis de joie et les parents versaient des larmes. Marie était fort surprise de se voir presque aussi grande que son père; elle ne comprenait pas comment sa mère avait pu vieillir ainsi, et elle demanda le nom du jeune homme.

« C'est André, le fils du voisin, répondit le père Martin. — Mais comment reviens-tu d'une façon si inattendue après sept longues années d'absence? Où as-tu été? Pourquoi n'as-tu jamais donné de tes nouvelles? »

— Sept ans? dit Marie, qui ne savait plus comment se retrouver dans ses souvenirs, sept années entières?

— Oui, oui, lui dit André en riant et en lui serrant cordialement la main; j'ai gagné, Marie, j'ai été de retour au poirier, voilà sept ans de cela, — et toi, paresseuse, tu n'arrives que maintenant! »

On interrogea de nouveau la jeune fille, on l'accabla de questions; mais elle, se rappelant la défense des Elfes, ne sut pas trouver de réponse. On lui mit presque dans la bouche une histoire qui expliquait tout : comment elle s'était égarée, comment ensuite une voiture l'avait emportée et conduite dans un endroit étranger où elle n'avait pas su indiquer la demeure de ses parents; comment on l'avait emmenée plus tard dans une ville où de bonnes gens l'avaient aimée et élevée; comment enfin, ces personnes étant mortes maintenant et le souvenir lui étant revenu de son village natal, elle avait profité d'une occasion pour y retourner.

« Laissez tout cela, dit la mère; c'est assez que nous l'ayons retrouvée, ma fille, mon trésor bien-aimé! »

André resta à souper, et Marie ne put encore se retrouver : la maison lui semblait petite et sombre, elle était étonnée de la façon de ses vêtements qui étaient propres et simples, mais qui lui parurent tout étranges. Elle regardait la bague qu'elle avait au doigt, et dont l'or brillait d'un éclat merveilleux et enchâssait avec art une pierre rouge aux feux éblouissants. A la question que lui fit son père, elle répondit que la bague lui venait aussi de ses bienfaiteurs.

Elle se réjouit de voir arriver l'heure du repos et se hâta de se coucher. Le lendemain, elle se sentit plus calme; elle avait mis de l'ordre dans ses idées et pouvait mieux répondre à toutes les personnes du village qui accouraient la saluer. André était revenu de bon matin et se montra le plus empressé, le plus joyeux et le plus aimable du monde. La jeune fille florissante de quinze ans avait fait sur lui une vive impression, et il n'avait pu dormir de la nuit.

Le comte fit appeler Marie au château; elle dut y raconter de nouveau son histoire, qui lui était devenue familière; le vieux comte et sa femme admirèrent sa bonne éducation, car elle était modeste sans être gênée, elle répondait à toutes les questions avec politesse et dans un bon langage. La peur des gens nobles et de leur entourage s'était évanouie en elle; car, en comparant ces salles et ces personnes avec les merveilles et la souveraine beauté dont elle avait eu le spectacle chez les Elfes, dans son séjour secret, cette splendeur terrestre lui semblait insignifiante et la présence des hommes presque nulle. Les jeunes gens étaient surtout en extase devant sa beauté.

C'était en février. Les arbres se revêtirent de feuilles plus tôt qu'à l'ordinaire; jamais le rossignol n'était venu si tôt, et le printemps entra dans le pays plus beau qu'on ne l'avait jamais vu de mémoire d'homme. Partout des sources jaillirent et arrosèrent les champs et les prairies; les collines semblèrent s'élever, les vignes grandirent, les arbres fruitiers fleurirent d'une manière miraculeuse, et une bénédiction abondante couvrit comme une rosée céleste le pays dans ses nuages de fleurs. Tout s'accrut au delà de toute espérance : pas un jour fâcheux, pas d'orage venant gâter les fruits; les vignes étaient rouges de grappes énormes, et les habitants se regardaient pleins d'étonnement, croyant faire un rêve enchanté. L'année suivante, ce fut la même chose; mais on était déjà plus habitué au prodige. A l'automne, Marie céda aux prières de ses parents et à celles d'André : elle devint la fiancée du jeune homme, et dans le cours de l'hiver elle l'épousa.

Souvent elle songeait avec un désir ardent à son séjour derrière les sapins; elle restait silencieuse et pensive. Si belle que fût la réalité autour d'elle, elle connaissait quelque chose de plus beau encore, et toute sa personne prenait un air de douce mélancolie. Elle éprouvait comme une douleur chaque fois que son père ou son mari parlaient des Bohémiens, des vauriens qui demeuraient dans cet endroit sombre. Souvent elle voulait les défendre, eux qu'elle connaissait comme les bienfaiteurs de la contrée, et surtout contre André qui se plaisait à ces gronderies; mais chaque fois elle arrêtait le mot sur ses lèvres. Elle vécut ainsi un an, et l'année suivante elle eut le bonheur de mettre au monde une petite fille qu'elle appela *Elfriede*, en souvenir des Elfes.

Les jeunes époux demeuraient avec Martin et Brigitte dans le même logis, qui était très-vaste, et aidaient aux travaux de la grande ferme. La petite Elfriede montra bientôt des dispositions et des capacités extraordinaires. Elle marcha de fort bonne heure; et elle n'avait pas un an qu'elle parlait déjà. Au bout de quelques années elle était si sage et d'une beauté si rare que tous la considéraient avec étonnement; et sa mère ne put s'empêcher de lui trouver une ressemblance avec les enfants merveilleux qui vivaient derrière les sapins. Elfriede n'allait pas volontiers avec d'autres enfants ; elle évitait leurs jeux bruyants, et, le plus souvent, elle restait seule. Alors elle se retirait dans un coin du jardin pour y lire ou s'y occuper avec assiduité de ses petits travaux de couture. Souvent on la voyait assise et comme recueillie, ou se promenant d'un air agité dans les allées en se parlant à elle-même. Les parents la laissaient faire, parce qu'elle était bien portante ; mais les réponses et les questions étonnantes de l'enfant les préoccupaient plus d'une fois.

« Des enfants si sages, disait souvent la grand'mère Brigitte, ne grandissent pas ; ils sont trop bons pour ce monde. Cette enfant est belle au delà de toute expression, et on ne retrouvera jamais sa pareille sur terre. »

La petite Elfriede avait la manie de ne pas se laisser servir ; elle voulait tout faire elle-même. Elle était la première levée dans la maison et s'habillait elle-même soigneusement. Le soir, même souci et mêmes soins : elle prenait garde que ses robes et son linge fussent bien rangés, et ne permettait à personne, pas même à sa mère, d'y toucher. La mère lui passait cette fantaisie, parce qu'elle ne soupçonnait pas qu'il y eût là rien d'étrange. Quelle ne fut pas sa surprise, un jour où elle habillait de force sa fille pour une visite au château, quoique la petite se défendît en pleurant, de découvrir sur la poitrine de l'enfant, suspendue à un fil, une de ces pièces d'or singulières qu'elle reconnut tout de suite appartenir au trésor du caveau souterrain où elle en avait tant vu. La petite se montra fort effrayée, puis elle dit qu'elle avait trouvé cet objet dans le jardin, et que, comme la pièce lui plaisait, elle l'avait ramassée. Elle pria si instamment sa mère de la lui laisser, que Marie la lui remit à la même place et s'en fut toute soucieuse au château.

Derrière la maison du fermier se trouvaient quelques bâtiments pour serrer les récoltes et les ustensiles de ménage; et derrière ces bâtiments s'étendait une prairie avec un vieux bosquet où personne n'allait, parce qu'il se trouvait trop loin du jardin. C'était dans ce lieu isolé qu'Elfriede se tenait le plus volontiers, et personne ne songeait à la déranger, de sorte que ses parents ne la voyaient pas durant des heures entières. Par une après-midi, il arriva que la mère eut affaire dans ces bâtiments pour y mettre des choses en ordre et pour y chercher un objet perdu. Elle remarqua bientôt que la lumière y pénétrait par une fente dans le mur, et l'idée lui vint de regarder par là pour observer son enfant; ayant réussi à pousser hors du mur une pierre descellée, de façon à voir le bosquet situé en face d'elle, la mère aperçut Elfriede assise sur un petit banc, et, à côté de l'enfant, Zérina, si bien connue d'elle-même. Les deux jolies créatures jouaient ensemble et s'amusaient dans un parfait accord. L'Elfe embrassa la belle enfant et lui dit :

« Hélas! chère mignonne, ainsi qu'avec toi j'ai déjà joué avec ta mère, lorsqu'elle était petite et qu'elle était venue nous visiter; mais, vous autres humains, vous grandissez si vite : c'est bien triste! si tu pouvais rester longtemps enfant comme moi!

— Je le voudrais pour te faire plaisir, dit Elfriede; mais ils disent tous que dans peu je ne serai plus une enfant, mais une jeune fille, et que je ne jouerai plus, parce que j'ai beaucoup de capacités. Ah! s'il m'était permis de vous visiter une seule fois!...

— Depuis que le roi demeure chez nous, c'est impossible, répondit Zérina; mais je viens si souvent chez toi, ma chérie, et personne ne le sait, personne ne le voit! Je vais invisible par l'air, ou je vole ici en oiseau : ah! nous serons encore souvent ensemble, tant que tu seras petite! Que puis-je faire seulement pour t'être agréable?

— Aime-moi, répondit Elfriede, aime-moi comme je t'aime du fond de mon cœur; mais maintenant, si nous faisions une fois des roses? »

Zérina sortit de sa poche la petite boîte connue, en jeta deux grains par terre, et tout d'un coup un buisson vert avec deux roses rouges se dressa devant elles. Les enfants cueillirent les roses en souriant et le buisson disparut.

« Ah! si seulement elle ne mourait pas si vite, cette merveille de la terre! dit Elfriede.

— Donne! dit l'Elfe. »

Elle souffla trois fois sur la rose en bouton et la baisa trois fois.

« Maintenant, dit-elle, en rendant la fleur à son amie, elle restera fraîche et florissante jusqu'en hiver.

— Je la garderai comme une image de toi, dit Elfriede; et, le matin et le soir, je l'embrasserai comme si c'était toi.

— Le soleil se couche, reprit la petite Elfe; il faut que je parte. »

Elles s'embrassèrent encore une fois, puis Zérina disparut.

Le soir, Marie serra sa fille dans ses bras avec un sentiment mêlé d'angoisse et d'admiration. Elle accordait encore plus de liberté à sa douce Elfriede qu'auparavant, et souvent elle tranquillisait son mari quand il arrivait pour chercher l'enfant, ce qu'il faisait depuis quelque temps, car cette solitude lui déplaisait, et il avait peur que la petite en devînt stupide. Souvent la mère allait regarder par la fente du mur, et toujours elle trouvait l'Elfe brillante auprès de sa fille, jouant ou tenant des propos sérieux avec elle.

« Aimerais-tu à savoir voler? demanda une fois Zérina à sa compagne.

— Oh! volontiers, s'écria Elfriede. »

Alors la fée prit l'enfant dans ses bras et s'éleva avec elle dans l'air jusqu'à la hauteur du bosquet. La mère effrayée oublia toute précaution ; elle sortit la tête pour suivre les deux amies des yeux ; aussitôt Zérina leva le doigt d'un air de menace, mais en souriant, descendit tout de suite avec sa compagne, l'embrassa et disparut. Il arriva parfois, depuis ce moment, que Marie fut aperçue par l'Elfe qui secoua chaque fois la tête ou menaça du doigt, mais toujours avec un sourire aimable.

Souvent, lorsque la discussion s'animait avec André, Marie lui avait dit dans son zèle :

« Tu fais tort aux pauvres gens qui demeurent dans ces cabanes. »

Quand André la pressait alors de lui expliquer pourquoi elle contredisait l'opinion de tout le monde, même du comte, elle se taisait et ne soufflait plus mot làdessus. Un jour qu'après le dîner, André s'était animé plus que de coutume, déclarant qu'il fallait chasser ces gens du pays comme des vagabonds, elle s'écria, irritée :

« Tais-toi, car ce sont nos bienfaiteurs!

— Des bienfaiteurs, ces vagabonds? »

Dans sa colère, elle se laissa aller à lui raconter l'histoire de sa jeunesse, en exigeant de lui la promesse de garder le silence le plus absolu ; et, comme à chaque mot il devenait de plus en plus incrédule et hochait la tête d'un air moqueur, elle le prit par la main et le conduisit dans la pièce d'où il put voir, à son grand étonnement, l'Elfe jouer avec son enfant et la caresser. Il ne sut que dire, mais une exclamation de surprise lui échappa, et Zérina leva la tête. Une pâleur soudaine couvrit son visage, elle commença à trembler, fit une menace, non plus en souriant, mais d'un air de colère, et dit alors à Elfriede :

« Ce n'est pas de ta faute, chère mignonne; mais jamais ils ne deviendront sages, quoiqu'ils se croient si raisonnables ! »

Elle embrassa Elfriede en grande hâte, puis s'envola par le jardin, sous forme de corbeau, vers le bois de sapins, en poussant des cris lugubres.

Le soir, la petite resta sans parler et baisa sa rose en pleurant. Marie était inquiète, et André ne disait mot. La nuit arriva. Tout à coup les arbres frémirent, les oiseaux volèrent autour de la maison en jetant des cris d'angoisse; on entendit gronder le tonnerre, la terre trembla, et des sons plaintifs émurent l'air. Ni Marie ni André n'avaient le courage de bouger; ils s'enveloppèrent dans leurs couvertures et attendirent le jour en frissonnant. Vers le matin, tout devint plus tranquille, et quand le soleil se leva sur la forêt, tout était calme.

André s'habilla et Marie vit que la pierre de sa bague avait pâli. Lorsqu'ils ouvrirent la porte, le soleil brillait de tout son éclat, mais ils ne reconnurent pas la contrée. La fraîcheur de la forêt avait disparu; les montagnes s'étaient rapetissées, les rivières coulaient à peine avec un mince filet d'eau, le ciel paraissait gris, et lorsqu'on levait le regard vers les sapins, ils ne semblaient pas plus sombres ni plus tristes que les autres arbres. Les cabanes qui étaient derrière n'avaient plus rien de repoussant, et plusieurs habitants du village survinrent, qui racontèrent que dans cette nuit étrange ils avaient passé par la cour où demeuraient les *Bohémiens*, et que ceux-ci étaient partis, car les cabanes étaient vides et on n'y avait rien trouvé de singulier : ils y avaient laissé seulement quelques ustensiles de ménage.

Elfriede dit en secret à sa mère :

« Cette nuit, tandis que dans mon insomnie et dans mon angoisse je priais du fond du cœur, tout à coup la porte s'est ouverte et ma compagne est entrée pour me dire adieu. Elle avait un sac de voyage, un chapeau sur la tête et un bâton à la main. Elle était bien fâchée contre toi, à cause de qui elle allait avoir à subir de cruelles punitions, et qu'elle avait cependant toujours tant aimée! Car tous, disait-elle, ne quittaient la contrée qu'à regret. »

Marie lui défendit de parler de cette apparition. En ce moment arriva le batelier du fleuve, qui raconta des choses merveilleuses. A la nuit tombante, un étranger de haute taille était venu chez lui et lui avait loué son bateau jusqu'au lendemain, à la condition qu'il se tiendrait tranquille dans sa maison et qu'il dormirait, ou au moins qu'il ne sortirait pas.

« J'avais peur, dit le vieux marinier, mais la bizarrerie de cette affaire ne me laissa pas dormir. Je me levai tout doucement et m'en fus regarder le fleuve. De grands nuages couraient dans le ciel, et les forêts lointaines tressaillaient péniblement; on eût dit que ma maison tremblait et qu'elle était envahie par un concert de plaintes. Soudain, je vis une lumière brillante et blanche qui s'étendait de plus en plus; elle se mouvait du côté des sapins : c'était comme des milliers d'étoiles étincelantes qui venaient par les champs et se dirigeaient vers le fleuve. J'entendis un trépignement, un cliquetis, un chuchotement, un bruissement qui se rapprochait de plus en plus; on allait vers mon bateau : tous y entrèrent, de grands et de petits êtres brillants, hommes et femmes à ce qu'il me parut, avec des enfants; et l'étranger de haute taille les mena tous sur l'autre bord. Dans le fleuve nageaient des milliers de ces êtres lumineux, et dans l'air voltigeaient des lueurs et des brouillards blancs. Tout ce monde poussait des plaintes et des gémissements sur ce qu'il fallait s'exiler si loin et quitter une contrée aimée : parmi tout cela, les coups de rames, le bruit de l'eau, et puis de nouveau un silence complet. Bien des fois le bateau passa d'une rive à l'autre et fut rempli de nouveau. Ces inconnus prirent avec eux des vases pesants portés par de petits êtres affreux et laids; étaient-ce des diables ou des *Kobolds?* Je l'ignore. Puis arriva une cavalcade magnifique d'un éclat superbe. Il paraît que c'était un vieillard sur un petit cheval blanc, que tout le monde entourait; je ne pus voir que la tête du cheval, car il était revêtu entièrement de housses resplendissantes et précieuses. Ce vieillard portait sur la tête une couronne aux reflets si éblouissants que, lorsqu'il eut passé le fleuve, je crus que le soleil allait se lever et que c'était l'aurore dont la lumière brillait là-bas. Cela dura ainsi toute la nuit; enfin je m'endormis dans ce tourbillon, avec un mélange de plaisir et de peur. Au point du jour, tout était calme; mais le fleuve s'est comme retiré, de sorte que je vais avoir de la peine à diriger mon bateau. »

Dans la même année, il y eut une stérilité générale : les forêts dépérirent, les sources tarirent, et ce pays, qui jusque-là avait fait la joie du voyageur, devint nu, dépouillé et laid en hiver, et put à peine montrer, dans un désert de sable, un petit endroit çà et là où végétât un peu de verdure grisâtre. Les arbres fruitiers cessèrent de produire, les vignes brunirent de plus en plus, et l'aspect de la contrée prit un tel caractère de tristesse que le comte aussi quitta avec sa famille, dans l'année, le château qui resta isolé et tomba en ruines.

Elfriede regardait tous les jours sa rose avec le plus amer regret et le plus ardent désir en songeant à sa compagne; et comme la fleur se penchait et se fanait, elle aussi penchait la tête, et avant le retour du printemps elle n'était déjà plus. Marie était souvent sur la prairie, devant la porte de la ferme, pleurant son bonheur disparu : elle s'en alla comme son enfant, et la suivit au bout de peu d'années. Et le vieux Martin partit avec son gendre pour la contrée où il avait vécu autrefois[1].

---

[1]. On voit que, dans le conte de Tieck, les *Elfes* comprennent tous les *esprits élémentaires* ou génies spéciaux des quatre éléments qu'on reconnaissait jadis : l'air, la terre, l'eau et le feu. Toutefois, Heine dit une chose fort juste, lorsqu'il partage le monde naturel et surnaturel entre les *elfes* considérés comme génies de l'air (ce sont nos *sylphes*), les *nixes*, ou génies de l'eau, et les *gnomes*, génies de la terre, en ajoutant que le peuple parle fort peu des génies particuliers du feu, mentionnés par l'alchimiste Paracelse dans sa singulière et curieuse théorie des êtres merveilleux. Les *feux follets*, en effet, ne sont pas précisément des *esprits*; les *hommes de feu* (*feuer reiter*) qui errent pendant la nuit, ne sont, comme les loups-garous, que des revenants mal famés, des morts ayant quelque chose sur la conscience; quant aux *salamandres*, l'imagination populaire ne les conçoit guère comme *génies du feu*, et se contente d'attribuer aux lézards désignés sous ce nom la faculté de vivre dans les flammes.

La division établie par Henri Heine est la plus simple et la meilleure, parce qu'elle répond aux traditions les plus répandues.

Il est certain qu'en général l'empire des eaux est réservé aux *nixes*, dont nous avons parlé avec quelques détails dans la *Notice sur Charles Winter*; que les génies de la terre portent généralement le nom de *gnomes*, et parfois des noms spéciaux, comme les *Wichtelmænner*; enfin que l'on se représente bien plus volontiers les *elfes* comme des génies aériens que comme des génies souterrains ou ondins.

Cela posé, nous pourrons dire que les *gnomes* sont les gardiens des mines, des métaux et des trésors cachés; qu'ils président aux feux souterrains, surtout dans leurs rapports avec la formation des filons métalliques, et qu'ils ne sortent presque jamais de leur élément. Chaque mine possède le sien. Les *gnomes* sont des nains bossus, trapus, difformes; bref, ils sont petits sans être mignons.

Les légendes parlent aussi de *Kobolds*, qu'il ne faut pas confondre avec les *gnomes*, bien qu'ils affectent volontiers la forme naine; ce sont des espèces de revenants, hideux et effrayants, qui sortent de terre pour apparaître aux vivants. Ils peuvent hanter une maison et sont presque toujours des hôtes fort incommodes. Quelquefois ils s'attachent à une personne et l'aident, comme des *Wichtelmænner*: mais il ne faut pas les surprendre, ou ils se vengent. Ils ne viennent que la nuit, et le soir on doit avoir soin de leur préparer à manger. On voit qu'ils diffèrent des *vampires* des légendes slaves qui se repaissent du sang des vivants. Quant aux *gnomes*, ils ne fréquentent les hommes que par exception ; les nains qui hantent les demeures humaines, et qui y rendent des services reçoivent plutôt le nom d'*elfes*.

Ce sont les *elfes* qui dansent légèrement dans les clairières, au bord des lacs, et qui se balancent dans les arbres ; ce sont les *elfes* qui aiment la société des hommes, qui se font les génies du foyer, comme les *Stallmænnchen*. Les *Grillons*, ces petits êtres qui figurent dans la *Bergerie d'or* tiennent des *gnomes* en ce qu'ils ne peuvent sortir de la terre; mais ils tiennent des *elfes* de l'air par leur forme gracieuse. Car ceux-ci, quelle que soit leur taille, qui varie depuis celle d'un enfant jusqu'à celle d'un insecte, sont toujours gracieux et mignons, tandis que les *gnomes* sont laids et bizarres. On compte des *elfes* de l'un et de l'autre sexe, mais c'est sous la forme féminine qu'on se les représente le plus souvent, avec des cheveux et un corps resplendissants. Les *aulnes* (erlen) chantés par Gœthe dans une ballade que tout le monde sait par cœur, ne sont autre chose que les *elfes* dont le nom s'est trouvé ainsi changé dans quelques endroits.

Partout on retrouve les *elfes* dans les traditions populaires de l'Europe.

« Si les elfes, dit Henri Heine, n'étaient pas immortels de leur nature, ils le seraient devenus par Shakspeare. Ils vivent éternellement dans les songes des nuits d'été de la poésie. On n'oubliera jamais non plus la reine des elfes, de Spenser, au moins tant que l'on comprendra l'anglais. »

Que les elfes soient ou non, comme le pense l'auteur du livre *De l'Allemagne*, d'origine celtique plutôt que scandinave, il est constant que ces esprits aériens ne sont pas moins populaires en Danemark et en Allemagne, qu'en Angleterre, en Écosse et en Irlande. Ils forment dans ce dernier pays une véritable nation fantastique divisée en plusieurs peuplades actives et puissantes. Nos feux follets, devenus lutins ou farfadets, par le bon plaisir des paysans, offrent quelques traits de ressemblance avec les elfes du Nord. Quant aux *korrigans* ou nains bretons, s'ils dansent autour des dolmens, au clair des étoiles, comme les *elfes* dansent la nuit sur le gazon, où ils forment des cercles brillants, ne ressemblent-ils pas bien plutôt aux plus laids des *gnomes* par leur aspect difforme et grotesque ? Les génies féminins de la Bretagne, qui portent le même nom, et qui sont aussi de race naine, mais qui ont des cheveux blonds, une forme aérienne et délicate et un voile blanc pour écharpe autour du corps, rappellent beaucoup mieux la tribu légère des *elfes*. Mais il est plus vrai de dire qu'en Bretagne et dans le reste de la France, les *elfes* ont cédé la place aux fées, dont il sera dit un mot dans la *Notice sur la légende de Loreley*.

La tradition allemande nous offre encore des *géants*, qui ne sont pas nécessairement des *ogres*, et qui semblent rappeler une race antique dont il ne reste plus rien, au lieu que les nains sont censés continuer d'exister. Le nain est leste, subtil et pétri de malice; le géant, niais, grossier et balourd. — (Pour les *esprits élémentaires* en général, et les *elfes* en particulier, voir : H. Heine, *De l'Allemagne*, chap. des *Traditions populaires*, et Le Roux de Lincy, *Introduction au livre des légendes*, chap. x.)

NOTICE

SUR GUSTAVE SCHWAB

Gustave Schwab, né le 19 juin 1792, était le fils cadet de Jean-Christophe Schwab, partisan zélé de la philosophie de Leibnitz et de Wolf, qui écrivit une foule d'articles philosophiques contre Kant, et mourut en 1821, ayant le titre de conseiller d'État à Stuttgart. Gustave Schwab fit ses premières études et au collége de sa ville natale et sous la direction de son père ; puis il étudia à Tubingue la théologie et la philosophie, de 1809 à 1814. En 1815, il voyagea dans le nord de l'Allemagne, et, à Berlin, surtout il s'enthousiasma pour la poésie sous l'impulsion de La Mothe-Fouqué et de François Horn, poëte, romancier et critique de talent. Uhland et quelques autres amis lui avaient les premiers servi de guides dans l'art des vers ; Gœthe, Novalis et Tieck, et pour la forme Auguste-Guillaume Schlegel, eurent sur lui la plus grande influence. En 1817, il devint professeur de littérature ancienne à Stuttgart ; en 1837, pasteur dans les environs de cette ville ; et en 1842, à l'église Saint-Léonard, à Stuttgart même. En 1845, il fut nommé conseiller principal des études et conseiller au Consistoire évangélique. Il mourut subitement le 4 novembre 1850.

Parmi les nombreux ouvrages de Gustave Schwab se trouvent en première ligne ses *Romances et Ballades,* dans lesquelles il se rapproche surtout du grand poëte souabe Uhland ; et les meilleures sont celles où s'affirme le patriotisme souabe. Ses *Poésies*, publiées séparément dans divers recueils et journaux littéraires, ont été rassemblées par ses propres soins en deux volumes. On remarque parmi ses autres écrits, qui comprennent des traductions d'auteurs français : les *Poésies d'Uhland traduites en latin d'après la manière d'Horace* ; les *Livres populaires allemands* (1836) ; *Les plus beaux Contes de l'antiquité* (1838-1840) et la *Vie de Schiller* (1841-1844), ouvrage excellent.

Depuis 1828, Gustave Schwab avait pris part à la rédaction du *Morgenblatt* (feuille du matin). Avec Chamisso il publia pendant longtemps l'*Almanach allemand des Muses*. On lui doit aussi la publication des écrits du poëte lyrique Wilhem Müller et des œuvres complètes de Wilhelm Hauff, surnommé le *Walter Scott souabe*, avec les biographies des deux auteurs.

Il rendit un vrai service aux lettres en composant son *Guide de la littérature allemande* (1847), et en donnant au public sa *Prose allemande depuis Mosheim jusqu'à nos jours*, et ses *Cinq livres de chansons et de poésies allemandes* (1848).

Le choix de traditions populaires dans lequel nous avons pris quelques pages des aventures grotesques des Schildbourgeois, contient des légendes de toute provenance, et non pas uniquement des contes appartenant à l'Allemagne comme les autres recueils où nous avons puisé ; ainsi l'on y retrouve la légende de *Robert le Diable* et d'autres de provenance française, quoique le titre du recueil : « Les livres populaires allemands » (*Die deutschen Volksbücher*), semble n'annoncer que des traditions nationales. Mais l'*Histoire des Schildbourgeois*, que nous avons reproduite, offre un caractère vraiment original et sentant le terroir, dont on jugera par l'extrait suivant.

C'est une suite d'inventions saugrenues qui rappellent le type de Jocrisse, et qui défraient la gaieté populaire, en s'enrichissant toujours de traits nouveaux.

LES SCHILDBOURGEOIS

Dans le royaume puissant d'Utopie, derrière Calcutta, se trouve un village ou bourg du nom de Schilda.

Le premier Schildbourgeois avait été un homme sage et savant, et à coup sûr il n'avait pas laissé grandir ses enfants comme de petits animaux. Sans doute ce fut un père sévère, qui ne leur passait pas la moindre faute; il se conduisait au contraire comme un bon professeur, et les gens de sa race étaient doués de toutes les vertus, à tel point que personne au monde ne pouvait se comparer à eux. Dans ce temps-là, en effet, il n'y avait que peu de savants, et il était rare que quelqu'un devînt célèbre. La graine ne s'en était pas encore répandue partout comme maintenant, que chaque fou se croit un sage! Aussi n'était-il bruit de tous côtés que de la haute sagesse et du grand savoir des Schildbourgeois, jusqu'à la cour des rois et des princes.

Aussi arriva-t-il souvent que les empereurs et les rois envoyèrent demander conseil aux habitants de Schilda, dans certains cas difficiles, et reçurent d'eux toujours de bons avis, car ils étaient pleins de sagacité. De cette manière ils s'acquirent un renom extraordinaire par le monde entier, et furent comblés de richesses, d'argent, d'or, de pierres précieuses et de mille autres choses magnifiques, parce que, dans ce temps-là, les dons de l'esprit étaient plus estimés que maintenant. A la fin cela alla si loin que les princes et les seigneurs, qui ne pouvaient plus se passer d'eux, trouvèrent trop long de leur envoyer des ambassades, et voulurent avoir chacun un Schildbourgeois à leur cour et à leur table, afin d'avoir la faculté de se servir de lui tous les jours, en cas de besoin, et de puiser dans ses paroles comme à une source intarissable de sagesse.

En conséquence, chaque jour un certain nombre de Schildbourgeois furent invités à se rendre hors de leur pays. Bientôt il ne resta presque plus rien de la population de l'endroit, tous les habitants ayant pris le chemin de l'étranger. Alors les femmes furent obligées de remplacer les hommes et de pourvoir à tout ce qui est l'affaire de ceux-ci, aux travaux des champs et au soin du bétail; mais on dit qu'elles le firent assez volontiers. Et, comme l'ouvrage des femmes, ainsi qu'il arrive encore aujourd'hui, comparé à l'ouvrage des hommes, ne rapporte jamais autant, il en advint de même à Schilda.

Les productions des champs ne tardèrent pas à diminuer, faute de travail; car la présence du père de famille, qui seule fait tout prospérer, y manquait. Le bétail, qui engraisse sous l'œil du maître, devint maigre, sauvage et rétif au travail ; et ce qu'il y avait de pis, c'est que les enfants et les domestiques ne voulaient plus obéir, ni rien faire comme il faut. Ils se persuadaient que, les maîtres étant hors du logis, puisqu'on avait besoin qu'il y en eût, il ne leur seyait pas mal d'être eux-mêmes les maîtres. En un mot, tandis que les bons Schildbourgeois servaient tout le monde, non pour de l'argent et par cupidité, mais pour le bien commun, ils en éprouvaient personnellement le plus grand désavantage.

Comme la femme ne peut vivre sans l'homme, ni l'homme sans la femme, la communauté féminine de Schilda se rassembla pour songer à l'intérêt de tous. Après avoir longtemps babillé, les femmes s'entendirent pour rappeler leurs maris. Elles se mirent donc toutes à leur écrire des lettres qu'elles envoyèrent, par des exprès, dans toutes les directions où elles savaient que se trouvaient les hommes de Schilda. Dès que ceux-ci les eurent reçues et lues, leurs cœurs furent touchés et ils jugèrent nécessaire de retourner chez eux sur-le-champ. Ils prirent vite congé de leurs maîtres et arrivèrent chacun chez soi. Là ils trouvèrent une telle confusion partout, qu'eux, dont la sagesse allait si loin, ils ne pouvaient s'étonner assez du changement qui s'était opéré en si peu de temps, pendant leur absence.

Les Schildbourgeoises furent très-contentes du retour de leurs maris et préparèrent une grande fête.

Puis elles montrèrent à leurs maris combien il était nécessaire qu'ils rentrassent ; elles les prièrent de rattraper à présent le temps perdu, et de mieux garder leurs maisons et leurs ménages désormais : ce que les hommes promirent tous sur l'honneur.

Après quoi, nos Schildbourgeois se réunirent pour délibérer sur ce qu'ils auraient à faire pour ne plus être tourmentés par les seigneurs étrangers, comme jadis. Mais, comme il était déjà tard, et vu la gravité de la chose, qui demandait un mûr examen, ils se contentèrent pour le moment d'un bon repas où ils se régalèrent de paroles exquises, plus douces que le miel et plus belles que l'argent, sans oublier toutefois les bons plats ni les bons vins pour la satisfaction de leur corps.

Le jour suivant, les hommes se réunirent sous le tilleul pour tenir conseil, ainsi qu'ils avaient coutume de faire tant que l'été durait; l'hiver, la salle de réunion était l'hôtel de ville. En considérant le dommage qui était résulté de leur absence pour eux et pour leurs ménages, et en le comparant avec les avantages qu'ils avaient retirés de leurs services à l'étranger, ils reconnurent que le profit était loin de compenser la perte. Il aurait fallu entendre les sages conseils qui furent mis en avant dans l'intérêt général! Quelques-uns disaient qu'il ne fallait plus accepter les offres des seigneurs étrangers; d'autres qu'il fallait éviter de les repousser complétement et leur répondre plutôt avec assez de froideur pour qu'ils se retirassent d'eux-mêmes, laissant les Schildbourgeois en repos.

Finalement, un vieux Schildbourgeois prit la parole et opina de la façon suivante :

« Comme leur sagesse unanime avait été cause qu'on les appelait de toutes parts à l'envi, il pensait que le mieux serait de se garantir de toute espèce d'instances pour plus tard, à force de folies et de bêtises. Autant on désirait jadis les avoir auprès de soi dans les pays étrangers, autant on serait disposé désormais à les laisser tranquillement au logis. Ils n'avaient tous, hommes, femmes, enfants, jeunes ou vieux, qu'à faire les choses les plus grotesques et les plus bizarres qu'on pût imaginer et qu'à se livrer aux fantaisies les plus originales qui leur passeraient par la tête. Et pour cela, c'était justement des plus sages et des plus habiles qu'on avait besoin ; car faire besogne de fou n'est pas chose commode. »

Cette opinion fut discutée avec beaucoup de sérieux, et on décida enfin de s'y conformer ponctuellement et d'exécuter ce plan de conduite avec toute la rigueur possible. Puis l'assemblée se dispersa, en convenant que chacun chercherait par quel bout il était préférable de commencer la campagne sous cette nouvelle cape de fou.

Cependant, quelques-uns regrettèrent en secret d'être contraints, après tant d'années de sagesse, à devenir fous sur leurs vieux jours. Mais, en vue de l'utilité commune pour laquelle chacun doit faire de bonne volonté le sacrifice de sa personne, ils se résignèrent, et ainsi finit l'histoire de la sagesse de nos Schildbourgeois.

———

Comme il s'agissait d'établir un autre gouvernement et une autre manière de vivre, ils décidèrent de bâtir avant tout un nouvel hôtel de ville, assez grand pour que leur folie pût y trouver place et assez fort pour la supporter. Ils prirent exemple en cela sur leur propre pasteur. Ce dernier avait tant d'ardeur, qu'il se croyait obligé de frapper avec son livre sur la chaire, dès que la cloche sonnait. C'est pourquoi il avait demandé, au moment de son installation, qu'on lui construisît une autre chaire avec des poutres de chêne solides et bardées de fer, afin qu'elle fût en état de supporter le poids de son éloquence. Telle fut aussi la pensée des Schildbourgeois en songeant à se bâtir avant tout un hôtel de ville *patient*.

Et lorsqu'on eut bien réfléchi à tout ce qui était nécessaire pour un travail de cette importance, en vérité il n'y manquait plus rien que l'intervention d'un joueur de flûte ou d'un autre musicien qui eût, comme Orphée ou Amphion, charmé par ses mélodies gracieuses pierres et bois, les faisant arriver d'eux-mêmes pour se mettre les uns sur les autres dans l'ordre voulu. Mais, comme il n'existait nulle part un tel musicien, ils se concertèrent pour entreprendre ensemble l'ouvrage, s'engageant à ne pas se reposer que le bâtiment ne fût achevé. Sans doute, c'était encore trop de prévoyance de leur part que de songer à se pourvoir de bois et d'autres matériaux, avant de commencer à bâtir : de vrais fous se seraient bien mis à la besogne sans bois, sans mortier ni chaux et sans pierres! Mais la sagesse des Schildbourgeois ne devait s'éteindre que peu à peu, par la transformation de leur folie jouée en folie réelle.

Les voilà donc tous partis pour la forêt, située dans une vallée de l'autre côté de la montagne. Lorsqu'ils eurent abattu les arbres d'après les instructions de leur architecte et qu'ils les eurent débarrassés de leurs branches et coupés comme il faut, ils ne souhaitaient qu'un arc pour les envoyer par le plus court chemin à leur destination : car, disaient-ils, ce serait ainsi beaucoup de besogne épargnée. Mais, contraints de faire le transport eux-mêmes, ils tirèrent, non sans peine et en soupirant, les morceaux de bois jusqu'au sommet de la montagne, et les descendirent avec autant d'efforts de l'autre côté; il en fut de même de tous, jusqu'à un morceau, le dernier, à ce qu'ils pensaient, auquel ils nouèrent des cordes comme aux autres pour le hisser au haut de la montagne en le poussant de droite et de gauche et en le soutenant de toutes leurs forces. Ils arrivèrent ainsi à descendre la moitié de la montagne; tout à coup, soit faute d'attention, soit que les cordes fussent trop faibles, le morceau de bois s'échappa et roula lentement tout seul jusqu'au bas de la pente, à côté des autres poutres où il resta immobile. Les Schildbourgeois le suivirent des yeux jusqu'au bout de sa course et admirèrent l'intelligence de ce morceau de bois.

« N'est-ce pas folie à nous, dit l'un d'eux, d'avoir pris tant de peine pour descendre ces arbres; et cette poutre ne nous enseigne-t-elle pas ce que nous aurions dû savoir par nous-mêmes?

— Il n'y a pas encore de temps perdu, reprit l'un d'eux; qui les a descendus peut aussi les remonter! Allons! que ceux qui veulent m'aider se dépêchent! Quand nous aurons remonté toutes les poutres, nous pourrons les regarder rouler tout à notre aise, et nous serons bien payés de notre peine! »

Ce conseil plut énormément aux Schildbourgeois. Ils avaient honte, les uns vis-à-vis des autres, de ne pas avoir eu cette bonne idée; mais s'ils avaient eu de la peine à descendre les poutres, il leur fallut bien faire triple travail pour les ramener au sommet. Seul le morceau de bois qui avait roulé de lui-même dans la vallée ne fut pas remonté, par égard pour sa sagesse. Quant aux autres poutres, une fois qu'ils les eurent de nouveau hissées jusqu'au sommet de la montagne, ils les regardèrent avec plaisir rouler du haut en bas l'une après l'autre. Même ils étaient très-fiers de cette première épreuve de leur bêtise, et ils rentrèrent tout joyeux dans la ville pour se mettre à boire à l'auberge, ce qui fit un petit trou à la bourse commune de Schilda.

Le bois de construction scié et coupé, les Schildbourgeois, bien pourvus de pierres, de sable et de chaux, commencèrent leur bâtiment avec tant d'entrain, que quiconque les eût vus à l'œuvre eût dû avouer que c'était là une entreprise sérieuse. En peu de jours, les trois murs s'élevèrent jusqu'à la hauteur fixée; car, pour avoir quelque chose d'extraordinaire, on bâtissait un Hôtel de Ville de forme triangulaire. L'intérieur fut convenablement fini. Dans un des côtés de l'édifice ils laissèrent une grande porte cochère pour faire entrer par là le foin de la commune, dont ils pourraient ensuite consommer joyeusement le prix de vente. Cette porte devait plus tard livrer passage à leur maire, chose qu'ils n'avaient nullement prévue, car, autrement, celui-ci et tous les juges et conseillers auraient été forcés d'entrer par le toit, ce qui eût été bien pour leur bêtise, mais peu commode et fort dangereux.

Ensuite ils commencèrent le toit, qui fut partagé en trois pour les trois coins du bâtiment; puis la ferme fut posée sur les murs, et, à leur avis, l'ouvrage se trouva parfait. Ils remirent au lendemain le soin de couvrir le toit et s'en furent à l'auberge. Le lendemain, la cloche donna le signal avant lequel personne ne devait travailler sous peine d'amende. Tous les Schildbourgeois arrivèrent à la hâte, grimpèrent sur la ferme et commencèrent à la couvrir. Ils se tenaient à la queue leu-leu, les uns sur la crête du toit, les autres plus bas, d'autres encore sur les échelles et au pied des échelles par terre, et ainsi de suite, jusqu'à un amas de tuiles éloigné de quelques pas de l'Hôtel de Ville. De cette manière, chaque tuile passait par les mains de tous les Schildbourgeois, depuis le premier qui la soulevait, jusqu'au dernier qui la posait en place pour couvrir le toit. Mais, comme on ne doit pas laisser travailler outre mesure des chevaux de bonne volonté, il était aussi convenu entre les Schildbourgeois qu'on sonnerait la cloche à une certaine heure pour annoncer le moment du repos. Dès que celui qui était tout près de l'amas de tuiles entendit le premier tintement, il jeta la tuile qu'il venait de ramasser à l'instant et courut à l'auberge. Il arriva, de la sorte, que les derniers venus au travail se trouvaient les premiers à l'auberge et à table. Il en fut de même pour les charpentiers. Dès que l'un d'eux entendait le son de la cloche, il laissait tomber la hache qu'il tenait levée et courait boire. Et tout cela cadrait fort bien avec la folie des Schildbourgeois.

Enfin, une fois le travail terminé, ils voulurent aller dans l'Hôtel de Ville pour l'inaugurer au nom de tous les fous et pour essayer, en leur nom aussi, des conseils qu'on y pourrait trouver. A peine furent-ils entrés avec toutes les cérémonies possibles, qu'ils remarquèrent qu'on n'y voyait goutte, tant il faisait noir là dedans. Ils s'en effrayèrent, et ne purent comprendre quelle pouvait en être la cause. Pourtant, qui sait? on avait peut-être commis quelque faute de construction et repoussé la lumière! Ils sortirent donc par leur unique porte, afin de voir où se trouvait ce vice d'architecture. Les trois murs se dressaient comme il faut, le toit était bien posé dessus, et il ne manquait pas de lumière au dehors. Mais sitôt qu'ils pénétraient de nouveau à l'intérieur pour y chercher le défaut, ils retrouvaient le dedans de l'édifice sombre comme auparavant. La vraie cause en était seulement qu'ils avaient oublié d'y percer des fenêtres; et ils ne s'en avisaient pas, ne découvrant nulle part le vice de leur Hôtel de Ville, malgré le mal qu'ils donnaient à leurs pauvres têtes imbéciles.

Au jour fixé pour la tenue du conseil, les Schildbourgeois arrivèrent en grand nombre, car l'affaire les regardait tous, et prirent place. L'un d'eux avait apporté une bougie allumée, et, après s'être installé, il la mit sur son chapeau, afin qu'on pût se voir dans l'obscur Hôtel de Ville, et que le maire pût les distinguer pour les appeler d'après leurs noms et leurs titres. On émit les avis les plus contraires. La plupart opinaient pour qu'on démolit le bâtiment et qu'on le rebâtît à nouveau. Alors un Schildbourgeois se leva ; — c'était un de ceux qui avaient eu jadis le plus de sagesse, et il voulait maintenant se montrer un des plus niais.

« Qui sait, dit-il, si la lumière ou le jour ne se laissera pas porter dans un sac, comme l'eau se porte dans un seau? Personne de vous n'en a jamais fait l'essai; donc si vous le voulez bien, nous tenterons l'épreuve : si elle réussit, tant mieux; on nous complimentera partout pour cette invention! Si elle ne réussit pas, eh bien, ce sera encore très-convenable pour le dessein que nous avons de montrer que nous sommes en fonds de bêtise. »

Cet avis plut tellement à tous les Schildbourgeois qu'ils résolurent de commencer l'expédition à l'instant même. Ils se rassemblèrent tous, l'après-midi, à l'heure où le soleil est dans tout son éclat, devant le nouvel Hôtel de Ville, chacun muni d'un objet quelconque pour contenir le jour qu'il prétendait y enfermer. Quelques-uns apportèrent jusqu'à des haches, des fourches et des pelles, pour que rien ne manquât en cas de besoin.

Dès que l'horloge sonna une heure, c'eût été merveille de les voir si appliqués au travail! Beaucoup d'entre eux avaient de longs sacs où ils laissaient entrer le jour en plein, puis ils les nouaient au plus vite, et couraient à l'Hôtel de Ville pour y verser la lumière. D'autres opéraient de même avec des casseroles, des chaudrons et des marmites. L'un enfonçait le jour dans un panier avec une fourche, l'autre le ramassait avec une pelle. Il ne faut pas oublier non plus ce Schildbourgeois qui voulait prendre le jour dans une souricière pour l'emporter ainsi par ruse. Chacun faisait ce que sa folle tête lui inspirait. Ils continuèrent leur besogne toute la journée aussi longtemps qu'il y eut du soleil, travaillant avec tant d'ardeur qu'ils tombaient presque de chaleur et de fatigue. Cependant, comme ils n'obtenaient pas de résultat, ils finirent par se lasser, et dirent alors :

« Eh bien, c'eût été là un moyen superbe, s'il avait réussi ! »

Puis ils quittèrent la place ; ils y avaient toujours gagné la permission de se désaltérer à l'auberge aux frais de la commune.

Après avoir suivi plus tard le conseil donné par un voyageur d'ôter les tuiles pour garder du jour, ils furent obligés de les remettre à l'entrée de l'hiver, et l'obscurité régna aussi fort que jamais dans l'Hôtel de Ville. Par hasard, un Schildbourgeois aperçut une fente dans la muraille, et s'écria au milieu de la séance :

« Je vous demande à tous si nous ne sommes pas de vrais fous ! Nous sommes mal en point avec l'Hôtel de Ville ; nous donnons de l'argent et rien n'y fait, et aucun d'entre nous n'a eu assez de raison pour voir que nous n'avons pas percé de fenêtres de façon à laisser entrer le jour. C'est trop de bêtise pour le début ! »

Ils demeurèrent tous atterrés et muets à ces paroles. Puis, sans en attendre l'ordre, ils commencèrent à l'envi à percer les murs, si bien qu'à la fin, il ne se trouva pas un Schildbourgeois qui n'eût sa fenêtre.

Ainsi fut bâti l'Hôtel de Ville.

Nous pourrions encore raconter bien des histoires de la bêtise des bons Schildbourgeois ; vous dire comment ils avaient peur de manquer de sel et comment ils le semaient, comme du blé, croyant qu'il allait pousser ; parler de la guerre qu'ils entreprirent et de leur cloche qu'ils cachèrent dans la mer, en ayant soin de faire une marque au navire à l'endroit où ils la descendirent, espérant la retrouver dès qu'ils le voudraient en emportant ce signe ; vous faire le récit de la visite de l'empereur d'Utopie qu'on reçut avec une cavalcade à chevaux de bois, le maire en tête, et du repas de lait caillé offert à Sa Majesté. Il y aurait plaisir à vous apprendre comment les Schildbourgeois virent pour la première fois une écrevisse, et décidèrent qu'elle devait être couturière ; comment le maire voulut qu'elle lui fît le patron d'un nouvel habit ; comment l'écrevisse marcha à droite et à gauche sur le drap que l'on coupa en petits morceaux, et comment l'écrevisse, condamnée à mort, fut mise dans l'eau... De tout cela nous ne donnons que l'indication ; mais nous voulons raconter l'histoire de la fin d'une race si célèbre.

———

Dans le bourg de Schilda il n'y avait pas de chats, mais les souris y pullulaient au point que rien n'était en sûreté avec elles. Ce que les Schildbourgeois mettaient à côté d'eux était immédiatement rongé. Ils étaient donc en proie à une anxiété perpétuelle. Précisément alors, il arriva qu'un voyageur passa par Schilda, un chat sur le bras, et entra à l'auberge. L'aubergiste lui demanda quel animal il avait avec lui.

« Un *chien à souris !* » répondit l'étranger.

Or, les souris redoutaient si peu les hommes qu'elles

se promenaient, au beau milieu du jour, devant tout le monde. Le voyageur lâcha son chat, qui tua bon nombre de souris sous les yeux de l'aubergiste. Lorsque celui-ci eut conté le fait à la commune réunie, les Schildbourgeois firent demander à cet homme s'il voulait vendre son *chien à souris*, offrant de le lui acheter un bon prix. Il répondit que cet animal n'était pas justement à vendre, mais que, puisqu'ils en avaient si grand besoin, il voulait bien le leur céder, et encore pour une bagatelle! Et il demanda près de cent écus.

Les Schildbourgeois se réjouirent fort de ce qu'il n'avait pas exigé davantage, et il fut stipulé qu'on lui payerait la moitié comptant, et qu'il viendrait chercher le reste dans six mois. La vente ainsi réglée, l'étranger porta le chat dans le château de la ville où était le grenier à blé et où il y avait le plus de souris. Le voyageur s'en alla alors au plus vite, craignant qu'on se ravisât et qu'on vînt lui reprendre l'argent; et, tout en allant, il regardait derrière lui si quelqu'un ne lui donnait pas la chasse.

Cependant les Schildbourgeois avaient oublié de s'informer du genre de nourriture qui convenait au *chien à souris*.

Ils envoyèrent donc en toute hâte quelqu'un des leurs demander des renseignements à l'étranger. Lorsque celui-ci vit que l'on courait après lui, il se dépêcha encore plus. Mais le Schildbourgeois lui cria de loin :

« Que mange-t-il? que mange-t-il? »

L'autre de répondre :

« Ce qu'on lui donne! ce qu'on lui donne! »

Le paysan avait compris :

« Bêtes et hommes! Bêtes et hommes! »

Il s'en retourna donc avec cette fâcheuse nouvelle qu'il annonça aux conseillers ses maîtres. Ces derniers en furent effrayés, et dirent :

« Quand il n'aura plus de souris il mangera nos bestiaux et enfin nous-mêmes, quoique nous l'ayons acheté et payé en bon argent. »

Ils tinrent un grand conseil, et décidèrent de tuer le chat. Mais personne n'avait le courage de l'attaquer. Finalement, ils résolurent d'incendier le château où logeait le monstre, car mieux vaudrait un petit dommage que la perspective d'être mangés tous et de perdre la vie misérablement.

Lorsque le chat sentit le feu, il sauta par la fenêtre et se sauva dans une maison voisine. Mais le château brûla du haut en bas. Jamais il n'y eut angoisse plus terrible que celle des Schildbourgeois qui ne pouvaient parvenir à se débarrasser du *chien à souris*.

Ils se consultèrent de nouveau, achetèrent la maison où était le chat, et y mirent aussi le feu. Mais le chat se sauva sur le toit et y resta quelque temps, se grattant la tête avec sa patte; les Schildbourgeois crurent que le *chien à souris* levait la main et jurait de ne pas laisser tout cela impuni. Alors un d'eux prit une longue lance pour tuer le chat, qui la saisit et commença à descendre par là. Toute la commune fut stupéfaite et saisie d'effroi; chacun se sauvait à la hâte en laissant flamber le feu. L'incendie consuma tout le bourg jusqu'à la dernière maison; mais le chat s'échappa malgré tout.

Les Schildbourgeois s'étaient réfugiés dans la forêt avec leurs femmes et leurs enfants. Dans ce moment, l'Hôtel de Ville triangulaire et leur secrétariat furent aussi consumés, de sorte qu'il est resté fort peu de traces de leur histoire, et que leurs faits et gestes sont plutôt connus par ouï-dire.

Les pauvres bourgeois étaient bien en peine : le feu avait dévoré leurs maisons et leurs biens, et, avec cela, ils avaient à craindre le serment de vengeance du *chien à souris.* Ils ne trouvèrent rien de mieux à faire que de chercher d'autres habitations où ils pussent vivre en paix et braver le monstre.

Ils quittèrent donc leur patrie avec leurs femmes et leurs enfants, et se dispersèrent partout, l'un par-ci, l'autre par-là, pour s'établir en divers endroits, où ils eurent une nombreuse postérité.

Et depuis ce temps, il y a des Schildbourgeois dans toutes les parties du monde [1].

---

[1]. Ce récit des faits et gestes baroques des Schildbourgeois méritait d'être recueilli comme un échantillon d'un genre tout particulier. Mais, nous avons cru devoir prendre ici par exception quelques libertés et faire un choix parmi toutes ces histoires populaires de la bêtise d'abord feinte, puis réelle, des fantastiques habitants de Schilda. Nous avons cru aussi pouvoir élaguer quelques longueurs inutiles, et tailler par-ci par-là dans les phrases un peu chargées de l'auteur allemand, tout en n'omettant rien de caractéristique dans les parties de ce conte, ou plutôt de cette série de petits contes, que nous avons conservées.

NOTICE

SUR LA LÉGENDE DE LORELEY

ET SUR L'ESPRIT DE FÉERIE

EN ALLEMAGNE ET EN FRANCE

Nous donnons la légende de *Loreley*, la belle et fatale apparition des bords du Rhin, telle que nous l'avons entendu conter en Allemagne. On trouvera plus loin, comme *Appendice*, le ravissant et célèbre *lied* de Henri Heine, traduit en prose et en vers. Ce *lied* exquis et devenu populaire se chante sur une mélodie d'un musicien qui nous est peu connu, Silcher, et qui s'est admirablement inspiré, ici, du sentiment et de la musique même des vers du grand poëte. Cela rappelle, avec des résonnances profondes et mélancoliques d'un charme indicible, les balancements de la nacelle suspendue sur le fleuve, le clapotement du flot et les chants de sirène de Loreley prolongés par l'écho; cela vous attire, vous attendrit et vous berce l'âme comme une de ces mélodies primitives aux retours si puissants et si simples.

Le *Rheinsagen* (légendes du Rhin) de Simrock, recueil de poésies tirées des meilleurs poëtes de l'Allemagne et de chants populaires sur les bords du Rhin et leurs traditions, contient plusieurs autres petits poëmes en l'honneur de Loreley, notamment une pièce de Clément Brentano et une ballade de

Simrock lui-même, parmi bon nombre de poésies diverses de cet écrivain de talent. Mais la légende que nous donnons dans ce volume met en scène, d'une façon dramatique, l'histoire de *Lore* avant son enchantement, ainsi que le pacte conclu entre elle et le Dieu du Rhin, et c'est par là qu'elle se recommande particulièrement au lecteur.

Nous avons dit la *fée-sirène*, et pourtant, bien qu'elle ait quelques traits de la sirène et de la fée, Loreley n'est, à vrai dire, ni l'une ni l'autre. C'est une mortelle qu'un *enchantement* spécial attache au rocher qui porte son nom, et qui se trouve *douée*, par l'effet de cet enchantement, d'une voix au charme irrésistible et fatal.

Il n'est pas inutile de parler un peu, à ce propos, des principaux traits distinctifs de nos *fées* et des créatures merveilleuses qui leur ressemblent, au premier abord, dans les traditions fantastiques de l'Allemagne.

Nous avons vu plus haut ce que sont les *gnomes*, les *nixes* et les *elfes*. Laissons de côté les *elfes* masculins et les *gnomes*, qui ont quelque ressemblance avec les nains des traditions celtiques. Restent les *nixes* et les *elfes* de sexe féminin. Ajoutons-y les *femmes-cygnes*, qui se défont de leur enveloppe de plumes ou de leurs ailes pour se baigner dans une eau claire, et qui s'envolent ensuite de nouveau. De quelle nature sont-elles? Il semble que ce soient surtout des personnes *enchantées*, comme dans la *Montagne de verre* de Simrock. On rencontre aussi en Allemagne, chez les poëtes, des *sylphides* qui diffèrent des *elfes* en ce qu'elles sont souvent de grandeur humaine; la petite taille des *elfes*, au contraire, est de tradition constante, bien que Tieck montre parmi ce petit peuple des personnages de haute taille, en altérant la donnée populaire. Il y a des *alirunes* qui rappellent les prêtresses scandinaves, et qui sont un peu de la famille des *Galligan* de l'île de Sein, sur les côtes de Bretagne. Il y a des *dames blanches*, comme celles d'Écosse, qui reviennent surtout dans les vieux châteaux annoncer la mort d'un des hôtes, et qui ont l'air d'être de la famille : ainsi la maison royale de Prusse possède sa *dame blanche*. Se montre-t-elle toute blanche, c'est bon signe; si elle porte un voile noir, son apparition présage un malheur. Il existe encore des *vierges enchantées* comme celle de l'Ilsenstein, comme celle qui garde le troupeau de *grillons*; créatures enchaînées par un lien magique au même endroit ou libres seulement la nuit, parfois ayant le pouvoir de faire des dons aux gens qu'elles prennent en amitié, et sachant où se trouvent les trésors cachés. Mais ce ne sont point là des *fées* comme nous l'entendons; et encore bien moins pourrait-on comparer celles-ci aux hideuses sorcières qui vont, le 1er mai, faire leur sabbat avec le Diable sur les cimes du Brocken. Nous aussi, nous avons nos *sorcières*; mais elles n'ont pas envahi la légende populaire, et sont restées dans un coin sinistre du moyen âge.

Qu'est-ce donc que les fées dont nous parlent sans cesse les Contes de Perrault comme les vieux romans de chevalerie? quelle origine peut-on leur assigner? Ferons-nous d'elles les sœurs ou les filles des *Peri* de l'Orient? « Suspendues entre le ciel et la terre, les *Peri* se balancent sur des nuages embaumés, et vivent dans l'arc-en-ciel. Le parfum des fleurs les plus odoriférantes, le jasmin, la rose, leur sert de nourriture.... Soumises comme nous à la mort, elles jouissent pourtant d'une existence plus pure, plus prolongée. L'âme dont elles sont douées répond à leur forme céleste : généralement elles se plaisent à répandre les plus grands bienfaits sur le mortel objet de leur choix; elles le douent de tous les talents, de toutes les vertus. » M. Le Roux de Lincy, auquel nous empruntons ces lignes, qui peignent si bien le peuple des *Peri*, remarque avec raison que les *fées* ne reproduisent pas ce type invariable. Elles sont bonnes ou méchantes, très-diverses de caractère et d'aspect, s'attachant à certaines familles sur lesquelles elles veillent et qu'elles avertissent d'un malheur imminent, comme les *Banshee* de l'Irlande, comme la fée *Mélusine* chez nous pour la famille de Lusignan, et douant les enfants qui viennent de naître de toutes les qualités et de tous les bonheurs imaginables, ou bien leur faisant un mauvais don, selon leur humeur capricieuse; enfin, gardant la forme humaine ou se convertissant en serpents un ou plusieurs jours de la semaine, comme Mélusine encore, la belle fée, qui était moitié femme, moitié serpent tous les samedis.

D'où viennent-elles? Plusieurs croyances ont dû se combiner pour leur donner naissance; mais, telles qu'elles sont devenues, elles ont surtout reçu le souffle et pris leur caractère et leurs prérogatives des *Galligan* celtiques et des *Nornes* ou fées scandinaves. Ces prophétesses de l'île de Séin, auxquelles les Gaulois attribuaient le pouvoir d'exciter des tempêtes dans les airs et sur la mer par leurs incantations, de prendre la forme de toute espèce d'animaux, de guérir les maladies, de prédire l'avenir, enfin de commander aux forces de la nature et d'en modifier les lois, ont servi de premier type aux fées du moyen âge, en se multipliant sans fin. De là sont issues non pas uniquement les fées bretonnes qui dansent la nuit, pleines de beauté, de grâce et d'éclat, et qui, surprises dans le jour, ont l'air de petites vieilles ridées et flétries, mais toutes les fées chères à nos aïeux : le fantastique pays d'Avalon s'est peuplé de leur foule, et les poëtes y ont placé leur royaume enchanté, où sont transportés les héros pour y être guéris, où croissent des plantes merveilleuses, où les portes d'ivoire et les murs d'or et de pierreries renferment le bonheur idéal, et où la vie est un rêve d'éternelle jeunesse. De l'alliance de ces êtres étranges, au pouvoir indéfini, avec les fées scandinaves, qui président à la naissance des hommes comme les trois vierges savantes *Urda*, *Vernandi*, *Sculda*, ou qui ont des attributions distinctes comme *Freya*, la *Fée aux larmes d'or*, *Siôna* qui éveille l'amour dans les cœurs, *Vara* qui préside aux serments; de cette alliance s'est dégagé le vrai type de nos fées populaires, diverses d'humeur, de pouvoir et d'aspect, mais toutes cependant exerçant une action générale sur la nature et sur la destinée des hommes, allant et venant par le monde sous telle forme qu'il leur plaît, pouvant *enchanter* pierres, arbres et sources, bêtes et gens; et, — c'est là un point essentiel à noter, — en commerce constant avec l'humanité, pour l'aider ou lui jeter des *sorts*.

Ce qui distingue les *fées* de tous les êtres merveilleux qui figurent dans les contes allemands, comme de nos propres lutins, sylphes ou farfadets, beaucoup moins populaires, c'est, répétons-le encore, qu'elles réunissent les traits suivants dont l'ensemble leur compose une physionomie originale :

Avant tout, ce sont des êtres féminins, et ayant tous les caractères de la femme. Elles président aux *destinées* des hommes dès leur naissance; elles connaissent la vertu des pierres, des herbes, de toutes choses, et elles ont pouvoir sur la nature entière; elles peuvent prendre toute les formes imaginables; elles fréquentent les fontaines, les bois, et hantent de préférence certains lieux : de là les *grottes aux fées* qui se trouvent dans toutes les provinces, et les *lieux fées* dont il est question dans les romans de la Table ronde ou dans les contes. Il existe aussi des objets marqués de ce caractère, comme la clef de porte qui était *fée*, nous dit Perrault, dans le conte de *Barbe-bleue*. Les Allemands ont leur Ilsenstein, leur Kyffhæuser et autres lieux analogues, si l'on veut; et l'arbre sous lequel rêve le jeune berger qui deviendra roi d'Espagne, dans le conte de Bechstein, appartient aussi au monde merveilleux, comme les talismans dérobés aux voleurs par ce même berger, comme la table *Couvre-toi*, la *Lumière bleue*, etc. : mais tout cela ne se rapporte pas au même ordre d'idées, aux mêmes êtres surnaturels. Dans les pays où règne la croyance aux fées, c'est vers elles que tout converge, c'est d'elles que tout prodige émane; point de *sorciers* répugnants, mais des *enchanteurs* redoutables qui ne sont pas nécessairement odieux, qui peuvent avoir de la grandeur et de la noblesse comme Merlin, qui luttent de force et de ruse avec les fées, les tiennent en échec ou se laissent captiver par elles. Du reste, les *enchanteurs* sont bien moins en faveur que les *fées*, et il est permis de dire que celles-ci, ordinairement gracieuses de forme, légères, pleines de séduction, mais impérieuses, souvent rivales, comme des princesses fantasques, brillantes et immortelles, ont reçu leur type définitif de l'inspiration chevaleresque et sont chez nous les véritables et toutes-puissantes châtelaines du monde merveilleux.

Si elles visitent tels ou tels lieux, telles ou telles gens, et parfois les prennent en affection durable et singulière, elles n'ont pas, comme ces tribus tranchées des *génies élémentaires* qui les remplacent en Allemagne, leur cercle invariablement tracé; et, au lieu d'être enfermées dans une sphère d'activité spéciale par des liens plus ou moins étroits, illustres sous les noms de Gloriande, de Morgane, de Viviane, ou simples fées de Perrault, elles planent au-dessus de la nature soumise et de l'humanité partagée entre la crainte et un long ravissement!

Les autres *génies* sont plutôt la personnification variée des forces élémentaires de la nature, plus ou moins vive et subtile. Les *fées*, dans toute leur perfection, représentent la fleur même de la nature humaine, sous forme féminine, transportée hors d'elle-même, au-dessus d'elle-même, dans un empire idéal, et s'imposant aux éléments comme la grâce, l'esprit et la beauté investis du génie qui sait tout et de la domination du monde.

LORELEY

Dans les temps anciens, les bords du Rhin étaient à peine habités. Tout en haut, sur les pics menaçants des rochers, se dressaient les tours féodales bâties comme des nids d'aigle au-dessus de la vallée, peuplée seulement de pêcheurs et de mariniers.

Près du rocher de *Loreley*, que le passant admire encore aujourd'hui, se trouvait jadis un petit village; la dernière maison, la plus proche du fleuve, appartenait à un vieux pêcheur qui y demeurait avec Léonore, ou, comme il l'appelait tout court, *Lore*, sa fille unique. Derrière la maison s'étendait une prairie qui touchait presque aux eaux limpides du Rhin. Au bord du fleuve s'élevait le rocher sombre et inaccessible, dont le pic se penchait sur le rapide courant et au pied duquel un tourbillon rendait le passage périlleux pour toute embarcation : aussi chacun fuyait-il ce lieu sinistre où l'on n'entendait que le clapotement des eaux contre le noir écueil ou le cri perçant de l'aigle, seul capable d'atteindre au sommet du pic.

Le contraste du village animé et riant, des vertes prairies où les troupeaux broutaient en paix tout l'été, avec ce site bizarre, avait quelque chose de saisissant; et il devenait lugubre quand la nuit s'avançait et quand la lune éclairait faiblement les ombres projetées sur le fleuve, en faisant étinceler l'écume blanche dans sa pâle lumière. Tout le monde disait l'endroit hanté par des esprits; personne n'y fût allé dans la nuit, et, dans la journée même, on n'y passait qu'en faisant le signe de la croix.

Pourtant, il y avait quelqu'un dans le village qui aimait cet endroit et y allait souvent jour et nuit : c'était Lore, la fille du pêcheur.

Dans ce temps-là, Lore avait dix-huit ans; jeune et belle, le curé l'avait choisie pour dire la prière devant la statue de la sainte Vierge, à sa fête. Le temps était superbe, toute la population des environs était réunie pour la solennité, chacun paré de ses plus beaux habits. Lore, dans sa longue robe bleu de ciel avec une autre robe courte, toute blanche, et un corsage pareil par-dessus, parée de ses belles tresses blondes arrangées en couronne sur sa tête, Lore avait plutôt l'air d'une sainte que d'une fille de pêcheur.

La procession franchit le seuil de l'église et s'arrêta devant l'image de la Vierge; Lore sortit des rangs des jeunes filles, s'agenouilla et commença la prière. Tout à coup le ciel, jusqu'alors sans nuages, se couvrit, et bientôt le tonnerre gronda. Une terreur indicible s'empara de tous les assistants; un moment, tous restèrent comme foudroyés; puis on voulut se ruer sur Lore, l'accusant d'avoir provoqué la colère de Dieu qui, disait-on, ne voulait pas qu'un être en commerce avec les mauvais esprits parût à une fête chrétienne. En vain le curé s'y opposa de toutes ses forces : on n'écouta ni ses supplications ni ses ordres, et l'on entraîna Lore pour la précipiter du haut du rocher.

Au moment où la pauvre enfant croyait sa fin certaine et se débattait entre les mains de ses bourreaux, on entendit le galop d'un cheval; un chevalier noir tout armé fendit la foule étonnée, se jeta à bas de son cheval, arracha Lore des mains des paysans, et, la tenant dans ses bras, s'envola prompt comme l'éclair.

Lorsque la foule revint de sa stupeur, elle fit le signe de la croix, tomba à genoux et pria pour cette âme perdue; car on croyait, pour sûr, que le Diable en personne était venu la chercher.

Ce sauveur inattendu et arrivé si à propos était loin pourtant d'être le roi des enfers; c'était un simple mortel, le comte Udo : la tradition ne dit pas quelle était sa famille. Or, depuis longtemps, Lore connaissait ce chevalier. Un soir qu'elle était assise comme d'habitude sous son rocher favori, elle entendit le bruit des pas d'un cheval, et bientôt apparut devant elle le chevalier Udo. Il s'était égaré dans la forêt, et, attiré par le bruit de l'eau, il avait pensé trouver des habitations de ce côté. En voyant Lore dans sa robe blanche, il crut voir une fée et osa à peine s'approcher d'elle ; mais elle le conduisit à la maisonnette de son père et le remit sur son chemin le lendemain matin.

Udo ne put oublier la belle jeune fille, il revint plus d'une fois, le soir; et si plus tard on vit Lore se promener la nuit dans la prairie, c'était pour lui qu'elle y allait, c'était lui qu'elle attendait. Depuis quelque temps les rumeurs qui dénonçaient Lore comme sorcière avaient grossi; Udo le sut, et, le jour de la fête, il se tint près du village pour lui porter secours s'il lui arrivait malheur. Ce qu'il avait prévu ne tarda pas à se produire, et Lore, qui n'espérait pas ce secours, se laissa emporter sans réflexion. Le cheval courut comme le vent, et bientôt on atteignit une maisonnette au milieu de la forêt; c'est là que le chevalier descendit et fit entrer Lore.

Il resta avec elle pendant plusieurs jours; puis il partit pour son château d'où il revint la voir, tous les jours d'abord, ensuite moins souvent, pour finir par ne plus reparaître. Lore eut le cœur brisé, et dans sa désolation elle n'osait retourner vers son village, où une mort certaine lui était réservée, et ne voulait pas non plus demeurer dans un endroit plein de souvenirs si douloureux pour elle. Le désespoir la poussa un jour à s'en aller jusqu'au bord du Rhin, près de son rocher.

La nuit était noire, la lune perçait à peine les nuages sombres qui couvraient le ciel; Lore, assise sur une des saillies du rocher, regardait l'eau du fleuve se briser à ses pieds. Tout à coup l'eau s'agita de plus en plus, une écume blanchâtre monta à la surface : Lore contemplait fixement les vagues, et ne songeait point à se sauver devant la tempête qui menaçait d'éclater; le tourbillon furieux au pied du roc semblait l'attirer, et elle se penchait déjà pour s'y jeter, quand, soudain, une tête sortit du gouffre. C'était l'antique Dieu du Rhin, qui, attiré par les plaintes de Lore, avait quitté son palais de cristal au fond du fleuve pour la consoler. Sa couronne d'or étincelait aux rayons de la lune qui se dégageait en ce moment de l'épaisseur des nuages : un manteau bleu brodé d'argent recouvrait ses épaules où flottaient ses longs cheveux blancs; il tenait à la main un sceptre orné de diamants aux feux resplendissants. Il s'approcha de Lore qui ne fut presque pas surprise de cette apparition; car, dès sa plus tendre enfance, elle avait gardé la croyance aux Dieux, tout en croyant au Dieu chrétien.

Le Dieu du Rhin lui parla ainsi :

« Belle et gracieuse mortelle, je connais le tort que les hommes t'ont fait, et je viens, non pour te consoler seulement, mais pour te proposer une vengeance. Moi aussi j'ai à me venger; car autrefois on redoutait ma puissance, je régnais sur le pays, et les habitants s'étaient voués à mon culte. Depuis qu'ils croient à ce Dieu chrétien, ils m'ont abandonné; les prêtres m'ont chassé jusqu'au fond du fleuve, je ne suis plus que l'ombre de ce que j'étais. Venge-moi en te vengeant toi-même. Tu es belle, je te rendrai plus belle encore : tu as une voix harmonieuse et douce, je lui donnerai un charme irrésistible : tu attireras ces ingrats, et ils périront ici, dans ce tourbillon! Cette vengeance, veux-tu l'exécuter? Prends garde, seulement, prends garde, en chantant là-haut sur ton rocher, en les fascinant par l'éclat de ta beauté et par la musique de ta voix, de ne laisser pénétrer dans ton cœur aucun sentiment de pitié : le charme serait rompu, tu périrais comme eux, et je périrais avec toi! »

Lore avait *écouté*, les yeux brillants de désir. A peine le Dieu du Rhin avait-il cessé de parler, qu'elle s'écria :

« Fais ce que tu m'as promis! Je serai fidèle au serment que tu m'imposes : jamais la pitié pour les hommes n'entrera dans mon cœur, et je te vengerai avec moi. Mon bonheur sera de les faire périr tous, et *lui* le premier! »

Alors le Dieu disparut un instant sous les flots et revint avec une harpe d'or qu'il tendit à Lore, et elle se sentit transportée sur la cime du rocher. C'est là que depuis elle résida, vêtue de sa robe blanche, ses cheveux blonds épars ornés d'une couronne étincelante, sa harpe magique à la main, attirant par son chant comme par sa beauté les malheureux qui s'approchaient trop du rocher.

La nouvelle fut bientôt connue dans le village; le vieux curé bénit les rives du fleuve pour que le charme jeté sur Lore n'eût pas de puissance sur les habitants, et ceux-ci firent chaque soir une procession pour s'en préserver. Mais dès qu'ils passaient une certaine limite, ils étaient soumis au charme, et malgré eux ils s'approchaient du rocher, ils entraient dans les barques pour aller à une mort infaillible. Une fois que le chant fascinateur de Loreley avait touché leurs oreilles, nulle force humaine ne pouvait les sauver; ils ne regardaient plus qu'elle, dont le sourire semblait les appeler, et pendant que l'esquif se brisait contre le roc fatal et qu'ils s'engloutissaient dans les flots, leurs yeux ne quittaient pas l'enchanteresse !

Depuis longtemps déjà Loreley charmait ainsi tous ceux qui s'approchaient, et elle les voyait périr sans que le sourire délicieux de ses lèvres disparût un instant, sans que sa voix trahît la moindre émotion : au contraire on eût dit que son chant devenait encore plus doux, plus attrayant, quand une nouvelle victime venait de mourir sous ses yeux. Mais sa vengeance n'était pas encore accomplie : elle attendait le comte Udo.

Udo, après avoir délaissé Lore, était retourné dans son château, où il s'était marié avec une belle et noble jeune fille. Les premiers temps de son mariage furent heureux, mais bientôt le remords le poursuivit et il résolut d'aller voir une dernière fois Lore, d'implorer son pardon, puis de se retirer du monde. Il partit pour la chercher, et, en route, le bruit de la disparition de la fille du pêcheur et de son alliance avec le Dieu du Rhin arriva jusqu'à lui : on lui conta qu'elle était devenue la fée du rocher et du fleuve, et la désolation du pays. Udo, ne pouvant croire à cette transformation, désira s'en convaincre par ses propres yeux. Il retourna donc à l'endroit où, quelques années auparavant, il avait enlevé Lore à sa vie modeste pour l'abandonner ensuite. En revoyant le village et ce rocher où tant de fois il s'était entretenu avec celle qu'il appelait alors sa fiancée, il sentit se réveiller son amour et voulut la revoir sur-le-champ. Le curé lui expliqua le danger inévitable d'une pareille tentative, et le conjura de se mettre dans les rangs de la procession, pour être préservé du charme. Déjà, il y consentait lorsqu'il entendit la voix de Loreley :

alors rien ne put le retenir, et il s'élança vers les bords du Rhin pour voir et pour entendre la fée.

Loreley avait reconnu le comte, et, de peur qu'il n'échappât à sa vengeance, elle avait commencé aussitôt son chant le plus beau, le plus mélodieux, sûre de l'attirer ainsi malgré tous les efforts des autres. Le comte Udo était arrivé au pied du rocher : il la voyait, il l'admirait, le charme l'avait entièrement ensorcelé, et il ne pouvait plus s'arracher de là. Il jeta une bourse pleine d'or à la foule des pêcheurs, en demandant qu'on l'amenât aussi près que possible du rocher, pour voir Loreley, pour entendre Loreley encore mieux !

Personne ne bougea, le curé se signa et étendit la croix vers la cime du rocher pour garantir les habitants. Cependant, parmi les gens du village, se trouvait le jeune pêcheur Arnold qui ne partageait pas la haine commune pour la fée du rocher. Il y avait bien longtemps, au contraire, qu'il s'était fait son champion auprès des paysans éperdus de terreur et de haine, et qu'il combattait le désir d'aller plus près de Loreley ; mais, cette fois, la tentation était trop grande, et il ne put y résister. D'un bond il franchit la limite qui le séparait du danger, et courut au rivage pour détacher son bateau : les habitants, frappés de stupeur et d'effroi, se jetèrent à genoux afin de prier pour les âmes des deux nouvelles victimes.

Loreley chantait toujours. Elle vit que la barque contenait deux hommes ; elle savait que l'un d'eux était Udo, et son cœur se réjouit de la vengeance qu'elle tenait presque pour certaine. Son chant devint de plus en plus céleste ; Udo aurait souhaité que la barque allât encore plus vite. Jamais Loreley n'avait paru aussi belle : ses yeux brillaient d'une façon étrange, ses cheveux étaient comme dorés par le soleil, sa couronne éblouissait le regard, sa main étendue semblait appeler le chevalier,

Tout à coup, elle aperçut le compagnon du comte ; Arnold s'était tourné de son côté : le sourire disparut des lèvres de l'enchanteresse, et une pitié profonde remplit son cœur pour celui qui l'avait tant aimée, qui l'avait si souvent défendue contre les insultes des autres, et qu'elle voyait maintenant près de mourir, attiré par elle dans le gouffre dont rien ne pouvait le sauver désormais. Elle aurait donné tout au monde pour le tirer de ce péril; même elle eût sacrifié sa vengeance : mais il était trop tard, le sort avait prononcé. Déjà la barque était près du tourbillon; elle fut entraînée, brisée, engloutie. Udo et Arnold nagèrent encore un instant : Udo en implorant le pardon de Loreley, qu'elle lui accorda sous l'impression de pitié qui l'avait saisie, et Arnold en lui disant un éternel adieu !

Encore une fois Loreley se pencha sur l'abîme : tout avait disparu, l'eau était calme comme auparavant.

Alors sortit des flots pour la seconde fois le Dieu du Rhin; sa mine était sévère et triste en même temps :

« Malheureuse ! dit-il, tu as rompu ton serment, tu as eu pitié d'un mortel qui allait périr par ton charme. C'en est fait ! Ta destinée s'accomplit avec la mienne : nous allons mourir tous les deux. »

Après ces mots qu'il dit en soupirant, le Dieu des temps antiques disparut pour ne jamais reparaître. Loreley se leva, et d'un long regard embrassa encore une fois la contrée; puis elle jeta sa harpe dans l'abîme et s'y précipita elle-même[1].

---

1. Voir dans l'*Allemagne* de Henri Heine le beau chapitre des *Dieux en exil* sur la persistance des traditions du paganisme dans certaines contrées, en face du christianisme ou même sous l'habit chrétien : tant la mémoire du peuple est tenace, et tant ces divinités faites pour la statuaire avaient de prise sur l'imagination où ils avaient mis leur marque idéale !

Là, on lira avec un vif intérêt les légendes de Bacchus et de Mercure en plein moyen âge ; soit dans ce chapitre, soit dans celui où il est question de la légende de *Faust*, empruntée par Gœthe aux anciennes traditions, soit dans le tome premier, où il est question de la légende du *Tannhæuser*, mélange bizarre de paganisme et de chevalerie, on trouvera les traces curieuses des dieux, déesses ou nymphes de l'antiquité, que Heine lui-même, dans la *Mer du Nord*, évoque éloquemment en grand poëte. Dans ce recueil de poésies aussi belles qu'originales, par un caprice étrange, c'est sous le ciel gris du Nord, et du sein des flots verdâtres, hantés par l'esprit scandinave, qu'il fait sortir, comme un puissant magicien, ces radieuses divinités des flots bleus et du ciel bleu du Midi.

Singulier destin que celui de ces divinités déchues (nous parlons surtout ici des divinités classiques, et non des dieux scandinaves, relégués davantage dans le passé), qui tantôt revêtent une sorte de caractère diabolique, comme la *nymphe de l'Osenberg* dans un des contes de Franz Hoffmann, le *Cor de chasse d'Oldenbourg*, et tantôt passent comme des ombres mélancoliques, n'étant ni du Ciel ni de l'Enfer, dans ce monde légendaire où le Diable, auquel les Allemands ont fait cadeau d'une *grand'mère*, court les chemins, soit plus ou moins déguisé, soit avec la queue, les cornes, le pied fourchu traditionnels, mais toujours boiteux ; où le *Chasseur sauvage*, mystérieux fantôme, entre ciel et terre, mène sa chasse nocturne, sa meute et ses bêtes fantastiques, en compagnie parfois de la *dame Hollé*, qui vient là on ne sait pourquoi !

Ce sont bien les *Dieux en exil*, comme les nomme le poëte, en exil dans un monde de diableries grimaçantes et de génies effervescents, où ils sont dépaysés, eux, les dieux de la beauté, de la grâce et de la sérénité olympienne, qui avaient cantonné Pluton dans le Tartare et Vulcain sous l'Etna, pour mener de l'Olympe au royaume de Neptune, des cimes sublimes aux fraîches vallées, une fête perpétuelle.

APPENDICE

Avant de prendre congé, avec ce livre, des vieilles traditions de l'Allemagne, et de *Loreley* qui les résume en elles, car, simple fille de race humaine, elle tient de la *Nixe* fatale du Nord et devient l'alliée d'un ancien Dieu, peut-être sera-t-on bien aise de voir comment ont su la peindre et Henri Heine et Gérard de Nerval. Voici quelques lignes de ce dernier, extraites des *Souvenirs d'Allemagne* publiés par lui sous ce titre : *Lorely*.

« Vous la connaissez comme moi, mon ami, dit-il à Jules Janin, cette *Lorely* ou *Lorelei*, — la fée du Rhin, — dont les pieds rosés s'appuient sans glisser sur les rochers humides de Baccharach, près de Coblentz. Vous l'avez aperçue sans doute avec sa tête au col flexible, qui se dresse sur son corps penché : sa coiffe de velours grenat, à retroussis de drap d'or, brille au loin comme la crête sanglante du vieux dragon de l'Éden. Sa longue chevelure blonde tombe à sa droite sur ses blanches épaules, comme un fleuve d'or qui s'épancherait dans les eaux verdâtres du fleuve. Son genou plié relève l'envers chamarré de sa robe de brocart... Son bras gauche entoure négligemment la mandore des vieux Minnesængers de Thuringe... Son sourire est doué d'une grâce invincible, et sa bouche entr'ouverte laisse échapper les chants de l'antique sirène. »

Loreley, pour lui, c'est l'Allemagne, et c'est la muse de la rêverie et de la fantaisie qui l'attire. Ce portrait romantique est d'un contour charmant et d'une couleur éclatante.

Je préfère pourtant le *lied* de Henri Heine qui fait partie du groupe intitulé le *Retour*[1], dans le *Livre des chants*[2].

Ce *lied* est d'une poésie si pure, si tendre, si mélancolique, la mélodie en est si pénétrante et si douce, qu'il peut sembler bien téméraire de tenter la traduction en vers de ce petit chef-d'œuvre.

Est-il besoin de dire qu'en prenant ce parti j'ai simplement voulu tenter un essai et indiquer une voie qui me paraît trop peu suivie? Quoi qu'il en soit, voici, sans plus d'excuses, ma version, telle quelle, de la chanson du poëte. J'ai choisi le vers français qui se rapproche le plus de la mesure du vers allemand, gardant le même nombre de vers dans chaque strophe et tâchant de suivre l'ordre et les coupes de l'original, en me tenant le plus près possible du texte.

> Je ne sais d'où vient cette peine
> Qui m'accable ainsi jour et nuit;
> Il est une légende ancienne
> Dont le souvenir me poursuit.

> L'air est frais, la nuit se déploie,
> Le Rhin coule silencieux,
> Et la cime du mont flamboie
> Sous les derniers rayons des cieux.

> Là-haut, la vierge la plus belle,
> Merveille étrange, est près du bord :
> Sa parure d'or étincelle;
> Elle peigne ses cheveux d'or.

> Dans ses cheveux d'or sur l'abîme
> Elle passe un peigne d'or fin,
> Et chante un chant, un chant sublime
> Au rhythme terrible et divin.

1. Die Heimkehr.
2. Das Buch der Lieder.

Le marinier dans sa nacelle
Se sent pris d'une âpre douleur :
Gouffre, écueil, il ne voit rien qu'Elle,
Elle seule sur la hauteur !

Je crois que la barque en détresse
L'emporte enfin au tourbillon...
C'est Loreley l'enchanteresse
Qui le perd avec sa chanson !

Voici maintenant le texte allemand avec la traduction en regard :

Ich weiss nicht, was soll es bedeuten
Dass ich so traurig bin;
Ein Märchen aus alten Zeiten,
Das kommt mir nicht aus dem Sinn.

Je ne sais ce que veut dire cette tristesse qui m'accable ; il y a un conte des anciens temps dont le souvenir m'obsède sans cesse.

Die Luft ist kühl, und es dunkelt,
Und ruhig fliesst der Rhein ;
Der Gipfel des Berges funkelt
Im Abendsonnenschein.

L'air est frais, la nuit tombe, et le Rhin coule en silence ; le sommet de la montagne brille des dernières clartés du couchant.

Die schönste Jungfrau sitzet
Dort oben wunderbar,
Ihr gold'nes Geschmeide blitzet,
Sie kämmt ihr goldenes Haar.

La plus belle vierge est assise là-haut comme une apparition merveilleuse ; sa parure d'or étincelle ; elle peigne ses cheveux d'or.

Sie kämmt es mit goldenem Kamme,
Und singt ein Lied dabei ;
Das hat eine wundersame,
Gewaltige Melodei.

Elle peigne ses cheveux d'or avec un peigne d'or, et elle chante une chanson, une chanson dont la mélodie est prestigieuse et terrible !

Den Schiffer im kleinen Schiffe
Ergreift es mit wildem Weh ;
Er schaut nicht die Felsenriffe,
Er schaut nur hinauf in die Höh !

Le marinier, dans sa petite barque, se sent tout pénétré d'une folle douleur ; il ne voit pas les gouffres et les rochers ; il ne voit que la belle vierge assise sur la montagne.

Ich glaube die Wellen verschlingen
Am Ende Schiffer und Kahn ;
Un das hat mit ihrem Singen
Die Lorelei gethan[1].

Je crois que les vagues à la fin engloutissent et le marinier et la barque ; c'est Loreley qui a fait cela avec son chant[2].

---

1. *Das Buch der Lieder.* — *Die Heimkehr* (1823-1824).
2. *Le Retour*, poésies de jeunesse, dans le volume de la traduction française de Heine, publié chez Michel-Lévy frères, sous ce titre : *Drames et fantaisies*, avec une attachante et substantielle introduction de M. Saint-René Taillandier.

Toute traduction d'un poëte, surtout d'un poëte lyrique, et d'un lyrique allemand dans une langue comme la nôtre, est pleine de difficultés, qu'elle soit en vers ou en prose. Henri Heine ne dit-il pas lui-même, dans la Préface de ses *Poëmes et Légendes* : « C'est toujours une entreprise très-hasardée que de reproduire dans la prose d'un idiome roman une œuvre métrique qui appartient à une langue de souche germanique? »

Et cependant, Henri Heine avait pour l'aider dans ce difficile travail de traduction qu'il avait entrepris lui-même pour ses propres Œuvres, des aides comme Gérard de Nerval, le charmant poëte, et M. Saint-René Taillandier, si versé dans la connaissance de la langue et de la littérature allemandes.

Mais ce qui est vrai de la prose l'est-il, au même degré, du langage des vers? Quelle que puisse être la différence des idiomes et des formes poétiques, je ne le crois pas. Il est clair, en effet, que dans une traduction il faut, bon gré, mal gré, laisser de côté quelque chose de l'original, peu ou beaucoup, selon le cas. S'agit-il d'une œuvre didactique, ou même d'une œuvre d'imagination où le fond et le contexte général constituent la partie essentielle, comme une épopée, une satire, un drame, il est évident que la traduction en simple prose pourra bien rendre à la rigueur toutes les beautés capitales de cette œuvre; il se perdra, chemin faisant, maintes beautés de style, de forme, proprement dites : mais le chef-d'œuvre passera presque en son entier. Il n'en va point ainsi d'une œuvre où la force propre, la délicatesse, la particularité, la place même de l'expression, et l'agencement des mètres, des strophes ou des périodes poétiques jouent un rôle considérable; où la forme, comme on dit, emporte le fond. C'est le cas des poésies lyriques, dont la traduction en prose risque parfois de détruire la plus forte part d'originalité; et, supposé que le fond, plus solide, supporte plus aisément une version, et que le coloris subsiste, qu'adviendra-t-il, ajoutent les poëtes, de l'allure et de la musique du rhythme?

Aussi est-ce l'opinion de bien des personnes, qu'entre la perte de quelques mots, par suite des gênes de la versification, et la perte (à ce qu'il leur semble) du charme, du souffle, de l'aspect vivant enfin d'une œuvre poétique, on ne saurait hésiter.

Pour moi, je crois que les traductions en prose et en vers des poëtes ont également leur raison d'être, pourvu que les premières soient d'une exactitude littérale, afin de donner toujours le sens précis des mots et des phrases, et que les autres se préoccupent avant tout de l'accent particulier, de la *tonalité* pour ainsi dire, des accords, des proportions de la poésie traduite, bref, de l'harmonie plastique du poëme et de la chanson des vers. Qui ne désirerait avoir ainsi une double traduction de toutes les poésies dignes de vivre dans la mémoire des hommes?

Rien de moins commode sans doute que de lutter, souvent avec un désavantage qui tient aux tours mêmes et aux règles de la langue dans laquelle se fait la traduction, contre les beautés rétives d'une œuvre originale et contre les ressources parfois uniques de l'idiome auquel on s'attaque. Mais ne fît-on qu'un petit nombre de conquêtes de ce genre, elles seraient des plus précieuses; et il arrive plus fréquemment qu'on ne pense, à un traducteur pénétré de ses devoirs et pénétré du génie de son auteur, de reproduire, dans la mesure du possible, la forme avec le sens presque littéralement transcrit.

Ceux qui ont lu la traduction de la ballade du *Roi de Thulé*, de Gœthe, par Gérard de Nerval, et la traduction d'une autre célèbre ballade du grand poëte, le *Roi des*

Aulnes, par Emile Deschamps, seront, je pense, de mon avis : je ne sache pas de traduction en prose qui puisse lutter avec ces deux traductions en vers. Ce serait aux poëtes de talent de multiplier ces exemples, jusqu'ici isolés. Puisse l'idée leur en venir plus souvent et la folle du logis leur en laisser quelquefois le loisir!

FÉLIX FRANK.

FIN

ERRATUM

Page 312, lignes 17-18, de la *note*, au lieu de :

« Montagne du pays de Salzbourg en Autriche, etc., »

Lisez :

« Montagne de la principauté de Schwarzbourg-Rudolstadt, en Thuringe. Le souvenir de Frédéric Barberousse figure aussi dans les traditions locales de Kaiserslautern et du pays de Salzbourg en Autriche. »

TABLE DES MATIÈRES

Préface de M. Ed. Laboulaye. 1

PREMIÈRE SÉRIE

Contes des frères Grimm, de Simrock et de Bechstein.

Notice sur les frères Grimm. 4
Blanche-Neige. 7
La Princesse sur les pois. 19
Les Wichtelmænner. 22
L'eau de la vie. 27
Le Pauvre garçon meunier et la Petite chatte. 35
Les Trois fileuses. 38
Le Roi Grive. 43
La Gardeuse d'oies à la fontaine. 48
La Dame Hollé. 60
Le Serpent blanc. 65
Petit frère et Petite sœur. 70
Le Compère La Mort. 79
La Lumière bleue. 84
Cendrillon. 90
Raiponce. 100

Les Six cygnes.	105
Les Trois nains de la forêt.	112
Notice sur Charles Simrock.	119
La Montagne de verre.	122
Le Maître de tous les maîtres.	131
Les Trois souhaits.	136
Reconnaissance et ingratitude.	139
La Volonté de Dieu.	145
L'Enfant du roi.	153
Les Sept compagnons.	160
Les Dons des animaux.	173
Notice sur Louis Bechstein.	181
La Bergerie d'or.	183
Sept-fois-belle.	192
Les Épreuves du maître voleur.	196
L'Ane parlant.	208
Le Roi au bain.	214
Zitterinchen.	220
La Table, l'Ane et le Bâton magiques.	224
La Branche de noyer.	224
Le Chevreuil d'or.	238
Les Sept corbeaux.	242
La Capote de nain.	247
Histoire du brave tailleur.	257
Le Forgeron de Jüterbogk.	265
Le Rêve de bonheur du jeune berger.	269

DEUXIÈME SÉRIE

Contes de Franz Hoffmann, de Winter et de Schanz.

Notice sur Franz Hoffmann.	279
Kunégonde du Kynast.	281

TABLE DES MATIÈRES.

L'Ilsenstein ou la roche d'Ilse.................. 289
La Vierge de l'Ilsenstein....................... 291
La Rosstrappe ou le Pas du cheval............... 293
Le Moulin du Diable au Rammberg................ 297
Le Cor de chasse d'Oldenbourg.................. 300
L'Empereur Frédéric Barberousse dans le Kyffhæuser.. 303
    I. Histoire du berger...................... 303
   II. Histoire des musiciens.................. 306

NOTICE SUR CHARLES WINTER.................... 315

Pierre le Gris................................. 318
Hans le mineur................................ 327

NOTICE SUR J. SCHANZ ET SUR L'*Album* DE MME DE GUMPERT... 337

Le Cadeau d'argent............................ 339
Les Trois petits pains d'or...................... 342
La Vierge de pierre............................ 343
La Source d'or................................ 346

TROISIÈME SÉRIE

Contes de Musæus, de Tieck, de G. Schwab. La légende de Loreley.

NOTICE SUR MUSÆUS............................ 351
Les Légendes de Rübezahl...................... 353
    I.. 353
   II.. 360
  III.. 373

NOTICE SUR LOUIS TIECK........................ 389
Les Elfes..................................... 397

TABLE DES MATIÈRES.

Notice sur Gustave Schwab. 425

Les Schildbourgeois. 427

Notice sur la légende de Loreley et sur l'esprit de
féerie en Allemagne et en France. 443

Loreley. 449

Appendice. — Traduction du *Lied* de Henri Heine sur
Loreley. 459

FIN DE LA TABLE.

Paris. — Imprimerie de P. BOURDIER, CAPIOMONT fils et Cⁱᵉ,
rue des Poitevins, 6.

www.ingramcontent.com/pod-product-compliance
Lightning Source LLC
Chambersburg PA
CBHW071622230426
43669CB00012B/2042